Annemarie Gethmann-Siefert (Hrsg.): Philosophie und Poesie, Band 1

Spekulation und Erfahrung

Texte und Untersuchungen zum Deutschen Idealismus

Herausgegeben in Verbindung mit den Institutionen

Fichte-Kommission der Bayerischen Akademie der Wissenschaften, München
Hegel-Archiv der Ruhr-Universität Bochum
Istituto Italiano per gli Studi Filosofici, Napoli
Schelling-Kommission der Bayerischen Akademie der Wissenschaften

Abteilung II: Untersuchungen Band 7

Philosophie und Poesie

Otto Pöggeler zum 60. Geburtstag

Herausgegeben von
Annemarie Gethmann-Siefert

Band 1

frommann-holzboog 1988

Redaktion:

Wilhelm G. Jacobs, München
Giuseppe Orsi, Napoli
Wolfgang H. Schrader, Siegen

Diesen Band legen vor
das Hegel-Archiv der Ruhr-Universität Bochum
und das Istituto Italiano per gli Studi Filosofici, Napoli

CIP-Titelaufnahme der Deutschen Bibliothek

Philosophie und Poesie : Otto Pöggeler zum 60. Geburtstag / hrsg. von Annemarie Gethmann-Siefert. [Hegel-Archiv d. Ruhr-Univ. Bochum u.d. Istituto Italiano per gli Studi Filosofici, Napoli]. –
Stuttgart-Bad Cannstatt : frommann-holzboog
NE: Gethmann-Siefert, Annemarie [Hrsg.]; Hegel-Archiv ⟨Bochum⟩; Pöggeler, Otto: Festschrift

Bd. 1 (1988)
(Spekulation und Erfahrung : Abt. 2, Untersuchungen ; Bd. 7)
ISBN 3-7728-0994-4
NE: Spekulation und Erfahrung / 02

Satz und Druck: Zechnersche Buchdruckerei, Speyer
Einband: Ernst Riethmüller, Stuttgart

Inhalt

Vorwort

Philosophie und Poesie enthält Originalbeiträge zur Funktion und Gestalt der Philosophie, zum Bezug der Philosophie zur Kunst, näherhin zur Dichtung, sowie einige philosophisch orientierte Auseinandersetzungen mit einzelnen Kunstwerken und -programmen.

Die Untersuchungen der beiden Bände zeigen sich in Fragestellung und Durchführung dem Wirken Otto Pöggelers verbunden und sind ihm zum 60. Geburtstag am 12. 12. 1988 gewidmet. Daß der Anlaß eher angetan ist, Gespräche zu intensivieren, denn ein Fazit über ein Lebenswerk zu ziehen, zeigt sich an der Aktualität und Breite der von O. Pöggelers Gedanken und Schriften initiierten Diskussionen.

Wie in zahlreichen Abhandlungen O. Pöggelers geht es in den Aufsätzen des ersten Teils des *ersten Bandes* von *Philosophie und Poesie* um die Möglichkeit des Philosophierens nach der Aufdekkung der geschichtlichen Bindungen des menschlichen Erkennens durch die Hermeneutische Philosophie. Die Überlegungen zur Funktion und Gestalt der Philosophie begegnen auf je eigentümliche Weise einer gemeinsam erkannten Bedrohung des Philosophierens: seiner Auflösung in die bzw. zugunsten der diffusen Vieldeutigkeit der Begriffe, die die Vielschichtigkeit des im Begriff erfaßten „Lebens" lediglich abspiegelt, nicht strukturiert und überschaubar gestaltet. An der Philosophie als einem eigentümlichen, eigenen Gesetzen der Rationalität und des „Vernünftig"-Machens der Realität gehorchenden Vorgehen wird man - wie sich zeigt - mit guten Gründen festhalten. Wenn auch eine Vielheit methodisch ausweisbarer Formen des Philosophierens ihr Recht behaupten kann, so muß und darf Philosophie nicht in Poesie, die konstruktive Arbeit des Begriffs nicht in eine Dekonstruktion im Sinne der (Derrida'schen) Forderung einer Selbstauflösung von Bedeutung und Sinn münden. Der Sinn der Philosophie, ihr „Geschäft" oder traditioneller: ihr Werk besteht nach wie vor - faßt man sie als „Hermeneutik" bzw. im Anschluß an die transzendental-philosophische Tradition und die Phänomenologie als eine hermeneutisch orientierte Reflexionsphilosophie – darin, im Blick auf die Mannigfaltigkeit des Wissens und des Wißbaren Verständigung zu ermöglichen (H.-G. Gadamer). Dies wird beispielhaft demonstriert am Vergleich wettstreitender Rationalitätstypen (K.-O. Apel), an der Darstellung des Verhältnisses von Hermeneutik und Argumentation (M. Riedel), an fundamentalen Problemstellungen der Philosophie wie der Frage nach der Restituierbarkeit der Vernunft (E. W. Orth) oder dem Realitätsproblem (C. F. Gethmann), an der Konzeption der dialogischen Ontologie (W. Perpeet) oder auch am sprachkritischen Ansatz der Philosophie (F. Hogemann). Jeweils zeigt sich die Gegenwehr der Vernunft gegen ihre Suspendierung durch die neuere Philosophie, der Sinn vernünftigen Vernunftgebrauchs.

Innerhalb der Philosophie lassen sich die historischen Positionen, denen sich O. Pöggeler in seinen Werken besonders widmet, durch die Namen Hegel und Heidegger markieren. Hegels Philosophie wird allerdings besonders in der Phase des Auf-dem-Weg-seins zum System des absoluten Wissens erörtert. Heideggers Denkweg wird dagegen zwar vor allem in seiner Absetzung von der traditionellen Philosophie aufgegriffen, aber bevor er den Weg aus der Philosophie ins „wesentliche Denken“ vollzogen hat. Hegels vorsystematische Reflexionen und Heideggers „heimliches Hauptwerk“, die *Beiträge zur Philosophie* von 1934, schließen sich durch einen leitenden Aspekt zusammen: durch die Frage nach geschichtlicher Wahrheit, nach Vernunft in der Geschichte bzw. nach der Geschichtlichkeit des Daseins als der Geschichtlichkeit der Vernunft. Eine so ausgerichtete Philosophie vermag, wie es Hegel formulierte, „für das Leben“ Lehrreiches und Lernbares ins Wort, in den Begriff zu fassen. Sie vermag es zugleich, das „Leben“ und seine verschiedenen Artikulations- wie Reflexionsformen als menschliches Leben im Blick zu behalten.

In der Philosophie des Deutschen Idealismus – die im zweiten Teil des *ersten Bandes* ihre aktuelle Repräsentation findet – zeigt sich diese Fähigkeit der Philosophie zunächst als Nähe zur Kunst , wie es z.B. bei Hölderlin (X. Tilliette), bei Schelling (K. Düsing), aber auch bei Solger (V. Verra) ersichtlich wird. Eindeutiger zeigt sich Sinn und Tragweite der Philosophie überhaupt im ständigen Bemühen, an Kulturphänomene wie Kunst oder Mythologie anknüpfend, sich selbst als Instrument der Aufklärung, der Bildung aller zu bewähren und zu rechtfertigen, etwa im Sinne W. von Humboldts (C. Menze) aber auch Hegels. Hier verschwindet die Ratio, der Logos, um den der Philosoph sich müht, nicht hinter oder in der Vielfalt der Phänomene, sondern er erschließt die Phänomene, indem er „Rechenschaft ablegt" über die Tragfähigkeit gebotener Deutung.

Hegel realisiert ein solches Philosophieren sowohl in der Gewichtung einzelner Themenbereiche; etwa der Kunst (M. J. Petry, H. Schneider), der Rechts- (L. Siep) wie Naturphilosophie (W. Bonsiepen) als auch in der Erörterung ontologischer Grundfragen (J. D'Hondt) und ihrer Geschichte (J. Garéwicz). In der Entwicklung des Hegelschen Denkens zeigen sich die Ansätze zur Einheit dieser Konzeption der Philosophie (F. Nicolin). Auch in Kritik und Weiterführung Hegels spiegelt sich diese Einheit im Versuch, die Übersteigerung der der Vernunft zugemuteten Leistung ins Un- und Übermenschliche zu mäßigen. Sowohl die marxistisch orientierte Kritik (N. Tertulian) wie die aktuellen Dekonstruktionsversuche Hegels (H. Kimmerle, Ö. Sözer) demonstrieren, ob und inwieweit eine Wiederbelebung der „ästhetischen Grundlagen" des Systems sinnvolle Resultate zeitigt.

Der (bereits von Hegel im sog. „Systemprogramm" formulierten) Forderung, es solle der Philosoph „ästhetischen Sinn" haben, die Ideen der Vernunft im Sinne der Poesie allen faßlich darstellen können, zeigt sich auch O. Pöggeler verpflichtet. Mit Hegel wendet er sich, oft (wenn auch nicht ausschließlich) im Ausgang von der Kunst, auch den Aspekten des Hegelschen Denkens zu, die innerhalb des systematischen Rahmens ein Eigenleben von bleibender Aktualität führen: den Reflexionen zur Kunst in ihrer geschichtlichen Funktion, der Bildung, allen Bereichen des gesellschaftlichen Lebens, in denen er mit Hegel eine Realisation der Vernunft in der Geschichte zu entdecken vermag, gegen ihn die Revisionsbedürftigkeit erreichter Orientierung betonen und demonstrieren kann, bis hin zum Weg des geschichtlichen Bewußtseins zur Wahrheit, wie er sich prinzipiell akzeptabel aber systematisch überfrachtet in der *Phänomenologie des Geistes* entdecken läßt. Auch hierzu vermögen die Diskussionen nur wenige Aspekte aufzugreifen, aber zu neuem Fragen herauszufordern.

Mit H.-G. Gadamer hält O. Pöggeler daran fest, daß die Trennung des Denkens vom Dichten Wissenschaft ermöglicht und mit ihr Philosophie zu ihrer begrifflichen Aufgabe berufen hat. Gegen Heidegger wendet sich dieser Gedanke, wo Heidegger die Poiesis, das Wort des Dichters, zum eigentlichen Handeln deklariert und mithilfe des Modells eigentlicher (dichterischer) Existenz die diskursive Weltdeutung der Philosophie in ein entschiedenes Handeln überführen will. Wie wichtig eine Trennung beider Bereiche, der Philosophie und der Poesie – im Anschluß an Hegel: der Philosophie und der Mythologie – bleibt, zeigt sich besonders in den politischen Konsequenzen, die Heideggers Philosophie gegenwärtig als ganze in Mißkredit zu bringen drohen. Auch hier finden sich Gesprächspartner, die – im ersten Teil des *zweiten Bandes* – mit O. Pöggeler zu differenzierter Betrachtung mahnen.

Das „seinsgeschichtliche Denken läßt kein Freiheitsverständnis zu, das den Gedanken einschließt", so mahnt schon K. Jaspers. Heideggers individuelle Entwicklung sowie die Fortführung seiner Philosophie nach *Sein und Zeit* legen auf mannigfache Weise Zeugnis davon ab (A. Schwan), ebenso die Diskussionen um die Nachfolge Heideggers nach 1945 (H. Ott). Dennoch finden sich auch andere Stimmen, mäßigende Betrachtungen, die Heideggers Philosophie weder wegen politischer Irrtümer des Philosophen verwerfen, noch sie wegen der „theologischen Herkunft" ablehnen (Th. Kisiel), die den Philosophen nicht verpflichten dürfte. Die Überlegungen zu Hegel enden also mit den Zielvorstellungen und Zwecken, denen auch die Kunst, die Poesie insbesonders sich verpflichtet: der Frage nach Bestimmung, Sicherung und Einrichtung der menschlichen Freiheit. Die Interpretationen zu Heidegger beginnen eben dort.

Im Blick nicht primär auf die Anfänge Heideggers als vielmehr auf die bislang nur wenigen zugänglichen *Beiträge zur Philosophie*

(1934) zeigt sich Heideggers Denkweg als der Ausweg aus traditionell verfestigter Systematik zu neuen Formen einer gleichwohl noch vernünftigen geschichtlichen Auslegung der Erfahrung der Wahrheit (J. Kockelmans) in und als „Sprache“ bzw. aus der Spannung Sprache - Schrift (S. Ijsseling). Besonders in der Beschäftigung mit der Kunst, vordringlich mit der Dichtung, zeigt sich bei aller Anfechtbarkeit im einzelnen der vertretbare Versuch, die Affinität der Philosophie zur Vernunft in der Geschichte als eine Verpflichtung auf geschichtliche Vernunft zu reformulieren. Die Erörterung nicht die Systematisierung, die Auslegung nicht die Festlegung vorgegebener Weltdeutung wird zur Aufgabe der Philosophie. Aber die Prüfung dieser wie jeder als Wahrheit auftretender, ausgegebener Deutung bleibt ihr Geschäft.

Heidegger interpretierte diesen Bezug von Philosophie und Poesie in eingeschränkter Weise durch eine Bestimmung der Poiesis, des deutend-entwerfenden Handelns, das im Wort der Dichter manifest wird (A. Gethmann-Siefert). Die Kunst als Poiesis hat aber, wie sich im Blick auf Schelling und Heidegger zeigt (W. Marx), ein gemeinsames Thema mit der Philosophie, Begriff und Metapher rükken im wesentlichen Denken nahe aneinander (H. C. Lucas). Was der Dichter nennt, expliziert der Philosoph. Im wesentlichen Denken, das das Ereignis, die Geschichtlichkeit des Seins thematisiert, ergibt sich zugleich ein Sinn des Redens über das Göttliche, den Gott. Von Heidegger her eröffnet sich das Gespräch mit dem Denken des Anderen bei Levinas (A. Peperzak).

Heideggers Wendung zur Poesie, damit zur Mythologie als der Darlegung des Heilen, Heiligen Göttlichen und des Gottes liefert zwar für das Gespräch den Leitfaden philosophischer Orientierung. Es geht mit Heidegger, aber doch in Modifikation seiner letzten Konsequenz: der Kehre in ein anders anfängliches, das sog. wesentliche Denken, um eine philosophische Deutung der Geschichte als der Weltgeschichte des Menschen.

In diesem Zusammenhang finden (im zweiten Teil des *zweiten Bandes*) auch Versuche ihren Ort, die Poesie selbst, nicht nur die philosophische Deutung der Bedeutung von Kunst, auf dem Hintergrund philosophischer Einsicht und mit den der Philosophie entnommenen Mitteln hermeneutischen Verstehens (der Auslegung im Heideggerschen Sinn) zu erschließen. In Herders Überlegungen über die Beteiligung der Bilder „bei der Geburt unserer Vernunft", über die Metaphern als Vermittlung zwischen Erfahrenem und Gewußtem, wird eine Brücke geschlagen zwischen Philosophie und Poesie bzw. Kunst (I. Strohschneider-Kohrs). Das Zwiegespräch der Dichter George, Rilke, Trakl und Celan mit Hölderlin (B. Böschenstein) erscheint als mittelbares Zwiegespräch zwischen Dichten und Denken, in dem Grundweisen des Menschseins, Grundfragen der Denker dichterisch erörtert werden.

O. Pöggeler vermochte entscheidende Schritte zur Einsicht in die schwer zugängliche Lyrik Paul Celans zu führen. „Worte wie Blumen" sind für Heidegger die Gedichte Hölderlins; so erscheinen in der Sicht O. Pöggelers aber auch jene Spuren des Gedankens in der Sprache, die in Celans Gedichten „lesbar" werden. Wesentliche Gedichte Celans eröffnen, in philosophischem Licht gedeutet (J. Bollack, Ch. Jamme), ebenso wie Beispiele der Nachkriegsliteratur (G. Kurz) oder Musik (W. Biemel) ein Verhältnis des Menschen zu seiner Zeit. So runden exemplarische Interpretationen im Rückgriff auf Zeiten des Umbruchs im Selbstverständnis der Künste die Analysen zum Verhältnis von Philosophie und Poesie ab. Sie vertiefen die Einsicht in die Komplementarität von Dichten und Denken, die die eine Frage nach dem Dasein als In-der-Welt-Sein auf unterschiedliche und differenzierende Weise stellen und beantworten.

Die philosophische Diskussion wird gegenwärtig in mannigfaltigen Formen geführt, und man ist bereit, ihr „gesellschaftliche Relevanz" zuzubilligen. Daß eine solche Diskussion wie die hier dokumentierte zustandekommen kann, verdankt sich der Gesprächsbereitschaft, ja Gesprächsbegeisterung all derer, die durch ihre wissenschaftliche Mitarbeit und Pünktlichkeit das Entstehen von *Philosophie und Poesie* ermöglicht und leicht gemacht haben.

Es sei an dieser Stelle aber auch denen gedankt, deren Hilfe und Mitarbeit nicht mehr sichtbar ist, aber für das Gelingen konstitutiv war. Neben anderen unterstützten die W. von Humboldt-Stiftung, die Ruhr-Universität Bochum und die Gesellschaft der Freunde und Förderer der Ruhr-Universität Bochum e. V. die Drucklegung des Bandes durch großzügige Spenden.

Die Mitarbeiter des Hegel-Archivs an der Ruhr-Universität Bochum, Frau Anja Exner und Frau E. Weisser leisteten unschätzbare Hilfe bei der organisatorischen Vorbereitung und Durchführung des ganzen Unternehmens und bei der Korrektur der Bände. Meinen Kollegen am Hegel-Archiv danke ich für Ihre Ratschläge bei der Planung der Festschrift, Herrn Privatdozent Dr. K. R. Meist überdies für die sprachliche Bearbeitung zweier Übersetzungen sowie Hilfe bei der ersten Fahnenkorrektur.

Die Zusammenarbeit mit dem Verlag Friedrich Frommann · Günther Holzboog und die Kompetenz und Flexibilität seiner Mitarbeiter ließen die Arbeit an der Publikation zur Freude werden.

All dies sei zusammengeschlossen mit dem Wesentlichen, dem philosophischen Gespräch: Möge es erfreuen und anregen.

Annemarie Gethmann-Siefert

I.

Funktion und Gestalt der Philosophie

Dekonstruktion und Hermeneutik

Hans-Georg Gadamer (Heidelberg)

Das Gespräch zwischen selbständigen Fortführern Heideggerscher Anstöße, das meine Pariser Begegnung mit Derrida vor einigen Jahren sein wollte, hatte es mit besonderen Erschwerungen zu tun. Da ist vor allem die Sprachbarriere. Sie wird immer dann groß, wenn Denken oder Dichten Traditionsformen zu verlassen strebt und aus der eigenen Muttersprache neue Weisungen herauszuhören trachtet. Das ist im Gefolge Heideggers in hohem Grade der Fall, und es gilt offenkundig auch noch für die Pariser Begegnung. Die deutsche Publikation derselben, die unter dem Titel *Text und Interpretation* (im Fink-Verlag, München 1985) erschien, krankt geradezu daran, daß die französischen Beiträge auf deutsch erscheinen. Derridas Stil der Dekonstruktion büßt dabei seine Geschmeidigkeit ein. (In der Umkehrung würde unser akademisches Buchstabieren wohl etwas von seiner Biederkeit verlieren.)

In Wahrheit hilft auch Nietzsches Sprachkunst nicht, einen gemeinsamen Boden zu gewinnen. Denn gerade darum geht es, daß man Nietzsche grundverschieden lesen kann: Die einen sehen auf das wirbelnde Maskenspiel von Versuchen und Versuchungen und deuten dies als Ende nicht nur der Metaphysik, sondern der Philosophie überhaupt. Damit verlieren auf der anderen Seite alle Versuche, Nietzsche einheitlich zu verstehen, ihren Boden. So negiert Derrida den Versuch, den Heideggers Nietzsche-Deutung darstellt, von Grund auf. Er sieht in jeder einheitlichen Deutung von Nietzsches Werk Befangenheit im Logozentrismus der Metaphysik. Heidegger sei es nicht gelungen, aus dem Bannkreis der Metaphysik auszubrechen. Mich selber vollends bot ich geradezu als williges Opfer an, wenn ich all den Gewaltsamkeiten, mit denen Heidegger sein Gespräch mit philosophischen oder dichterischen Texten zu führen pflegt, zum Trotz im Falle Nietzsches sein Zusammendenken des

Willens zur Macht und der ewigen Wiederkehr als völlig überzeugend und durchschlagend anzusehen bekannte. Es ist wahr: ich folge Heidegger, wenn ich in Nietzsche Selbstauflösung der Metaphysik sehe und in Heideggers eigenem Denken den Versuch zum Übergang in eine neue Sprache, in ein anderes Denken (das vielleicht gar nicht ein so ganz anderes sein kann). Nun mag man sich fragen: Hat diesen letzten Satz vielleicht Derrida geschrieben? Und hätte er im Besonderen den eingeklammerten Nachsatz nur ins Französische zu übersetzen? Es sieht so aus, als ob zwischen Heidegger und Derrida mindestens die Zwiegesichtigkeit, die Nietzsche selber besitzt, so etwas wie einen gemeinsamen Boden bietet. Dann bliebe höchstens ich selber mit meinem eigenen Aufgreifen und Fortführen der Hermeneutik als Philosophie das in die verdorrenden Gefilde der Metaphysik verirrte Schaf.

Ganz will mir diese Selbstcharakteristik freilich nicht gefallen. Habe ich mich wirklich nur verlaufen, wenn ich mir einbilde, Heideggers Rede von der Überwindung oder der Verwindung der Metaphysik auf meine Weise zu folgen? Gewiß habe ich den Begriff der „Hermeneutik", den Heidegger ins Zentrum seiner Ontologie des Daseins gerückt hatte, gegen seine eigene spätere Entscheidung festgehalten. Aber ich meinte damit keineswegs, seine transzendental gedachte Fundamentalontologie ebenfalls festzuhalten. Gerade die neuen Blickbahnen des späten Heidegger, welche die Themen des Kunstwerks, des Dings, der Sprache in die hermeneutische Dimension einbezogen, haben mich vielmehr auf meinem eigenen Wege bestätigt. Ich vermag nicht einzusehen, daß ich damit der Metaphysik im Sinne jener Ontotheologie verfallen bin, in deren Überwindung und Verwindung Heidegger seine eigene Denkaufgabe sah. In Heideggers eigener Sicht ist Metaphysik „Logozentrismus", sofern über der Frage nach dem „Was-sein des Seienden" die Frage nach dem „Da" des Seins verdunkelt wird. Wenn Heidegger in der „Aletheia" der Vorsokratiker die Frage nach dem „Da", die Frage nach dem „Sein" (statt der Washeit des Seienden) vergeblich wiederzufinden suchte, so bestätigt das in meinen Augen, daß er das griechische Denken immer schon auf dem Wege zur Metaphysik sah. Sie hat sich schließlich als „Ontotheologie“ vollendet, in der sich die Frage nach dem Sein mit der nach dem höchsten Seienden unlösbar verschränkt. Das ist offenkundig jene Metaphysik, deren Figur durch die christliche Theologie angeeignet wurde und die Folgezeit beherrschte. Mit der nominalistischen Wendung dieser Tradition wurde im Zeitalter der Wissenschaft die Frage nach dem Sein überhaupt unverständlich. Das ist es, was Heidegger mit seiner Analyse der Vorhandenheit aufzudecken meinte und was man in der christlichen Metaphysik als den Bezug des intellectus infinitus zur Wesensordnung der Schöpfung zu denken gewöhnt war. Diese „Ontologie der Vorhandenheit“ ist es doch wohl auch, was Derrida meint, wenn er von der Metaphysik der Präsenz spricht, deren Gewalt Augustins wie Husserls Zeit-Analyse offensichtlich beherrscht.

Über einen solchen Begriff von Sein war aber *Sein und Zeit* bereits hinaus. Das lag geradezu in der hermeneutischen Struktur von „Existenz“, nicht Vorhandenheit, sondern Zukünftigkeit zu sein. Wenn ich meinerseits davon ausgehe, dem Existenzial der Rede das Gespräch als das wahre „Unterwegs zur Sprache“ zur Seite zu stellen, und wenn ich damit das Licht, das einem an dem anderen aufgehen kann und das, wie ich sagen möchte, die Eigentlichkeit des Mitseins ausmacht, in den Vordergrund stelle, setze ich den Akzent gewiß nicht auf die „Eigentlichkeit“ des Daseins. Doch halte ich mich nur methodisch an die Ausgangsposition von *Sein und Zeit*, nämlich auf das sich auf sein Sein verstehende Dasein. Der Sache nach ist dieses Selbstverständnis in allen seinen Formen das äußerste Gegenteil von Selbstbewußtsein und Selbstbesitz. Es ist ein sich immer wieder in Frage stellendes Verstehen, das nicht nur auf die Jemeinigkeit gegründet ist, die angesichts des Todes offenbar wird, sondern gerade auch die Selbstbegrenzung durch den Anderen umfaßt, die sich im Gespräch der Sprache ereignet. Daß ein Gespräch überall dort ist, wo immer und worüber immer und mit wem immer etwas zur Sprache kommt, ob dies nun ein anderer ist oder ein Ding, ein Wort, ein Flammenzeichen (Gottfried Benn), – das macht die Universalität der hermeneutischen Erfahrung aus. Es ist keine Inkonsequenz gegenüber dem Anspruch des Verstehens darin, daß diese Erfahrung im

Verstehen selber die Erfahrung der eigenen Grenzen in sich schließt. Im Gegenteil. Die Universalität der hermeneutischen Erfahrung geht mit der tatsächlichen Begrenztheit aller menschlichen Erfahrung und mit den Grenzen, die unserer sprachlichen Kommunikation und Möglichkeit der Artikulation gesetzt sind, bestens zusammen. So beruht das Leben des Gesprächs, wie schon Humboldt gezeigt hat, auf schwankenden Wortbedeutungen, und alle Verständigung darauf, daß in allem Verstehen auch Mißverstehen ist und daß man „übereinkommt", wie in jedem Vertragsabschluß, in dem beide Teile Zugeständnisse machen, um einen gerechten „Tausch" zuwege zu bringen. Alles Zusammenleben ist solches Gespräch. Vollends aber ist das unausschöpfbare Gespräch als Lesen (und zwar das verstehende) dadurch ausgezeichnet, daß der „Text" an sich selbst spricht - im Falle des Gedichts, das Diktat ist, nicht auf den „Autor" und seine Stimme zurückverweist, sondern auf Sinn und Klang vorwärts deutet, die der Leser heraushört.

Hier scheint es mir daher folgerichtig, daß das Gespräch, das wir sind, ein nie endendes Gespräch ist. Kein Wort ist ein letztes, so wie es kein erstes Wort gibt. Jedes Wort ist selbst immer schon Antwort und bedeutet selbst immer schon Stellen einer neuen Frage. Ich kann Derrida darin nicht folgen, daß die hermeneutische Erfahrung etwas mit Metaphysik der Präsenz zu tun haben soll, und gar, daß dies ganz besonders auf das lebendige Gespräch zutreffe. Mit voller kritischer Deutlichkeit hat Heidegger von der „Oberflächlichkeit der Griechen" im Blick auf ihre Okularität, ihr Eidos-Denken, ihre Einebnung des Logos auf die Logik der Apophansis gesprochen. Das konnte man gewiß „Logozentrismus" nennen, und sich bei dieser kritischen Bezeichnung mit Kierkegaard, mit Luther, und mit dem *Alten Testament* im Bunde fühlen, angesichts der Tatsache, daß die jüdisch-christliche Glaubenserfahrung sich im Hören auf die Stimme Gottes bestimmte. Aber nun von dieser Kritik am Logozentrismus selber als von einem Logozentrismus zu reden, ist in meinen Augen ein Mißverständnis dessen, was das Geheimnis des Wortes ist. Es ist das Wort, das einer sagt und das ein anderer versteht. Wieso soll das Präsenz einschließen? Wer hört denn auf seine eigene

Stimme? Und wer versteht, wenn er nur hört? Hier hat sich Derrida, wie mir scheint, durch seine an sich richtige Kritik an dem Husserl der *Ersten logischen Untersuchung* und an dem Begriff der Kundgabe, der dort entwickelt wird (in seinem schönen Buch *La voix et les phénomènes*), zu einer falschen Unterstellung verleiten lassen. Sie scheint mir für seinen Zugang zu Heidegger und zur Hermeneutik verhängnisvoll.

Ich verkenne die innere Nähe von Rede und Schrift nicht, die in der Schriftfähigkeit von Sprache liegt. Auch ich betrachte jede Wortsprache immer schon als „Unterwegs zur Schrift" (wie ich eine kleine Abhandlung vom Jahre 1983 betitelt habe). Aber was ist Schrift, wenn sie nicht gelesen wird? Gewiß teile ich mit Derrida die Überzeugung, daß ein Text nicht mehr von seinem Autor und dessen Meinen abhängt. Wenn „gelesen" wird, suche ich nicht den vertrauten Klang der Stimme des anderen in mir zu erlauschen. Wir kennen im Gegenteil alle die Erfahrung, wie ein uns vertrauter Text durch die Stimme des Autors, der seinen eigenen Text vorträgt, geradezu verfremdet werden kann. Wohl aber lese ich einen Text nur dann mit Verständnis, wenn die Schriftzeichen nicht nur entziffert und in Laute umgesetzt werden, sondern wenn der Text zum Sprechen gebracht wird, und das heißt, daß er moduliert und artikuliert und sinnbetont gelesen wird. Die Kunst des Schreibens besteht - das brauche ich einem Schriftsteller vom Range Derridas wirklich nicht erst zu sagen - darin, daß der Schriftsteller jene Zeichenwelt, die die Texte bildet, so beherrscht, daß die Rückkehr des Textes in Sprache gelingt. Das ist in der Neuzeit zumeist lautlose Sprache, aber auch sie spricht dank dem wunderbaren Zusammenspiel von Sinn und Klang, das gut geschriebene Bücher und erst recht alle Dichtung als „Literatur" auszeichnet. Ich möchte wirklich wissen, was Verstehen und (was ja doch offenkundig impliziert ist) mit Verstand Lesen mit Metaphysik zu tun hat.

Auch ich sage, Verstehen ist immer Anders-verstehen. Was sich da aufschiebt, was sich verschiebt, wenn mein Wort einen anderen erreicht oder gar, wenn ein Text seinen Leser erreicht, läßt sich niemals in einer starren Identität fixieren. Wo Verstehen sein soll, ist nicht nur Identität. Verstehen meint vielmehr, daß einer fähig ist, an die Stelle des anderen zu treten, um zu sagen, was er da verstand und was er dazu zu sagen hat. Das meint gerade nicht, ihm nachzureden. Verstehen im wörtlichsten Sinne heißt nämlich, eines anderen Sache vor Gericht, oder vor wem immer, ganz zu vertreten, für ihn zu stehen.

Nun wird Derrida gewiß einwenden, daß ich Nietzsche nicht ernst genug nehme, und das heißt: das Ende der Metaphysik, den Bruch, der seither alle Identität und Kontinuität mit sich selbst und mit anderen illusorisch mache. Das seien eben die Illusionen des Logozentrismus, denen selbst Heidegger nicht entronnen sei, wie seine Nietzsche-Auslegung beweise. Im letzten Betracht bleibe das alles Hegel, und das heißt eben: Metaphysik. Es war Hegels Anspruch, den Bruch der Andersheit, und zwar jeder Andersheit, dialektisch zu versöhnen, Selbsterkenntnis im Anderssein zu gewinnen. Gerade das aber bedeute die letzte Vollendung der Metaphysik und sei seit Nietzsche obsolet geworden. Alle Rede von Sinn und Kontinuität von Sinn sei ein metaphysisches Relikt. – So müsse auch meine hermeneutische Anstrengung, die Erfahrung der Kunst in die Kontinuität des eigenen Selbstverständnisses zu integrieren, zum Rückfall in den Idealismus führen. Die Identität des Selbst sei in Wahrheit eine Illusion.

Hier liegt, wie mir scheint, eine falsche Auffassung von Selbstverständnis zugrunde. Selbstverständnis ist vielleicht ein irreführender Ausdruck, den ich gebraucht habe und den ich im Anschluß an die moderne protestantische Theologie, wohl aber auch an die Sprachtradition Heideggers, natürlich fand. Das neue Wort deutet in Wahrheit an, daß es sich da gerade nicht um die unerschütterliche Gewißheit des Selbstbewußtseins handelt. Das Wort Selbstverständnis hat vielmehr einen pietistischen Unterton und läßt anklingen, daß es dem Menschen eben nicht gelingt, sich selber zu verstehen, und daß über diesem Scheitern seines Selbstverständnisses und seiner Selbstgewißheit der Weg zum Glauben führen soll. Das gilt für den hermeneutischen Gebrauch des Wortes mutatis mutandis ebenfalls. Für Menschen ist Selbstverständnis etwas Unvollendbares, ein immer neues Unternehmen und ein immer neues Unterliegen. Der Mensch, der sich auf sein Sein verstehen will, sieht sich vor dem schlechthin Unverständlichen des Todes. Aber dann frage ich: Ist das der Weg der Metaphysik? Ist das Logozentrismus?

Wir stoßen damit auf das Kernproblem, das in aller hermeneutischen Anstrengung mitschwingt und das wohl auch Derridas Unbehagen gegenüber meinen Denkversuchen zugrundeliegt: Wird nicht in der Hermeneutik bei allem Bemühen, die Andersheit als Andersheit, den Anderen als Anderen, das Kunstwerk als einen Stoß, den Bruch als Bruch, Unverständliches als unverständlich anzuerkennen, der Verständigung und dem Einverständnis zu viel eingeräumt? Diesen Einwand hatte ehedem schon Habermas gegen mich erhoben, wenn er mir die verzerrte Verständigung entgegenhielt, die Einverständnis zum bloßen Schein, ja zum Manipuliertwerden macht. Seine Einwendung zielte gewiß in eine andere, politisch motivierte Richtung und nicht darauf, ob darin nicht ein Rückfall in die Metaphysik der Präsenz liege. Aber die Sache bleibt die gleiche. Man kann von Lévinas lernen, wie ernst diese Einrede ist, auch für den, der keine politische Option vollzieht, sondern nur sich denkend Rechenschaft zu geben sucht und sagen will, was ist. Ich bin mir dessen durchaus bewußt, daß in der Anstrengung des Verstehens die ständige Verführung droht, dem Entweder/Oder auszuweichen, vor das wir als Handelnde so gut wie als miteinander Lebende gestellt sind.

Nicht ohne Absicht spiele ich hier auf Kierkegaard an. Ich gestehe, daß eine meiner Erstprägungen Kierkegaards Gegenüberstellung des ethischen und des ästhetischen Stadiums war. Sie liegt noch meiner hermeneutischen Option für die Kontinuität zugrunde, die ja in der Figur des Assessors Wilhelm in *Entweder/Oder* gezeichnet ist. In ihm wird die ethische Kontinuität der ästhetischen Unmittelbarkeit entgegengestellt und dem ästhetischen Genuß die Selbstkritik des Gewissen-haben-wollens. Daß darin die unendliche „Mediation" Hegelscher Reflexion lauert, habe ich als Neunzehnjähriger, als der ich das zuerst in mich aufnahm, gewiß nicht realisiert. Aber ich sollte das ein Leben lang nachholen lernen.

So kann ich es verstehen, daß man meinen eigenen hermeneutischen Versuch dialektische Hermeneutik nennen möchte. Es ist wahr, daß nicht nur Plato, sondern auch Hegel mir eine ständige Denkhilfe anbietet, Hegel freilich so, daß ich seiner „unendlichen Mediation" zu widerstehen suche. Man wird daher auch bei mir mit Derrida die Metaphysik der Präsenz wittern, sofern ich doch immer die „Sprache der Metaphysik" spreche, und ist das nicht die Sprache der Dialektik? Das scheint mir der Punkt, den Derrida auch an Heidegger kritisiert, wenn er meint, daß Heidegger in die Sprache der Metaphysik zurückfalle. Und sagt es nicht Heidegger selbst, daß wir immer davon bedroht sind, in die Sprache der Metaphysik zurückzufallen? Gewiß sagt er es insbesondere gegen meine eigene Aufnahme und Fortführung seines „hermeneutischen" Anstoßes.

Ich frage dagegen: was soll ‚Sprache der Metaphysik' eigentlich heißen? Gibt es das überhaupt? Was ich von dem gewaltigen Impetus des jungen Heidegger in mich aufgenommen habe, bestand eben darin, daß ich nach Jahren naiven, unkritischen Umgangs mit der Begriffstradition des Neukantianismus - und es war im Grunde Hegels Logik, die wie ein Steinbruch das Material für Trendelenburg, Cohen, Natorp, Cassirer, Nicolai Hartmann lieferte - von Heidegger lernte, was „Begrifflichkeit" ist und was sie für das Denken bedeutet. Vor allem: wieviel Selbstentfremdung in der Begriffstradition des neuzeitlichen Denkens steckt. Daher bin ich, als ich Heidegger begegnete, dem Pathos der Destruktion sogleich gefolgt. Es entsprach einem Verlangen, das mich bei meinen ersten Denkversuchen, die vor allem im Blick auf das dichterische Wort erfolgten, ständig begleitete. Darüber hinaus habe ich in ausgedehnten philologischen Studien begriffsgeschichtliche Konsolidierung dieser Denkversuche gesucht. Weder Heidegger noch sonst wem habe ich aber folgen können, wenn sie von der Sprache der Metaphysik oder der „richtigen" Sprache der Philosophie und dergleichen sprechen. Sprache ist immer nur die eine, die wir mit anderen und zu anderen sprechen. Wenn wir in einer anderen Sprache sprechen als der unsrigen, so ist es wiederum die eine, die mit dem anderen gesprochen wird und in der ich auf den anderen zu hören habe. Jedermann kennt die Erfahrung, wie schwer es ist, ein Gespräch zu führen, bei dem der eine die eine Sprache, der andere die andere Sprache gebraucht, auch wenn sie einander einigermaßen verstehen.

Wenn man von der Sprache der Philosophie redet, kann man nur solche Begriffe meinen, die in der Erfahrung des Denkens eine Rolle spielen, das sich zur Sprache gebracht hat. Es ist wahr, daß in der Wissenschaft Begriffe wie Zeichen oder Symbole gewählt und definiert werden. Sie haben eine rein kommunikative Funktion, die sich daran bewähren muß, daß die Erfahrung durch sie möglichst eindeutig bezeichnet und damit kontrollierbar gemacht wird. Es ist die wiederholbare Erfahrung, die hier eindeutige Identifikation und damit eindeutige Symbolisation erlaubt. Die Künstlichkeit dieser Begriffssymbolik der Erfahrungswissenschaften scheint mir ihren extremen Ausdruck dort zu finden, wo dieses Verfahren auf konkret-komplexe Erfahrungsbestände ausgedehnt wird, die selber nicht, wie im naturwissenschaftlichen Experiment, künstlich erzeugt werden und wiederholbar sind. Das ist im besonderen der Fall der Sozialwissenschaften, und dem entspricht, daß dort eine lingua internazionale dominiert. Schon Max Webers enzyklopädischer Scharfblick war mit einem wahrhaften Exzeß des Definierens gepaart. Man kann anerkennen, daß das seinen guten Sinn hat, wo es nur gilt, Erfahrungsbestände zu ordnen. Wo es sich um Philosophie handelt, verrät aber Lust des Definierens den Dilettanten. Philosophie muß auf ältere Weisheit lauschen, die in lebendiger Sprache spricht. Plato verglich das - nicht sehr romantisch - mit einem guten Koch, der das Fleisch des Wildbrets in den Gelenkten zu zerlegen weiß, ohne die Knochen durchsägen zu müssen. *(Phaidros)*

Philosophie im abendländischen Sinne hat sich in Griechenland entwickelt, und das besagt, daß sie die „Begriffe" aus ihrer Sprache entwickelt hat. Sprache aber ist immer die Sprache des Gesprächs. Wer kann verkennen, daß die Sprache, die die Menschen sprechen, von je her ihrem eigenen Denken schon Vorarbeit geleistet hat? Aristoteles' Begriffskatalog in Delta der *Metaphysik* ist eine ausgezeichnete Illustration für die Entwicklung von Begriffen aus dem Sprachgebrauch. Die Analyse der verschiedenen Wortbedeutungen (im

Griechischen: pollachôs legetai), die Aristoteles hier vorlegt, will gewiß vor allem der Ausarbeitung der für sein Denken wesentlichen Begriffe dienen. Zugleich hält sie aber jeweils die Bezüge zu dem Sprachgebrauch der Worte aufrecht. So ist sein Begriffskatalog wie ein lebendiger Kommentar zu den Grundbegriffen seines Denken. Nun läßt die Entfremdung, die die griechische Begrifflichkeit durch ihre Umsetzung ins Lateinische und durch ihre Einfügung in die modernen Sprachen erfahren hat, diesen Kommentar nicht mehr sprechen. Sie stellt daher die Aufgabe einer Destruktion. Destruktion meint bei Heidegger niemals Zerstörung, sondern Abbau. Sie soll erstarrte Begriffsprägungen auf ihre ursprüngliche Denkerfahrung zurückführen, um diese zum Sprechen zu bringen. Eine solche Destruktion dient durchaus nicht dem Zwecke, auf einen dunklen Ursprung, eine Archē oder was immer es sei, zurückzuweisen. Das ist ein fatales Mißverständnis, das man vor allem gegen den späten Heidegger geltend zu machen pflegt. Was die besondere Leistung betrifft, die Heideggers Destruktion des Subjektbegriffes und seines Rückganges auf den Substanzbegriff und damit auf das griechische Verständnis von Sein als Vorhandenheit darstellt, so muß man sehen, daß Heidegger durch diese Destruktion einer metaphysischen Begrifflichkeit den Weg zu einem besseren Verständnis heutiger Existenz- und Seinserfahrung gebahnt hat.

Die Parole der Destruktion kann in sehr verschiedener Absicht und zu verschiedenen Zielen befolgt werden. Immer wird sie Kritik an nicht mehr sprechenden Begriffen sein. So hat die Destruktion des Subjektbegriffs durch Heidegger, indem er auf das griechische Hypokeimenon zurückweist, ihre spezifische Absicht. Aber auch bei ihm erstrebt sie keineswegs eine Berichtigung des Sprachgebrauches. Das scheint mir eine Verkennung des Wesens philosophischer Begriffe, zu erwarten, daß ein thematischer Gebrauch eines wohldefinierten Wortes dem Sprachgebrauch, den eine philosophische Rede führt oder in einem philosophischen Text fixiert hat, eine wirkliche Fessel auferlegt. Noch heute ist mir im Ohr, wie mir als Anfänger von meinen akademischen Lehrern mit einem geradezu heiligen Katheder-Pathos versichert wurde, daß die Verwechslung von „transzendent“ und „transzendental“, den philosophischen Dilettanten verrate. Kant habe ein für alle Mal dieser Verwechslung einen Riegel vorgeschoben. Heute wage ich zu sagen: dann war Kant selbst ein philosophischer Dilettant. Selbstverständlich gebraucht er nicht selten, wie alle Menschen, das Wort transzendental auch im Sinne von transzendent. – Gleiches gilt im Griechischen etwa für den Begriff der „Phronesis“. Seiner aristotelischen Begriffszuspitzung steht der freie Gebrauch des Wortes gegenüber, an dem auch Aristoteles festhält. Deswegen war es irrig, aus dem Gebrauch des Wortes bei Aristoteles chronologische Schlüsse ziehen zu wollen. Das mußte ich seinerzeit gegen Werner Jaeger geltend machen. Mir sollte man ein Gleiches zubilligen. Wenn ich weiter von „Bewußtsein“ spreche, zum Beispiel von „wirkungsgeschichtlichem Bewußtsein“ so ist das kein Bekenntnis, weder zu Aristoteles noch zu Hegel. Worauf es ankommt, ist zu wissen, daß das Bewußtsein keine „res“ ist. Eine Reinigung des Sprachgebrauchs von „mentalen“ Begriffen ist dazu nicht nötig. So hat etwa Wittgensteins bekannte Kritik der „mentalen“ Begriffe ihre argumentative Funktion in Richtung auf Sprachpragmatik und Entdogmatisierung der Psychologie. Aber Wittgenstein selbst schreibt keine gereinigte Sprache vor. Der Zusammenhang rechtfertigt den Sprachgebrauch.

Der Zweck von Destruktion ist, den Begriff in seiner Verwebung in lebendiger Sprache wieder sprechen zu lassen. Das ist eine hermeneutische Aufgabe. Sie hat nichts zu tun mit einer dunklen Rede vom Ursprung und vom Ursprünglichen. Heidegger hat uns etwa gelehrt, in Ousia die Anwesenheit des Anwesens, den Oikos zu erkennen, und damit den Sinn griechischen Seinsdenkens neu zu vollziehen. Darin ist keine Rückkehr zu einem geheimnisvollen Ursprung (wenn auch Heidegger selber manchmal geheimnisvoll von der Stimme des Seins reden mag). In Wahrheit hat Heidegger, aus der scholastischen Entfremdung zurückkehrend, durch diesen Einblick in das griechische Denken seine Selbstfindung erreicht und damit das Thema von *Sein und Zeit* angeschlagen, bis in die letzten extremen Konsequenzen für die Zeitlichkeit des Seins, die er später „Ereignis“ nennt. All das ist auf dem Wege solcher Destruktion der

Tradition erstarrten Begrifflichkeit erreicht worden. – Das ist eine ganz andere Frage, was Heidegger zu dieser Aufbrechung einer erstarrten Begrifflichkeit motivierte, in welcher besonderen Bedrängnis er das unternahm. Daß das Zweifel an der christlichen Theologie waren, die ihn bewegten und die er etwa mit Franz Overbeck teilte, ist bekannt. Heidegger hat von Luther gelernt, bei aller Rückkehr zu Aristoteles, man müsse dem Aristoteles abschwören.

Daß seine eigenen Wege des Denkens sich später der dichterischen Sprachkraft Hölderlins anvertrauten, war gewiß ein kühnes Wagnis, und Metaphern wie „die Stimme des Seins" lassen sich leicht ins sentimental Nichtige und ins Leere hin parodieren. Indessen, neue Wege des Denkens bedürfen neuer Wegzeichen, damit sie ein Weg werden. Wer solche Wege sucht, sieht sich nach Zeichen um, wo immer er sie findet. Daß ich mich meinerseits an Platos ins Offene gestellte Dialektik wandte und daß ich selbst Hegels spekulativer Erneuerung und Wiederholung des Aristoteles einige Schritte weit zu folgen suche, darin kann ich keinen Rückfall in den Logozentrismus der griechischen Metaphysik sehen. So hat auch Plato schon (ja schon Parmenides, wie sich Heidegger spät genug eingestand) den „Logoi" Folge geleistet, obwohl er um ihre unaufhebbare Schwäche wußte. Auch hat er sich nicht an sie verloren. Sein rastloses dialektisches und dialogisches Bemühen hielt vielmehr etwas von dem überlegenen Geheimnis des Gesprächs fest, dessen Fortgang uns nicht bloß verwandelt, sondern immer auch auf uns selbst zurückwirft, mit uns selbst zusammenschließt. Daß Platos dichterische Kraft das, was er selber tat, jedem Leser zu steter neuer Gegenwart zu bringen vermag, bedeutet, daß er die Destruktion erstarrender Worte – und in manchen seiner Mythen sogar die Dekonstruktion unverbindlich gewordener Gehalte – selber vollbracht hat, die Denken freisetzt.

Damit sei gewiß nicht geleugnet, daß auch ihn das nie alternde Pathos der Logoi auf die Wege der logisch-dialektischen Argumentation genötigt und der Geschichte der abendländischen Rationalität vorgearbeitet hat. Daß wir als Kinder des Abendlandes die Sprache des Begriffs zu sprechen genötigt sind, so daß selbst Heidegger, trotz seinen poetisierenden Versuchen, mit Hölderlin das Dichten und das Denken „auf getrenntesten Bergen“ zu sehen meinte, stellt unser geschichtliches Schicksal dar. Es hat seine eigene Würde. Wir sollten nicht vergessen: diese Trennung des Denkens vom Dichten hat Wissenschaft möglich gemacht und mit ihr Philosophie zu ihrer begrifflichen Aufgabe berufen, so bedenklich dies Unternehmen der Philosophie auch im Zeitalter der Wissenschaft aussehen mag. Daß Dekonstruktion auch nur für Nietzsche, auch nur für Derrida selbst, den Widerruf dieser Geschichte bedeuten kann, vermag ich nicht zu sehen.

Die Herausforderung der totalen Vernunftkritik und das Programm einer philosophischen Theorie der Rationalitätstypen

Karl-Otto Apel (Frankfurt)

1. Exposition

Ich kann das komplexe Phänomen oder Syndrom der Gegenwartsphilosophie, das ich mit dem Stichwort „totale Vernunftkritik" treffen möchte, am Beginn meiner Überlegungen noch nicht hinreichend charakterisieren. Ich kann es nur in der Form einer Behauptung seiner Existenz und seiner symptomatischen Signifikanz einführen. Und ich kann vielleicht vorläufig eine ungefähre Vorstellung des Gemeinten evozieren, indem ich auf die modische Rede von der *Infragestellung oder Transzendierung der Moderne* durch die *Postmoderne* verweise.[1] Als Vorausdenker der Postmoderne werden in diesem Zusammenhang gewöhnlich die folgenden Philosophen genannt: Nietzsche, Heidegger und die französischen Poststrukturalisten wie Foucault und Derrida. Zuweilen beruft man sich für die Konsequenzen Heideggers auch auf die „philosophische Hermeneutik" Gadamers und in ihrem Gefolge auf den „hermeneutic pragma-

1 Vgl. *J.-F. Lyotard: La condition postmoderne: rapport sur la savoir.* Paris 1979; ders.: *Le différend.* Paris 1983. *Gianni Vattimo: Le avventure della Differenza: Che cosa significa pensare dopo Nietzsche e Heidegger?* Milano 1981; ders.: *La fine della modernità: nichilismo ed ermeneutica nella cultura post-moderna.* Milano 1985. – *J. Habermas: Der philosophische Diskurs der Moderne.* Frankfurt a. M. 1985. – *A. Wellmer: Zur Dialektik der Moderne und Postmoderne.* Frankfurt a. M. 1985. – *R. Rorty: Habermas, Lyotard et la post-modernité.* In: Critique. 442 (1984). – *R. Palmer: Expostulations on the Postmodern Turn.* In: Krisis. 2 (1984), 140–49. – *A. Villani: Le ‹chiavi› del postmoderno.* Un dialogo a distanza. In: Il Mulino, XXXV, 303 (1986), 5–22.

tic turn" der amerikanischen Philosophie, wie er etwa durch Richard Rorty vertreten wird. Und schließlich findet man Affinitäten zum Postmodernismus auch in den tief pessimistischen Konsequenzen, die Horkheimer und Adorno aus ihrer Rekonstruktion der „Dialektik der Aufklärung" zogen.

Bei den angeführten Vordenkern der Postmoderne findet sich nun in der Tat eine Vernunftkritik, die weit über das von Kant inaugurierte Paradigma der *kritischen Selbstaufklärung und Selbstbegrenzung der Vernunft* hinausgeht - bis zu dem Punkt, wo die Kritik ihren eigenen Geltungsanspruch im vorhinein aufhebt. Und genau darin - in der paradoxen Selbstaufhebung der abendländischen Rationalität - scheint das Vordenken der Postmoderne zu bestehen: diesen Eindruck gewinnt man besonders beim späten Heidegger und bei Derrida. So heißt es z. B. beim späten Heidegger, daß „Gründe" (im Sinne des platonischen „logon didonai" und im Sinne des Leibnizschen „Satzes vom Grunde") nur im Rahmen des zu „verwindenden" „Ge-stells" der abendländischen Metaphysik überhaupt eine Funktion haben können.[2] Derrida hat sich dem angeschlossen und fordert eine Überwindung des „Logozentrismus" der abendländischen Philosophie.[3]

2 Vgl. *M. Heidegger: Der Satz vom Grund.* Pfullingen 1957; In dem späten Vortrag *Das Ende der Philosophie und die Aufgabe des Denkens* von 1964 sagt Heidegger das Folgende über die abendländische Vernunft: „Was heißt ratio, νοῦς, νοεῖν, Vernehmen? Was heißt Grund und Prinzip und gar Prinzip aller Prinzipien? Läßt sich dies jemals zureichend bestimmen, ohne daß wir die Ἀλήθεια griechisch als Unverborgenheit erfahren und sie dann, über das Griechische hinaus, als Lichtung des Sich-verbergens denken? ... Vielleicht gibt es ein Denken außerhalb der Unterscheidung von rational und irrational, nüchterner noch als die wissenschaftliche Technik" (In: *M. Heidegger: Zur Sache des Denkens.* Tübingen 1969. 79).

3 Vgl. *J. Derrida: L' Ecriture et la Différence.* Paris 1967; ders.: *De la grammatologie.* Paris 1967; ders.: *Marges de la Philosophie.* Paris 1972; ders.: *Positions.* Paris 1972. Derrida möchte im Geiste Heideggers noch über Heidegger hinausgehen und auch das Denken der Wahrheit des Seins noch als „logozentrisch" im Sinne der Metaphysik der „Präsenz" und insofern der Subjekt-Objekt-Relation „dekonstruieren": «La pensée du sens ou de la vérité de l'Etre, la determination de la différance en différence ontico-ontologique, la différence pensée dans l'horizont de la question de l'Etre, n'est-ce pas encore un effet

Ich möchte nun in dieser sich selbst aufhebenden Vernunft- oder Logos-Kritik eine interne Herausforderung der Gegenwartsphilosophie sehen, die einerseits Symptom-Charakter hat und in ihren externen und internen Motiven *verstanden* werden muß, die aber andererseits auch eine *quasi-pedantische Widerlegung* erfahren sollte. Mir scheint: schon die Tatsache, daß die bislang in Erscheinung getretenen Typen der totalen Vernunftkritik ganz *verschiedene* Aspekte der *Vernunft* bzw. der *Rationalität* oder des *Logos* zum Gegenstand plausibler Kritik gemacht haben, enthält einen formalen Hinweis auf den möglichen Ansatz einer *selbstkonsistenten Vernunftkritik:* sie darf offenbar nicht *total* sein. Dieser Hinweis wird verstärkt durch den Umstand, daß die philosophische Tradition auch selbst schon immer eine Argumentationsstrategie erkennen läßt, mittels derer sie die externe Vernunftkritik gleichsam aufgefangen hat: die Strategie der *reflexiven Selbstdifferenzierung der Vernunft.*

Im folgenden möchte ich nun versuchen, in Anknüpfung an die traditionelle *Selbstdifferenzierungsstrategie* der philosophischen Vernunft und zugleich in heuristischer Anknüpfung an die heute aktuellen Motive der *totalen Vernunftkritik* das Programm einer *philosophischen Rationalitätstheorie* zu skizzieren.[4]

Dabei sollte die heuristische Anknüpfung an die *externen* Motive der aktuellen Vernunftkritik eine *korrigierende* Funktion gegenüber

intra-metaphysique de différance?» (*Marges,* 23). Das Geschehen («mouvement», «déploiement») der «différance», das Derrida denken will, «n'est pas précédée par l'unité originaire et indivise d'une possibilité présente que je mettrai en reserve» (*Positions,* 17). Es geht vielmehr um ein Denken, das «ne veut rien dire», das als «écriture» bloß noch die Spur («trace») der sozusagen verlorenen «archi-écriture» ist: «pure signifiance sans signifié originaire». Wie aber soll es möglich sein, dies zu denken, und das heißt: mit dem Anspruch der *Sinn-* und *Wahrheitsgeltung* auszusagen? – Von dieser Frage geht im folgenden meine Metakritik der Dekonstruktion des Logos der abendländischen Philosophie aus.

4 Für einen ersten Versuch in dieser Richtung vgl. *K.-O. Apel: Types of Rationality To-day: The Continuum of Reason between Science and Ethics.* In: Rationality Today. Ed. Th. Geraets. Ottawa 1979. 307–40. Inzwischen hat J. Habermas in seiner *Theorie des kommunikativen Handelns* (Frankfurt am Main 1981. 2 Bde) neue Maßstäbe auch für eine Theorie der Rationalitätstypen gesetzt.

der reflexiven Selbstdifferenzierung der Vernunft erfüllen. In bezug auf diese korrigierende Funktion der externen Heuristik - d.h. nur in einem vorläufigen und falliblen Sinn - sollte die reflexive Selbstdifferenzierung der Vernunft die Gestalt einer *Theorie der Rationalitätstypen* annehmen.

2. Das Programm einer philosophischen Theorie der Rationalitätstypen

2.1 Vorüberlegungen: die Idee einer transzendentalpragmatischen Letztbegründung der philosophischen Rationalität

Das von mir ins Auge gefaßte Programm einer Theorie der Rationalitätstypen versteht sich also als mögliche Antwort der Vernunft auf die Herausforderung der totalen Vernunftkritik der Gegenwart. Ein solcher Versuch setzt m. E. ein methodologisches Selbstverständnis der Philosophie voraus, das dem vom Postmodernismus propagierten in mehr als einer Hinsicht entgegengesetzt ist. So ist es z. B. unvereinbar mit einem völlig entdifferenzierten, rhetorisch-literarischen Verständnis des philosophischen Diskurses; genauer: mit einem Verständnis, das zwischen fiktiver Rede und Rede mit Wahrheitsanspruch, zwischen suggestiver Überredung und Überzeugung durch Argumente, ja vielleicht sogar zwischen Verhandlung und argumentativem Diskurs keinen Unterschied macht.

Es geht jedoch nicht darum, literarisch-rhetorische Sprachformen völlig zu vermeiden und den heroischen Versuch der Zeit Carnaps und Tarskis zu erneuern, die Sprache der Philosophie auf eine formalisierte Konstruktsprache einzuschränken, die von der subjektiv-pragmatischen Dimension der kontextbezogenen Rede abstrahiert. Das ist schon deshalb nicht möglich, weil der Versuch einer reflexiven Selbstdifferenzierung der Vernunft gerade diejenige Dimension der natürlichen Sprache in Anspruch nehmen muß, die in der logischen Semantik formalisierter Sprachen als Quelle semantischer Antinomien verpönt war: die *transzendentalpragmatische Dimension der aktuellen Selbstreferenz von situationsbezogenen Sprechakten.* Diese Reflexionsdimension der Rede - die gegen Antinomien nicht a priori immun ist - macht die natürliche Sprache zur *pragmatisch letzten Metasprache aller Sprachkonstruktion und auch schon der logischen Objektivierung und Formalisierung von Argumenten.* Insofern erweist sich die natürliche Sprache mit ihrer Metaphorik und ihren kontextabhängigen - z. B. indexikalischen - Bestandteilen als unentbehrliche Sprache der Philosophie.

Weil nun aber eine *philosophische Rationalitätstheorie* - mehr noch als jede andere philosophische Theoriebildung - auf die *Reflexionsdimension* der Sprache angewiesen ist, so muß ihr allerdings daran liegen, den *performativen Selbstwiderspruch* um jeden Preis zu vermeiden. Sie geht davon aus, daß z. B. die *Paradoxie des Lügners* nicht schon deshalb entsteht, weil durch Aussagen wie „Alle Menschen lügen“ oder „Ich lüge immer“ oder „Ich lüge jetzt“ die Sprache *selbstreferentiell* benutzt wird, sondern deshalb, weil durch solche Aussagen der Sprecher seinen aktuellen *Wahrhaftigkeitsanspruch* - und damit auch seinen *Wahrheitsanspruch* - zugleich verneint und somit aufhebt. Das Verbot des *performativen Selbstwiderspruchs* wird auch nicht wie etwa das Verbot des *propositionalen Widerspruchs* „a und non-a“ als Axiom einer Logik-Theorie eingeführt, sondern es ergibt sich aus einer *reflexiven* Einsicht: Aus der Einsicht, daß bei der Einführung jeder denkbaren Theorie bzw. aller denkbaren Axiome die *performative Selbstkonsistenz der Rede* schon vorausgesetzt ist. Die Forderung der Selbstkonsistenz beruht somit nicht auf einer *Setzung* oder *Entscheidung* -, sondern sie ist eine Bedingung der Möglichkeit jeder als sinnvoll verstehbaren Setzung oder Entscheidung; als solche ist sie für das Denken qua Argumentieren *nichthintergehbar.* Offensichtlich kann man daher das Verbot des performativen Selbstwiderspruchs auch nicht *begründen,* wenn man darunter - wie in der Logiktradition üblich - die *Herleitung von etwas aus etwas anderem* (z. B. Deduktion oder Induktion) versteht. Jede *solche* Begründung müßte natürlich das zu Begründende schon voraussetzen, also eine *petitio principii* begehen. Aber indem man dies einsieht, sieht man zugleich ein, daß bei unserem Prinzip eben durch die *reflexive Einsicht,* daß es für jede objektiv-logische Begründung schon vorausgesetzt ist, eine philosophisch hinreichende Begründung schon geleistet ist. Ich habe dies die *transzendentalpragmatische Letztbegründung* der Philosophie genannt; und ich habe, ausgehend von der nichthintergehbaren Voraussetzung des zu vermeidenden pragmatischen oder performativen Selbstwiderspruchs, das folgende Kriterium einer *philosophischen – transzendentalpragmatischen* – Letztbegründung von Prinzipien der theoretischen und praktischen Philosophie vorgeschlagen: *Diejenigen Präsuppositionen des Argumentierens können als letztbegründete Prinzipien angesehen werden, die ohne performativen Selbstwiderspruch nicht bestritten und eben deshalb auch nicht ohne Zirkel (petitio principii) logisch begründet werden können.*[5]

Ich nenne die in diesem Sinne letztbegründbaren Präsuppositionen der Argumentation die *Prinzipien der philosophischen Diskurs-Rationalität* – kurz: die Prinzipien der *Vernunft* oder des *Logos* –; und ich kann an dieser Stelle nur behaupten, daß es sich um die hinreichenden Prinzipien sowohl der *theoretischen* wie auch der *praktischen* Vernunft – also der Ethik – handelt. Wir haben damit m. E. schon den *Typus der philosophischen Rationalität* vorgreifend charakterisiert – und zwar nicht so sehr durch das *Ergebnis* unserer Überlegungen als durch die *Methode,* die wir bei der vorläufigen Eruierung der Prinzipien der Diskursrationalität angewendet haben: Wir haben den ersten und grundlegenden Typus der philosophischen Theorie der Rationalitätstypen nicht axiomatisch eingeführt, sondern dadurch, daß wir nach derjenigen Rationalität fragten, die von einer *Theorie der Rationalität* vorausgesetzt werden muß. Eben dies ist die *Rationalität des argumentativen Diskurses.*

5 Vgl. *K.-O. Apel: Das Problem der philosophischen Letztbegründung im Lichte einer transzendentalen Sprachpragmatik.* In: Sprache und Erkenntnis. Festschr. f. G. Frey. Hrsg. von B. Kanitscheider. Innsbruck 1976. 55–82. – Vgl. hierzu zuletzt *W. Kuhlmann: Reflexive Letztbegründung: Untersuchungen zur Transzendentalpragmatik.* Freiburg/München 1985, ferner *D. Böhler: Rekonstruktive Pragmatik.* Frankfurt am Main 1985.

Wie verhält sich nun dieser *Rationalitätstyp* - dieser *Logos* - zu dem Begriff von *Rationalität, Logos* oder *Vernunft,* der in der heute gängigen *totalen Vernunftkritik* vorausgesetzt wird?

2.2 Diskussion der Hauptthesen der totalen Vernunftkritik des Postmodernismus

Ich kann bei der Beantwortung dieser Frage nur so vorgehen, daß ich einzelne, prägnante Züge bzw. Argumentations-Topoi der postmodernistischen Logos-Kritik zu dem soeben exponierten Ansatz einer transzendentalpragmatischen Rationalitätstheorie in Beziehung setze.

Dabei möchte ich auch Max Webers immer noch äußerst virulente These vom *okzidentalen Rationalisierungs-* und *Entzauberungs*-Prozeß einbeziehen. In diesem Sinne möchte ich etwa die folgenden Thesen bzw. Suggestionen diskutieren:

1. *Globalthese des Postmodernismus* (im Sinne Heideggers): Der Logos bzw. die Vernunft ist nur das Pendant einer *kontingenten, epochalen Entbergung des Sinns von Sein* im Rahmen der „Seinsgeschichte". Die durch den Logos geprägte Epoche (der Metaphysik) gilt es zu „verwinden", um sich dem noch verborgenen Anderen zu öffnen, das sich dem Logos prinzipiell entzieht. (Im Sinne Derridas könnte die Globalthese lauten: Es gilt den „Logozentrismus" zu überwinden, der das sinnkonstitutive Geschehen der „Differance" verbirgt.)

2. *Spezialthese über den Logos der Metaphysik* (im Sinne Heideggers): Der „Logos" ist seit Platon und Aristoteles als „apophantische" *Aussage des Seienden* in seiner „Anwesenheit" und insofern in seiner *Seiendheit* oder in seinem *Wesen (essentia)* gedacht. Insofern entzieht sich dem Logos der Metaphysik das zeithafte *Sein* in seiner Differenz vom jeweils anwesenden *Seienden* und auch von der entsprechend vorgestellten *Seiendheit.*

3. *Spezialthese über den Logos der Wissenschaft bzw. Technik* (im Sinne Heideggers): In dem apophantischen Logos der klassischen Metaphysik ist die *Subjekt-Objekt*-Relation der neuzeitlichen Wissen-

schaft vorgedacht: die *Vergegenständlichung* und *Verfügbarmachung der Welt und des Menschen für das (transzendentale) Bewußtsein,* die in der Gegenwart – z. B. in der „unanschaulichen" Mikrophysik – ihre letzte Transformation durchmacht: den Übergang vom „Vorstellen" der „Gegenstände" zum bloßen „Errechnen" und „Bestellen" der „Bestände". Kurz: Im „Logos" der abendländischen Philosophie und Wissenschaft ist das „Ge-stell" der modernen Technik, ihrer „Weltverwüstung" und Selbstmanipulation des Menschen angelegt.[6]

4. *Spezialthese über den okzidentalen Rationalisierungsprozeß* (im Sinne Max Weber): Die höchste Form der modernen Rationalität besteht in der *(Mittel-)Zweck-Rationalität* (die sich als „objektive Zweckrationalität" auf die kausalanalytische und insofern auch prognostische Rationalität der modernen Naturwissenschaft stützt.) Demgegenüber ist die reine *Wertrationalität* (Orientierung am Wert der Handlungsweise ohne Berücksichtigung der vorhersehbaren Folgen) prinzipiell weniger rational, da sie auf *subjektive Letztentscheidungen über die Wertungs-Axiome* rekurrieren muß. Darin liegt das Resultat des abendländischen *Rationalisierungs-* und *Entzauberungs*-Prozesses.

5. *Semiotische Spezialthese* (im Sinne von Derrida): Der „Logozentrismus" der abendländischen Philosophie impliziert im Sinne des „Phonozentrismus", daß die *prinzipielle Zeichengebundenheit der Sinnkonstitution* – und insofern das zeitliche Geschehen der sinnkonstitutiven „Differance" – übersehen wird (sich verbirgt) zugunsten der vermeintlich evidenten *Präsenz* des Sinns für das Bewußtseins-Subjekt.

2.2.1 Zur *Globalthese des Postmodernismus* möchte ich vorab folgende Antwort ins Auge fassen: Der hier gemeinte Logos bzw. die hier gemeinte Vernunft kann – bei Strafe des *performativen Selbstwiderspruchs* – nicht mit *dem* Logos bzw. *der* Vernunft identisch sein, die im *Geltungsanspruch* der Globalthese vorausgesetzt wird. Als Ge-

6 Vgl. hierzu insbesondere *M. Heidegger: Die Frage nach der Technik.* in: *Vorträge und Aufsätze.* Pfullingen 1954.

genstand der seinsgeschichtlichen Relativierung kann sinnvollerweise allenfalls ein eingeschränkter Vernunftbegriff – ein *abstraktiver Rationalitätstypus* – gemeint sein. Der faktisch im Geltungsanspruch der These vorausgesetzte Logos der Philosophie dagegen ist in dem von mir exponierten Typus der – *selbstreflexiven* – *Diskursrationalität* schon prinzipiell in Sicht gekommen. Das erweist sich vor allem durch die folgende Überlegung:

Die „ontisch-ontologische Differenz", und damit das zeithafte Sein im Unterschied zum Seienden bzw. zur Seiendheit, kann nur deshalb zur Diskussion stehen, weil die Differenz offenbar als solche sprachlich thematisiert und insofern zum „Gegenstand" wahrer oder falscher Aussagen gemacht werden kann. Das besagt nicht, daß wir nicht mit „lichtend-verbergenden" Welt-Sinnerschließungen primär sprachlicher Art zu rechnen hätten, die uns als geschichtliche „Ereignisse" inhaltlich unverfügbar sind. *Insofern* ist die Möglichkeit richtiger und falscher Urteile, die auf innerweltliche Phänomene bezogen sind, in der Tat von einer vorgängigen *Sinn-Entbergung* („a-letheia") abhängig. Doch diese kann als seinsgeschichtliches „Ereignis" nicht den Logos der Philosophie im ganzen erst konstituieren; vielmehr muß die *reflexive Selbsttranszendierungs-Potenz des Logos* der *Sinn-Differenzierungs-Potenz der Seinsgeschichte* im Prinzip entsprechen; und darüber hinaus muß unterstellt werden, daß die Potenz der kommunikativen, sprachlichen Verständigung über Sinn, die im argumentativen Diskurs hermeneutisch mobilisiert wird, auch dem unverfügbaren inhaltlichen Reichtum der Welt-Sinn-Entbergung im Prinzip gewachsen ist.

Trotz dieser Versicherung der komplementären und gewissermaßen koextensiven und kointensiven Potenz von zeitlicher Sinn-Differenzierung und selbstreflexivem Diskurs-Logos bleibt jedoch die folgende Frage offen: Besteht nicht ein prinzipieller *Primat des a-rationalen Geschicks der geschichtlichen Sinn-Konstitution gegenüber aller philosophischen und wissenschaftlichen Theorien-Systematik?* Bleibt diese nicht, soweit sie sich auf innerweltliche Phänomen-Evidenzen stützt, hinsichtlich der Selektion und Interpretation der Phänomene letztlich angewiesen auf die geschichtlich-geschickhafte

Sinn-Entbergung, die immer zugleich Sinn-Verbergung ist? Muß nicht in diesem Sinne der Gedanke des *Wahrheits-Fortschritts* auf begrenzte Sinn-Horizonte – z. B. auf paradigma-abhängige „normal science" im Sinne von Thomas Kuhn[7] – eingeschränkt werden? Und muß nicht z. B. der Gedanke des *ethisch relevanten moralischen Fortschritts* ebenso wie die Unterstellung *universaler ethischer Prinzipien* völlig aufgegeben werden, da auch alle sogenannten universalen Prinzipien von epochalen Sinnhorizonten – und somit von partikularen Lebensformen – abhängig sind? Muß daher nicht eine *postkonventionelle Verantwortungsethik* im Bereich des *normativ Ungewissen* angesiedelt sein – nur dem „Gewissensruf" der „lautlosen Stimme des Seins" verpflichtet?[8]

Die Antwort auf diese – für den *Postmodernismus* charakteristischen – Suggestionen muß m. E. eine zweifache sein:

1. Zunächst ist darauf hinzuweisen, daß das Abhängigkeitsverhältnis zwischen Wahrheit qua *Urteils-Richtigkeit* (und *Kohärenz!*) einerseits, *Welt-Sinnerschließung* andererseits kein so einseitiges ist, wie dies von Heidegger – und in ähnlicher Form von den post-Wittgensteinschen „Framework"-Theorien – suggeriert wird. Alle *Lernprozesse* nämlich, die sich auf die *Bewährung* von Annahmen stützen, bilden ein Gegengewicht zur A-Rationalität und Schicksalhaftigkeit der Sinn-Entbergungen: sie sind zwar einerseits durch die sprachlichen Horizonte einer epochalen Weltsinnerschließung erst ermöglicht, doch sie vermögen andererseits – aufgrund der *Bewährung an den ontischen Evidenzen, die im Lichte der Weltsinnerschließung zugänglich sind* – auch ihrerseits die weitere sprachliche Weltsinnerschließung mitzubestimmen.

Insofern ist es irreführend, wenn der späte Heidegger das Phänomen der Weltsinnerschließung einseitig als „Zuschickung" des zeithaften Seins interpretiert – so als ob das – von uns tatsächlich als a-rational erfahrene – Geschehen der *Zeitigung der Zeit* identisch

7 Vgl. *Th. S. Kuhn: The Structure of Scientific Revolutions.* Chicago 1962.

8 Vgl. die Podiumsdiskussion mit J. Derrida in: *Die Krise der Phänomenologie und die Pragmatik des Wissenschaftsfortschritts.* Hrsg. von M. Benedikt und R. Burger. Wien 1986. 168–179.

wäre mit dem Geschehen des *Ursprungs von Sinn* - oder sogar von Wahrheit qua „a-letheia". Viel näher war Heidegger m. E. der Wahrheit, als er - in ‚Sein und Zeit' - die Struktur der Welterschließung im Sinne des „hermeneutischen Zirkels" zu bestimmen versuchte, in den der Philosoph nur richtig hineinkommen müsse.[9] Freilich blieb auch damals - wie später in der „hermeneutischen Philosophie" Gadamers - die Frage unbeantwortet, wie der Philosoph denn richtig in den fruchtbaren Zirkel des explikativen Verstehens der Weltsinnerschließung hineinkommt, ob es dafür - außer dem willkürlichen Entwurf oder dem zeitlichen Geschick - noch irgendwelche *normativen Richtmaße* geben kann. Hier muß m. E. die zweite, ergänzende Antwort auf das zuletzt aufgeworfene Problem ansetzen:

2. Auch wenn man von dem Phänomen der *Bewährung* von Erkenntnissen in Lernprozessen ausgeht, bleibt die Frage nach den *Kriterien der Bewährung* - gewissermaßen der Selektion von kognitiven Innovationen auf der Ebene der Kulturevolution. Es gibt bekanntlich Lerntheorien, die suggerieren, daß es sich hier letztlich bloß um eine Fortsetzung der biologischen Anpassungsprozesse im Interesse des Überlebens einer Population (genauer: im Interesse der „Gen-Proliferation") handelt. In diesem Falle ließen sich Wahrheit und Bewährung in einem sozialdarwinistischen Sinne auf Anpassung und Selektion reduzieren, und es gäbe keine *normativen, kulturspezifischen Kriterien der Erkenntnisbewährung* - nicht zu reden von normativen Kriterien der Selektion von Verhaltensregeln im Sinne moralischer Lernprozesse. Zyniker könnten geneigt sein zu sagen: das sei eben für den ernüchterten Blick die wissenschaftliche Außenseite des Geschehens, das die Postmodernisten mit Heidegger als geschickhafte Entbergung und Verbergung des Seinssinnes erführen. Und worin sollte denn auch das objektive und praktisch relevante Kriterium der Unterscheidung zwischen den beiden Sichtweisen bestehen? Bringen sie nicht beide einen kultur- und geschichtsphilosophischen *Nihilismus* zum Ausdruck?

9 Vgl. *M. Heidegger: Sein und Zeit.* Halle [5]1941, 153, 314 ff.

An diesem Punkt der Erörterung möchte ich nun die *normativen Kriterien* des Verstehens, und d.h. der *rationalen Nachkonstruktion,* von kulturellen Lernprozessen zur Geltung bringen, die im *Logos der Diskursrationalität* „immer schon" enthalten sind. Es handelt sich hier m.E. um diejenigen (transzendentalen) Konstituentien der Vorstruktur des „Daseins" - und das heißt: des sich und die Welt im „Mitsein" mit Anderen verstehenden „In-der-Welt-seins" -, die Heidegger in *Sein und Zeit* nicht analysiert hat: die er damals schon bei seiner quasi-reflexiven Analyse im Sinne der *Logosvergessenheit* übersprungen hat - zugunsten einer Analyse der Abhängigkeit des Verstehens von der „Geworfenheit" des Daseins, deren Kontingenz er später als „Zuschickung" im Sinne des „Seins-Geschicks" begreifen wollte.[10]

10 Vgl. meine Auseinandersetzung mit Heidegger und Gadamer in *K.-O. Apel: Transformation der Philosophie.* Frankfurt am Main 1973. Bd 1. Einleitung, 38ff. - Inzwischen bin ich zu der Überzeugung gelangt, daß die Heideggersche und Gadamersche Analyse der „Vorstruktur des Verstehens" einer noch weit radikaleren Revision bedarf. Wenn es darum geht, Husserl - den letzten Klassiker einer „prä-linguistischen" und „prä-hermeneutischen" *Transzendentalphilosophie des Bewußtseins bzw. des Subjekts* - im Sinne eines „post-linguistischen" bzw. „post-hermeneutischen" Paradigmas der Philosophie zu überwinden, dann darf die Vertiefung bzw. Transformation des *Apriori*-Problems *nicht nur* in der Richtung der *präreflexiven* Voraussetzungen der *Faktizität des In-der-Welt-seins,* kurz: in der Richtung des *Aprioris der kontingenten Lebenswelt,* gesucht werden. Obgleich einzusehen ist, daß das Apriori der geschichtlich-kontingenten Lebenswelt identisch ist mit dem *Apriori der Sinnkonstitution,* über die *das reine Bewußtsein* keine Macht hat, bleibt so das letztere als *Apriori der Gültigkeitsreflexion* unangetastet, denn über diese hat wiederum das Apriori der geschichtlich-kontingenten Lebenswelt keine Macht. Dies zu übersehen macht die *Logos-Vergessenheit* bei Heidegger und Gadamer (und natürlich im gesamten Postmodernismus) aus. Nun läßt sich aber zeigen, daß auch die transzendentale Selbstreflexion des *ego cogito* auf seine *Gültigkeitsbedingungen* einer „postlinguistischen" Transformation bedarf: sie führt nicht zurück auf ein prinzipiell einsames Bewußtsein des *Ich denke* (im Sinne des *methodischen Solipsismus* von Descartes und Husserl), sondern bleibt im Rahmen des sprachlichen Selbstverständnisses und seiner öffentlich gültigen Artikulation; kurz: sie führt auf das *Apriori des Argumentierens* bzw. *des argumentativen Diskurses* und seines, auch vom Seins-Geschick nicht transzendierbaren, *Logos.*

Die in Frage stehenden *normativen Kriterien der rationalen Nachkonstruktion von kulturbezogenen Lernprozessen* sind m. E. in jenen *nichtkontingenten* Konstituentien der „Vorstruktur" des verstehenden In-der-Welt-seins enthalten, welche die Bedingungen der Möglichkeit und Gültigkeit der *philosophischen Analyse* des verstehenden In-der-Welt-seins ausmachen. Dazu gehören z. B. die *vier universalen Geltungsansprüche jeder Argumentation:* der *Sinn*-Anspruch, der *Wahrheits*-Anspruch, der *Wahrhaftigkeits*-Anspruch und der ethisch relevante *Richtigkeits*-Anspruch der kommunikativen Sprechakte im Sinne der immer schon implizit anerkannten *Normen einer idealen Kommunikationsgemeinschaft.* Des weiteren gehört dazu die Präsupposition, daß die vier Geltungsansprüche im Prinzip (wenn auch selten empirisch faktisch) *rational* - im Sinne der Diskursrationalität - *einlösbar* sind.[11] Diese letztere Präsupposition muß im aktuellen Argumentieren sogar den Charakter einer *kontrafaktischen Antizipation des Ideals der Konsensbildung* annehmen. Jeder Diskussionsredner bezeugt dies nolens volens - auch wenn er das Gegenteil behauptet.

Diese notwendigen Bedingungen des Argumentierens enthalten nun die normativen Kriterien der rationalen Nachkonstruktion von Lernprozessen insofern als sie, in formaler Anzeige, ein *Ziel* aller kulturellen Lernprozesse vorgeben: ein Ziel, das in der ontogenetischen und phylogenetischen Dimension der kulturellen Lernprozesse des Menschen neben allen Überlebens- und Selbstbehauptungsstrategien zumindest auch als regulatives Prinzip des Lernens eine Rolle spielen muß. Es handelt sich hier nicht um ein substantielles Telos im Sinne der älteren Metaphysik des guten Lebens oder der spekulativen Geschichtsphilosophie; aber es handelt sich doch

11 Vgl. *J. Habermas: Theorie des kommunikativen Handelns.* Bd 1. Kap. 3. Ders.: *Vorstudien und Ergänzungen zur Theorie des kommunikativen Handelns.* Frankfurt am Main 1984. Kap. 2 und 8. Ferner *K.-O. Apel: Zwei paradigmatische Antworten auf die Frage nach der Logos-Auszeichnung der menschlichen Sprache.* In: Kulturwissenschaften. Hrsg. von H. Lützeler. Bonn 1980, 13-68. Und ders.: *Die Logos-Auszeichnung der menschlichen Sprache: die philosophische Tragweite der Sprechakttheorie.* In: *Sprache interdisziplinär.* Hrsg. von H.-G. Bosshardt. Berlin/New York 1986. 45-86.

um ein teleologisches Prinzip, das jeder Versuch einer rationalen Rekonstruktion menschlicher Evolutionsprozesse voraussetzen muß: Er muß ja, um sich selbst als Ergebnis der Evolution zu verstehen, die notwendigen Präsuppositionen der eigenen Rekonstruktionskompetenz, die den Logos der Diskursrationalität ausmachen, auch als mögliches Telos der zu rekonstruierenden Lernprozesse unterstellen. Ich habe dies das *Selbsteinholungs-Postulat* der rekonstruktiven Wissenschaften genannt.[12]

Einen äußerst fruchtbaren und vielversprechenden Ansatz im Sinne einer Realisierung des soeben angedeuteten Konzepts der Rekonstruktion von Lernprozessen bildet m. E. die *kognitive Entwicklungspsychologie* von Jean Piaget und, auf dieser Basis, die *Rekonstruktion der Entwicklung der moralischen Urteilskompetenz* durch L. Kohlberg und seine Mitarbeiter.[13] In diesen Theorien ist gewissermaßen eine Vermittlung zwischen dem idealen Telos der rationalen Einlösung von universalen Geltungsansprüchen des Logos und dem biologischen Telos der lebensnotwendigen Anpassung von Individuen ins Auge gefaßt: in Gestalt nämlich des Konzepts einer *Hierarchie von Entwicklungs-Stufen im Sinne der progressiven Realisierung des Äquilibriums zwischen der rationalen Urteilsbildung und der lebensnotwendigen Anpassung an die natürliche und soziale Umgebung.* Da nun die von Piaget und Kohlberg untersuchten Lernprozesse im Sinne der *Ontogenese* des menschlichen Bewußtseins in ihrer faktischen Realisierung nicht nur von natürlichen, sondern auch von soziokulturellen Umweltbedingungen abhängig sind, so ergibt sich die Notwendigkeit, auch für die *phylogenetische* Dimension der Kultur-

12 Vgl. *K.-O. Apel: Die Situation des Menschen als ethisches Problem.* In: Der Mensch und die Wissenschaften vom Menschen. Die Beiträge des XII. deutschen Kongresses für Philosophie. Hrsg. von G. Frey. Innsbruck 1983, 31–49.

13 Vgl. insbesondere *L. Kohlberg: The Philosophy of Moral Development.* San Francisco 1981. – Dazu *J. Habermas: Moralbewußtsein und kommunikatives Handeln.* Frankfurt am Main 1983. Kap. 2 und 4. Ferner *K.-O. Apel: Die transzendentalpragmatische Begründung der Kommunikationsethik und das Problem der höchsten Stufe einer Entwicklungslogik des moralischen Bewußtseins.* In: Archivio di filosofia. 56 (1986), 107–57.

evolution die Möglichkeit eines *Fortschritts durch Lernprozesse* im Sinne der progressiven Realisierung des Telos der rationalen Einlösung von universalen Geltungsansprüchen zu unterstellen. Auch in dieser Dimension gibt es inzwischen Ansätze zu einer Theorie rationaler Lernprozesse.

Ich kann damit meine Antwort auf die an Heidegger orientierte Globalthese des Postmodernismus abschließen und zusammenfassen:

1. Der Geltungsanspruch des *Logos* oder der *Vernunft* überhaupt kann nicht als kontingentes, epochales Ergebnis der Seinsgeschichte verstanden werden, da eine solche These ihren eigenen Geltungsanspruch aufheben würde.

2. Der von jeder Argumentation vorausgesetzte *Logos der Diskursrationalität* enthält auch das *Telos der rationalen Rekonstruktion von kulturellen Lernprozessen.* Diese stellen ein Gegenargument dar gegen die Vorstellung der Abhängigkeit aller Erkenntnis von a-rationalen, geschickhaften Entbergungen und gleichzeitigen Verbergungen des Sinns von Sein. Es besteht kein Anlaß, die *Idee des Fortschritts* – im Sinne des Wahrheits-Fortschritts und im Sinne des Fortschritts der moralischen Urteilskompetenz – völlig aufzugeben; sie ist vielmehr – in einem freilich von der spekulativen Teleologie der traditionellen Metaphysik verschiedenen Sinn – für alle Rekonstruktion von menschlichen Lernprozessen vorausgesetzt.

2.2.2. Bei der Diskussion der zweiten und dritten These Heideggers (über den Logos der Metaphysik bzw. der neuzeitlichen Wissenschaft und Technik) kann ich der Vernunftkritik des Postmodernismus erstmals entgegenkommen – und zwar im Sinne des Programms einer heute möglichen und nötigen kritischen Selbstdifferenzierung der Vernunft. Es läßt sich in der Tat folgendes zeigen:

Der *apophantische Logos* der klassischen Metaphysik wurde schon bei Platon und Aristoteles im Sinne der Abstraktion von der *pragmatischen* Dimension der Rede auf die *propositionale Repräsentation von Sachverhalten* eingeschränkt. Die nicht in diesem Sinne repräsentativen Funktionen der Rede im *Dialog* - und das heißt: die *kommunikativen* und *selbstexpressiven* Funktionen und die damit intern verknüpfte Funktion der *Reflexion auf die aktuellen Geltungsansprüche der Argumentation* -: diese Funktionen wurden (in einem Fragment über den „Logos", das dem Theophrast zugeschrieben wird) ausdrücklich vom apophantischen Logos der Philosophie abgetrennt und der Rhetorik und Poetik zugewiesen.[14]

Diese sukzessive Einengung der „Logosauszeichnung" der Sprache in der Tradition der logisch orientierten Sprachphilosophie reflektiert in der Tat eine entsprechende Entwicklung des Logos der Metaphysik zum *technisch-szientifischen Logos* des „Ge-stells" im Sinne Heideggers. Das zeigt sich insbesondere an der - von Leibniz spekulativ antizipierten - Begründung der logischen Semantik bei Frege und Tarski. Bei Frege nämlich wurde nicht nur - wie wohl schon im Begriff des „Lekton" der Stoiker - der semantische Indikator der *Behauptung* als *subjektiv-psychologisches* Moment aus dem Begriff der *propositionalen Aussage* eliminiert; zugleich damit wurde hier die *Aussage* erstmals nach dem Muster der *mathematischen Funktion* verstanden. Tarski verstand dementsprechend den *Satz* als Spezialfall der *Satz-Funktion,* d.h. im Sinne der „gesättigten" Satz-Funktion. Damit war der in der modernen Naturwissenschaft und Technik vorausgesetzte Logos zumindest auf der Ebene der Sprachphilosophie voll ausgebildet: der Logos des „calculus ratiocinator" (Leibniz) oder - in Heideggers Sprache -: des „Errechnens der Welt-Bestände" unter Ausschaltung alles *wertenden Verstehens der subjektiven und der kommunikativen Welt-Dimensionen.*

Wenn man dies zugibt und als Bestätigung der Heideggerschen Thesen gelten läßt, dann muß man aber zugleich auch eine Gegenrechnung aufmachen, indem man die Rekonstruktion der Entwicklung im Sinne der *Ausdifferenzierung von Rationalitätstypen* vervollständigt. Dabei geht es sowohl um eine Vervollständigung der Cha-

14 Vgl. hierzu und zum folgenden *K.-O. Apel: Die Idee der Sprache in der Tradition des Humanismus von Dante bis Vico.* Bonn ^{3}1980. Kap. V. Sowie ders.: *Die Logosauszeichnung der menschlichen Sprache.* (s. Anm. 11).

rakterisierung des technisch-szientifischen Rationalitätstyps wie andererseits um seine Ergänzung durch einen komplementären Rationalitätstyp.

Zunächst möchte ich nur die Ungenauigkeit korrigieren, die darin liegt, daß in der von mir skizzierten sprachlogischen Genealogie des Logos des „Ge-stells“ der *Unterschied* zwischen der *logisch-mathematischen* und der *szientifisch-technischen* Rationalität nicht berücksichtigt ist. Schon im Sinne Kants läßt sich dieser Unterschied ja als solcher der *analytischen* Bestimmungen der Sprach-Logik und der *a priori synthetischen* Bestimmungen der gegenständlichen Welt-Konstitution im Sinne der *kategorialen* Begriffe des „reinen Verstandes“ und der *Anschauungsformen* der „reinen Sinnlichkeit“ denken.

Aus der Sicht einer *transzendentalpragmatischen* Transformation der Kantschen Erkenntnistheorie kann man indessen sagen, daß die Konstitution der gegenständlichen Natur im Sinne der Physik - oder besser der *Protophysik* - außer Anschauungsformen und Kategorien des Verstandes auch noch ein bestimmtes erkenntnisleitendes Frage-Interesse und dementsprechend eine bestimmte *Form des leibhaften Eingreifens* in die Welt im Sinne des technischen „Stellens“ - z.B. des Messens - voraussetzt. Paul Lorenzen und seine Schüler haben das für die *Protophysik der Raum- und Zeitmessung* gezeigt.[15] Ich selbst würde - in Anknüpfung an G. H. von Wright - besonders betonen, daß unsere protophysikalische Erwartung von *kausalnotwendigen* Beziehungen zwischen Ereignissen immer schon unsere Gewißheit voraussetzt, daß wir durch einen Handlungseingriff in die Natur etwas herbeiführen können, was ohne den Eingriff nicht eintreten würde.[16]

15 Vgl. *P. Lorenzen: Methodisches Denken.* Frankfurt am Main 1968. bes. 120ff.; ders.: *Grundbegriffe technischer und politischer Kultur.* Frankfurt am Main 1985. Kap II „Technik“; *P. Janich: Protophysik der Zeit.* Frankfurt am Main 1980. - Dazu *Protophysik.* Hrsg. von G. Böhme. Frankfurt am Main 1976.

16 Vgl. *G.-H. von Wright: Explanation and Understanding.* Ithaca 1971. Ch. II. - Dazu *K.-O. Apel: Die Erklären: Verstehen-Kontroverse in transzendentalpragmatischer Sicht.* Frankfurt am Main 1976. 97ff.

Unter der Voraussetzung der soeben angedeuteten transzendentalpragmatischen Bedingungen der Möglichkeit protophysikalischer Weltkonstitution wird nun m.E. der interne – d.h. nicht kontingente – Zusammenhang zwischen der *naturwissenschaftlichen-experimentellen Kausalanalyse* und dem *instrumentellen Handeln der Technik* verständlich. Und unter der Voraussetzung dieses internen Zusammenhangs gewinnt man eine deutlichere Vorstellung des Rationalitätstyps, der – unter der Voraussetzung des *logisch-mathematischen* Typs, doch auch im Sinne darüber hinausgehender Voraussetzungen – dem zugrundeliegt, was Heidegger den Logos des „Gestells" genannt hat: Es handelt sich hier m.E. um einen Rationalitätstyp, der auf der a priori bestehenden (transzendental-pragmatisch zu verstehenden) Interdependenz zwischen der Fähigkeit zum erfolgreichen *instrumentellen* Handeln und der Fähigkeit zu *kausalanalytischer* (oder statistischer) *Erklärung* bzw. *Prognose* von Ereignissen beruht. Man kann dies Vermögen der kognitiven und praktischen Weltkontrolle insgesamt den *technisch-szientifischen* Logos nennen; aber es ist natürlich auch möglich – je nachdem, ob das *kognitive* oder das *praktische* Interesse vorherrscht und die Fragestellung bestimmt – zwischen dem Logos der nomologisch erklärenden Naturwissenschaft und dem der instrumentellen Technik zu unterscheiden. Gerade bei der hier vorgenommenen Unterscheidung von „Theorie" und „Praxis" sollte man aber den *internen – a priori* bestehenden – Zusammenhang zwischen der hier möglichen *Welt-Sinnkonstitution* (der „Freigabe" oder „Entbergung" des Sinns von Sein) und dem zugehörigen *technisch-praktischen Erkenntnisinteresse* im Auge behalten. Denn das magiefreie moderne Verhältnis zwischen dem „theoretischen" und dem „praktischen" Aspekt des „Ge-stells" besteht offenbar darin, daß das technisch-praktische Interesse sich dem wertfreien Beschreibungs- und Erklärungsinteresse *scheinbar vorbehaltslos* unterwirft, um gerade auf diesem Umweg als vorgängiges Interesse an der technischen Weltkontrolle triumphieren zu können: „natura non nisi parendo vincitur" (Fr. Bacon).

Auch nach dieser Ergänzung unserer Rekonstruktion von Rationalitätstypen im Sinne der Differenzierung zwischen dem *logisch-*

mathematischen und dem *technisch-szientifischen* Typ läßt sich unsere Rekonstruktion offenbar als explikative Bestätigung der Heideggerschen Rede vom „Ge-stell" als dem Logos der abendländischen Naturwissenschaft und Technik auffassen. Doch mit dieser Rekonstruktion ist m. E. die Potenz des Logos überhaupt im Sinne des „okzidentalen Rationalisierungsprozesses" keineswegs ausgeschöpft.

Es geht jetzt darum, im Lichte der *rekonstruktiv einzuholenden Diskursrationalität* die geschichtliche Verbindung herzustellen zwischen der schon im antiken Griechenland entdeckten Rationalität des menschlichen *Dialogs* und dem *Logos der hermeneutischen oder Verständigungswissenschaften* im weitesten Sinn. Die Brücke zwischen Antike und Gegenwart bildet hier in der abendländischen Tradition das System der „technai logikai" (artes sermocinales), zu dem schon in der Antike außer der *Logik* bzw. *Dialektik* auch die *Grammatik* und die *Rhetorik* – und im weiteren Sinne auch die *Poetik* und die *Hermeneutik* – gehörten. Dieses System hat im pädagogisch maßgebenden Traditionsvehikel der „artes liberales" weitergelebt, und es hat in der Renaissance den neuen Logos der „studia humanitatis" aus sich entlassen, der seinerseits wiederum – zusammen mit dem hermeneutischen Logos der Theologie und der Jurisprudenz – die Vorstufe der *hermeneutisch verstehenden Geisteswissenschaften* im weitesten Sinn bildete.

Doch worin besteht der *Logos der hermeneutischen Verständigungswissenschaften,* sofern er vom *technisch-szientifischen Logos* verschieden sein soll? Diese Verschiedenheit ist bezeichnenderweise oft bestritten worden – und zwar sowohl aus der szientistischen Perspektive des Programms der *nomologischen Einheitswissenschaft* als auch umgekehrt aus der Heideggerschen Perspektive der kritischen Globalreduktion des Logos der abendländischen Wissenschaft insgesamt auf den Logos des „Ge-stells".

Demgegenüber möchte ich die Eigenart und die *normativ-verbindliche Eigenständigkeit des hermeneutischen Logos* als *Voraussetzung und Ergänzung des technisch-szientifischen Logos der Subjekt-Objekt-Relation* im Sinne der *inter-subjektiven Verständigung über Gründe und Geltungsansprüche* verständlich machen. Ich kann dabei

– im Sinne einer *Komplementaritäts*-These[17] – sowohl an die skizzierte Verengung des Logos-Begriffs in der Tradition der *logischen Semantik* wie an die entsprechende Einseitigkeit der *technisch-szientifischen* Subjekt-Objekt-Relation anknüpfen.

In beiden Fällen liegt der Grund zur Kritik ja nicht darin, daß man im Interesse der logisch-semantischen Repräsentation bzw. der nomologischen-technologischen Kontrolle dessen, was der Fall ist bzw. voraussichtlich der Fall sein wird, von den subjektiv-intersubjektiven Welt- und Dialog-Dimensionen immer konsequenter abstrahierte; der Grund zur Kritik liegt vielmehr darin, daß man auf die Eigenart und Tragweite dieser Abstraktion nicht philosophisch-radikal reflektierte, sondern im Gegenteil die abgeblendeten Dimensionen entweder vergaß oder sie lediglich als das *noch nicht Objektivierte,* und das heißt: als potentielles Thema einer noch ausstehenden Objektivierung und entsprechenden technisch-szientifischen Kontrolle verstand. In diesem Sinne konnte z. B. der post-kartesische *Szientismus* von vornherein davon ausgehen, daß man bei radikaler Reflexion nicht nur das bislang Repräsentierte und Kontrollierbare, sondern schlechthin die Welt, und das heißt: auch die Anderen und sich selbst, prinzipiell *als Bewußtseins-Gegenstand wertfrei distanzieren* könnte. Man bemerkte dabei gar nicht mehr, daß selbst die radikalste kognitive *Weltdistanzierung im Sinne der Subjekt-Objekt-Relation* immer noch ein *sprachliches Selbst- und Weltverständnis* und insofern *die zur Subjekt-Objekt-Relation komplementäre Subjekt-Kosubjekt-Relation der kommunikativen Verständigung* voraussetzen muß; vielmehr konnte jeder einzelne glauben, daß er auch unter der Voraussetzung der totalen Weltvergegenständlichung – also als *solus ipse* – immer noch zur *Erkenntnis von etwas als etwas* in der Lage wäre.

17 Vgl. hierzu und zum folgenden *K.-O. Apel: Transformation der Philosophie.* Bd 2. 96 ff. Ders.: *Die Erklären: Verstehen-Kontroverse,* 268 ff. Ders.: *Diltheys Unterscheidung von ‚Erklären' und ‚Verstehen' im Lichte der Problematik der modernen Wissenschaftstheorie.* In: Dilthey und die Philosophie der Gegenwart. Hrsg. von E. W. Orth. Freiburg/München 1985. 285–348.

Eben diese *methodisch-solipsistische Unterstellung des kartesischen Erkenntnissubjekts* bildet nun m. E. den Grund für das „szientistische" Unvermögen, die *hermeneutischen* Voraussetzungen der Naturwissenschaften und der Technik, und in diesem Sinne die *komplementäre* Funktion und methodische Einstellung der hermeneutischen Verständigungswissenschaften, anerkennen zu können. Sie bildet aber darüber hinaus auch den Grund für die post-Humesche Vorstellung, das Erkenntnis-Subjekt müsse - nach vollzogener Weltdistanzierung - *aus den wertfrei objektivierten Fakten die Normen der Ethik herleiten,* wenn es denn so etwas überhaupt geben sollte. Demgegenüber kann die *Komplementaritäts*-These auf den folgenden Umstand verweisen: Auch der Naturwissenschaftler, der im Rahmen seines Logos die Welt zum Gegenstand wertneutraler Fakten-Erklärung macht, muß zur gleichen Zeit nicht nur *Mitglied einer Verständigungsgemeinschaft* sein und insofern ein nicht objektivierendes Verhältnis zu einer Mitwelt unterhalten: er muß in dieser Dimension der Verständigungsgemeinschaft auch immer schon bestimmte *moralische Normen* - solche der gewaltfreien Konsensbildung unter Gleichberechtigten - anerkannt haben. Mit anderen Worten: *der Logos der wertneutralen Naturwissenschaft und Technik* setzt den *hermeneutischen Logos der inter-subjektiven Verständigung* und mit diesem zugleich auch den *Logos einer Ethik der Gemeinschaft der Wahrheitssuchenden* voraus. Dabei besteht die *Komplementarität* der Logos-Formen darin, daß sie sich in der Weise unterscheiden und ergänzen, daß sie gerade nicht - auch in keiner möglichen Zukunft - aufeinander reduzierbar sind, sondern miteinander stehen und fallen.

2.2.3. Schon durch diese auf den Logos der Wissenschaft bezogenen *Komplementaritäts*-These wird m. E. deutlich gemacht, daß die - von Heidegger und in anderer Form auch von Max Weber suggerierte - Gleichsetzung des für den abendländischen Rationalisierungsprozeß maßgebenden Logos mit der szientifisch-technischen und instrumentellen Rationalität eine grobe Vereinfachung und insofern eine Verfälschung der Verhältnisse darstellen muß.

Freilich stimmt unsere Rekonstruktion der abendländischen Entwicklung insoweit mit der Heideggerschen überein, als sie das abstraktive Ausblenden der nicht im „Ge-stell" der Welt-Objektivierung durch das Subjekt integrierbaren Weltbezüge des dialogischen Logos bestätigt; und wir können diesen Befund leicht im Sinne einer partiellen Bestätigung auch der Weberschen Rekonstruktion des abendländischen „Rationalisierungs"- und „Entzauberungs"-Prozesses ergänzen: Kaum ein Zweifel kann ja daran bestehen, daß seit dem Beginn der Neuzeit, bei der Ausdifferenzierung des politischen Systems der „Staatsräson" und des kapitalistischen Wirtschaftssystems aus dem metaphysisch-theologisch orientierten „ordo" der mittelalterlichen Gesellschaft, nicht nur die *szientifisch-technischen,* sondern auch die *instrumentell-strategischen* Formen der Rationalität sich abstraktiv von den politisch-moralischen Ansprüchen des metaphysisch theologischen Weltbildes emanzipiert und diese Ansprüche in den Hintergrund des rational Problematischen oder sogar Obsoleten abgedrängt haben. Insoweit scheint sich ein einheitliches Bild im Sinne der Monopolisierung des „Ge-stells" bzw. der *(Mittel-)-Zweck-Rationalität* zu ergeben.

Doch bei genauerem Zusehen zeigt sich, daß auch die im „Gestell" – und im zweckrationalen Handeln! – komplementär vorausgesetzten Rationalitätstypen durchaus den abendländischen Rationalisierungsprozeß im ganzen mitbestimmt haben – auch dann, wenn sie, wie man zugeben muß, sehr oft ihr eigenes Wesen aus der Sicht des „Ge-stells" bzw. der „Zweckrationalität" her mißverstanden haben.

So ist es de facto bis heute niemals möglich gewesen, die hermeneutische Weitergabe der theologischen, juristischen und humanistisch-literarischen Tradition in den Kategorien der szientifischen bzw. der technisch-instrumentellen Rationalität zu begreifen (wenngleich Max Weber sogar die Rationalität des „Sinnverstehens" primär vom Paradigma des Nachverstehens von zweckrationalem Handeln her zu begreifen versuchte). Weber hat daher auf der Ebene seiner „verstehenden Soziologie" – wenn schon in der Verkürzung der wertfreien Verwendung – immerhin die Kategorie der „Wertrationalität" in Anspruch nehmen müssen. Wichtiger noch ist der Nachweis, daß sich z. B. der *Rationalisierungsprozeß des Rechts* in den modernen europäischen Rechtsstaaten prinzipiell nicht allein durch Rekurs auf *logische Systematisierung, Zweckrationalität* und *Wertrationalität* im Sinne der bloß *subjektiv* plausiblen Beziehung auf religiös-metaphysische Weltbilder verständlich machen läßt. Es verhält sich keineswegs so, daß in der Neuzeit lediglich in der Dimension der *logischen* und *instrumentell-strategischen* Rationalität eine genuine Rationalisierung des Rechts stattgefunden hätte, während die darüber hinaus erforderlichen *normativen* Grundlagen weiterhin religiös-dogmatischer Natur gewesen wären. Vielmehr hat gerade auf der Linie der Herausarbeitung *universalgültiger* Grundlagen des – traditionell sogenannten – „Naturrechts“ durchaus eine *rationalistische Emanzipation* von den dogmatischen Voraussetzungen religiös-metaphysischer Weltbilder stattgefunden; und diese Emanzipation des *universalen Logos der Gerechtigkeit* hat in Kants Begründung des „Sittengesetzes“ durch Rekurs auf die *Autonomie der praktischen Vernunft* beinahe schon ihre hinreichende *ethisch-rationale* Begründung gefunden.

An diesem Punkt der Rekonstruktion der zum „Ge-stell“ komplementären Rationalitätstypen müssen wir freilich vorerst einhalten und uns zunächst noch einmal – zum letzten Mal – auf eine systematische Auseinandersetzung mit der *totalen Vernunftkritik des Postmodernismus* einlassen. Denn meine zuletzt vorgetragenen Thesen hinsichtlich der *Rationalisierung der rechtlich-moralischen Dimension des abendländischen (neuzeitlichen) Zivilisationsprozesses* stoßen ja tatsächlich auf den gemeinsamen Widerspruch fast aller Positionen der Gegenwartsphilosophie. So weisen nicht nur die (Rechts-)-Positivisten und Max Weber die Vorstellung einer möglichen ethisch *rationalen Begründung des Naturrechts* als dogmatische Illusion zurück, sondern auch der späte Heidegger sieht in dem *Logos der Transzendentalphilosophie* Kants insgesamt nichts anderes als eine Station der epochalen Entbergung des *metaphysischen Logos der Subjektivität* – also des „Ge-stells“: eine Station auf dem Wege, der konsequenterweise in Nietzsches Philosophie des „Willens zur Macht“ endet. Was ist zu diesen Thesen zu sagen?

2.2.4. Ich möchte mit der folgenden, philosophiehistorischen These beginnen: Das traditionell so genannte „Naturrecht" hat *de facto* in der Neuzeit die universalistische Begründung der (Idee der) „Menschenrechte" und – insofern die Legitimation der bürgerlichen Revolutionen geliefert. Dennoch kann m. E. das „Naturrecht" *als solches* noch nicht als metaphysikfreies, rationales Komplement zur „Gestell"-Rationalität gelten – derart, daß man einem Vertreter des Monopols der wertneutralen technisch-szientifischen und instrumentellen Rationalität zwingend nachweisen könnte, daß auch er immer schon ein rationales Prinzip der Gerechtigkeit anerkannt haben muß. Dies letztere kann m. E. erst unter der Voraussetzung einer angemessenen *transzendentalphilosophischen Rekonstruktion des Naturrechts* gelingen. Eine solche Neubegründung ist aber auch Kant mit seinem Rekurs auf die Autonomie der gesetzgebenden Vernunft nicht wirklich gelungen. Inwiefern?

Es ist zwar völlig verfehlt und gehört zu den ungeheuerlichsten Gewaltsamkeiten Heideggers und der ihm folgenden Postmodernisten, wenn man in Kants Philosophie des *transzendentalen Subjekts* eine Vorstufe der Philosophie des „Willens zur Macht" sehen will – etwa durch Vermittlung der Foucaultschen Gleichsetzung des „Willens zur Wahrheit" (oder des Fichteschen „Willens zur Vernunft"?) mit dem „Willen zur Macht". Die Ungeheuerlichkeit liegt darin, daß Kants transzendentales Subjekt ja doch zumindest auch der Repräsentant der nur gewaltfrei einzulösenden universalen Geltungsansprüche des Argumentierenden ist; diese Geltungsansprüche aber konnten von Nietzsche und Foucault – wie wir gezeigt haben – nur unter Inkaufnahme des *performativen Selbstwiderspruchs* auf „nichts als" den „Willen zu Macht" reduziert werden.[18]

Andererseits muß man jedoch folgendes zugeben: Kants *transzendentales Subjekt* ist – zumindest auch – das Subjekt des „Ge-stells" der technisch-szientifischen Weltverfügbarmachung – und dies

18 Vgl. hierzu *J. Habermas: Der philosophische Diskurs der Moderne.* Kap. IX–XI; sowie *A. Honneth: Kritik der Macht.* Frankfurt am Main 1985. 2. Teil: „Die Wiederentdeckung des Sozialen. Foucault und Habermas."

nicht nur in dem vagen Sinne der zur postkartesischen *Bewußtseins*-Philosophie gehörigen *Subjekt-Objekt-Relation* der Erkenntnis überhaupt, sondern in dem präzisen Sinne des technisch relevanten „Stellens" der Natur durchs Experiment, das die Natur zwingt, auf die Fragen des Menschen Antwort zu geben. Denn genau dies ist der volle Sinn der von Kant berufenen „kopernikanischen Wende".[19] Hinter diesem Zugriff der Fragestellung des transzendentalen Subjekts auf die Welt aber steht nicht nur der *Wille zur Wahrheit überhaupt* und der entsprechende *universale Geltungsanspruch* – denn dieser allein könnte der Welt noch keine *Bedeutsamkeit* abgewinnen –, sondern das bestimmte *erkenntnisleitende Interesse,* das in der Tat den Logos des „Ge-stells" auszeichnet.

Hier käme nun alles darauf an, die Dimension des menschlichen *Machtwillens,* der im *technisch-szientifischen Erkenntnisinteresse* steckt, von der Dimension des *Wahrheits-Anspruchs,* der als universaler Geltungsanspruch auf die *intersubjektive Sinn-Verständigung und Konsensbildung* angewiesen ist, analytisch zu trennen. Dies aber konnte auf der Reflexionsebene der Transzendentalphilosophie des – prinzipiell einsamen – Bewußtseins-Subjekts noch nicht gelingen. Genauer: da Kant die *sprachlich-kommunikativen* Bedingungen der Möglichkeit des *Meinens von etwas als etwas* – also die gesamte Dimension der Verständigung mit den Ko-Subjekten – noch nicht als transzendentale Bedingung der Möglichkeit des gültigen Denkens und somit auch der Erkenntnis zu sehen vermochte, so konnte er erstens noch keine *transzendentalphilosophische* Begründung der *verstehenden* Wissenschaften von der „geschichtlich-gesellschaftlichen Wirklichkeit" (Dilthey) liefern. (Dies unter der *transzendentalen* Voraussetzung der *intersubjektiven Verständigung* zu leisten, ist ja auch Dilthey – wegen der Bannkraft der Subjekt-Objekt-Relation der Erkenntnis – noch nicht wirklich gelungen.) Zweitens aber konnte Kant – wegen der kartesischen Begrenzung seiner transzendentalen Reflexion auf die im (prinzipiell einsamen) Subjekt bereit

19 Vgl. *Kants* „Vorrede zur zweiten Auflage" der *Kritik der reinen Vernunft.* Akademie Textausgabe Bd III. bes. 10.

liegenden Gründe von intersubjektiver Gültigkeit - auch keine genuin *transzendentalphilosophische* Begründung der *Ethik* (und damit auch des traditionell so genannten „Naturrechts") liefern.

Genauer: Kants ethische Intuition war stark genug, um im „kategorischen Imperativ" das *Universalisierungsprinzip* zu entdecken, das wir heute als *Prinzip der konsequent verallgemeinerten Gegenseitigkeit aller Rechte und Pflichten* verstehen können; und seine richtige Grundintuition ließ ihn sogar das in der Dimension der inter-subjektiven Verständigung über Rechte und Pflichten implizierte regulative Prinzip einer *unbegrenzten idealen Kommunikationsgemeinschaft* in Gestalt des metaphysischen „Reichs der Zwecke" (der Vernunftwesen als Selbstzweckwesen) postulieren. Aber damit war noch keineswegs die Dimension der realen und (der darin kontrafaktisch antizipierten) idealen Kommunikationsgemeinschaft als *transzendentale Bedingung der Möglichkeit des gültigen Denkens* - sc. der sprachvermittelten Verständigung und deshalb auch der Selbstverständigung - entdeckt. Hätte Kant in diesem Sinn das Prinzip der *ethischen Rationalität* im Prinzip der *Diskursrationalität* und insofern als Voraussetzung des „ich denke" entdeckt, dann hätte er die von ihm angestrebte *Begründung der theoretischen und der praktischen Philosophie aus einem Einheitspunkt* leisten können. Er hätte dann die vorgesehene Letztbegründung der Gültigkeit des Sittengesetzes aus der *Autonomie unseres freien Vernunftwillens* nicht - wegen des unmöglichen Beweises der *Existenz der Freiheit* - abbrechen müssen.[20] Denn durch transzendentale Reflexion auf das, was wir im ernsthaften Argumentieren - schon im ersthaften Aufwerfen einer Frage - *notwendigerweise in Freiheit anerkannt* haben, läßt sich eine *nichtdeduktive Letztbegründung der Existenz und Gültigkeit des autonomen Vernunftsprinzips der Ethik* ja durchaus gewinnen.[21] Diese

20 Vgl. *I. Kant: Kritik der praktischen Vernunft.* Akademie-Textausgabe. Bd V. 46f.

21 Vgl. hierzu meine folgenden Aufsätze: *Das Apriori der Kommunikationsgemeinschaft und die Grundlagen der Ethik.* In: *Transformation der Philosophie,*

reflexive Letztbegründung vermag eine Antwort zu geben auf die von Nietzsche wie von A. MacIntyre und anderen Kantkritikern angelsächsischer Tradition aufgeworfene Frage, wie es denkbar sein soll, daß der menschliche Wille sich in Freiheit - d.h. ohne stillschweigende Voraussetzung der Heteronomie eines göttlichen Gesetzgebers - einem universal gültigen Sittengesetz unterwirft. Denn eben dies tut jeder, der ernsthaft in den argumentativen Diskurs eintritt. Und wer mit Gültigkeitsanspruch denkt, der steht schon unter diesem Apriori. Diese Antwort unterscheidet sich von der von Heidegger - und von Derrida - angedeuteten Antwort auf die Frage nach dem Wesen der Verantwortung dadurch, daß sie die freie Verantwortung des Gewissens zwar jenseits aller *konventionellen* Normen, aber nicht schlechthin im *normativ Ungewissen* ansiedelt. Sie gibt dem Einzelnen ein allgemeingültiges Kriterium an die Hand, das ihn nicht völlig dem „Seinsgeschick“ - eventuell der „Beirrung“ durch den scheinbaren „Geschäftsführer des Weltgeistes“ - ausliefert.

Wir haben damit - im Vollzug des Vorhabens einer typologischen Selbstdifferenzierung der Vernunft unter gleichzeitiger Diskussion der Haupt-Topoi der totalen Vernunftkritik des Postmodernismus - unseren Ausgangspunkt eingeholt: die nichthintergehbare Voraussetzung der *Diskursrationalität.*

Es dürfte damit deutlich geworden sein, worin die Argumentationsstrategie der vorgeschlagenen philosophischen Rationalitätstheorie bestehen soll. Vielleicht haftet ihr selbst etwas Postmodernes an: etwas Postmodernes jedoch nicht im Sinne der *totalen Vernunftkritik,* sondern im Sinne einer *Kritik der neuzeitlichen Bewußtseinsphilosophie*, deren *Logos-Vergessenheit* in der *Nichtreflektierung ihrer sprachlich-kommunikativen Voraussetzungen* bestand.

358ff.; *Das Programm der Begründung einer Verantwortungsethik im Zeitalter der Wissenschaft.* In: Wissenschaft und Ethik. Hrsg. von E. Braun. Bern 1986; *Die transzendentalpragmatische Begründung der Kommunikationsethik* (s.o. Anm. 13).

Das Realitätsproblem: ein Skandal der Philosophie?

Überlegungen im Anschluß an § 43 von *Sein und Zeit*

Carl Friedrich Gethmann (Essen)

Das Realitätsproblem ist die Leitfrage der Philosophie der Neuzeit, jedenfalls im „theoretischen" Teil der Philosophie. Ausgehend von diesem Problem hat sich im Laufe des 19. Jahrhunderts ein Kanon von zu- und nachgeordneten Fragen ergeben, der in der Disziplin „Erkenntnistheorie" eine schulmäßige Gestalt bekam.[1] In dieser Disziplin ist bei allen Varianzen im einzelnen das Realitätsproblem immer das erste Kapitel gewesen. Indem Heidegger in *Sein und Zeit* das Realitätsproblem zum Scheinproblem demontiert (wie etwa zur gleichen Zeit mit anderer Begründung auch Carnap[2]), eliminiert er daher nicht nur eine Frage unter anderen aus dem Fragekanon der Erkenntnistheorie, sondern er trifft die Substanz derjenigen Problemexposition, die für die Fremd- und Selbstlegitimation der theoretischen Philosophie des ausgehenden 19. und anfangenden 20. Jahrhunderts noch fraglos die zentrale Rolle spielte. Der Adressat der Attacke ist somit das grundsätzliche Philosophieverständnis der Neuzeit. Aufgrund dieser Tatsache ist man geneigt, Heideggers Verdikt bezüglich des Realitätsproblems in Kontinuität zu setzen mit seinen späteren radikalen Formulierungen, die unter dem Stichwort der „Seinsvergessenheit" die Fundamente der Philosophie seit Platon zu untergraben beabsichtigen.

Eine solche Sicht der Dinge wird jedoch - *zum einen* - den Absichten der Darstellung in *Sein und Zeit* nicht gerecht. Die mit der

1 *C. F. Gethmann: Art. „Erkenntnistheorie".* In: *Historisches Wörterbuch der Philosophie.* Hrsg. von J. Ritter, Bd. 2, Basel 1972, 683-690.

2 *Scheinprobleme in der Philosophie.* Das Fremdpsychische und der Realismusstreit, Frankfurt a. M. 1966.

Analytik des Daseins zu einer „Doppelaufgabe" verbundene „Destruktion" der philosophischen Tradition hat im Unterschied zur späteren Geschichte der Seinsvergessenheit einen positiven Sinn. Dieser erlaubt es – *zum anderen* – die thematisch lokale Kritik Heideggers an bestimmten überkommenen Fragestellungen produktiv daraufhin zu überprüfen, wie eine Reformulierung des Problems gewonnen werden könnte, die den heideggerschen Einwänden standhält. Auf dem Hintergrund dieses Zugangs ergibt sich für die folgenden Überlegungen eine doppelte Untersuchungsaufgabe: erstens ist die genaue Bedeutung von Heideggers Sinnlosigkeitsverdikt zu eruieren und der positive Ansatz im Rahmen der lebenswelt-pragmatischen Grundkonzeption von *Sein und Zeit* in seinen programmatischen Grundzügen zu bestimmen (1); zweitens sind die dadurch aufgefundenen Linien in Richtung einer Neuformulierung des Realitätsproblems auszuziehen (2).

1. Destruktion und ontologische Genesis des Realitätsproblems

In der Einleitung von *Sein und Zeit* stellt Heidegger als „Doppelaufgabe" für die Ausarbeitung der Seinsfrage die Analytik des Daseins und die Destruktion der Geschichte der Ontologie heraus. Es liegt nahe, an dieser Doppeltheit das Fehlen einer klaren Korrelativität zu kritisieren. Dies liegt daran, daß die „Doppelaufgabe" auch nach Heideggers eigener Explikation parallel zu der Unterscheidung systematisch/historisch zu interpretieren zu sein scheint. Demgemäß wäre trivial, daß eine systematische Behauptung immer auch historische (affirmative oder negative) Kritik werden könnte; somit ginge es um zwei Lesarten ein- und derselben Aufgabe, nicht um eine „Doppelaufgabe". Allerdings bestimmt Heidegger die Aufgabe der Destruktion gerade in Absetzung von einer Kritik historischer philosophischer Positionen. Die negative Zielrichtung der Destruktion bezieht sich danach vielmehr auf das „Heute", genauer auf den in der Gegenwart unkritisch mittransportierten „überlieferten Bestand".[3] Dieser überlieferte Bestand entfaltet seine Wirksamkeit aber nicht bloß und nicht einmal primär in den Schriften der Philosophen. Seine „systematisch" vorrangig interessante Wirksamkeit ist die innerhalb des Seinsverständnisses des Daseins. Die Tradition des Faches „Ontologie" bekommt insofern selbst eine ontologische Dignität, als das Dasein sein Seinsverständnis gemäß den Traditionen ontologischen Verständnisses ungeprüft übernimmt:

„Das Dasein hat nicht nur die Geneigtheit, an seine Welt, in der es ist, zu verfallen und reluzent aus ihr her sich auszulegen, Dasein verfällt in eins damit auch seiner mehr oder minder ausdrücklich ergriffenen Tradition. Diese nimmt ihm die eigene Führung, das Fragen und Wählen ab. Das gilt nicht zuletzt von *dem* Verständnis und seiner Ausbildbarkeit, das im eigensten Sein des Daseins verwurzelt ist, dem ontologischen."[4]

Dieses „in eins" läßt erst verstehen, in welchem Sinne die Destruktion zur Analytik so hinzutritt, daß von einer Doppelaufgabe gesprochen werden kann. Allerdings gibt Heidegger selbst nur wenige konkrete und gut faßbare Beispiele für diese Sicht der Dinge. Eines dieser Beispiele ist die Behandlung des Realitätsproblems im § 43 von *Sein und Zeit.*

Der Paragraph ist eingefügt in die Explikation des „Seins des Daseins" als einheitlicher Struktur, die Heidegger als „Sorge" bezeichnet.[5] Am Ende dieser Explikation fügt Heidegger exkursförmig zwei Paragraphen an, deren vordergründiger Zusammenhang mit der Sorge-Thematik gar nicht ersichtlich ist, nämlich über das Realitäts- und über das Wahrheitsproblem (§§ 43, 44). Für die Plazierung der Realitätsproblematik an dieser Stelle gibt Heidegger nun eine klare Motivation, die genau der schematischen Verhältnisbestimmung

3 Vgl. *Sein und Zeit,* Tübingen ^{14}1977 (zit. wird Tübingen ^{10}1963), 22.
4 A.a.O. 21.
5 Vgl. *C. F. Gethmann: Heideggers Wahrheitskonzeption in seinen Marburger Vorlesungen.* Zur Vorgeschichte von *Sein und Zeit,* § 44. In: *Martin Heidegger. Innen- und Außenansichten.* Hrsg. von S. Blasche, Frankfurt a. M. 1988 (in Vorb.).

zwischen Analytik und Destruktion entspricht. Die Argumentation läßt sich in zwei Schritte differenzieren:

a. Die Bestimmung des Seins des Daseins (in traditioneller Terminologie: der Subjektivität des Subjekts) erfolgt in der Philosophiegeschichte tendenziell primär in Orientierung an der *Interpretation des nicht-menschlichen Seienden.* Die Tendenz dazu ist bei Heidegger ein eigenes Existenzial, das Verfallen. Diese strukturelle Tendenz schlägt sich aber nicht nur in der vorwissenschaftlichen, „ontischen Erfahrung" nieder, sondern manifestiert sich auch im Fach „Ontologie", dem im Rahmen des Fächerkanons der Philosophie eine grundlegende Rolle zukommt.

b. Dabei wird aber auch der Sinn des nicht-menschlichen Seienden verfehlt, indem dieser primär nicht im Sinne der Zuhandenheit, sondern der *Vorhandenheit* interpretiert wird. Faßbarer Ausdruck dieser doppelten Verfehlung eines genuinen Ansatzes zur Bestimmung der Subjektivität ist die Realitätsproblematik, wie sie durch Descartes[6] für die neuzeitliche Philosophie maßgebend wurde. Im Interesse der analytischen Bestimmung des „Seins des Daseins" ist die Überlagerung der Fragestellung in der gegenwärtigen Philosophie, so Heidegger, durch eine Destruktion dieser Realitätsproblematik aufzudecken.

Beide „Verfehlungen", die Heidegger konstatiert, nämlich die Selbstinterpretation des Subjekts nach Kategorien nicht-menschlichen Seienden und die Interpretation dieses Seienden als Vorhandenheit, haben wiederum zwei Wirkungsebenen, eine strukturell-anthropologische und eine davon abhängige historisch-philosophische. Heidegger entfaltet dementsprechend auch das destruktive Potential auf beiden Ebenen:

a. Der Skandal der Philosophie bestehe nicht darin – so korrigiert Heidegger Kant – daß der Beweis der Realität der Außenwelt bislang noch ausstehe, sondern „daß solche Beweise immer wieder erwartet und versucht werden".[7] Damit wird nicht etwa die Problematik aus

6 Die Verbindung zu Descartes ergibt sich durch *Sein und Zeit,* 201, Anm. 1.
7 A.a.O., 205.

dem Bereich der Demonstration in den Bereich der Intuition verlegt, sondern die Fragestellung wird mit einem non-sense-Verdikt belegt, das seine Rechtfertigung jenseits der traditionellen Divergenzen finden soll.

b. Die Aufstellung und Entlarvung von Scheinproblemen ist nur vordergründig ein professionelles Geschäft der Philosophie. Vielmehr gibt die Philosophie nur der strukturellen Neigung des Menschen Ausdruck, „die ‚Außenwelt' zunächst ‚erkenntnistheoretisch' in Nichtigkeit zu begraben, um sie dann erst zu beweisen".[8] Ein vordergründig als intellektueller Fehler des Erkenntnistheoretikers zu markierendes Phänomen wird somit hintergründig als Verfallenstendenz des menschlichen Daseins gleichsam ontologisiert: „Der Grund dafür liegt im Verfallen des Daseins und der darin motivierten Verlegung des primären Seinsverständnisses auf das Sein als Vorhandenheit."[9]

Aus der destruktiven Diagnose läßt sich zunächst ganz formal der Ansatz gewinnen, den Heidegger befürwortet. Heidegger verlangt *erstens,* daß die Selbstinterpretation des Subjekts mit genuin menschlichen Kategorien („Existenzialien") zu erfolgen hat, und *zweitens,* daß das nichtmenschliche Seiende primär als Zuhandenheit und nicht als Vorhandenheit zu verstehen ist. Damit sind in der Tat die beiden zentralen Thesen des ersten Abschnitts der ersten Hälfte von *Sein und Zeit* formuliert. Nichts anderes drückt Heidegger durch seine Forderung aus, das Realitätsproblem müsse „in die existenziale Analytik des Daseins als ontologisches Problem zurückgenommen werden".[10] Diese Schlüsse und Aussagen erlauben die Deutung, daß es nach Heidegger ein „ontologisches" Realitätsproblem gibt, es bleibt jedoch zunächst nur schwer erfindlich, wie diese Fassung des Realitätsproblems inhaltlich zu verstehen ist.

In diesem Zusammenhang ist von besonderer Bedeutung, daß Heidegger im § 43 b, der die Überschrift trägt „Realität als ontologi-

8 A.a.O., 206.
9 Ebd.
10 A.a.O., 208.

sches Problem", deutliche Hinweise gibt, die erlauben, den positiven Sinn der Destruktion des Realitätsproblems zu präzisieren. Dabei führt Heidegger eine durchaus differenzierte Kritik der voluntaristischen Problemformulierung bei Dilthey und Scheler aus, wobei er Dilthey zugesteht, „in gewissen Grenzen"[11] eine phänomenologische Charakteristik der Realität des Realen gegeben zu haben. Das „Positive" der Analysen Diltheys liegt nach Heidegger in zwei Einsichten:

a. Die erste positive Einsicht Diltheys ist indirekt in eine Würdigung Schelers durch Heidegger eingebunden: Scheler betone nicht nur wie Dilthey, „daß Realität nie primär im Denken und Erfassen gegeben ist"[12]. Die Bedeutung dieser Einsicht Diltheys, die Heidegger positiv aufnimmt, wird allerdings unterschätzt, wenn man sie in der einfachen Lesart nimmt, Dilthey habe das Realitätsproblem von der kognitiven in die voluntative Hälfte des menschlichen Bewußtseins transferiert. Vielmehr vollzieht Dilthey in seiner klassischen Abhandlung *Beiträge zur Lösung der Frage vom Ursprung unseres Glaubens an die Realität der Außenwelt und seinem Recht* von 1890 bezüglich der Problemstellung einen *Paradigmenwechsel* hinsichtlich der Standardfragestellung in der Tradition der Philosophie der Neuzeit. Diese Standardfragestellung besteht - schematisch formuliert - darin zu rechtfertigen, aus welchen Gründen das Subjekt sicher sein kann, daß es mit seinen kognitiven Bewußtseinsakten die „Außenwelt" auch wirklich erreicht, und nicht beispielsweise nur selbst projizierte immanente Gebilde. Dilthey bemüht sich in seiner Abhandlung um den Nachweis, daß alle Beweisversuche in diesem Rahmen in eine petitio principii führen: diese Versuche verlaufen nämlich nach dem Schema, daß bestimmte Ordnungsgesichtspunkte, die den Phänomenen eigen sind, wie Ursächlichkeit, Wiederholbarkeit, Gleichförmigkeit, nur zu erklären sind, wenn angenommen wird, daß sie Eigenschaften einer „realen" Außenwelt und nicht bloß immanente Bewußtseinsphänomene sind. Die petitio principii liegt

11 A.a.O., 209.
12 A.a.O., 210.

für Dilthey darin - und in diesem Punkte erweist er sich ganz als Kantianer -, daß Kategorien wie Ursächlichkeit, Wiederholbarkeit oder Gleichförmigkeit selbst keine realen Objekte sind, sondern subjektive Ordnungsgesichtspunkte *für* Objekte. Ob ihnen jedoch wirklich objektive Geltung zukommt, muß bereits vorher bekannt sein, bevor sie als Argumentationsmittel verwendet werden können. Weil dies für jede Rechtfertigung der Form „x kann nur erklärt werden, wenn es eine reale Außenwelt gibt" gilt, kann der richtige Frageansatz nicht darin bestehen, die Annahme einer realen Außenwelt als einlösungsbedürftige *Prätention* des menschlichen Erkennens (Denkens, Wahrnehmens, usw.) zu betrachten. Vielmehr ist die Unterstellung der Realität des Realen eine Bedingung dafür, daß kognitive Bewußtseinsakte überhaupt (einlösbare oder nicht einlösbare) Prätentionen erheben können. Die Realität der Welt ist nach Dilthey somit eine *Präsupposition* des Erkennens, deren Berechtigung nicht noch einmal durch Erkenntnis problematisiert werden kann. Folgerichtig gelangt Dilthey zu seinem bekannten Satz: „Die fundamentalen Voraussetzungen der Erkenntnis sind im Leben gegeben und das Denken kann nicht hinter sie greifen".[13] Dieser Satz kann selbstverständlich auch so gelesen werden: Dasjenige, worin sich das menschliche Leben vollzieht, *ist* bereits die Realität, es ist nicht eine dahinterliegende Wirklichkeitssphäre zu suchen.

b. Der zweite, für Heidegger positive Teil von Diltheys (und Schelers) Uminterpretation des Realitätsproblems liegt in dem Gedanken der *Widerstandserfahrung*. „Reales wird in Impuls und Wille erfahren. Realität ist Widerstand, genau Widerständigkeit".[14] Für das Verständnis dieser Einsicht Diltheys ist wichtig, ihre terminologische Einbettung in die vermögenspsychologische Terminologie im Umkreis von Begriffen wie „Wille", „Trieb" usw. nicht als wesentlichen Bestandteil, sondern nur als Darstellungsmittel anzusehen. Insbesondere ergibt sich der Gedanke der Realität nicht dadurch, daß

13 *Beiträge zur Lösung der Frage vom Ursprung unseres Glaubens an die Realität der Außenwelt und seinem Recht.* In: *W. Dilthey: Gesammelte Schriften.* Bd. 5, Leipzig 1964, 90 - 138, 136 (Zusatz).

14 *Sein und Zeit,* 209.

der Wille in seiner Aktivität durch anderes determiniert oder verursacht ist. Das Verursacht-sein ist keine Erfahrung des Willens, sondern Thema sekundärer Reflexion. Demgegenüber gehört zur primären Erfahrung des strebenden und handelnden Subjekts, daß nicht alles beliebig „geht“: den gewollten Varianten des Handelns treten ungewollte Invarianzen entgegen. Aufschlußreich sind dabei die Beispiele, an denen Dilthey seine Konzeption erläutert. Eine exemplarische Rolle spielt der Nahrungstrieb des Menschen: die gefundene Nahrung ist nicht deshalb real, weil ein Beweis existiert, der zeigt, daß unsere Vorstellung durch ein Reales verursacht sein muß, sondern weil sie zu einer Befriedigung des Nahrungstriebes führt. Relativ zum Nahrungstrieb ist der Unterschied zwischen „realer“ und beispielsweise „fiktiver“ Nahrung keine Sache der Rechtfertigung eines Glaubens an die Realität, sondern selbst Thema unmittelbarer Erfahrung. Was als real erfahren wird, ist nach Dilthey eingebunden in die „Willensmacht des Menschen, welche gleichsam ihre Fangarme ringsumher nach Erfüllung und Befriedigung ausstreckt“.[15] Was dem Menschen als „Außenwelt“ gilt, ist in dieser Sicht völlig abhängig von der Mittel-Zweck-Struktur, die der Mensch als lebendiges Wesen darstellt und in deren Rahmen er dasjenige erfährt, was ihm entgegentritt: als Erfüllung oder Nicht-Erfüllung seiner Lebensansprüche. Ob ein Sachverhalt Mittel zum Zweck ist oder nicht, erweist sich in seiner *Funktionalität.* Ob die Funktionalität vorliegt, ist Sache primärer Lebenserfahrung, die nicht von diskursiven oder intuitiven Hypothesen und ihrer Beweisbarkeit abhängt. Der Gedanke der Realitätserfahrung im Sinne der Widerstandserlebnisse des Willens stellt also das zweite entscheidende Moment des Paradigmenwechsels bei Dilthey dar, durch welches die Fragestellung in den Rahmen eines *Instrumentalismus des Lebens* gerückt wird.

Heideggers positive Rezeption Diltheys bezieht sich also auf den Status des Problems als Thema einer präsuppositionalen Analyse und als Problem der Zweck-Mittel-Organisation des menschlichen Wollens und Handelns. Heidegger lobt an Dilthey diese *pragmati-*

15 *„Beiträge“* a.a.O., V. 96.

sche Umformulierung des Realitätsproblems. Allerdings macht Heidegger auch sofort auf die aus seiner Sicht bleibenden Unzulänglichkeiten bei Dilthey und Scheler aufmerksam. Bezüglich beider Einsichten formuliert Heidegger seine Kritik als Zurückbleiben hinter einer „ontologischen Interpretation“: Diltheys Satz von der Unhintergehbarkeit des Lebens bleibe in „ontologischer Indifferenz“ stehen, seine Bestimmung der Realität als Widerständigkeit bleibe im Rahmen der Bewußtseinsproblematik, ohne daß es zu einer „ontologischen Interpretation des Seins des Bewußtseins“ komme.[16] Diese Hinweise sind völlig in Einklang mit der zitierten programmatischen Forderung, das Realitätsproblem müsse in die existenziale Analytik des Daseins „als ontologisches Problem“ zurückgenommen werden.[17]

Im Kontext von *Sein und Zeit* darf die Verwendung des Begriffes „Ontologie“ durch Heidegger bekanntlich nicht in Zusammenhang mit Verwendungsweisen des Wortes gebracht werden, die „Ontologie“ als Lehre von der Realität, besonders der Realität der Außenwelt, deuten, d.h. die Ontologie mit einer realistischen Erkenntnistheorie verknüpfen. In diesem Sinne hat N. Hartmann eine ontologisch orientierte Erkenntnistheorie konzipiert. Von dieser setzt Heidegger sich deutlich ab.[18] N. Hartmanns Metaphysik der Erkenntnis ist aus der Sicht Heideggers zudem ein Rückfall hinter die durch Dilthey (und ihm folgend: Scheler) erreichten Einsichten, gemäß denen die Realitätsfrage in einen präsuppositonellen und instrumentellen Fragekontext gehört. Nach den in der Einleitung zu *Sein und Zeit* gegebenen Erläuterungen bezieht sich das Adjektiv „ontologisch“ nicht auf die Disziplin „Ontologie“, sondern auf die besondere Auszeichnung des Menschen, ein (meistens unausdrückliches)

16 *Sein und Zeit,* 209.

17 A.a.O., 208.

18 A.a.O., 208 Anm. 1. - N. Hartmanns „Metaphysik der Erkenntnis“ kann überhaupt als die Gegenposition betrachtet werden, die Heidegger primär vor Augen hatte; vgl. *C. F. Gethmann: Verstehen und Auslegung.* Untersuchungen zum Methodenproblem in der Philosophie Martin Heideggers, Bonn 1974, 191 - 195.

Verständnis von seinem Sein zu haben. Heideggers Kritik an Dilthey besagt also zunächst einfach nur, daß die Einsichten von der Unhintergehbarkeit des Lebens und dem Widerstandscharakter der Realität nicht aus der besonderen Bestimmung des Menschen, ein Verständnis seines Seins zu haben, interpretiert worden sind. Was dies für die Einsichten Diltheys bedeutet, erläutert Heidegger ebenfalls im § 43b, indem er Diltheys Aussagen in den Rahmen der in *Sein und Zeit* durchgeführten Weltanalyse stellt· „Widerstandserfahrung, das heißt strebensmäßiges Entdecken von Widerständigem, ist ontologisch nur möglich auf dem Grunde der Erschlossenheit von Welt".[19] Entsprechend ist das in der Widerstandserfahrung wurzelnde Realitätsbewußtsein „selbst eine Weise des In-der-Weltseins".[20]

Damit ist die Forderung nach einer „Zurücknahme" des Realitätsproblems in die existenziale Analytik im Rahmen der Heideggerschen Konzeption ausgeführt. Allerdings wäre zu erwarten, daß Heidegger nun expliziert, welche Folgen diese Rückverlagerung für das Realitätsproblem hat. Der „reduktiven" Bewegung der Problemverschiebung hätte eine „produktive" Problemerneuerung zu entsprechen. Es handelt sich um eine Methodenbewegung, die Heidegger im Zusammenhang mit einer Revision des Wissenschaftsverständnisses als „ontologische Genesis" bezeichnet.[21] Bezüglich des Realitätsproblems gibt Heidegger jedoch keine Ausführungen, die als explizite Transformation des Realitätsproblems gewertet werden könnten. Vielmehr beschränkt er sich am Beginn des § 43b darauf, seine vorher vorgebrachten Analysen des innerweltlichen Seienden zu zitieren.[22] Damit wird die Bemerkung aus § 43a präzisiert, die „einer möglichen ontologischen Frage nach der Realität vorauslie-

19 *Sein und Zeit,* 210.

20 A.a.O., 211.

21 Vgl. *C. F. Gethmann: Der existenziale Begriff der Wissenschaft.* Zu § 69 b von *Sein und Zeit.* In: ders., *Lebenswelt und Wissenschaft,* Bonn 1988 (in Vorb.); Heideggers Begriff der „ontologischen Genesis" entspricht der der „Konstitution" bei Husserl. Vgl. *C. F. Gethmann: Verstehen und Auslegung,* 191–195.

22 *Sein und Zeit,* 209 Anm. 1.

genden Untersuchungen" seien „in der vorstehenden existenzialen Analytik durchgeführt".[23] Will man also Heideggers affirmative Konzeption herausarbeiten, dann bleibt kein anderer Weg, als diesen Rückverweisen nachzugehen, um die „ontologische Genesis" des Realitätsbegriffs aus der Welt des Daseins nachzuvollziehen.

Diltheys zwei Marksteine, nämlich die Unhintergehbarkeit des Lebens und dessen Zweck-Mittel-Organisation sind für Heidegger die entscheidenden Ausgangspunkte bei seiner Interpretation des In-der-Welt-seins. Die Eingangsthese Heideggers vom Erkennen als fundiertem (nicht fundierendem) Modus antizipiert bereits die These des § 43, daß die „Welt" nicht mögliche Erkenntnisprätention, sondern notwendige Erkenntnispräsupposition ist. Im Anschluß an den zitierten Rückverweis auf die Weltanalyse bezieht Heidegger diesen Ansatz ausdrücklich auf das Realitätsproblem: „Erkennen ist danach ein fundierter Modus des Zugangs zum Realen."[24] In diesem Zusammenhang spielen für das Realitätsproblem besonders zwei Lehrstücke eine Rolle: die Lehre vom Primat der Zuhandenheit vor der Vorhandenheit (a.) und Heideggers Konzeption der vorprädikativen Erfahrung als „Auslegung" (b.).

a. Heidegger verweist im § 43 b zweimal (durch Nennung des Paragraphen sowie der einschlägigen Seitenzahl) auf den § 16 zurück, der die Überschrift trägt: „Die am innerweltlich Seienden sich meldende Weltmäßigkeit der Umwelt". Die Aufgabenstellung des Paragraphen ergibt sich folgerichtig aus der „pragmatischen" Programmatik der Fundamentalontologie, die Heidegger im § 12 in der Wendung vom *Erkennen als fundierten Modus* zusammenfaßt. Diese Formulierung ist die negativ-polemische Übernahme von Diltheys Begriff der Nichthintergehbarkeit des Lebens: im Gegensatz zur Hauptlinie der neuzeitlichen Philosophie, für die die kognitiven Bewußtseinsmodi „fundierende" Funktion für alle kognitiven Erkenntnisprätentionen haben, weist Heidegger diese Sonderrolle des Erkennens zurück: das Erkennen ist lediglich ein Exempel neben an-

23 A.a.O., 202.
24 Ebd.

deren für das In-Sein des Daseins. Neben Dilthey kann Heidegger sich für diese Relativierung der kognitiven Bewußtseinsweisen auch auf die phänomenologische Schule berufen. Bereits Brentano hat für die volitiven und emotiven Bewußtseinsweisen die gleiche Aktstruktur wie für die kognitiven herausgestellt. In der Brentano-Schule hat man sich entsprechend bemüht, der traditionellen Logik des Urteils eine Logik des Wollens, des Sollens, des Fühlens usw. an die Seite zu stellen.[25] Bei Husserl kommt es allerdings zu einer gewissen Renaissance des Vorrangs des Kognitiven. Zwar übernimmt Husserl Brentanos Konzeption der Strukturgleichheit aller Akte. Methodisch spielt jedoch der kognitive Modus in dem Maße eine primäre Rolle, als Husserl sich transzendentalphilosophischen Begründungskonzeptionen annähert: sind auch alle Akte strukturell gleichrangig, kommt doch dem Erkennen des absoluten Ego, das die Struktur des Wollens usw. erkennt, ein Primat zu.[26] Im Sinne Diltheys und Brentanos tritt Heidegger diesem neuen Kognitivismus Husserls entgegen, indem das konkrete Subjekt die transzendentalen Funktionen übernimmt, die Husserl einem absoluten Ich zugedacht hat.

Der primäre Vollzug des einerseits konkreten, andererseits aber die Leistungen der transzendentalen Konstitution in sich vollziehenden Subjektivität ist – positiv formuliert – der „umsichtige Umgang“ des Menschen mit den Dingen seiner Umwelt. Durch den Begriff des *„umsichtigen Umgangs“* wird Diltheys Begriff des Lebens, der primär ein negativer Kampfbegriff gegen die Bewußtseinsphilosophie war, positiv inhaltlich gefüllt und analysiert. Zudem löst sich Heidegger mit dem Begriff des umsichtigen Umgangs von dem Rest-Mentalismus, der Diltheys Begriffen von „Wille“ und „Trieb“ noch anhaftete. Erst mit Heidegger kann man somit von einem selbständigen philosophischen Begriff des Handelns sprechen, derart, daß das Handeln nicht als bloße „Ausführung“ andernorts („im Willen“) festgelegter Abläufe erscheint. Daher ist es berechtigt, bei Heidegger

25 Z. B. *E. Mally: Grundgesetze des Sollens.* Elemente der Logik des Willens, Graz 1926.

26 Vgl. Z. B. *Ideen zu einer reinen Phänomenologie und phänomenologischen Philosophie.* Buch I, Den Haag 1950 (Huss. Bd. 3), § 139.

zum ersten Mal in der europäischen Philosophie von einem konsequenten *Pragmatismus* zu sprechen.[27]

Der mit dem Primat des umsichtigen Umgangs mitgesetzte „ontologische" Begriff ist der der *Zuhandenheit.* Der umsichtige Umgang präsupponiert, daß ihm das Seiende als „Wozu", als „Dienlichkeit", als „Zeug" erscheint. Das Seiende ist präsent als das, worauf sich das umsichtige Umgehen mit etwas bezieht. Da der umsichtige Umgang nicht ein Vollzug neben anderen ist, sondern den Grundvollzug ausmacht, in den alle anderen Vollzüge als Sondervollzüge eingebettet sind, ist die Zuhandenheit zunächst der universelle ontologische Modus. Gerade deshalb entsteht das Problem, wie man das Auftreten weiterer Einstellungen und entsprechend anderer ontologischer Modi verstehen kann. Heideggers prinzipielle Antwort darauf ist einfach: andere Modi sind als Defizienzen gegenüber dem umsichtigen Umgang mit zuhandenem Zeug zu interpretieren. Die „ontologische Genesis" erfolgt daher bei Heidegger durchgängig nach dem Schema: A modo eminenti ad modum deficientem valet illatio.[28] Ausgehend von diesem Grundgedanken erscheint nun die Vorhandenheit als defizienter Modus der Zuhandenheit zufolge spezifischer Störungen der instrumentellen Zusammenhänge innerhalb der Zeug-Welt. Im § 16 wird von Heidegger genauer dargelegt, auf welche Weise solche Störungen gewissermaßen in die Kontinua lebensweltlichen Besorgens einbrechen (als „Auffälligkeit", „Aufdringlichkeit" und „Aufsässigkeit"). Das anläßlich dieser Störungen aus dem Rahmen fallende Seiende nimmt den Charakter der Vorhandenheit an: „In der Auffälligkeit, Aufdringlichkeit und Aufsässigkeit geht das Zuhandene in gewisser Weise seiner Zuhandenheit verlustig."[29]

27 Vgl. *C. F. Gethmann: Heideggers Konzeption des Handelns in Sein und Zeit.* In: *Heidegger und die praktische Philosophie.* Hrsg. von Annemarie Gethmann-Siefert und Otto Pöggeler. Frankfurt a. M. 1988, 140–176.

28 Zu dieser konstiutionstheoretischen These Heideggers vgl. genauer *C. F. Gethmann: „Der existenziale Begriff der Wissenschaft,* a. a. O., bes. § 2.

29 *Sein und Zeit,* 74.

Im Rahmen dieser „ontologischen Genesis“ der Vorhandenheit aus der Zuhandenheit erörtert Heidegger nun unter Aufnahme der herkömmlichen Terminologie, wie der in der Diskussion um die Realität der Außenwelt zentrale ontologische *Modus des An-sich-Seins* von Gegenständen in den Rahmen der Fundamentalontologie einzubeziehen ist. Heideggers zentrale These liegt darin, daß das Seiende „an sich“ betrachtet gerade das Seiende im eminenten Modus der Zuhandenheit ist. Gerade das unthematische Umgehen mit den dienlichen Dingen des Alltags muß den Ansatz bieten für die Frage, wie die Dinge „an sich“ betrachtet sind:

„Damit im alltäglichen Besorgen der ‚Umwelt‘ das zuhandene Zeug in seinem ‚An-sich-sein‘ soll begegnen können, müssen die Verweisungen und Verweisungsganzheiten, darinnen die Umsicht ‚aufgeht‘, für diese sowohl wie erst recht für ein unumsichtiges, ‚thematisches‘ Erfassen unthematisch bleiben. Das Sich-nicht-melden der Welt ist die Bedingung der Möglichkeit des Nichtheraustretens des Zuhandenen aus seiner Unauffälligkeit. Und darin konstituiert sich die phänomenale Struktur des An-sich-seins dieses Seienden.“[30]

Dieser analytischen These entspricht die destruktive des § 43, das die Realität bestimmende An-sich-sein sei in der Tradition seit Descartes immer schon am defizienten, erst durch Störung und Bruch „entstehenden“ Modus der Vorhandenheit orientiert gewesen. Ferner sei auch die Subjektivität nach diesem ontologischen Modus interpretiert worden. Entsprechend stelle Kant die Frage nach dem „Dasein der Dinge außer mir“ im Sinne des Vorhandenseins. Heidegger faßt seine Kritik an Kant in die knappe Zuordnung, „daß Kant den Terminus ‚Dasein‘ zur Bezeichnung der Seinsart gebraucht, die in der vorliegenden Untersuchung ‚Vorhandenheit‘ genannt wird“.[31] Heideggers Kritik an der traditionellen Fragestellung besteht also genauer darin, daß diese die „Realität“ bereits nach einem ontologischen Modus vorentwirft, der sich bei genauerer Analyse als bloß defizienter Modus eines ursprünglicheren An-sich-seins er-

30 A.a.O., 75.
31 A.a.O., 203.

weist. Somit ist die traditionelle Fragestellung eine bloß abgeleitete, sekundäre Frage. Man sieht allerdings auch, daß Heidegger den von Dilthey zur Geltung gebrachten Instrumentalismus der Lebenswelt hinsichtlich des Realitätsproblems erheblich weiter präzisiert und expliziert. Ferner bekommt das pauschal wirkende Diktum: „ ‚Realitätsbewußtsein' ist selbst eine Weise des In-der-Welt-seins"[32] deutliche Konturen. Weder Realität im Sinne des Vorhandenseins noch Realitätsbewußtsein im Sinne des Erkennens sind Grundlagen der Weltbeziehung, vielmehr Sonderformen im Rahmen der umfassenden Welt und des umfassenden In-seins. Der Fehler der Bewältigungsversuche hinsichtlich des Realitätsproblems in der gesamten Philosophie der Neuzeit lag darin, Sonderformen menschlichen Weltverhältnisses mit seiner Grund- und Vollform verwechselt zu haben.

b. Ähnlich wie mit „Realität" und „Realitätsbewußtsein" zwei Seiten der Problembeziehung benannt sind, ist auch mit Blick auf Heidegger zu fragen, was der These vom An-sich-sein des Zuhandenen auf der „subjektiven" Seite korrespondiert. Für den traditionellen konzeptionellen Rahmen stellt sich die Frage nach einer Interpretation menschlicher Rezeptivität vor allem spontanen Denken. Husserl spricht in diesem Zusammenhang von der *vor-prädikativen Erfahrung*, deren Realitätsbeziehung zu untersuchen sei. In Heideggers Systematik entspricht dieser Konzeption die Lehre von der Auslegung, wie sie besonders in § 32 von *Sein und Zeit*[33] entwickelt wird. Kern dieses Lehrstücks ist Heideggers Unterscheidung zwischen dem hermeneutischen und dem apophantischen Als, die der Unterscheidung zwischen den ontologischen Modi der Zuhandenheit und Vorhandenheit parallel konstruiert ist. Zum Verständnis dieser Konzeption ist daran zu erinnern, daß die traditionelle Logik die dem Urteil vorausgehende und in es eingehende Zu-/Absprechung in die sprachliche Form von Als-Sätzen („Die Biene als In-

32 A.a.O., 211.

33 Ein ausführlicherer und in vielen Fragen klarerer Text findet sich in Heideggers Vorlesung *Logik. Die Frage nach der Wahrheit,* (Gesamtausgabe. Bd. 21), Frankfurt a. M. 1976, § 12.

sekt") faßt, um deutlich zu machen, daß durch die Prädikation noch nicht die im Urteil erhobenen Geltungsansprüche vollzogen werden. Heideggers unmittelbarer Gesprächspartner in dieser Frage ist wiederum Husserl, der im Rahmen seiner wiederholten Ansätze zu einer „Genealogie der Logik" eine verfeinerte Analyse der herkömmlichen Lehre von den „zwei Stämmen der Erkenntnis", nämlich Wahrnehmen und Denken, ausgearbeitet hat.

Husserl wiederum betrachtet es als seine zentrale Aufgabe in diesem Zusammenhang, eine Konzeption von Rezeptivität zu entwikkeln, die nicht in die Fallstricke der im Laufe der Neuzeit immer wieder auftretenden naturalistischen Erkenntnistheorien gerät. Der nach Husserl besonders aktuelle und im übrigen für die Philosophie des 20. Jahrhunderts besonders folgenreiche Ansatz einer naturalistischen Erkenntnistheorie ist die Position von E. Mach. Heidegger muß mit seiner Konzeption der Auslegung also als Endstation in der Argumentationsfolge von Mach über Husserl zu Heidegger gesehen werden.[34] Für die naturalistische Erkenntnistheorie Machs bestehen die rezeptiven Abläufe in den menschlichen Sinnesorganen aus physikalischen, chemischen usw. Vorgängen, deren Erforschung in der Sphäre der naturwissenschaftlichen Erkenntniseinstellung erfolgt. Gegenüber einer derartigen „Naturalisierung" des Bewußtseins hat Husserl geltend gemacht, daß die Rezeptivität nur dann eine Funktion im Erkenntnisgeschehen übernehmen kann, wenn sie als nichtreduzierbare subjektive Aktivität gedeutet wird. Von bloß natürlich gedeuteten Vorgängen könnte nämlich nicht gesagt werden, wodurch ihnen Wahrheit/Falschheit zukommt. Insbesondere wäre es sinnlos, Wahrheit anzustreben, weil natürliche Vorgänge nicht vom Menschen auf ein Telos hin ausgerichtet sind. Wenn es aber Bewußtseinszustände gibt, die auf ein subjektives Ziel hin gerichtet werden, dann muß denkbar sein, daß sie sich auf subjektive Veranlassung hin entsprechend „einstellen" lassen können. Dieser Zusam-

34 Vgl. ausführlicher *C. F. Gethmann: Vom Bewußtsein zum Handeln.* In: *H. Stachowiak: Pragmatik. Handbuch pragmatischen Denkens.* Bd. 2, Hamburg 1987, 202–232, Teil 2 („Die pragmatische Wende in der Konzeption der vorprädikativen Erfahrung").

menhang ist der Grund dafür, daß Husserl auch für die unterste Stufe der Erkenntnisbildung, die vorprädikative Erfahrung, bereits eine subjektive Leistung konstatiert.[35] Auch die unterste Stufe der Rezeptivität, das Wahrnehmen, ist nach Husserl bereits eine „ichliche" Aktivität, weil bereits der Reiz nur ein Reiz für das Sinnesorgan ist, wenn eine anfängliche „Ichzuwendung" vorliegt. Im andern Falle würde der Reizauslöser ja gleichsam auf geschlossene Türen treffen. Die notwendigen Zuwendungen des Ich, die der rezeptiven Tätigkeit vorausliegen, faßt Husserl im Begriff des „Interesses" zusammen. Dieser Ausdruck soll auch anzeigen, daß die tendenzielle Zuwendung des Ich nur rezeptiv wirksam ist, wenn ihr eine gewisse Beständigkeit zukommt. So ist auch das Aufmerken auf den Gegenstand und die Anteilnahme an ihm bereits durch eine fundamentale Zeit-Struktur geprägt. Grundsätzlich interpretiert Husserl also die rezeptiven Geschehnisse als nicht-willkürliche Verhaltensweisen des Menschen. Demgegenüber wird das willkürliche, spontane Handeln der Sphäre des Urteilens und Denkens vorbehalten.

Obwohl Heidegger sich Husserls Kritik am Naturalismus der Erkenntnis anschließt, kritisiert er sie als nicht radikal genug. Insbesondere greift Heidegger die Unterscheidung von Rezeptivität/Spontaneität (Erfassen/Denken; Wahrnehmen/Urteilen) an, weil diese sich nicht einer ursprünglichen Analyse, sondern der dualistischen Anthropologie im Anschluß an Descartes verdanke. In einer Analytik des Daseins, die sich von diesen Traditionen freigemacht hat, erscheint demgegenüber das elementare Verhältnis zu den Dingen, der umsichtige Umgang, als das eigentliche Handeln. In dreifacher Hinsicht destruiert Heidegger daher die *traditionelle Philosophie der Rezeptivität:*

35 Vgl. bes. *Erfahrung und Urteil.* Untersuchungen zur Genealogie der Logik, Hamburg ³1964. Dieses von L. Landgrebe redigierte Werk spiegelt bereits die Beschäftigung mit *Sein und Zeit* innerhalb der Phänomenologie wider. Die Frage, wie weit Husserl der Ausarbeitung Landgrebes mit „wirklicher" philosophischer Teilnahme folgte, kann in diesem Zusammenhang offenbleiben.

aa. Traditionell ist das rezeptive Subjekt das individuelle, empirische Subjekt. Die transzendentalen Funktionen werden (jedenfalls im Neukantianismus und bei Husserl) erst auf der Ebene des Denkens festgemacht. Demgegenüber ist der umsichtige Umgang zugleich „weltentwerfend", also mit konstitutiver Funktion ausgestattet.

bb. Traditionell gilt wenigstens auf der Ebene der Rezeptivität ein methodischer Solipsismus. Erst auf der Ebene des Urteilens, also des Geltungsansprüche-Erhebens und -Einlösens, tritt Intersubjektivität in Kraft. Demgegenüber ist der umsichtige Umgang mit den Dingen nach Heidegger immer schon ein intersubjektiver Akt, wenn auch auf elementarer Stufe in der Form eines unqualifizierten Intersubjektivitätsmodus, dem „Man".

cc. Traditionell bezieht sich die Rezeptivität auf einzelne Körperdinge, während die „Zusammenhänge" Sache des Denkens, besonders der Relationsurteile sind. Demgegenüber befindet sich die elementare Welt nach Heidegger bereits in einem Verweisungszusammenhang, einer Bewandtnisganzheit, die durch die Zweck-Mittel-Organisation der Welt als menschlicher Umwelt bestimmt ist. Das isolierte Einzelding ist eine Ex-post-Abstraktion aus diesem Zusammenhang.

Diese Gegenüberstellung macht plausibel, daß eine Unterscheidung zwischen sinnlichem Wahrnehmen und über-sinnlichem Denken für Heidegger keinen Ort hat. Die *Rezeptivität* ist jedoch nach traditioneller Auffassung diejenige subjektive Sphäre, durch die die *Realität* gewissermaßen in die Subjektivität einbricht. Demgegenüber expliziert Heidegger das Realitätsbewußtsein im Rahmen der Analytik des Daseins jenseits der Unterscheidung von Rezeptivität der Wahrnehmung und Spontaneität des Denkens. Man kann auch formulieren, daß Heidegger einen völlig neuen, nicht am passiven Hinnehmen, sondern am aktiven „Erfassen" orientierten Begriff der Wahrnehmung anzielt.

Heidegger konzipiert diese Konzeption der Wahrnehmung jedoch nicht unter dem Begriff der „Wahrnehmung", sondern dem der Auslegung. Das Begriffspaar von Wahrnehmung/Urteil wird durch das Begriffspaar Auslegung/Aussage abgelöst. Im Rahmen der Fundamentalontologie tritt die Theorie der Auslegung die Nachfolge der Theorie der Wahrnehmung an; das Entsprechende gilt für Aussage und Urteil.

Die *Auslegung* ist ein intentionaler und unter Umständen expliziter Akt, durch die die ursprüngliche, im umsichtigen Umgang vollzogene Erschlossenheit der Welt (Verstehen) zu sprachlicher Ausdrücklichkeit gebracht werden kann. In der Auslegung wird das Ausgelegte als das genommen, „wozu es dient". Im Auslegen wird der Gegenstand in seiner Bewandtnis, seinem „Wozu" verstanden. Die Auslegung artikuliert sich auf Basis operativer Evidenzen, die sich aus Zweck-Mittel-Zusammenhängen ergeben. Das Ausgelegte weist daher den ontologischen Modus der *Zuhandenheit* auf.[36] Ihre prototypische Redeform lautet:

Dies ist zum … (Handlungsprädikator).[37]

So wie die Zuhandenheit das An-sich-Sein des Seienden charakterisiert und somit seine Realität, stellt die Auslegung die Heideggersche Version des „Realitätsbewußtseins" dar. Realitätsbezug hat der Mensch danach primär und umfassend im Rahmen unthematischen, zweckbezogenen Handelns. Dieses Handeln ist unthematisch und somit auch unprädikativ. Gleichwohl weist es eine Doppelstruktur von Etwas und Wozu des Etwas auf. Insofern sieht Heidegger auch auf dieser primären Ebene, im Unterschied zu der breiten Tradition der Philosophie der Rezeptivität, eine Als-Struktur (*hermeneutisches Als*). Mit dieser Feststellung wendet sich Heidegger v.a. gegen die noch von Husserl vertretene Auffassung, an der untersten Stelle des Erkenntnisgebäudes stehe ein schlichtes und einfaches Erfassen singulärer Dinge.

Gegenüber der Auslegung ist die *Aussage* ein expliziter Akt, durch den dem Worüber der Aussage Attribute zu-/abgesprochen werden. Dies setzt voraus, daß einzelne Dinge voneinander unterschieden

36 Vgl. insgesamt *Logik* a.a.O. (Anm. 33), § 12.
37 Vgl. *Sein und Zeit,* 149.

und Attribute aus ihrem primären lebensweltlich-operativen Kontext abgelöst sind. Der Aussage entspricht somit ontologisch der Modus der *Vorhandenheit.* Ihre Als-Struktur entspricht der Doppelstruktur, die die Tradition unter dem Begriff der Prädikation immer schon analysiert hat (*apophantisches Als*). Die prototypische Redeform lautet:

Dies ist ein ... (Eigenschaftsprädikator).

Bereits durch die Strategie der Begriffswahl macht Heidegger hier deutlich, daß die Prädikationstheorie und die auf ihr beruhende Urteilstheorie von Aristoteles bis Husserl lediglich Phänomene untersucht, die im Sinne von Heideggers „ontologischer Genesis" bloß fundierte Phänomene sind.

2. Wahrnehmen als Handeln

In Weiterführung v.a. Diltheyscher Einsichten hat Heidegger für eine Behandlung des Realitätsproblems grundlegende Neubestimmungen geliefert, die einer Transformation der Problemstellung in einem völlig anderen Kontext gleichkommen. Hervorzuheben sind insgesamt folgende Einsichten:

a. Menschlicher Realitätsbezug ist keine einlösungsbedürftige Prätention der Erkenntnis, sondern eine erkenntnisfundierende Präsupposition. Die Realität ist daher kein Beweisproblem.

b. Der Realitätsbezug ist über das primäre lebensweltliche Handeln gegeben, den umsichtigen Umgang, auf welchen die kognitiven Vollzüge instrumentell hingeordnet sind.

c. Das Handeln liegt daher vor jeder Unterscheidung in rezeptives Erfassen und spontanes Denken. Handeln ist rezeptiv und spontan zugleich. Das Handeln legt sich selbst umsichtig (meistens unthematisch) aus als das Womit und das Wozu des Handelns. Ihm ist also eine Doppelstruktur nach Analogie der prädikativen Doppelstruktur eigen.

Allerdings hat Heidegger im Rahmen der mit *Sein und Zeit* (und der Schriften im Umkreis dieses Werkes) erreichten Position seines Denkens keine explizite Neuformulierung des Realitätsproblems auf der Basis der genannten Neubestimmungen geliefert. *Sein und Zeit* entwickelt einige zentrale Prämissen für eine Reformulierung des Realitätsproblems, und damit der Erkenntnistheorie überhaupt. Die Ausarbeitung einer solchen Erkenntnistheorie im Rahmen des skizzierten Lebenswelt-Pragmatismus geht über die Aufgabenstellung des Werkes hinaus. –

Im folgenden soll versucht werden, eine denkbare Ausführung des von Heidegger skizzierten Programms in Grundzügen zu charakterisieren.[38] Als Paradigma sollen dazu ganz einfache Schwierigkeiten dienen, wie sie jedermann leicht haben könnte, wenn er etwa versucht, in einem ihm unbekannten Supermarkt etwas Bestimmtes einzukaufen. Jeder hat schon einmal erfahren, welche Schwierigkeiten es sind, die man hat, wenn man im nachhinein feststellt, es sei nicht einfach gewesen, sich im Supermarkt, im Straßenverkehr, im Wald usw. zurechtzufinden, sich zu orientieren. Orientieren, d.h. sich am Sonnenaufgang ausrichten, somit die Himmelsrichtung justieren, ist, solange es an komplizierten Geräten gebricht, das empfehlenswerte Verfahren, wenn man sich in fremder Gegend zurechtfinden will. Die *Orientierung* ist deswegen eine geeignete Metapher, um Probleme des Sich-zurechtfindens, allgemein: Erkenntnisprobleme, zu behandeln.

38 Die folgenden Überlegungen sind beeinflußt von der Prädikationstheorie, die im Konstruktivismus der Erlanger Schule entwickelt wurde. Dies ist keineswegs eine heterogene Zusammenfügung, weil diese Prädikationstheorie wesentlich unter dem Einfluß der Phänomenologie, insbesondere auch Heideggers, steht. Zu den historischen Verbindungen Vgl. *C. F. Gethmann: Phänomenologie und Konstruktive Wissenschaftstheorie.* In: *Lebenswelt und Wissenschaft,* a.a.O. (Anm. 21) – Neben der *Logischen Propädeutik* von W. Kamlah und P. Lorenzen ist besonders auf die Arbeiten von J. Mittelstraß zur Prädikationstheorie hinzuweisen (*Die Prädikation und die Wiederkehr des Gleichen; Das normative Fundament der Sprache.* In: ders., *Die Möglichkeit von Wissenschaft,* Frankfurt a. M. 1974, 145–157 bzw. 158–205).

2.1 Unterscheiden

Der Orientierung dienen nun, wie eine eingehende erkenntnistheoretische Erörterung zeigen könnte, viele Erkenntnis- und Handlungsleistungen des Menschen, Behauptungen, Theorien, Definitionen, Regeln, Normen, aber auch Institutionen, Traditionen, Organisationen. Methodisch primär aber ist die Fähigkeit des Menschen, den Dingen Wörter zu- bzw. abzusprechen, oder anders formuliert, zwischen verschiedenen Sachverhalten zu unterscheiden. Diese Fähigkeit ist jedenfalls (was man im einzelnen zeigen müßte) eine notwendige Bedingung aller höheren und komplizierteren Erkenntnisleistungen. Sich in der Welt orientieren heißt also wenigstens, über die Fähigkeit verfügen, Sachen, Sachverhalte voneinander zu differenzieren, was gelegentlich einschließt, daß man sie auch miteinander identifizieren kann.

Unterscheidungen werden mit Hilfe von Wörtern vollzogen: „dies ist rot"; „dies ist rosa"; „dies ist nicht farblos" usw. Manche Wörter also, wie etwa „rot", „rosa", „farblos", werden Dingen zu Unterscheidungszwecken zu- oder abgesprochen und solche Wörter sollen *„Prädikatoren"* heißen. Prädikatoren sind verbale, phonetisch-graphisch wahrnehmbare Instrumente, um die Handlung des Zu- und Absprechens, der „Prädikation", durchzuführen. Die Fähigkeit des Menschen zur Prädikation ist keineswegs eine Fähigkeit, die ihm mit Selbstverständlichkeit gegeben ist, wie besonders deutlich wird, wenn das prädikative Handeln in seinem Funktionieren gestört ist. Zwei Typen solcher Störungen sind dabei zu unterscheiden:

a. *Kommunikative Störungen:* Prädikatoren, die ja Instrumente der Orientierung sein sollen, werden im Falle solcher Störungen von anderen Sprachverwendern, auf deren Gemeinsamkeit im Reden und Handeln es ankommt, nicht oder anders verwendet. In solchen Fällen wird uns deutlich, daß wir wünschen, Prädikationen sollten *verständlich* sein, d.h. sie sollen Kommunikation ermöglichen.

b. *Kooperative Störungen:* Prädikatoren, die ja Instrumente der Orientierung sein sollen, verlieren ihre orientierende Funktion so, wie sich die Orientierung nach den Sternen in wolkenreichen Nächten verliert. Und dann wird deutlich: Prädikationen sollten *verläßlich* sein, d.h., sie sollen Kooperation ermöglichen.

Bei Störfällen wird somit erfahrbar, daß Prädikationen den Anforderungen der Verständlichkeit und Verläßlichkeit genügen sollen. Über weite Strecken lebensweltlicher Prädikationstätigkeit können wir allerdings die Erfahrung machen, daß unsere Prädikationen, weil sie einer zum Teil langen und bewährten Unterscheidungstradition folgen, im großen und ganzen gelingen. Hat man aber das Interesse, Störungen von Kommunikation und Kooperation zu beheben oder sogar solche Störungen im vorhinein zu vermeiden, also insgesamt Störungen zu bewältigen, dann stellt sich die Frage, was die Verständlichkeit und Verläßlichkeit menschlichen Unterscheidens gewährleistet. Allgemein ist dies dasjenige, womit wir sachhaltig und zweckmäßig umgehen (res). Das Realitätsproblem läßt sich somit in 1. Näherung so charakterisieren: *Das Reale ist das, was die Verständlichkeit und Verläßlichkeit menschlicher Unterscheidungsleistungen gewährleistet.*

Für die Deutung dieses Phänomens und für die Beantwortung einer entsprechenden, noch sehr vage formulierten Frage, scheint es nur zwei sich ausschließende *Antwortstrategien* zu geben: *Erstens* könnte man meinen, es sei eben die „reale Welt", die uns die Unterscheidungen vorgibt. Und da diese Welt allen Menschen gemeinsam ist, sind auch die Unterscheidungen jedermann verständlich; und da sich diese Welt - glücklicherweise - recht stabil verhält, ist sie eben auch Garantie für die Verläßlichkeit des Handelns. Diese Position bezeichnet man üblicherweise als *„Realismus"*. Man kann aber auch - *zweitens* - folgende Sicht der Dinge haben: Angenommen, wir Menschen seien es, wir, die wir die Unterscheidungen vornehmen, die der Welt die Unterscheidungen vorgeben. Und da wir das gemeinsam tun, sind uns die Unterscheidungen verständlich; und da wir dies mit der Absicht der Beständigkeit des Handelns tun, sind die Unterscheidungen auch verläßlich. Diese Position nennt man üblicherweise *„Idealismus"*. Nun hat eine lange Argumentationsgeschichte ergeben, daß beide Deutungen so jedenfalls nicht haltbar sind. Aus der Vielzahl der wechselseitigen Argumentationen spielen jeweils zwei eine besondere Rolle:[39]

a. Zwei Argumente gegen den Realismus: *Zunächst* – er ist prinzipiell unbeweisbar oder, was dasselbe besagt, nur zirkulär beweisbar. Denn ohne bereits eingeführte Unterscheidungen kann man über das angebliche Reale der Welt nichts behaupten. So kann man auch nicht behaupten, das Reale existiere unabhängig vom Bezug zum Menschen. Denn, „X wird der Bezug zu Y abgesprochen", ist ein Prädikationsschema, also Produkt einer Unterscheidungsleistung. *Ferner:* Wenn das Reale die Unterscheidungen erzwingt, wieso sind wir dann in vielen Fällen so frei in der Wahl unserer Unterscheidungssysteme (Varianz). Und was heißt überhaupt „erzwingen"? Was erzwingt denn, daß Wale Säugetiere sind und keine Fische? Lediglich unser zoologisches Unterscheidungssystem und nichts am Wal. Also sind wir vor die Frage gestellt, woher unser zoologisches Unterscheidungssystem kommt.

b. Zwei Argumente gegen den Idealismus: *Einmal* ist das sogenannte Privatsprachen-Argument anzuführen. Wenn *wir* der Welt die Unterscheidungen vorgeben, wieso spricht nicht jeder seine private Sprache? Wie kommt es überhaupt zur Verständlichkeit des Lebensentwurfs und -vollzugs anderer? *Zudem:* Manche Unterscheidungen, so scheint es, „gehen" einfach nicht anders (Invarianz); oder etwas klarer gesagt: Unterscheidungen können geeignet oder ungeeignet sein, je nachdem z. B., ob eine Handlungsplanung, die unter Zuhilfenahme einer Unterscheidung ausgeführt wurde, gelingt oder mißlingt. Wer z. B. die Unterscheidung zwischen Wollwaschmittel und Vollwaschmittel unterläßt oder etwa die zwischen Waschmittel in großen und kleinen Packungen für geeigneter hält, wird unter Umständen Enttäuschungen relativ zu seinem Handlungsplan erleben.

In zweiter Näherung läßt sich bezüglich des Realitätsproblems folgende negative Einsicht festhalten: *Verständlichkeit und Verläßlichkeit menschlicher Unterscheidungsleistungen werden nicht durch eine*

39 Vgl. dazu Heideggers Diskussion der Positionen: *Sein und Zeit,* 207 f.

ohne Bezug zum Unterscheiden stehende „reale Welt" garantiert, aber auch nicht allein durch den unterscheidenden Menschen. Ein interessantes Problem wird das Realitätsproblem dadurch, daß sowohl der Realismus wie auch der Idealismus, also die beiden naheliegenden einfachen Antwortrichtungen, nicht haltbar sind. Dies scheint allerdings in eine logisch merkwürdige Situation zu führen. Es scheint, wir müßten uns einfach für eine der Positionen entscheiden und versuchen, sie durch raffiniertes Absichern gegen alle möglichen Einwände zu verteidigen, und dies ist in der Tat die Ebene, auf der vielfach argumentiert wird. Logisch bleibt aber noch folgender Ausweg: anzunehmen, Idealismus und Realismus sprächen über verschiedene Sachverhalte, so daß ihre beiderseitige Widerlegung nicht besagt, daß keine denkbare Position mehr offenbleibt. Sofern Vertreter der entsprechenden Positionen unterstellen, daß Sie über verschiedene Sachverhalte sprechen, soll von einem *raffinierten Realismus* und einem *raffinierten Idealismus* gesprochen werden, im anderen Falle von einem naiven Realismus bzw. Idealismus.

Es bleibt also logisch der Weg offen, daß naiver Idealismus und Realismus zwar falsch sind, raffinierter Idealismus und Realismus aber dennoch wahr sein können. Der *raffinierte Realist* spricht über dasjenige, was, jedenfalls in manchen Fällen, Unterscheidungen unbeliebig macht, so daß die Differenz von geeigneter und ungeeigneter Unterscheidung, in diesen Fällen jedenfalls, sinnvoll ist. Es muß angenommen werden, daß es dieses X gibt, und mehr behauptet der raffinierte Realist nicht; das ist seine Raffinesse. Der *raffinierte Idealist* spricht stattdessen über Prädikationen für dieses X, so daß es solche Prädikationen nicht gibt, ohne daß es jemanden gibt, der sie X zu- oder abspricht. Der raffinierte Idealist sagt, es muß angenommen werden, daß es jemanden gibt, der X Prädikatoren zu- oder abspricht, und mehr behauptet er nicht; das ist seine Raffinesse. Man sieht, während der raffinierte Realist über die Existenz von X spricht, spricht der raffinierte Idealist über die Existenz eines Sprechers, der über X spricht. Und es ist logisch möglich, daß der raffinierte Realist und raffinierte Idealist zugleich recht haben. Es kann nämlich durchaus sein, daß es gute Gründe gibt, anzunehmen, daß es ein X gibt, und daß es jemanden gibt, der X etwas zu- oder abspricht; oder negativ, und dann wird vielleicht die Pointe noch etwas deutlicher, daß es falsch ist, die Existenz von X zu bestreiten, und zugleich, daß es falsch ist, die Existenz eines Jemand zu bestreiten, der X die Prädikatoren zuspricht oder abspricht. Oder noch anders: Wir können uns die Leistungsfähigkeit menschlichen Unterscheidens, das heißt, seine Eignung für die Lösung von Orientierungsproblemen, nicht klarmachen, wenn wir zum einen nicht annehmen, es existiere ein X, das dem Unterscheiden seine Eignung, wenigstens manchmal, vorgibt, und zum anderen, es lasse sich über X nichts sagen, wenn es nicht jemanden gebe, der über X etwas sagt. Und damit verstehen wir das Realitätsproblem in 3. Näherung: *Das, was die Verständlichkeit und Verläßlichkeit menschlicher Unterscheidungsleistungen garantiert, geht diesen Unterscheidungen derart voraus, daß es die Eignung dieser bestimmt, aber nicht so, daß es ohne jemandes Unterscheidungsleistung bestimmbar ist.*

Betrachten wir diesen Sachverhalt aus der Sicht desjenigen, der die Unterscheidungen leistet, also des Menschen. Indem er unterscheidet, bezieht er sich auf ein Bestimmendes, auf eine bestimmende Größe, ohne zu unterstellen, daß dieses auch abgesehen von seinem Bestimmen existiert. So jedenfalls sieht er die Dinge, wenn er auf dem Standpunkt des raffinierten Realismus und des raffinierten Idealismus nachdenkt. Dieses spezifische Geschehen, das sich in ihm abspielt, soll eine Bezeichnung bekommen, wenn es im Sinne dieser dritten Näherung zum Realitätsproblem gedeutet wird: das Unterscheiden wird verstanden als ein *„Wahrnehmen"*.

2.2 Wahrnehmen

Bekanntlich spielen sich im Menschen Geschehnisse sehr unterschiedlicher Art ab, so daß wir sofort gezwungen sind zu überlegen, was für eine Art Geschehen denn das Wahrnehmen eigentlich ist. Um die Frage nicht zu komplex werden zu lassen, sollen drei Sorten von Geschehnissen, die sich im Menschen oder mit ihm oder um ihn herum abspielen, betrachtet werden. Diese Geschehnisse können einmal durch den Menschen veranlaßt oder nicht veranlaßt sein. Wenn sie nicht veranlaßt sind, dann sollen sie *„Vorgänge"* genannt werden. Daß wir gelegentlich stürzen oder auch eine Kreislaufschwäche haben, ist in diesem Sinn ein Vorgang. Wenn das Geschehnis durch den Menschen veranlaßt ist, dann soll ein Tun vorliegen, und dieses Tun kann beabsichtigt oder nicht beabsichtigt sein. Wenn es nicht beabsichtigt ist, dann soll es *„Verhalten"* genannt werden. Und so ist zum Beispiel das Verdauen ein Verhalten; es wird durch den Menschen veranlaßt, er könnte das Essen ja auch einstellen, aber dann verläuft es auf eine Weise, die er nicht durch seine Absichten steuern kann. Ist dagegen das Tun beabsichtigt, dann soll vom *„Handeln"* gesprochen werden. Wir handeln etwa, wenn wir ein Haus bauen oder ein Waschmittel kaufen. Ist das Wahrnehmen nun ein Vorgang, ein Verhalten oder ein Handeln? Gleicht das Wahrnehmen dem Stürzen, dem Verdauen oder dem Bauen?

1. These: Wahrnehmen ist ein Tun und kein Vorgang.

Wenn wir etwas wahrnehmen, müssen wir etwas veranlassen, bei uns selbst oder auch anderen, z. B. die Augen öffnen, die Ohren spitzen, aber auch den Gaumen verfeinern, den Geschmack kultivieren. Das Wahrgenommene fällt nicht in uns hinein, wie das Licht auf eine photographische Platte. Das Wahrnehmen beinhaltet nämlich bereits ein Auswählen aus einem unendlichen Kontinuum möglicher Empfindungen und dieses Auswählen ist ein Ingangsetzen, ein Veranlassen, also ein Tun.

2. These: Wahrnehmen ist ein Handeln und kein Verhalten.

Um dies zu zeigen, muß man einige elementare Grundunterscheidungen der Deutung menschlichen Handelns heranziehen. Sie stellen Kriterien dar, mit deren Hilfe man erkennen kann, ob etwas ein Handeln oder ein Verhalten ist. Das Handeln beinhaltet – *erstens* – das Setzen eines Zwecks, also eines Sachverhalts, dessen Realisierung man mittels des Handelns anstrebt. Statt „Setzen eines

Zwecks" kann man auch vom „Annehmen eines Zwecks" im doppelten Wortsinn des Übernehmens und des mit Vorbehalt Zustimmens sprechen. Die Möglichkeit, daß unter Zwecken gewählt wird, ist beim Handeln, jedenfalls prinzipiell, offen. Demgegenüber kann beim Verhalten kein Zweck gewählt werden. *Zweitens:* Zum Handeln gehört die Möglichkeit, Mittel zu wählen, deren Ergreifung kausal oder wenigstens konditional den Zweck herbeiführt. Demgegenüber liegen beim Verhalten die Mittel zur Erreichung des Zwecks fest. *Drittens:* Zwischen Mitteln und Zwecken müssen Beziehungen bestehen, die wir durch Kausal- oder Konditionalhypothesen darstellen, oder wie wir umgangssprachlich treffend sagen: Handlungen müssen und können geplant werden. Wenn wir handeln, nehmen wir an, daß Handlungen zusammen mit anderen eine Kausalität erzeugen oder ausnutzen, derart, daß der Zweck, eventuell mittelbar, entsteht. Ersichtlich ist ein solcher Plan irrtumsgefährdet. Das Haus, das wir bauen, kann nicht zustandekommen oder einstürzen. Demgegenüber gibt es beim Verhalten keine Planung. Das Verhalten ist weder irrtumsgefährdet noch verwerfungsgefährdet. Wohl gibt es beim Verhalten Störungen.

Bezogen auf die Rekonstruktion des Wahrnehmens besagen diese drei Gesichtspunkte folgendes: Wer etwas wahrnimmt, nimmt es relativ zu einem gesetzten Zweck wahr. Zum Wahrnehmen gehört eine mit Hilfe von Sinnes- und anderen Werkzeugen, auf die noch einzugehen ist, ausgeführte Handlungsorganisation, die im übrigen zweckvariant ist. Etwas wahrnehmen heißt also nicht einfach, nur etwas erblicken oder sehen, denn nicht jeder, der etwas sieht, nimmt auch das wahr, worum es ihm geht. Ein Geograph, der eine Landschaft durch ein Mikroskop betrachtet, sieht in vielen Fällen etwas, aber er nimmt nicht die Landschaft wahr. Ein Musikkritiker, der ein Orchester von einem schalldichten Raum aus beobachtet, sieht etwas, eventuell hört er auch etwas, aber er nimmt nicht das Orchester wahr. Ferner: Zum Wahrnehmen müssen, wie schon angedeutet, geeignete Mittel gewählt werden, dies folgt bereits aus der Zweckvarianz des Wahrnehmens. Es ist wichtig zu bedenken, daß unsere Sinne, wie wir sagen, unsere „Organe", also Werkzeuge sind. Und schließlich: Das Verhältnis von Mitteln und Zwecken muß beim Wahrnehmen durch Handlungsplanung erst geschaffen werden. Es ereignet sich nicht verläßlich naturwüchsig. Wahrnehmungen ergeben sich nicht als Resultate festliegender Verhaltensabläufe, sondern sie sind fehlbar und verwerfbar. Nur deshalb kann man auch von falschen Wahrnehmungen reden.

Zusammenfassend: Wahrnehmungen sind nicht Vorgänge, die wir erleiden, aber auch nicht Verhaltensweisen, die ohne unser Zutun ablaufen, sondern Handlungen, die wir steuern und planen können. Dieser Sprachgebrauch widerspricht allerdings einem sensualistischen Sprachgebrauch für das Wort „Wahrnehmen". Es ist aber darauf aufmerksam zu machen, daß die Umgangssprache auch eine „pragmatische" Verwendungsweise des Wortes „Wahrnehmen" im Sinne einer Handlung kennt.[40]. Wir sagen, jemand nehme seine Aufgabe wahr oder seinen Vorteil, und das heißt ja immer etwas anderes als: er sehe eine Aufgabe oder er erblicke einen Vorteil. Die Weiterführung des Realitätsproblems in 4. Näherung geht somit von folgender Einsicht aus: *Dasjenige, was die Verständlichkeit und Verläßlichkeit menschlicher Unterscheidungsleistungen garantiert, ist ein Resultat eines spezifischen Handelns des Menschen, des Wahrnehmens.*

Wenn das Wahrnehmen ein Handeln ist, dann liegt die Idee nahe, das Wahrnehmen so zu planen, zu organisieren, daß wir genau *die* Informationen erhalten, die wir zu einem bestimmten Zweck brauchen. In diesen Fällen können wir vom *„Beobachten"* sprechen.[41]

40 Dies hat v.a. H. Krings zum Ausgangspunkt für seine Theorie der Rezeptivität genommen: *Transzendentale Logik,* München 1964, Kap. III. – Strukturell ist die hier vertretene Konzeption auch schon von W. Cramer in seiner Explikation des „Erlebens" entwickelt worden: *Grundlegung einer Theorie des Geistes,* Frankfurt a. M. ^{2}1965, § 34ff.

41 Vgl. *P. Janich: Beobachtung als Handlung,* Mss. Marburg 1985.

2.3 Empfinden

Wenn wir das Wahrnehmen planen und organisieren wollen, dann müssen wir wissen, aus welchen Elementen es besteht und wie diese arrangiert werden können oder müssen, um bestimmten Zwecken zu genügen. Wahrnehmungshandlungen muß man sich also näherhin als eine Weise des Zusammenbauens, des Konstruierens, Konstituierens aus Elementen vorstellen. Nach der traditionellen Erkenntnis sind es die Sinnesorgane, die diese Elemente zur Verfügung stellen. Diese werden somit betrachtet als Werkzeuge, die uns Besitzer dieser Werkzeuge mit Informationen beliefern, aus denen wir uns Realitätsüberzeugungen fabrizieren können. In dieser allgemeinen Formulierung ist die Deutung der Sinnesorgane zunächst unstrittig. Schwierigkeiten entstehen aber sofort, wenn man sich fragt, wie diese Leistungen der Sinnesorgane zu verstehen sind. Zwei Fragen sind zu erörtern: a. Sind die Sinnesorgane *hinreichende* Lieferanten für die Bildung unserer Realitätsüberzeugung? b. Sind sie *notwendige* Lieferanten für die Bildung unserer Realitätsüberzeugung?

Nennen wir die Tätigkeit der Sinne allgemein das *„Empfinden"*. Dann lautet die Frage: Ist das Empfinden die notwendige und hinreichende Bedingung des Wahrnehmens? Wer diese Frage bejaht, ist ein Sensualist. Bevor wir uns überlegen, warum der Sensualismus nicht haltbar ist, ist es aber nützlich, sich deutlich zu machen, daß auch ein Beweis für den Sensualismus keine Lösung des Realitätsproblems wäre. Denn auch der Sensualist muß sich ja fragen, wie denn dasjenige, was die Empfindungen auslöst, zu verstehen ist: realistisch, dann wären die Auslöser der Empfindungen unabhängig von diesen, oder idealistisch, dann wären die Auslöser der Empfindungen nur durch diese Empfindungen: beide Varianten sind in der Philosophiegeschichte auch vertreten und diskutiert worden. D.h., auch wenn wir uns das Wahrnehmen sensualistisch vorstellen, leisten wir keinen Beitrag zur Lösung des Realitätsproblems.

Gleichwohl ist interessant, darüber nachzudenken, ob diese These des Sensualismus überhaupt haltbar ist. Zur ersten Frage: Sind die Empfindungen *hinreichende* und *zuverlässige* Bedingungen des

Wahrnehmens? Wer immer in dieser Hinsicht seine Enttäuschungen erlebt hat, nämlich mit desorientierenden Empfindungen, hat Anlaß, den Realitätssuggestionen seiner Empfindungen zu mißtrauen. Nicht alles, was wir empfinden, ist auch wahrnehmbar. Bei dieser Gelegenheit kann auch auf die große Menge von Typen von Sinnestäuschungen hingewiesen werden bis hin zu psychopathischen Phänomenen. Interessanter ist die zweite Frage: Sind die Empfindungen wenigstens *notwendige* Bedingungen des Wahrnehmens. Nicht alles, was wir wahrnehmen, empfinden wir. Die Wolkenkratzer von Chicago, es sei denn, man war zufällig dort, die Aidsviren, das Kupfer auf dem Mond Kallisto, der Neid meines Nachbarn, die Sozialpolitik der Bundesregierung, die Pointe des Märchens vom Rotkäppchen, die Werftenkrise, das Magnetfeld der Erde, die Menge aller Primzahlen, das Gespenst von Dartmoor - alles dies sind reale Größen, die nicht auf die Weise des Empfindens in unsere Wahrnehmungssphäre gelangen. Und somit ergibt sich, daß die Empfindungen weder hinreichende noch notwendige Bedingungen des Wahrnehmens sind.

Wichtiger aber für das Realitäts-Thema ist das andere Ergebnis, daß selbst, wenn die Empfindungen hinreichend oder notwendig wären, wir daraus nicht eine Lösung des Realitätsproblems ableiten können. Und deswegen kann der Philosoph die weitere Untersuchung der Empfindungen, ihrer Gesetzmäßigkeiten usw. getrost den Physiologen und Psychologen überlassen. Jedenfalls ist als Grundlage für die Formulierung des Realitätsproblems in 5. Näherung festzuhalten: *Dasjenige, was die Verständlichkeit und Verläßlichkeit menschlicher Unterscheidungsleistungen garantiert, ist nicht das Resultat des Empfindens.* Folgt daraus, daß die Empfindungen mit unseren Wahrnehmungen nichts zu tun haben? Dies muß man keineswegs behaupten, wenn man allen bisherigen Schlußfolgerungen zustimmt. Denn das Wahrgenommene ist ja ein (wie unterstellt wurde) durch Handeln zusammengesetzter Gegenstand, ein Konstrukt, so wie beispielsweise ein Gebäude ein Konstrukt ist. Zum Zusammensetzen von etwas bedarf es eines Materials. Von diesem Material kann durchaus unterstellt werden, daß es uns teilweise durch die

Empfindungen geliefert wird, aber auch durch andere Geschehnisse: das Gedächtnis, die Phantasie, durch Kombination, durch Transfer, durch Planung, sogar durch Fiktion. Denn es ist in der Tat so, daß Dinge real sein können, die noch gar nicht existieren, aber unser Handeln bestimmen. Auch der bloß geplante Supermarkt bewirkt ja, daß die Grundstückspreise in seiner Umgebung „real" steigen. Allgemein genügt es, bezüglich des Empfindungsproblems zu sagen, daß nicht unsere Sinnesorgane es sind, die etwas wahrnehmen, sondern *wir* Menschen nehmen manchmal *mittels* unserer Sinnesorgane, aber auch anderer Instrumente etwas wahr.

Die pragmatische Deutung des Wahrnehmens führt also nicht zu einer Leugnung der Sinnesorgane und ihrer allerdings problematischen Leistungsfähigkeit, sondern zu einer instrumentellen Deutung dieser Organe. Wenn etwas Mittel zu einem Zweck ist, dann bestimmt der Zweck über die Eignung der Mittel. Aber, der Realisierung des Zwecks werden durch die Wahl der Mittel Grenzen auferlegt. Und soweit das Wahrnehmen auf das Empfinden angewiesen ist, ist es zwar gleichwohl ein Handeln, aber eben kein arbiträres. Handeln ist immer zweckgerichtet, aber nicht (fast nie) willkürlich. Den Zweck-Mittel-Zusammenhang zwischen Empfinden und Wahrnehmen kann man sich pragmatisch am besten klarmachen, wenn man das Empfinden als Teilhandlung des Wahrnehmens auffaßt. Die Rezeption ist eine Teilhandlung der Prädikation, so wie das Kakao-aus-dem-Regal-Nehmen eine Teilhandlung des Einkaufens ist. So wie daher niemand sagen würde, man müsse zunächst den Kakao aus dem Regal nehmen, um hernach einzukaufen, so gilt allerdings auch andererseits, daß man nichts einkaufen kann, was nicht da ist. Die hier vertretene These bezüglich des Verhältnisses von Empfindungen und Wahrnehmungen ist daher auch nicht, daß die Wahrnehmungshandlungen unbedingt (willkürlich) vollzogen werden, sondern die Bedingtheit ist vielmehr dem Handeln zufolge der Wahl der Mittel auferlegt (und nicht die Folge einer geheimnisvollen „Natur" des Erkenntnisprozesses). Man könnte diese Position einen *kulturalistischen Pragmatismus* nennen. Demgegenüber ist die Vorstellung, die Sinnesorgane lieferten maschinengleich Daten, die unsere Unterscheidungssysteme zwingend herbeiführten, Ausdruck eines oft unaufgedeckten naturalistischen Psychologismus.

2.4 Einführen

Wenn das Empfinden als hinreichende und notwendige Basis des Wahrnehmens ausscheidet, wenn es auch manchmal an dieser Basis beteiligt ist, bleibt als Frage, wie man sich denn das Wahrnehmen positiv verständlich machen soll, worauf es denn nun wirklich begründet ist? Zur Wiederholung: Zweck des Unterscheidens ist a. die Verständlichkeit, also muß die Unterscheidungshandlung, das Wahrnehmen, ein soziales Handeln, eine Interaktion sein. Unterscheidungen müssen *gemeinsam* als Mittel zur Erreichung eines Orientierungszwecks erzeugt werden. Zweck des Unterscheidens ist b. die Verläßlichkeit. Also muß die gemeinsame Unterscheidungshandlung ein Auf-Dauer-Stellen der Unterscheidung bewirken, auf einige Dauer, wie lange sie gelten soll, kann dahinstehen. Jedenfalls müssen wir dieses Auf-Dauer-Stellen gewährleisten, d.h. genauer, wir müssen gewährleisten, daß wir von nun an in der Lage sind, dasselbe unter gleichen Umständen noch einmal zu tun. Die Handlung, eine solche Situation herzustellen, in welcher gemeinsame Unterscheidungen erzeugt werden, welche wiederum erlauben, dasselbe noch einmal zu tun, heiße „eine Unterscheidung einführen". – Der Ausdruck „einführen" wird hier so verwendet, wie etwa auch umgangssprachlich gesagt wird, daß man einen Gast einführt, eine neue DIN-Norm einführt, ein Thema in die Diskussion einführt. Einführen ist also etwas anderes als z. B. lehren.

Nun nehmen wir in der Regel ja nicht an solchen Einführungssituationen teil, um etwa die Bedeutung von Prädikatoren, d.h. ihre Unterscheidungsleistung, zu verstehen. Aber wir können rekonstruieren, daß uns die ständig iterierte Frage nach der Bedeutung von Prädikatoren auf solche tatsächlichen oder fingierten Unterscheidungseinführungssituationen zurückführt. Denn Bedeutungsklärungen von Wörtern führen uns in der Regel auf andere Wörter zurück.

Wenn man das Vorhaben lange genug durchgeführt hat, d.h. wenn der Bestand an gemeinsamen Bedeutungen sehr klein ist, dann sucht man letztlich Situationen auf oder stellt Situationen her, derart, daß gesagt werden kann: „dies da, das ist ein f, ein etwas, wovon ich f sage". Wenn wir uns beispielsweise partout nicht einigen können, wie wir denn paraphrasieren sollen, daß eine Handlung gerecht ist, dann müssen wir letztlich eine Situation herstellen, vielleicht auch nur in Gedanken, derart, daß wir nach ihrer Beschreibung sagen können: Wenn dies und das geschieht, dann nenne ich die Handlung so und so gerecht. Damit kommen wir zu einer Charakterisierung des Realitätsproblems in 6. Näherung: *Dasjenige, was die Verständlichkeit und Verläßlichkeit menschlicher Unterscheidungsleistungen garantiert, ist letztlich, wenn man also lange genug den Rekurs ausübt, die Teilnahme an Einführungssituationen, in welchen Unterscheidungen als Mittel zu gemeinsamen Zwecken eingeführt und auf Dauer gestellt werden.* Dies ließe sich auch einfacher sagen, wenn wir vereinbaren, daß wir das Verfügen über Bedeutungen, die letztlich durch Rekurs auf eine gemeinsame Einführungssituation gesichert sind, „eine Sprache beherrschen" nennen. Dann könnte man auch sagen: *Dasjenige, was die Verständlichkeit und Verläßlichkeit garantiert, ist das Beherrschen einer Sprache.*

An dieser Stelle ist zuzugestehen, daß sich die Argumentation trotz mehrfacher Näherung in *einer* Hinsicht gar nicht von der Stelle zu bewegen scheint, indem nämlich nicht gesagt wird, *was* denn nun „real" ist. Was erwartet oder unterstellt derjenige, der hofft, daß aufgrund philosophischen Nachdenkens feststellbar ist, was denn das Reale nun ist? Er erwartet, daß definitiv feststeht, was in Einführungssituationen als zweckrationale Unterscheidung ermittelt worden ist. Daß dies nicht *definitiv* festzustellen ist, läßt sich aus folgenden Gründen leicht einsehen:

a. Wir wissen nicht, was denn die jeweiligen Zwecke von Orientierungsüberlegungen sind. Solche Zwecke sind *situationsvariant.*

b. Bestimmte Mittel sind meistens nicht eindeutig bestimmten Zwecken zugeordnet. Wie auch umgekehrt, Mittel *uneindeutig* relativ zu Zwecken sind. Vieles kann man auf vielen Wegen erreichen.

c. Bezüglich der Wahl der Mittel können wir uns, wie schon früher erwähnt, irren. Faktische Einführungssituationen geben nur vermeintlich zweckmäßige Unterscheidungen, und die Unterscheidungen sind soweit *irrtumsgefährdet.*

Unterscheidungshandlungen sind also gewöhnlich durch Situationsvarianz, Uneindeutigkeit und Irrtumsgefährdung charakterisiert. Fingieren wir einmal aber einen Zustand, für den gilt:

a. Alle möglichen Teilnehmer an einer Einführungssituation sind sich irreversibel über die Zwecke ihres Handelns einig. Dann kann man von *definitiven Zwecken* sprechen.

b. Die Teilnehmer haben bezüglich der Wahl der Mittel eindeutige gemeinsame Optimierungskriterien, die zu einer eindeutigen Lösung von Optimierungsproblemen führen. Dann hätten wir *definitive Mittel.*

c. Die Teilnehmer sind aufgrund ihrer Genialität in zweckrationalen Fragen irrtumsfrei. Dann verfügen sie über eine *definitive Zweckrationalität.*

Diese Vorstellungen erzeugen die Situation einer *definitiven Einführung.* Damit erhalten wir die Charakterisierung des Realitätsproblems in 7. Näherung: *Real, d.h., das, was letztlich die Verständlichkeit und Verläßlichkeit von Entscheidungsleistung garantiert, ist dasjenige, was Resultat des Wahrnehmens in einer definitiven Einführungssituation ist.* Wird damit aber nicht alles Reale in eine Sphäre des bloß Fiktiven verflüchtigt? Das wäre in der Tat so, wenn nicht der Fall wäre, daß wir ständig auf Bedingungen einer solchen definitiven Einführungssituation vorgreifen, sie antizipieren müssen. Was sich daher letztlich definitiv als real erweist, weiß zwar niemand. So weiß auch niemand, wie es sich definitiv mit Holzklötzen und Farben bezüglich ihrer Realität verhält. Aufgrund der Antizipationen einer definitiven Einführungssituation kann man jedoch sicher sein (das Beispiel stammt von Dingler), daß es immer so sein wird, daß wir, wenn wir aus einem Holzklotz eine bemalte Puppe herstellen wollen, zuerst aus dem Klotz die Puppe schnitzen und sie hernach anmalen müssen – und nicht umgekehrt. Warum das so ist? Das ist eben die Realität.

Zur Kritik der beleidigten Vernunft

Ernst Wolfgang Orth (Trier)

Kritik der beleidigten Vernunft - das ist offenkundig ein geliehener Titel. 1781 hat Kant die *Kritik der reinen Vernunft* erscheinen lassen. Die Formel war ein gelungener Fund und scheint Kant selbst fasziniert zu haben,[1] so daß er 1788 das kritische Geschäft mit der *Kritik der praktischen Vernunft* fortführte und schließlich 1790 mit der *Kritik der Urteilskraft* abschließen konnte. Aber nicht allein Kant war von dieser Formel angetan. 1799 wird Gottfried Herder „eine Metakritik zur Kritik der reinen Vernunft" herausbringen und 1800 erscheint posthum die *Metakritik über den Purismus der reinen Vernunft* von Johann Georg Hamann.[2] Jakob Friedrich Fries publiziert 1807 schlicht eine dreibändige *Neue Kritik der Vernunft.* Auch der Kopf der Neufriesschen Schule benutzt 1917 und 1918 die Titel „Kritik der praktischen Vernunft" und „Kritik der reinen Vernunft".[3] Einige Berühmtheit hat Diltheys Forderung einer „Kritik der historischen Vernunft" erlangt, deren Vorklang man schon bei Rudolf

1 Bereits in einem Brief vom 21. 2. 1772 an Marcus Herz kündigt Kant „eine Kritik der reinen Vernunft" an, deren ersten Teil er „binnen etwa drei Monaten herausgeben werde" (vgl. *Kants Briefe.* Akad. Ausg. X. 129 ff.). Wie sehr Kant vom Kritikbegriff eingenommen ist, zeigt der über den philosophisch-kritischen Sinn weit hinausgehende Gebrauch in seinem Satz: „Unser Zeitalter ist das eigentliche Zeitalter der Kritik, der sich alles unterwerfen muß", nämlich sowohl die Heiligkeit der Religion als auch die Majestät der Gesetzgebung (*KdrV* A. XI, Vorrede). Die Vorrede von B unterläßt diese ausgreifende Assoziation!

2 *Gottfried Herder: Verstand und Erfahrung, Vernunft und Sprache, eine Metakritik zur Kritik der reinen Vernunft.* Leipzig 1799; *Johann Georg Hamann: Metakritik über den Purismus der reinen Vernunft (1784),* erstmals 1800 von Rink publiziert.

3 *Jakob Friedrich Fries: Neue Kritik der Vernunft.* 3 Bde. Heidelberg 1807, ²1823-31; *Leonhard Nelson: Vorlesungen über die Grundlagen der Ethik.* Bd 1: Kritik der praktischen Vernunft. Leipzig 1917; ders.: *Die neue Reformation.* Bd 2: Die Reform der Philosophie durch die Kritik der reinen Vernunft. Leipzig 1918.

Haym vernehmen kann.[4] Peter Krausser faßt in seinem Buch von 1968 Diltheys Philosophie als ‚Kritik der endlichen Vernunft' auf.[5]

Ob Marxens „Kritik der politischen Ökonomie" hier ebenfalls aufgeführt werden darf, ist eine Frage der Interpretation.[6] Die Pointe des von Kant entliehenen Titels liegt nämlich nicht nur in dem Wort Kritik, sondern auch in dem Umstand, daß der Genitiv „... der Vernunft" sowohl als genitivus objectivus wie auch als genitivus subjectivus gelesen werden kann und muß. Denn es handelt sich bei der Vernunftkritik ebenso um eine Kritik *an* der Vernunft wie um eine solche *durch* die Vernunft. Ob Marx es zulassen würde, daß man seine Kritik an der politischen Ökonomie auch als eine solche durch die politische Ökonomie auffaßt, soll dahingestellt bleiben; ihm die Formel „Kritik der ökonomischen Vernunft" zu unterstellen, ist sicherlich nicht ohne Reiz. Bei Marx ist jedoch bemerkenswerter, daß der Begriff der Kritik selbst ins Unbestimmte gerät. Seine 1843/44 keck ausgesprochene Vermutung - „Die Waffe der Kritik kann allerdings die Kritik der Waffen nicht ersetzen" -[7] scheint überhaupt einen neuen Kritikbegriff einzuführen: Kritik als die der Theorie entgegengesetzte Tat, als Agitation. Marx nimmt hier Nietzsches Gewaltphantasien voraus, der 1874 eine „kritische Art der Historie" - neben der monumentalischen und antiquarischen - postuliert, die

4 Die Floskel findet sich in der Widmung an den Grafen Paul Yorck von Wartenburg in *Wilhelm Dilthey: Einleitung in die Geisteswissenschaften.* (1883). In: *Gesammelte Schriften.* Bd 1. Stuttgart 1959; „eine neue Kritik der reinen Vernunft" faßt Dilthey schon 1860 ins Auge. Vgl. *Clara Misch: Der junge Dilthey.* Ein Lebensbild in Briefen und Tagebüchern, Stuttgart/Göttingen [2]1960. 120. *Rudolf Haym: Hegel und seine Zeit.* Berlin 1855, fordert „die neue Kritik der konkreten Gesetze des menschlichen Geistes" (469).

5 *Peter Krausser: Kritik der endlichen Vernunft.* Diltheys Revolution der allgemeinen Wissenschafts- und Handlungstheorie. Frankfurt 1968.

6 *Karl Marx: Zur Kritik der politischen Ökonomie.* Berlin 1859. Das *Kapital* (1867) wird „Kritik der politischen Ökonomie" als Untertitel führen. Anspielungen an vorgegebene Titel finden sich ja bei Marx häufiger - so diejenige seines Dissertationstitels an Hegels *Differenz*-Schrift und des Buches *Elend der Philosophie* an Proudhons Werk.

7 *Karl Marx: Zur Kritik der Hegelschen Rechtsphilosophie.* In: *Werke.* Bd 1. Hrsg. von H. J. Lieber. 497.

aber alles andere als kritische Geschichtswissenschaft ist. In ihr wird das eine durch das andere historische Ereignis - zunächst noch metaphorisch - „totgeschlagen". Nietzsche postuliert ein aktuelles zur Tat schreitendes „Bedürfnis zur Kritik, das heißt richtenden und verurteilenden Historie". Gerichtet und ver(!)urteilt wird hier nicht durch analysierende Kritik, sondern eben durch das praktische Leben.[8] Kritik und Krise geraten hier fast ununterscheidbar zusammen.[9]

Inzwischen sind aber eine Fülle von Werken erschienen, in welchen die Struktur des Kantischen Titels mehr oder weniger sinnfällig nachgespielt zu werden scheint. 1967 veröffentlicht Max Horkheimer „Zur Kritik der instrumentellen Vernunft"; es ist freilich nicht *die* Kritik, sondern nur etwas *zur* Kritik, und zudem hat die englischsprachige Vorlage von 1947 eine ganz andere Titelmetaphorik: *The Eclipse of Reason.* Statt der Bildwelt der Aufklärung tritt die der Verdunklung ein.[10] Aber was nun in den Titeleien überwiegt, ist der zunehmende Abstand von der apodiktischen Position; es wird nicht mehr *die* Kritik, sondern etwas *zur* Kritik vorgelegt. So erscheint 1972 von Friedrich Tenbruck „Zur Kritik der planenden Vernunft" und von Thomas Seebohm „Zur Kritik der hermeneutischen Vernunft".[11] Hermann Lübbe wählt 1974 den Aufsatztitel „Zur Metakritik der Kritik an der technischen Intelligenz".[12] 1981 legt Régis Debray wieder schlicht die *Critique de la raison politique*

8 *Friedrich Nietzsche: Vom Nutzen und Nachteil der Historie für das Leben.* (1874). In: *Werke.* Bd 1. Hrsg. von Karl Schlechta. 219, 225, 229, 280.

9 Vgl. dazu *Reinhart Koselleck: Kritik und Krise.* Ein Beitrag zur Pathogenese der bürgerlichen Welt. Freiburg/München 1959.

10 *Max Horkheimer: Zur Kritik der instrumentellen Vernunft.* Frankfurt 1967; ders.: *The Eclipse of Reason.* New York 1947.

11 *Friedrich Tenbruck: Zur Kritik der planenden Vernunft.* Freiburg/München 1972; *Thomas M. Seebohm: Zur Kritik der hermeneutischen Vernunft.* Bonn 1972.

12 *Hermann Lübbe: Zur Metakritik der Kritik an der technischen Intelligenz.* In: Verein deutscher Ingenieure. 116 (1974), Nr. 2.

vor.[13] 1983 erscheint W. von Simsons *Kritik der politischen Vernunft.*[14]

Man mag das alles unter dem Sammeltitel „Schwierigkeiten mit der Vernunft“ zusammenfassen. Michael Landmann ist mit seinen Büchern *Entfremdete Vernunft* (1975) und *Anklage gegen die Vernunft* (1976) auf diese Schwierigkeiten eingegangen und hat noch einmal vorsichtig zu einer vernünftigen Ordnung gerufen, die er offensichtlich in der Bestimmung des Menschen selbst begründet sieht.[15] Dabei sind die Schwierigkeiten durchaus doppeldeutig: Einerseits zeigt die Pluralität der Vernunftkritiken den Reichtum ihrer Funktionen: die Vernunft ist logisch und praktisch, hermeneutisch und politisch, ästhetisch und pädagogisch.[16] Andererseits bekundet sich in dieser Vielfalt von Vernunftfunktionen die Unmöglichkeit, eine stimmige Einheit zu finden. Stattdessen werden Widersprüche in der Vernunft selbst schmerzlich spürbar und eine Art Unverfügbarkeit dessen, was wir „vernünftig“ nennen, führt zu Enttäuschung, Verzweiflung und Trotz - oder auch zur Bescheidenheit. In seinem Spätwerk hat Edmund Husserl - gleichsam beschwörend - noch einmal auf den Minimalbefund menschlicher Vernünftigkeit hingewiesen: „Der Mensch des alltäglichen Lebens ist doch nicht vernunftlos, er ist denkendes Wesen, er hat das kathólou gegenüber dem Tier, er hat daher Sprache, Beschreibung, er schließt, er stellt Wahrheitsfragen, er bewährt, argumentiert und entscheidet sich vernünftig - ...“[17] Aber wenn es darum geht, das hier genannte kathó-

13 *Régis Debray: Critique de la Raison politique.* Paris 1981. Ein berühmter Vorgänger ist natürlich *Jean-Paul Sartre: Critique de la Raison dialectique.* Paris 1960.

14 *Werner von Simson: Kritik der politischen Vernunft.* Baden-Baden 1983.

15 *Michael Landmann: Entfremdete Vernunft.* Stuttgart 1975; ders.: *Anklage gegen die Vernunft.* Stuttgart 1976.

16 Im Zusammenhang mit Richard Hönigswald spricht von einer „Kritik der pädagogischen Vernunft“ *Erwin Hufnagel: Richard Hönigswalds Pädagogikbegriff.* Zur Verhältnisbestimmung von Philosophie und Pädagogik. Bonn 1979. 33.

17 *Edmund Husserl: Die Krisis der europäischen Wissenschaften und die transzendentale Phänomenologie* (1936). In: *Husserliana.* Gesammelte Werke. Bd VI. (zit: *Hua* VI). Den Haag 1953. 270.

lou, das Allgemeine und Verbindliche, das Verständigung Schaffende, dem wir die Stimmigkeit und Ordnung unserer Orientierungsbemühungen verdanken könnten, zu bestimmen, beginnt der Streit, der notwendigerweise in Verzweiflung und Zynismus münden zu müssen scheint.

So scheint denn eine literarisch ansprechende Titelformel, die 1983 auftaucht, eine Art Abschluß aller Vernunftkritik anzuzeigen. In dem zweibändigen Werk *Kritik der zynischen Vernunft* von Peter Sloterdijk[18] präsentiert sich der entsprechend aufgeklärte, moderne Mensch als einer, der den Vexiercharakter seiner Vernünftigkeit endgültig durchschaut hat und sich entsprechend auf seine condition humaine entschlossen einzurichten versteht. Die Grundansicht des Autors wird auf den letzten Seiten seines Werkes in jenem Kapitel, das die so professionelle wie launige Überschrift „Unterwegs zu einer Kritik der subjektiven Vernunft" trägt, hinreichend deutlich.

„Sapere aude! bleibt der Wahlspruch einer Aufklärung, die auch im Zwielicht modernster Gefahren der Ernüchterung durchs Katastrophale widersteht. Nur aus ihrem Mut kann sich noch eine Zukunft entwickeln, die mehr wäre als die erweiterte Reproduktion der schlimmsten Vergangenheit. Solcher Mut speist sich aus den so dünn gewordenen Strömen der Erinnerung an ein spontanes, von niemandem gemachtes In-Ordnung-sein-Können des Lebens. Wo die alten Lehren von ‚objektiver Vernunft' zu sprechen versuchten, wollten sie in einer seit dem Beginn der hochkulturellen Ära durchaus ‚entfremdeten' Welt in therapeutischer Absicht auch daran erinnern, daß die Dinge vielleicht wieder in Fluß und Ordnung kommen können, wenn wir als Subjekte abrüsten und von seriös getarnten, zerstörerischen Aktivismen ins Seinlassen zurücktreten. – Darf man aber so etwas heute überhaupt noch sagen? Ist das Bündnis unser(er) Rationalität mit ‚Realismus' und Zynismus insgeheim schon so verfestigt, daß sie von einer anderen Vernunft als der aktivistischen nichts mehr wissen will? Mit dieser Frage kommt unsere Untersuchung als kritische an ein Ende. Was wäre noch hinzuzufügen? Es gerieten nun Erfahrungen ins Spiel, auf die man nur dunkel hinweisen kann, ohne daß uns Beweise zu Hilfe kämen; worüber man nicht argumentieren kann, davon sollte man bei besserer Gelegenheit erzählen. Es geht um Erfahrungen, für die ich kein anderes Wort finden

18 *Peter Sloterdijk: Kritik der zynischen Vernunft.* 2 Bde. Frankfurt 1983.

kann, als das überschwengliche vom gelungenen Leben. In unseren besten Augenblicken, wenn vor lauter Gelingen auch das energischste Tun im Lassen aufgeht und die Rhythmik des Lebendigen spontan uns trägt, kann sich der Mut plötzlich melden wie eine euphorische Klarheit oder ein wunderbar in sich gelassener Ernst. Er weckt in uns die Gegenwart. In ihr steigt die Wachheit mit einem Mal auf die Höhe des Seins. Kühl und hell betritt jeder Augenblick deinen Raum; du bist von seiner Helle, seiner Kühle, seinem Jubel nicht verschieden. Schlechte Erfahrungen weichen zurück vor den neuen Gelegenheiten. Keine Geschichte macht dich alt. Die Lieblosigkeiten von gestern zwingen zu nichts. Im Lichte solcher Geistesgegenwart ist der Bann der Wiederholungen gebrochen. Jede bewußte Sekunde tilgt das hoffnungslose Gewesene und wird zur ersten einer Anderen Geschichte."[19]

Man hört es diesem Text an, daß das letzte Wort des Autors nicht Zynismus ist, sondern die Idylle: ein für Sportsfreunde und Überlebenskünstler handlich gemachter Heidegger, der auch - gelassen genug - „Aufklärung" auszusprechen erlaubt. Sloterdijks Auffassung steht und fällt damit, daß seine immer wieder betonte Unterscheidung zwischen modernem (schlechtem) Zynismus und antiker (guter) Kynischer Philosophie als einer Lebensform, die sich von der Vernunft nicht in Sackgassen treiben läßt, auch tatsächlich hält, was sie verspricht, nämlich eine unentfremdete Lebensform in einer unentfremdeten Gesellschaft. Aber gerade dies letztere ist doch die Voraussetzung für das Spiel der Kynischen Philosophie. Der ‚Aussteiger' lebt doch gerade von denen, die ‚drinnen' sind - und zwar nicht nur ökonomisch, sondern auch strukturalistisch anthropologisch, d.h. in seiner Bestimmung als Mensch; er braucht die anderen, um sich so oder so ‚provokativ' von ihnen abzusetzen.[20]

Das umfangreiche Werk Sloterdijks ist gleichwohl ein wichtiges Buch. Es gibt in gelegentlich brillanten Schlaglichtern einen Einblick in die intellektuelle Mentalität unserer Zeit und läßt es an historischen Perspektiven durchaus nicht fehlen; übrigens mangelt es

19 *Sloterdijk.* Bd 2. 952ff. Der Zynismus wird in Sloterdijks Buch innerhalb eines ganzen Bedeutungsfeldes bestimmt, das man nach zynischem Verhalten einerseits und Kynischer Philosophie andererseits akzentuieren muß.

20 Der Begriff Provokation als eine prinzipielle Verhaltskategorie hat die Funktion von Opposition im strukturalistischen Sinne.

diesem Zyniker bei all seiner proklamierten Frechheit nicht an Takt. Auch ein Parteimann ist er nicht. Aber das Problem, das den Verfasser bewegt, die sogenannte Entfremdung, ist in keiner Idylle zu lösen. Sloterdijk kritisiert zwar Marx, aber er erkennt nicht das Illusionäre des Marxschen Entfremdungsbegriffs. Immerhin wird das sogenannte Entfremdungsphänomen von Sloterdijk durch die sehr ansprechende Beschreibung einer modernen Erscheinung, die der Verfasser „Emigration" nennt, subtiler gefaßt. Mit „Emigration" sind verschiedene Formen des „Aussteigens" einerseits sowie des gleichsam vorbehaltlichen Mitmachens und Standhaltens andererseits gemeint: es ist das Verhalten in einer Welt und Gesellschaft, die nur noch zynischerweise vernünftig heißen dürfen.[21] Eine Alternative von Aussteigen und Mitmachen lehnt Sloterdijk gerade ab und ersetzt sie durch die in der Tat fundiertere Alternative „Verkörperung" oder „Spaltung".[22] Sloterdijk erkennt damit als das unvermeidliche Konstituens aller menschlichen Vernünfigkeit, aller menschlichen Orientierung, das an, was man die Medialität der Orientierung und Vernunft nennen könnte. Im Namen dieser Einsicht verlangt er nun „radikale Priorität der Selbsterfahrung vor der Moral"[23] und begibt sich damit in eine klassische Alternative, der gar nicht standzuhalten ist. Bekanntlich hat Descartes seine Forderung einer radikalen, keine gewohnten Erkenntnisinhalte voraussetzenden Selbsterfahrung, die freilich mit den modernen egoistischen und hedonistischen Attitüden wenig zu tun hat - sondern kritische Selbstanalyse ist -, verbunden mit der Anerkennung einer sogenannten „morale par provision"; denn ihm geht es in seiner Selbsterfahrung auch darum, die Grenzen, die dem Menschen gesetzt sind, zu berücksichtigen und die Vernunft allererst zu kultivieren.[24] Das Geschäft der Selbsterfah-

21 *Sloterdijk.* Bd 1. 235 ff.

22 *Sloterdijk.* Bd 1. 237. Das erinnert an Helmuth Plessners „Doppelaspekt" des Lebendigen und insbesondere der menschlichen Existenz. Vgl. *Helmuth Plessner: Die Stufen des Organischen und der Mensch.* (1928). In: *Gesammelte Schriften.* Bd 4. Frankfurt 1981. 360 ff. und passim.

23 *Sloterdijk.* Bd 1. 237.

24 *René Descartes: Discours de la méthode.* (1637). Übers. und hrsg. von Lüder Gäbe. Hamburg 1960. 3. Teil. Nr. 1, Nr. 4, Nr. 5.

rung setzt bei ihm Besonnenheit voraus; und gerade diese scheint das moderne Bewußtsein nicht aufzubringen. Lieber setzt es alle Moral außer Kraft, als auf jene Selbsterfahrung zu verzichten, die doch eher eine Form des Selbstgenusses als der Selbstkritik ist. Gerade in der am Ende seines Werkes gemalten Idylle zeigt Sloterdijk bei allem Zynismus und bei aller Freude an der Selbsterfahrung, daß er den Ernst seines eigenen Befundes nicht begriffen hat. Der Wunsch, sich wohlzufühlen, überspielt den Willen nach Klarheit bei weitem.[25] Zynische Vernunft erweist sich nur als Vorform, ja als eine trotzig-wehleidige Voraus-tröstung der leidenden Vernunft. Es ist ein anderer Zyniker - so lieben ihn jedenfalls die ‚Progressiven' zu nennen - ein konservativer Zyniker, nämlich Arnold Gehlen, der denn auch bei der Analyse der ‚Seele im technischen Zeitalter' über den Zynismus hinaus zu dem Schlüsselbegriff der „beleidigten Vernunft" gefunden hat, freilich nicht zu einer förmlichen Kritik derselben.[26]

Es ist die Autonomisierung der Vernunft als ein selbstmächtiges Tun des konkreten Menschen, d.h. die Bestimmung der Vernunft als ausschließlich konkreter menschlicher Geist, aus der ihre Beleidigungen und Selbstbeleidigungen hervorwachsen. Bei Marx erhalten diese den Namen der Entfremdung. Dabei bezieht sich Marx ausdrücklich auf Hegel, aber wirkungsgeschichtlich muß man ihn auch in einen Zusammenhang mit Fichtes Ich-Begriff als absoluter Tathandlung stellen.[27] Die Vernunft, der Geist - das ist die souveräne Arbeitsleistung des Menschen und sonst nichts.

25 Den Unterschied zwischen Wünschen und Wollen hat Ernst Cassirer für die Kultivierung des Menschen besonders hervorgehoben. Vgl. *Ernst Cassirer: Philosophie der symbolischen Formen.* 2. Teil: Das mythische Denken (1925). Darmstadt 1958. 253ff.

26 *Arnold Gehlen: Die Seele im technischen Zeitalter.* Sozialpsychologische Probleme in der industriellen Gesellschaft. Hamburg 1957, ^{4}1961. 15.

27 Fichtes in ursprünglicher „intellektueller Anschauung" erfaßte „Tathandlung" des „Ich setze mich selbst" ist die extremst denkbare Selbstermächtigung des Menschen. Sie „versöhnt" den gesunden Menschenverstand wieder mit der Philosophie, der durch die „Vorkantische Philosophie beleidigt" war. Vgl. *Jo-*

„Das Große an der Hegelschen Phänomenologie", so meint Marx, ist, „daß Hegel die Selbsterzeugung des Menschen als einen Prozeß faßt, die Vergegenständlichung als Entgegenständlichung, als Entäußerung und als Aufhebung dieser Entäußerung; daß er also das Wesen der Arbeit faßt und den gegenständlichen Menschen, wahren, weil wirklichen Menschen, als Resultat seiner eigenen Arbeit begreift. Das wirkliche, tätige Verhalten des Menschen zu sich als Gattungswesen oder die Betätigung seiner als eines wirklichen Gattungswesens, d.h. als menschlichen Wesens ist nur möglich dadurch, daß er wirklich alle seine Gattungskräfte – was wieder nur durch das Gesamtwirken der Menschen möglich ist, nur als Resultat der Geschichte – herausschafft, sich zu ihnen als Gegenständen verhält, was zunächst wieder nur in der Form der Entfremdung möglich ist."

Die Vernunft ist nun das „wirkliche Bewußtsein" des Menschen, der sich in der „Geschichte" oder im „Leben" in seinem Tun – und nur in seinem Tun – vermittelt.[28]

Wenn nun aber der Prozeß der Produktion, der Selbstproduktion, der als ein Geschehen am und durch das „wirkliche Bewußtsein" sowohl geistig als auch materiell, d.h. eben medial verläuft, ein Prozeß der Entäußerung ist, und wenn Entäußerung nur aufgehoben werden kann durch erneute Entäußerungen – will sagen durch eine jeweils neue Medialisierung des ‚geistigen' Menschen –, dann fehlt dieser Philosophie der Maßstab dafür, solche Entäußerung philosophisch-polemisch Entfremdung zu nennen. Denn die Entäußerung ist ja das Konstituens des „vernünftigen" Menschen. Der Maßstab der Entfremdung kann allenfalls in den jeweils epochalen Moden des Anstoßnehmens begründet sein. Marx hat also seinem eigenen Befund, daß die nur auf den Menschen und sein Tun als Gattungswesen – d.h. als auf Interaktionen vieler Menschen – gestellte Vernunft notwendig Widersprüche, Mißstände erzeugt, offensichtlich nicht ausgehalten. Die Frage, welche philosophische Begründung noch bleibt, um eine Entäußerung, die ja ein philosophisch-anthropologisches Grundkonstituens ist, Entfremdung (oder Mißstand) zu nennen, ist

hann Gottlieb Fichte: Grundlage der gesamten Wissenschaftslehre (1794). In: *Ausgewählte Werke.* Bd 1. Hrsg. von Fritz Medicus. 317.

28 *Karl Marx: Lieber I.* 645 (Pariser Manuskripte), und *Die deutsche Ideologie.* In: *MEA* 3. 21, 26f., 30.

im Marxschen Denken unbeantwortbar. Das Anstoßnehmen an der Entfremdung, am Mißstand erscheint auf der Grundlage des „wirklichen Bewußtseins", d.h. derjenigen menschlichen Realität, die sich im Prozeß von Entäußerungen als Vernunft selbst konkret produziert, wie eine metaphysische Offenbarung, in welcher eben diese Vernunft ihre eigene Bestimmung beklagt und sich damit als beleidigte Vernunft zeigt. Gerade weil Marx den Sinn von Vernunft an die konkrete - auch materielle und interessenbedingte - Selbstproduktion des Menschen bindet, hat er für den Mißstand, das traditionell so genannte Böse keinen philosophischen Maßstab. Die Idee Gottes - als der Maßstab der Tradition - gilt ihm nur als eine Projektion aus der Misere menschlicher Verhältnisse, die zu beseitigen ist.[29] Damit wird das Leibnizsche Theorem vom metaphysischen Übel von Marx säkularisiert und schließlich politisch instrumentalisiert. Das metaphysische Übel, das Leibniz vom physischen und moralischen unterscheidet, ist Ausdruck für die Tatsache, daß es - im Interesse der durch Gott etablierten besten aller möglichen Welten - überhaupt physisches und moralisches Übel geben muß, sosehr der Mensch auch immer dagegen kämpfen soll.[30] In Marxens Version ist dieses Böse oder Übel ein vom Menschen und von Menschen, die nun freilich selbst die Vernunft sind, gemachtes, Leibnizianisch bleibt Marx in der Annahme, daß man mit dem „Übel" immer rechnen kann - und zwar in doppelter Weise: nämlich es wird zum einen immer wieder auftauchen und es wird zum andern immer wieder daran Anstoß genommen werden. Die Inanspruchnahme und Organisation dieses Anstoßnehmens ist nun aber für Marx kein philosophisches Problem mehr, sondern die Angelegenheit eines gleichsam politischen Arrangements. Legitimation für po-

29 *Karl Marx: Zur Kritik der Hegelschen Rechtsphilosophie.* In: Lieber I. 488. Mit der Verleugnung der Religion im Ganzen geht freilich auch eine Verleugnung der Geistigkeit des Menschen einher. Und die Feststellung „daß der Mensch das höchste Wesen für den Menschen sei" (Lieber I. 497), wird zur bloßen Floskel.

30 Vgl. *G. W. Leibniz: Die Theodizee.* (1710). Übers. und hrsg. von Arthur Buchenau und Ernst Cassirer. Leipzig 1925. 101 ff., 113, 287 ff., 310, 449 f.

litische Repräsentation und Machtausübung kann nun aus dem Angebot, Mißstände zu beseitigen, gewonnen werden - ein Angebot, das auch der sogenannte mündige Bürger der Demokratie zugleich macht und in Anspruch nimmt, wenn er sich entschließt, politisch resp. Politiker zu werden. Die frühen Vorstellungen Marxens von der Aufhebung der Philosophie durch die Verweltlichung der Philosophie und das Philosophisch-werden der Welt[31] waren noch von originären ontologischen und erkenntnistheoretischen, d.h. philosophischen Fragen motiviert, z.B. der Frage der prinzipiellen Medialität des menschlichen Geistes; die Philosophie sollte durchaus nicht negiert werden. Mit der Instrumentalisierung der Entfremdung aber, die durch den Anklang an Leibnizens metaphysisches Übel eine Art universelle Suggestivkraft behält, droht die Philosophie tatsächlich zugunsten einer politischen Usurpation abgeschafft zu werden - mit der allfälligen Verleugnung und Selbstverleugnung des Geistes. Am sichtbarsten wird dies in dem Marxistischen Projekt einer Ideologiekritik bei gleichzeitiger Heiligung eigener Meinungen unter dem dann positiv in Geltung gesetzten Namen Ideologie.[32] Das Böse, das immer die anderen tun, ist ein wirkungsvoller Hebel gesellschaftlich politischer Machtgewinnung. Da es sich aber bei allem Tun und bei aller Praxis, als welche sich nun die Vernunft geschichtlich darstellt, um das immer gleiche Tun des Gattungswesens Mensch handelt, muß dieses Böse der menschlichen Vernunft selbst zugerechnet werden. Dabei bieten sich als die Schuldigen immer die anderen an, die das „falsche Bewußtsein“ haben.[33] Die Vernunft läßt nun - gleichsam als ihre neue Devise - durch den einen ihrer Funktionäre dem anderen sagen: wie ich mich kenne, bist du kein Guter.

31 *Karl Marx:* Lieber I. 71, 103, 495f.

32 Zu diesem Terminus vgl. *E. W. Orth: Von der Ideo-logie zur Ideologie-Kritik.* In: *Phänomenologie und Marxismus.* Bd 4. Hrsg. von B. Waldenfels u.a. Frankfurt 1979. 197-234.

33 Das kündigt sich schon bei Fichte an, der Idealismus und Dogmatismus als zwei Menschentypen unterscheidet. Vgl. *J. G. Fichte: Versuch einer neuen Darstellung der Wissenschaftslehre.* (1797/98). Hrsg. von Peter Baumann. Hamburg 1984. 17.

Diese Theorie ist freilich keine aus den Überlegungen Marxens allein folgende Ansicht. Sie ist eine Konsequenz der modernen Vernunftentwicklung, die sich im 17. Jahrhundert anbahnt. Und eigentlich lautet sie: die Bösen sind wir selbst. Hier liegt der Grund für das, was man den modernen Skandal der Rationalität nennen könnte und was zu dem Komplex der Kritik der beleidigten Vernunft führen muß.

Die Floskel „Kritik der beleidigten Vernunft" kann man zunächst aperçuhaft verstehen im Sinne klagender und polemischer Kritiken an Rationalitätsansprüchen und Rationalitätsverheißungen, die nicht halten, was sie versprechen, und deshalb zu Enttäuschungen führen bis hin zur Abwendung von allem Vernünftigen. Ein wichtiges Motiv der Verwirrung ist der Umstand, daß Rationalität meist im Plural auftritt, d.h. mit den unterschiedlichsten Funktionen menschlicher Sinnbildungen, selbst im einzelnen Menschen, die das Wahrhaftigkeits- und Stimmigkeitsstreben jeweils Lügen zu strafen scheinen und der Vernunft den Charakter des Unverfügbaren geben. Sie scheint sich oft gerade dort zu entziehen, wo sie einen besonderen Reichtum an Formen zeigt. In dieser Hinsicht dokumentiert sich uns die Kritik der beleidigten Vernunft bei Friedrich Nietzsche und Albert Camus, deren Beleidigtheit bis zur Propagierung offenkundiger Unvernunft - nämlich der Lüge und des Absurden - zu gehen scheint; und dies im Namen der Wahrhaftigkeit und der Aufrichtigkeit.[34] Neuere, gelegentlich sogenannte postmoderne Kritiken, wie sie in Frankreich an Namen wie Lacan, Foucault und Derrida geknüpft sind, erscheinen oft nur als Abwandlungen solcher Positionen, die sich bemerkenswerterweise zusätzlich mit einigen neueren einzelwissenschaftlich ermittelten Theoremen ausstatten.[35]

Natürlich erhebt sich sogleich ein Einwand gegen diese Kritiken, der sich in der bloßen Frage anzeigt, welche Instanz es denn sei, die

34 Vgl. *Friedrich Nietzsche: Über Wahrheit und Lüge im außermoralischen Sinn* (1874). In: *Werke.* Bd 3. Hrsg. von Karl Schlechta. 1017 ff.; *Albert Camus: Le Mythe de Sisyphe.* Paris 1942.

35 Dabei spielen u. a. der Freudianismus und der Strukturalismus mit ihren einzelwissenschaftlichen Methoden und Resultaten eine große Rolle.

hier - bewußt - Anstoß nimmt an den Verkehrtheiten der Vernunft und eben gerade durch dieses Anstoßnehmen Vernunft, wenn auch eine oft sogenannte andere, bewährt. Es sind ja nicht selten „anti-idealistische" Positionen, die mit einzelwissenschaftlich oft gut gerüstetem Nachdruck auf die materielle und konkrete Konditioniertheit des Geistes, d.h. auf die Medialität der menschlichen Orientierung verweisen und gleichzeitig - eigentlich ganz unrealistisch - über diesen bis zur Hilflosigkeit bedingten Geist klagen, also einen Maßstab des Guten und Vernünftigen doch in Anspruch zu nehmen scheinen. Eine Kritik der beleidigten Vernunft könnte demgemäß auch bedeuten, daß die Struktur der menschlichen Vernunft sich selbst als originär korrupt erweist; ihre Beleidigtheit wäre dann nur der gleichursprüngliche Ausdruck dieser Korruptheit und zudem das Indiz für ihre permanente Selbsttherapie, die zwar nie einen Abschluß findet, aber gleichsam mittelfristige Formen des Ausgleichs herstellt. Es ist sozusagen Glanz und Elend unserer Vernunft, daß sie idealisierend Anstoß an ihrer eigenen Misere nimmt und damit gleichzeitig von der Misere zu der Idee des Guten gedrängt wird. Diese Perspektive scheint in eine philosophische Anthropologie und Kulturanthropologie zu führen. Aber es ist nach alledem offensichtlich erforderlich, bei einer Kritik der beleidigten Vernunft - wie schon bei derjenigen der reinen - einen genitivus subjectivus von einem genitivus objectivus zu unterscheiden, übrigens ganz analog zu Heideggers Formel von der „Hermeneutik des Daseins". Die Vernunft ist originär und von Anfang an subjektiv leidend und beleidigbar, und nur so werden die objektiven Beleidigungen des Vernünftigen in der Vernunftkultur verständlich. Daß die Vernunft sich nicht nur objektiv kritisch gegen verfehlte Formen ihrer Manifestation, sondern auch subjektiv gegen sich selbst richten muß, hat Kant umständlich erörtert und darin eine mögliche „Demütigung" gesehen, die bei ihm allerdings durch den Stolz aufgewogen wird, daß gerade damit die Vernunft ihr eigener Richter ist.[36] Die Legitimierung dieser Funktion der Ver-

36 Vgl. *KdrV* B. 738f. Das setzt freilich voraus, daß die Vernunft als Ganze und im systematischen Zusammenhang - also architektonisch - thematisiert und

nunft, Richter in eigener Sache sein zu können, die letztlich über den Gewissensbegriff führt, wird jedoch zunehmend weniger geglaubt - übrigens bemerkenswerterweise bei gleichzeitiger Zunahme, ja Inflation des Verantwortungsbegriffs, den der moderne Mensch für sich beansprucht. Der Verlust dieses Glaubens ist selbst „vernünftig" motiviert. Denn es sind die im Rahmen der Kultivierung der Vernunft entwickelten Einzelwissenschaften, die uns allfällig lehren, daß beispielsweise der Gewissensbegriff lediglich genetisch oder funktional zu erklären und nicht als absolute, authentische Norm vorauszusetzen sei.

Grundsätzliche Zweifel an der Reichweite und Tragfähigkeit menschlicher Vernunft sind so auch nicht nur von Irrationalisten, exaltierten Kulturkritiken und macht- respektive interesseorientierten Politikern zum Ausdruck gebracht worden. Auch Autoren, die sich der großen Vernunfttradition - so oder so - verpflichtet wissen und für „rationale" Prozeduren und Argumentationen plädieren, haben Zweifel vorgetragen. Einen geradezu klassischen Ausdruck hat dieser rationale Zweifel in drei Werken gefunden, die in den dreißiger und vierziger Jahren dieses Jahrhunderts entstanden sind. Es sind - Karl Jaspers' *Die geistige Situation der Zeit* (1931), Edmund Husserls *Die Krisis der europäischen Wissenschaften und die transzendentale Phänomenologie* (1936), Max Horkheimers, Theodor W. Adornos *Dialektik der Aufklärung* (1944/47).[37] Gemeinsam haben

nicht bloß einzelne ihrer Funktionen isoliert werden, wie es viele der vermeintlich an Kant anschließender Vernunftkritiken tun. Der Kern der Vernunft, der sie zum Richter in eigener Sache allein befugt, ist nach Kant das Gewissen, das seinerseits in Gott begründet ist. Vgl. *Kant: Die Metaphysik der Sitten* (1797). *Akad. Ausg.* VI. 437 ff. „Das Bewußtsein eines inneren Gerichtshofes im Menschen", auf dem alle Vernunftkritik beruht, führt aber in einen moralischen Gottesbeweis, auch wenn der ontologische - wie jeder szientifische - Gottesbeweis von Kant als verfehlt angesehen wird.

37 *Karl Jaspers: Die geistige Situation der Zeit.* Berlin 1965. (Sammlung Göschen Nr. 1000, Leipzig 1931, ^{6}1932); *Edmund Husserl: Die Krisis der europäischen Wissenschaften und die transzendentale Phänomenologie.* (1936). Den Haag 1953 (*Hua* VI); *Theodor W. Adorno/Max Horkheimer: Dialektik der Aufklärung.* Philosophische Fragmente (New York 1944), Frankfurt 1969.

diese drei Bücher, daß sie schmerzliche Fehlentwicklungen in der europäischen rationalen Kultur selbst aufweisen wollen, die sie besonders auch in den sozialen, respektive politischen Katastrophen des 20. Jahrhunderts dokumentiert sehen. Gerade in diesen Katastrophen hat sich die europäische Vernunfttradition sogar auf einem ihrer vornehmsten Wege, nämlich dem der Wissenschaftlichkeit, selbst beleidigt - so scheinen die betreffenden Autoren anzunehmen. Danach handelt es sich um Ereignisse, die nach Auffassung dieser Autoren nicht hätten geschehen dürfen; vielleicht liegt gerade hier die Selbsttäuschung gegenwärtiger Vernunftkritiker. Durch Rückgang auf ursprüngliche Funktionen und Einstellungen der Vernunft wollen die drei Autoren das sozusagen „echt" Vernünftige wiedergewinnen, das sich dann in einer neuen Geschichte besser bewähren soll. Dabei sind sie sich einig in einem - wenn auch in der literarischen Form unterschiedenen - gemeinsamen Pathos der Wahrhaftigkeit; Vernunft ist Wille zur Wahrheit. Es geht darum, „sich selbst wahr zu machen".[38]

Die europäische wissenschaftliche Vernunftkultur - sozusagen die wissenschaftliche Organisation unserer Rationalität - hat ihre nächsten Wurzeln im Rationalismus des 17. Jahrhunderts (dazu gehört weitgehend auch der dem Rationalismus üblicherweise entgegengesetzte Empirismus). Es sind z.B. Descartes, Spinoza und Leibniz, aber auch Locke, welche dem Glauben an die menschliche Vernunft zum Durchbruch verholfen haben, indem sie deren Organisierbarkeit in wissenschaftlichen Methoden zu erweisen suchten, gleichzeitig aber auch zeigten, daß diese Vernunft, sofern es sich um Menschenwerk handelt, fundiert ist in einer göttlichen Vernunft, an der die menschliche Vernunft zwar Anteil hat, von der sie aber auch getragen und insofern entlastet wird.

38 *Hua* VI. 11. Vgl. *Gerhard Funke: Kritik der Vernunft und ethisches Phänomen.* In: Phänomenologische Forschungen. 9. Freiburg/München 1980, 33-89, wo auf das Willensmoment der Vernunft hingewiesen wird (39, 56). Aber auch vom „frivolen Subjektivismus" (gegenüber einem „ernsten") spricht Husserl in seinen Vorlesungen zur Ersten Philosophie (*Hua* VII. 61).

Dieser Vernunftglaube hatte sich nicht so sehr – wie es häufig dargestellt wird – gegen dogmatische religiöse Überzeugungen und Mächte durchzusetzen; er mußte vielmehr vor allem starken „weltlichen" Zweifeln abgerungen werden. Blickt man nämlich näher in die Geistes- und Sozialgeschichte des 17. Jahrhunderts, so entdeckt man, daß der menschlichen Vernunft neben hoher Anerkennung tiefstes Mißtrauen entgegenschlägt. Man kann dies zeigen an der Konjunktur, die der Interessenbegriff im 17. Jahrhundert hatte.[39] Dabei ist es bemerkenswert, daß dieser Begriff nicht so sehr ein Terminus der professionellen Philosophie war, welche eher von Affekten und dergleichen spricht, sondern daß er vor allem der lebensweltlichen Diskussion in den verschiedenen Bereichen und Dimensionen der Kultur angehörte.

Gerade weil die Vernunft, die weltliche Orientierung des Menschen, in den Vordergrund gestellt wird, ist der Befund, daß unsere Orientierung von (bedingten) „unvernünftigen" Interessen geleitet wird, unvermeidlich. Dabei erweist es sich, daß mit der sprachpragmatischen Behandlung des „Interesses" die menschliche Orientierung eine merkwürdige, plurale Dimensionierung erhält. Es gibt unterschiedliche Interessengebiete, die gehaltlich schwer miteinander vereinbar scheinen, so daß man von einer Dimensionierung der menschlichen Orientierung sprechen darf, innerhalb derer epochal die Akzente jeweils verschieden gesetzt werden können. Man kann drei Dimensionen hervorheben: die moralistische, die politische und die erkenntnistheoretische.[40] Gemeinsam haben diese Interesse-Dimensionen den Charakter der Paradoxie, so daß man von einer moralistischen, politischen und erkenntnistheoretischen Interesseparadoxie sprechen darf. Sie besteht darin, daß der jeweilige „vernünftige" Anspruch moralischer, politischer und erkenntnistheoretischer

39 Vgl. dazu *E. W. Orth: Interesse.* In: *Geschichtliche Grundbegriffe.* Hist. Lexikon der politischen und sozialen Sprache in Deutschland. Hrsg. von Otto Brunner, Werner Conze, Reinhart Koselleck. Bd 3. Stuttgart 1982, 305–365, bes. 318f., 321ff., 330ff.

40 Auch eine ästhetisch-künstlerische Interessedimension ist festzustellen; vgl. *Orth.* a.a.O., 325ff.

Vernunft als ein solcher erwiesen wird, der auf „unvernünftigen" und kontingenten Interessen beruht, und daß aber gleichzeitig damit eine positive, über die Interessenbedingtheit hinausgehende „Vernünftigkeit" postuliert und eingesetzt wird.[41] Die politische Paradoxie liegt in der Betonung der irrationalen Bestimmtheit des Menschen durch sein Einzelinteresse bei der gleichzeitigen Bemühung, die vereinzelten Menschen staatlich oder gesellschaftlich zum Zwecke ihrer Wohlfahrt bewußt zu integrieren - und zwar gerade unter (zynischer?) Ausnutzung eben ihrer Interessiertheit.[42] Die erkenntnistheoretische Interesseparadoxie tritt bereits in Bacons Idolenlehre auf und in dem Befund, daß die menschliche Vernunft einem unebenen Spiegel gleiche; trotzdem aber wird diese Vernunft durch „vernünftige" Einsicht in ihre prinzipiell korrupte Struktur zu verbindlichen Orientierungs- und Wissenschaftsleistungen ermächtigt.

Dieser erkenntnistheoretische Interessebegriff erfährt insbesondere in der sensualistischen, französischen Philosophie des 18. Jahrhunderts eine entscheidende Vertiefung, indem das Interesse als Interessiertheit zum anthropologischen Radikal der menschlichen Subjektivität, d.h. hier der Sensibilität, erklärt wird. Helvétius erklärt ausdrücklich: «Le vulgaire restreint communément la signification de ce mot intérêt au seul amour de l'argent: le lecteur éclairé sentira que je prends ce mot dans un sens plus étendu, et que je l'applique généralement à tout ce qui peut nous procurer les plaisirs, ou nous soustraire à des peines.»[43] Der Sensualist Condillac schließlich erkennt in dem ursprünglichen - menschlichen Orientierungsverhalt,

41 Insbesondere der Moralist François La Rochefoucauld (*Réflexions ou sentences et maximes morales.* 1664) beklagt die Interessebedingtheit menschlicher Tugenden. Das Interesse spricht - so La Rochefoucauld - alle Sprachen, und obwohl man es aller möglichen Verbrechen anklagen kann, verdient es oft gelobt zu werden wegen der guten Handlungen, die auch aus ihm fließen (vgl. *Orth,* a.a.O. 320f.).

42 Das hängt zusammen mit der Idee der Staatsraison. Zu den politischen, oft anonymen Schriften im Großbritannien des 17. Jahrhunderts vgl. *W. Gunn: Politics and the public interest in the 17th century.* London/Toronto 1969.

43 *Claude Adrien Helvétius: De l'esprit (1758).* In: *Oeuvres complètes,* T 1-4. Neudruck Hildesheim 1967/69. T 4. 7, Anm. 1.

dem sentir, eine innere Unruhe, inquiétude, die Wurzel alles Interesses und aller Orientierung. Nach ihm ist es das «intérêt bien entendu ... à corriger nos méchantes habitudes».[44] Damit ist freilich das Orientierungs- und Erkenntnisproblem gleichsam dynamisiert und erzwingt für die Zukunft allfällig so oder so bestimmte genetische Modelle der Erkenntnistheorie. Die Kritik der beleidigten Vernunft wird zu einem Problem der Geschichtlichkeit des Menschen, das sich gleichsam zwischen Kalkül und Leidenschaft abspielt. Movens der Vernunft und der Kritik ihrer Beleidigtheiten ist die sensible Unruhe, die als Grundverhalt der menschlichen Wirklichkeit diagnostiziert wird.

Bereits in der unprofessionellen, lebensweltlichen Interessediskussion war erkannt worden, daß das, was man Vernunft nennt, Momente des Intellektiven und Volitiven, der objektiven Strukturierung und der subjektiven Bewußtheit respektive Befindlichkeit gleichermaßen umfaßt, eine Vieldeutigkeit, die auch der spätere Aufklärungsbegriff - vor allem der Begriff des Selbstdenkens - in Zukunft immer mit sich führen wird.

In der Philosophie Descartes' scheint sich dies alles in der Klarheit des Denkens aufzuheben. Aber allzu leicht werden die Gegenkräfte, die Descartes erfährt und gegen die er sein System aufbaut, vernachlässigt. Das subjektive Bewußtsein, d.h. das Aufgreifen der Vernunft dort, wo sie sich dem Menschen am nächsten zeigt, nämlich im eigenen Selbst, führt Descartes zur Einsicht in die Selbstgewißheit des Ich. Aber gleichzeitig ist dieses Selbstbewußtsein nur tragfähig, soweit die im Denken auftauchende Idee der Vollkommenheit sich als über das einzelne Menschen-Ich hinausreichende Größe, d.h. als Gott erweist, der das zeitliche, sozusagen poröse Ich über seine Brüche hinwegträgt.[45] Der Gottesbeweis oder die Gottesbeweise Descartes' haben damit auch die Funktion, das Unterneh-

44 *Étienne Bonnot de Condillac: Traité des animaux* (1755). In: *Oeuvres complètes.* Ed. A. S. Théry. T 3. Paris 1822. 453, 455, 470. Vgl. *Jean Deprun: La philosophie de l'inquiétude en France de 18ᵉ siècle.* Paris 1979.

45 Bekanntlich ist das Ich nach Descartes seiner selbst nur gewiß, solange (quoties) es denkt.

men der positiven Wissenschaften wissenschaftstheoretisch allererst tragfähig zu machen. Ohne die universale Ordnungsidee vernünftiger Vollkommenheit, eben Gottes, hinge jede wissenschaftliche Forschung als bloßer blinder Prozeß von Versuch und Irrtum in der Luft.[46] Auch spätere, ganz säkularisiert anmutende Wissenschaftsideen, die etwa den Begriff einer universalen Theorie und Theoretisierbarkeit als Idee antizipieren, machen noch - meist ohne dies zu bemerken - von der Beweisstruktur der Cartesischen Gottesbeweise Gebrauch.[47] In den späteren Zeiten des Glaubens an die Wissenschaften vergißt man freilich genau diese Grundlagen des vernünftigen Glaubens und zieht sich so Enttäuschungen und Verstimmungen zu.

Descartes' schon in der ersten Meditation geäußerter Gedanke eines genius malignus, eines bösartigen und täuschenden Gottes, der uns sogar die Prinzipien der mathematischen Wissenschaften bloß vorgaukeln könnte,[48] zeigt das Gewicht der Zweifel, die Descartes mit seinem Bezug auf den guten, d.h. vernünftigen Willen zu überwinden hat. Man muß die Frage nach der veracitas Gottes, d.h. nach der wohlmeinenden Intentioniertheit der höchsten Vernunftinstanz als ein Problem anerkennen, das Descartes an der menschlichen Vernunft selbst entdeckt hat. Descartes projiziert das Problem der Wahrhaftigkeit menschlicher Vernunft auf die Frage nach der Wahrhaftigkeit Gottes, offensichtlich weil er dem menschlichen Wahrheitswillen nicht voll zu trauen vermag. Er sieht sich zudem vor eine tiefe Doppeldeutigkeit der menschlichen Vernunft gestellt, die darin besteht, daß diese Vernunft einerseits der Inbegriff von Ordnungsstrukturen

46 Der dem faktischen Tun im positiven Forschungsprozeß abgelesene Falsifikationismus des sogenannten kritischen Rationalismus Poppers hält nur solange, als er geglaubt wird. Die Entwicklung zum „Anarchismus", in welchem anything goes, bei Paul Feyerabend ist insofern konsequent.

47 Das gilt für Husserls Begriff einer wissenschaftlichen Philosophie nicht minder als für den Neukantianismus.

48 *René Descartes: Meditationes de prima philosophie ...* (1641). Deutsch/lateinisch. Hrsg. von Lüder Gäbe. Hamburg 1959. I. Med. Nr. 9–12. 36–41.

ist, andererseits aber auch die Bedeutung des erlebten, mit keiner anderen Tatsache vergleichbaren Vollzugs dieser Struktur hat.[49]

Die grundlegende Bedeutung, welche dem Willensmotiv, dem guten Willen, für die Bestimmung der Vernunft zukommt, erkennt auch Kant an: „Es ist überall nichts in der Welt, ja überhaupt auch außerhalb derselben zu denken möglich, was ohne Einschränkung für gut gehalten werden könnte, als allein ein guter Wille."[50] Aber dieser gute Wille kann von der menschlichen Vernunft nicht allein abgesichert werden. Deshalb spricht Kant von dem sogenannten „radikalen Bösen".[51] Aus der bloßen Sinnlichkeit der menschlichen Vernunft als solcher läßt sich dieses Böse nicht erklären; dafür „enthält die Sinnlichkeit zu wenig". Die intelligible Vernunft und ihren Willen „gleichsam als boshafte Vernunft" anzusehen, hieße ihr „dagegen zu viel" zuzuschreiben. Es ist nach Kant wohl eher das Zusammentreffen der Sinnlichkeit - als uns „anerschaffen" -[52] mit dem freien intelligiblen Willen, was zu dem Effekt des Bösen im Menschen führt, mit dem immer und konstitutionell zu rechnen ist. Dieses „radikale Böse" (ein anthropologisches Radikal!) ist also keine dramatisch und manichäistisch dämonisierende Floskel, sondern

49 Genauer lassen sich vier Momente im Cartesischen Vernunftbegriff unterscheiden und müssen zugleich in einem Zusammenhang gesehen werden: 1. die in den *Regulae* (1628) dargelegte wissenschaftstheoretische, ideale Ordnungsstruktur (für welche als Medium die Dimension der Ausdehnung wichtig ist); diese Position wird von Descartes nie wieder aufgegeben, sondern metaphysisch vertieft; 2. die im *Discours* (1637) forcierte Selbstgewißheit des Ich, d.h. der lebendige Vollzugscharakter der Vernunft, der notwendig mit dem Willensmotiv verbunden ist (Beweis der Selbstgewißheit des Ich); 3. der veracitas- und Willenscharakter der Vernunft wird mit ihrem Ordnungscharakter durch die Gottesbeweise kompatibel gemacht (*Meditationes* 1641); 4. die Verflechtung der menschlichen Vernunft mit der kontingenten Körperlichkeit wird durch die Zwei-Substanzen-Lehre bestimmt. Vgl. dazu im Ganzen *Ernst Cassirer: Das Erkenntnisproblem in der Philosophie und Wissenschaft der neueren Zeit.* Bd 1. (^{3}1922). Darmstadt 1974. 439-505; ders.: *Descartes.* Lehre, Persönlichkeit, Wirkung (1939). Neudruck Hildesheim 1978.

50 *I. Kant: Grundlegung zur Metaphysik der Sitten.* (1785). In: *Akad. Ausg.* Bd IV. 393.

51 *I. Kant: Die Religion innerhalb der Grenzen der bloßen Vernunft.* (1793). In: *Akad. Ausg.* Bd VI. 32ff.

52 *Kant,* Akad. Ausg. Bd VI. 35.

Ausdruck der normalen condition humaine. Wie Descartes behandelt Kant den vernünftigen und verantwortlichen Menschen als geschaffene Kreatur. Das Böse wird mit der medialen Konstitution des Menschen, der eigentümlichen Verbindung von sinnlicher Endlichkeit und freiheitlicher Geistigkeit in Zusammenhang gebracht. Es ist die Intelligibilität des Menschen, die dem Bösen erst insofern Geltung verschafft, als sie durch ihre mediale, sinnliche Vermitteltheit für seine Macht sensibel ist, d.h. leidensfähig und sozusagen immer schon beleidigt. Für eine totale Überwindung des Bösen scheint die Vernunft unfähig zu bleiben; deshalb ist das Böse radikal. Aber über diesen Umstand kann sich die menschliche Vernunft nach Kant – durch Einsicht in ihre Lage – mittels der regulativen Idee Gottes und des Gewissens, d.h. des Guten hinwegtrösten, ja nach Kant soll sie es.[53]

Bei Descartes findet sich diese Einsicht auf ihre Weise auch, nämlich in seiner Zwei-Substanzen-Lehre, soweit sie den Menschen betrifft, der ja immer schon beiden angehört. Ontologisch mag die Unterscheidung der beiden Substanzen res cogitans und res extensa problematisch sein und erkenntnistheoretisch eine Zumutung; vor allem die nachträglichen Versuche Descartes', ihr Zusammenwirken in der réalité humaine wissenschaftlich nachzukonstruieren, dürften als gescheitert betrachtet werden. Die vehemente Ablehnung des Cartesischen Dualismus jedoch scheint mehr als bloß ontologie-kritisch und erkenntnistheoretisch motiviert zu sein. Descartes' Zwei-Substanzen-Theorem ist dem säkularisierten Menschen eine Zumu-

53 Vgl. oben Anm. 36. Sofern die Vernunft motiviert ist, über sich selbst zu richten, impliziert sie die Idee des höchsten Gutes, d.h. Gottes. Diese Idee ist nicht wissenschaftlich zu beweisen, sondern nur moralisch-praktisch aufzuweisen und als solche Voraussetzung jedes Vernunftglaubens. Dieser Glaube kann sich allerdings im Sinne des mittelalterlichen Nominalismusproblems auf der einen Seite eher „realistisch“, auf der anderen Seite eher „nominalistisch“ darstellen. Im ersten Falle erscheint die menschliche Vernunft mit ihrem übermenschlichen Fundament durchsichtig kompatibel; im zweiten Falle bedarf es der Offenbarung sogenannter zweiter, ganz anderer Wahrheiten. Die moderne Wissenschaftlichkeit ist oft eine Form des Nominalismus, ohne daß sie sich die Implikation der entsprechenden metaphysischen Positionen eingesteht oder auch nur klar macht.

tung, weil es seine Vernünftigkeit an das endliche Medium der Körperlichkeit und damit an den Tod bindet (zumal es für diesen modernen Menschen über den Körper hinaus kein Leben gibt). Aber die Bindung des tatsächlichen, leiblichen Menschen an den Tod ist bei Descartes nur ein anderer Ausdruck für die forcierte Akzentuierung der menschlichen Geistigkeit. Für die damit verbundene Ansicht, daß die menschliche Vernunft in der göttlichen Vernunft fundiert ist, findet der wissenschaftliche Mensch keinen Glaubensgrund mehr.

Es war aber gerade das Wissenschaftspathos, das von Descartes' Vernunftauffassung im 19. Jahrhundert noch übrig geblieben war. Wilhelm Dilthey wird dies in seinem sogenannten Satz der Phänomenalität zusammenfassen.[54] Er erkennt aber auch die tiefe Zweideutigkeit der Devise, die sich in diesem Satz ausspricht. Positiv faßt Dilthey die Einsicht auf, daß alle Wirklichkeit Wirklichkeit, Phänomen für ein menschliches Bewußtsein ist und daß dieses Bewußtsein selbst in seiner unvergleichbaren eigenen Wirklichkeit zu beachten ist. Dabei ist das menschliche Bewußtsein mit der von ihm geschaffenen Kultur „geisteswissenschaftlich“ erforschbar, soweit es konkrete historische Realität wird, aber nie als voll verfügbar zu betrachten. Normative Bestimmungen der menschlichen Wirklichkeit, d.h. auch der menschlichen Vernunft, können nur in der Einstellung vorsichtiger, geisteswissenschaftlicher ‚Besinnung‘ herausgearbeitet werden und bleiben einer sich dauernd selbstbesinnenden Kritik unterworfen. Negativ erfährt Dilthey aber auch, wie der Satz der Phänomenalität gleichsam nihilistisch uminterpretiert wird:

„Denn es hat sich ein neues Geschlecht von Sophisten erhoben, welches die Realität theoretisch verneint, um sie praktisch gelten zu lassen und so das

54 Vgl. *Wilhelm Dilthey: Beiträge zur Lösung der Frage vom Ursprung unseres Glaubens an die Realität der Außenwelt und seinem Recht.* (1890). In: *Gesammelte Schriften.* Bd V. 90 ff.; ders.: in: *Gesammelte Schriften.* Bd XIX. 58 ff., vgl. 39 f., 52 ff.; 407, Anm. 87: „Das Bewußtsein ist der Ort (!), in welchem jede Realität für uns ihre Heimat hat, der Stoff (!), aus welcher jede Realität gewirkt ist.“ Dilthey spricht auch von den „Tatsachen des Bewußtseins“ und von der „Tatsächlichkeit des Bewußtseins“.

philosophische Nachdenken zu einem schlechten Spaß macht ..."; „... inzwischen haben die positiven Wissenschaften freies Spiel".[55]

Dilthey denkt hier an eine Interpretation des Satzes der Phänomentalität, der sich um die Frage nach dem Gesamtsinn der Wirklichkeit, sei es die menschliche oder die weltliche, nicht mehr kümmert, sondern bei der Ausrichtung auf jeweilig bestimmte, sogenannte „Erscheinungskreise" oder „Wirklichkeitsgebiete" nur noch positive Forschung in Gang hält.

Kann das, was Dilthey hier kritisiert, eher noch einer verdeckten oder offenen zynischen Vernunftauffassung vorgeworfen werden, so führt die einzelwissenschaftliche Praxis bald vom stolzen Wissenschaftspathos zur Beleidigung der Vernunft selbst. Denn die Wissenschaft und die Wissenschaften, die sich dunkel dem Rationalismus des 17. Jahrhunderts verdanken, machen nun sowohl als Naturwissenschaften wie auch als Geistes- und Sozialwissenschaften die menschliche Subjektivität selbst zum Forschungsobjekt im Rahmen einer positiv orientierten Forschung[56] - und sie zeigen damit die bloße Bedingtheit menschlicher Subjektivität. Zunächst mit einer Art stolzem Trotz stellen Einzelwissenschaftler - Pychologen, Physiologen, Soziologen, Historiker usw. - „wissenschaftlich" fest, daß die Reichweite vernünftiger menschlicher Subjektivität bedingt ist - bis hin zur Unvernünftigkeit. Der Authentizitätsanspruch des menschlichen Selbst geht in der Selbst-losigkeit der von der Forschung herausgearbeiteten Strukturen und Fakten verloren. Also nicht erst die an der Wissenschaft immer schon zweifelnden Gemüter dokumentieren das Syndrom der beleidigten Vernunft - die positiven Wissenschaften selbst liefern die Instrumente dafür.

Insbesondere aber die praktisch-technischen Auswirkungen der Wissenschaften (auch und gerade insbesondere der Geistes- und So-

55 *Dilthey Gesammelte Schriften.* Bd XIX. 407, Anm. 87. Das erinnert an Husserls „frivolen Subjektivismus" (*Hua* VII. 61).

56 Dabei isolieren sich die einzelnen Wissenschaften gegeneinander durch bestimmt konditionierte Methoden und Thematisierungen, so daß dem Pathos der Wissenschaftlichkeit kein einheitlicher Begriff von Wissenschaft mehr zu entsprechen scheint.

zialwissenschaften) und des „rationalen“ Handelns lassen den Eindruck entstehen, als sei die Welt nichts anderes als das Gemächte des Menschen. Zunächst wird das in Analogie zum Rationalismus des 17. und 18. Jahrhunderts als die glorreiche Vernunftmacht der Menschheit erlebt. Aber ganz folgerichtig vermutet man bald, daß auch das, woran Menschen leiden, von Menschen gemacht ist. Zwar wird die soziale Welt oft naturalistisch interpretiert; aber die Geschehnisse in ihr werden auch dann bewußt intentionalen Mächten zugesprochen, wenn solche eigentlich gar nicht verifizierbar sind, sondern man besser von quasi-natürlichen Vorgängen spräche. Umgekehrt wird die Natur zum Sozialpartner umstilisiert, während die soziale und kulturelle Welt mehr und mehr entsubjektiviert wird. Aus Kritik an der Subjektivität (im kantischen Sinne) wird Mißvergnügen an derselben. Und so wird ihre Auflösung proklamiert bei gleichzeitig grassierendem hedonistischen Egoismus, der sich trotzdem die Befriedigung seiner Bedürfnisse von funktionstüchtigen Wissenschaften garantieren lassen möchte.

Der Befund, der hier zu konstatieren ist, ist die Ratlosigkeit über die Möglichkeiten und Unmöglichkeiten dessen, was menschliche Subjektivität ist oder sein kann. Die Schwierigkeit, die Medialität des Menschen und der menschlichen Orientierung zu bestimmen und zu ertragen, wird größer mit der zunehmenden Disponibilität der Medien. Dabei erweist sich die Formel von der Disponibilität der Medien als doppeldeutig: sie bezeichnet sowohl die Fähigkeit der Menschen, über Medien zu disponieren, als auch ihr Schicksal, daß über sie mittels Medien disponiert wird. Die positiven Wissenschaften haben die mediale Seite des Menschen – statt metaphysisch über das Leib-Seele-Problem oder hermeneutisch über das Verhältnis von Buchstabe und Geist zu spekulieren – bis in alle Einzelheiten unter physiologischen bis soziologischen Gesichtspunkten erforscht. In diesem Sinne werden die Medien der menschlichen Wirklichkeit immer disponibler. Diese Disponibilität der Medien zeigt sich gerade auch in denjenigen Medien, die wir heute in einem engeren Sinne – als Informations- und Kommunikationsmedien – so nennen. Dabei bleibt aber die Frage theoretisch und praktisch unbeantwortet, was Medien zu Medien macht.

Ein Medium wird zum Medium durch jeweils uncodifizierbare - insofern also nichtmediale - Einstellungen eines Subjekts, das freilich selbst immer schon medial und das heißt auch interaktiv, also gesellschaftlich orientiert sein muß, um solche Einstellungen überhaupt vollziehen zu können - und insofern an sich selbst nichts ist. Die Verschärfung des Orientierungsproblems durch die Eigenheiten des modernen Medienwesens weist so auf das Problem der Bildung der Subjektivität selbst zurück. Genau dieser Frage dienen übrigens einige bekanntgewordene Philosophien des 20. Jahrhunderts, die unter Beibehaltung subjektivitätsphilosophischer, ja transzentental-philosophischer Grundpositionen das Subjekt als menschliches Subjekt medial konkretisieren wollen.[57] Hier tun sich in der Tat Perspektiven einer neuen Vernunftkritik auf, die man als eine Kritik der beleidigten Vernunft bezeichnen mag. Diese Kritik der beleidigten Vernunft hätte die Aufgabe, Klarheit zu schaffen über die Möglichkeitsbedingungen der medialen Orientierung. Um in der Kantischen Analogie zu bleiben: ihre „transzendentale Ästhetik" wäre die differenzierende und kulturhistorisch umsichtige, konkrete Medienkunde, ihre „transzendentale Logik" die Erforschung von Bedeutsamkeit, Sinn und Subjektivität, die der Mensch jeweils in seiner Medialität beansprucht. Auch für eine „transzendentale Dialektik" gäbe es hier eine Aufgabe: sie hätte die grundsätzlichen Paradoxien und Antinomien aufzuzeigen, die sich aus der Medialität des Menschen ergeben, um dann herauszuarbeiten, an welche regulativen Eckwerte der Orientierung der Mensch sich halten kann und muß. Vielleicht

57 Bei Edmund Husserl ist es die in seiner Spätphilosophie entwickelte Auffassung, daß die transzendentale Subjektivität notwendig als konkreter weltlicher Mensch manifest werden muß, bei Ernst Cassirer die korrelative Verbindung von Sinn und Sinnlichkeit in seiner Konzeption der symbolischen Formen und bei Helmuth Plessner die Bestimmung des Menschen als animalischen (positionalen) Naturwesens, das in besonderer, nämlich exzentrischer Positionalität zur Kultur verurteilt ist.

würde dies auch dem Ziel dienen können, so etwas wie eine Medien-Ethik grundzulegen.[58]

Eine Kritik der beleidigten Vernunft müßte allfällig den Unterschied herausarbeiten zwischen Gestalten faktischer Beleidigtheit und konkreter Beleidigungen der Vernunft einerseits und dem Wesen dieser Beleidigtheit andererseits, das in der Vernunft selbst liegt. Das Wesen der beunruhigten Vernunft ist ihre fundamentale Einstellung auf Bedeutsamkeit, die noch in jedem elementaren Bedürfnis zu erkennen ist. Das Bedürfnis nach Bedeutung und die Bedeutung der Bedürfnisse sind die erste Manifestation der Unruhe der menschlichen Vernunft. Es ist der Impetus, ihren Sinn fortwährend selbst erarbeiten und an Medien bewähren zu müssen, und gleichzeitig einzusehen, daß sie Sinn immer schon im Medium bewährt hat. Die Akzente dieser Kritik können in verschiedenen Orientierungsepochen verschieden sein. Unsere Zeit hat zu lernen, daß der Begriff des Geistes, der aus keinem Medium ableitbar, aber – im phänomenologischen Sinne des Wortes – immer in Medien fundiert ist, seinen unabweisbaren Anspruch behält, auch wenn das Cartesische ontologische Modell theoretisch unhaltbar oder praktisch unkomfortabel sein sollte. Die leichtfertige Denunzierung aller Subjektivität und Geistigkeit sieht ihren zugleich frivolen und weltschmerzlichen Anspruch meist darin begründet, daß sie dem Geist in die Karten seiner Medialität geschaut zu haben glaubt. Gerade darüber aber geht die Fähigkeit und Geduld verloren, das Geistige zu lesen, d.h. es wirklich zu medialisieren und zu manifestieren. In dem Bemühen um die „Lesbarkeit der Welt“ mag eine gute Vorübung für diese Aufgaben zu sehen sein. Aber die „Lesbarkeit des Geistes“ erscheint als das vordringliche Thema unserer Zeit.

58 Freilich sind heutige Bindestrich-Ethiken ebenso problematisch wie die vielen Bindestrisch-Pädagogiken und -Erziehungen.

Die akroamatische Dimension der Hermeneutik

Manfred Riedel (Erlangen)

Im Denken der Gegenwart nimmt die philosophische Hermeneutik von Hans-Georg Gadamer eine ebenso wirkungsmächtige wie geschichtlich zweideutige Stellung ein. Das scheint dem hermeneutischen Prinzip der Wirkungsgeschichte ganz gemäß zu sein. Beruht doch nach Gadamers Einsicht die Möglichkeit des Verstehens darauf, daß der Sinn eines Textes immer anders ausgelegt, daß ein Gedachtes niemals nur nachgedacht, sondern denkend angeeignet und im Aneignen verwandelt wird.[1] Die in der Wirkung sich zeitigende Geschichte ist eine des „Andersverstehens", worin das Nachdenken immer anderes mit-denkt und bedenken muß, wenn es überhaupt verstehen will.

Daß dem eine Zweideutigkeit anhaftet, daß ein Gedanke schon mit seiner schriftlichen Mitteilung von sich abfallen kann, dies gehört zu den ältesten Denkerfahrungen der griechischen Philosophie, dem Widerfahrnis des *Logos.* Dennoch widerspricht sie dem Prinzip nicht. Ja, gerade hier, mit der Übergabe des ursprünglich Gedachten an die Schrift, stellt sich das Problem des Andersverstehens in seiner ganzen Tragweite. Und ebenso bleibt wahr, was vielleicht erst in der Herausforderung des Verstehens durch die Schriftlichkeit vollständig ins Bewußtsein tritt: daß die Schwäche der *Logoi* ihre Stärke ist, daß sie sich auslegend zuzuwachsen vermögen, – die ursprüngliche Bewegtheit des „Wortes" in der Seele selbst, des *Logos,* der sich über die Grenzen des jeweils Gedachten hinaus vermehrt.[2]

1 *Wahrheit und Methode.* Grundzüge der philosophischen Hermeneutik. Tübingen ^{4}1975. 284 ff.
2 *Heraklit.* Fr. B 115.

I.

Ich deute damit die Richtung an, in die das hermeneutische Prinzip der Wirkungsgeschichte verweist, das in seiner universalen Tragweite noch gar nicht bemerkt, geschweige denn ausgemessen worden ist.[3] Das nimmt sich um so erstaunlicher aus, als Gadamers Hauptwerk *Wahrheit und Methode* seit seinem Erscheinen vor einem Vierteljahrhundert in die Tiefe gewirkt und den Glauben an die Allmacht wissenschaftlicher Methodik im Verein mit Wittgensteins Spätphilosophie und Thomas S. Kuhns Paradigmakonzeption der Wissenschaftsgeschichte zum Einsturz gebracht hat. Gewirkt hat das Potential an kritischer Reflexion, das sie enthält; und darüber hinaus die Aktualisierung der humanistischen Tradition, des Gedankens der „Bildung" aus dem Geist der neuzeitlichen *Humaniora.*[4] Die Hermeneutik, diese alte Kunstlehre der Auslegung überlieferter Texte, ist zur Instanz von Wissenschaftskritik und der Verabschiedung des überlieferten Bildes vom Menschen als einem Betrachter unveränderlicher Wahrheiten geworden.

Im Andersverstehen liegt immer auch ein Anlaß zu Mißverständnissen. Das ist, wie Gadamer uns gelehrt hat, nicht zu vermeiden; und es muß nicht einmal ein Anstößiges sein. Ja, es ist sogar ganz unvermeidlich, ein Zeugnis der Bedingtheit unseres Verstehens, das noch im Mißverstand seine Unbedingtheit beweist, die Produktivität, in der es sich neuen Sinnhorizonten öffnet. Davon soll hier nicht weiter die Rede sein, auch nicht von den Umständen, welche die wahrhaft erstaunliche Wirkung von *Wahrheit und Methode* begünstigten. Unser Interesse gilt dem Prinzip, das sich in dieser Wirkung

3 Eine rühmliche Ausnahme bietet die Untersuchung von *J. Grondin: Hermeneutische Wahrheit?* Zum Wahrheitsbegriff Hans-Georg Gadamers. Königstein/Ts. 1982. Vgl. auch von demselben Autor: *Zur Entfaltung des hermeneutischen Wahrheitsbegriffs.* In: Philosophisches Jahrbuch. 90 (1983), 145 ff.

4 Unter diesem Gesichtspunkt hat sich die von R. Rorty vollzogene Selbstauflösung der analytischen Schulrichtung auf Gadamers Hermeneutik berufen. Vgl. *Philosophy and the Mirror of Nature (1979).* dt. Übers. Frankfurt/M. 1981. 343 ff.

„beweist", dem Faktum, daß jedes Werk über sich hinausweist. Die Einheit des Sinnes, die sich zum Text fügt, dem Schriftwerk, das aus der Sprache heraussteht und in sich steht, ist niemals eine, kein „Sinn an sich", der mit dem zusammenfiele, was sein Urheber „eigentlich gemeint hat". Der gemeinte Sinn *ist* und *bleibt* Richtungssinn, einer „für uns", der aus dem Werksein herausdrängt und sich im Anderen seiner selbst, dem Am-Werke-Sein des Verstehens, vervielfältigt. Als einer gelangt er nur im Vielen zur Entfaltung; er entfaltet sich über das „Anderssein", worin er einzig „bei sich" ist.

Für *dieses* Faktum, das Verhältnis des Textes zu seiner Auslegung, dem Gebrauch, der von ihm gemacht wird, ist die Wirkungsgeschichte Prinzip. Es ist das hintergründige Verhältnis des Einen zum Vielen, dem unser Interesse gilt, das hermeneutische Grundverhältnis: *Vieles ist zu sagen.*[5] Worin besteht der Charakter dieses Verhältnisses? Handelt es sich um ein „theoretisches" Prinzip, den Grundsatz der Hermeneutik, worauf sich das Verstehen „gründet"? Oder ist es eine praktische Maxime für das Geschäft der Textauslegung, das subjektiv gültige Prinzip, das sich, nach der dem Maximebegriff anhängenden Bedeutung, seiner Allgemeingültigkeit in fallweiser Anwendung versichern muß? Meint das Verhältnis keinen Satzverhalt, sondern die Sache selbst, einen Sach-Verhalt, der außerhalb der Reichweite von Sätzen spielt, eine Maxime im ursprünglichen Sinne der *maxima sententia,* die dasjenige, wovon in ihr die Rede ist, die *summa res* der Hermeneutik, gleichsam im Ausspruch beweist?

Eine Klärung dieser Fragen erscheint mir um so dringlicher, als uns Gadamer über den Status des Prinzips, aus welchen Gründen auch immer, im unklaren gelassen hat. Ja, er hat es erst nach dem Abschluß seines Werkes auf die erwähnte Formel gebracht.[6] Im Gedankengang von *Wahrheit und Methode* ist sie gleichwohl überall leitend. Die *summa res* der Hermeneutik, ihre Hauptsache, sie kulminiert geradezu in der Exposition des Grundverhältnisses, der her-

5 Vgl. *M. Riedel: Occorre dire molto.* La risposta del pensare nel tempo. In: Itinerari. n. 3 (1984), 3-12.

6 In dem Beitrag zur Bultmann-Festschrift: *Martin Heidegger und die Marburger Theologie* (1967). In: *Heideggers Wege.* Tübingen 1983, 40.

meneutisch möglichen und notwendigen Vervielfältigung des Sinnes eines jeden Textes durch sein Zursprachekommen in der Auslegung.[7] Was sie zeigt, ist die dem Andersverstehen immanente Produktivität, die Notwendigkeit, daß sich das Eine im Anderen seiner selbst „spiegelt“, um so zur Sprache zu kommen, – spekulativ, im Verhältnis der Spiegelung des Einen im Vielen. Das hermeneutische Verhältnis weist über die Hermeneutik selbst hinaus. Es verweist auf die bis hin zu Heidegger verschlossene Dimension der Dialektik am Grunde der abendländischen Metaphysik, auf die prinzipielle Einsicht des wirkungsgeschichtlichen Bewußtseins, was Sein und Seiendes sind: Eines und doch auch Vieles, das Immer-Andere in der Denkerfahrung des Selben.

II.

Mit der Exposition des hermeneutischen Prinzips der Wirkungsgeschichte scheint Gadamer dem Weg der Kehre zu folgen, Heideggers Wendung der Seinsfrage von der Selbstauslegung des menschlichen Daseins zur sprachlichen Auslegung des Seins in den Grundworten der abendländischen Metaphysik, die immer anders sprechen. Wenn sich das so verhält – und daran läßt Gadamers Selbstdeutung, das entschiedene Mitgehen auf dem Weg der Kehre, keinen Zweifel –, stellt sich vorweg die Frage, was es bedeutet, daß Heidegger die hermeneutische Philosophie als die Sache des Gadamerschen Denkens von seinem eigenen Denkweg abgrenzt, warum er die Titel „Hermeneutik“ und „hermeneutisch“ in seinem Spätwerk preisgegeben hat.[8]

Die Preisgabe ist auffällig genug, und wenn wir der Erklärung folgen, die Gadamer davon gibt, motiviert sie sich dadurch, daß Hei-

7 Vgl. *Wahrheit und Methode.* 446.

8 *Unterwegs zur Sprache.* Pfullingen 1959. 98, 120f. Zur Abgrenzung von Gadamer vgl. das Zeugnis bei *O. Pöggeler: Heidegger und die hermeneutische Philosophie.* Freiburg/München 1983, 395.

degger dem Begriff der Hermeneutik nicht länger zutraute, sein Denken von den Konsequenzen einer transzendentalen Bewußtseinstheorie freizuhalten.[9] Das mag mit Heideggers Sicht der „Kehre" im Einklang sein. Es bleibt trotzdem verwunderlich, wenn man bedenkt, daß sich der Titel „Hermeneutik" der Sache nach gegen die transzendentalphilosophische Einschränkung von Husserls phänomenologischer Methode auf das Erscheinende richtet. Er soll die spezifische Selbstbegrenzung der Phänomenologie aufheben, um sie durch ein ursprüngliches Verstehen desjenigen, was nicht bloß erscheint, sondern sich in seinem Sinn zeigt, aber dem Sinn nach gerade verborgen oder verdeckt bleibt, in die Geschichte der Transzendentalphilosophie seit den Griechen zurückfügen. Dieses Sinnverstehen, der Versuch, über das Sein und alles als „seiend" Erscheinende hinauszugehen zu dem Licht, aus dem her und in das es selbst in die Helle eines Verstehens kommt,[10] orientiert sich dort, wo das Problem des „Transzendentalen" entspringt, im Umkreis der Platonischen Frage nach der Idee des Guten, die noch über das Sein „hinausragt". Den Kreis betritt Heidegger von Aristoteles her. Er durchmißt ihn am Leitfaden der *Frage nach dem Guten,* wie es die Menschen für die menschliche Praxis zu fragen haben. Sie haben nach dem *Sinn von Sein* zu fragen, im Unterschied zur „theoretischen" Stellung der traditionell-aristotelischen Seinsfrage, die sich davon abgehoben auf das „Seiende als Seiendes" richtet. Heideggers Fragestellung in *Sein und Zeit* verknotet die Fäden des transzendentalphilosophischen Problems so fest miteinander, daß eines ins andere läuft, daß beide Fragen auf dasselbe hinauslaufen, – für Gadamer das Erfahrungsbeispiel hermeneutischer Horizontverschmelzung im Verstehen, des Prinzips der Wirkungsgeschichte, das die Frage nach dem „Sinn vom Sein" zuspielt. Und ein Beispiel für die

9 Vgl. *H.-G. Gadamer/J. Habermas: Das Erbe Hegels.* Frankfurt/M. 1979, 45.

10 Das ist die Ursprungsformel des „Seinsverständnisses" in der Marburger Vorlesung: *Die Grundprobleme der Phänomenologie* (1927). In: *Gesamtausgabe.* Bd 24. Frankfurt/M. 1975. 400. Vgl. dagegen die Exposition des hermeneutischen Problems in *Sein und Zeit.* §7, wo die Platonische Frage nach dem Guten schon ganz in den Hintergrund tritt.

ursprüngliche Spannweite, die universale Tragweite des hermeneutischen Problems, das sich, nach Gadamers Zeugnis,[11] hier zuerst eröffnet hat.

Auf diesem Hintergrund erscheint es vielleicht weniger verwunderlich, wenn Heidegger der Platonischen Fragerichtung nur eine Zeitlang folgt, ohne daß sie sich in seinem späteren Denken je ganz verliert.[12] Was sich trotz der entschiedenen Plato-Kritik am Beginn des Weges der Kehre durchhält, ist ein Hauptmotiv der Platonischen Dialektik, die Spannung von Vergessen und Erinnerung, das Verständnis des Denkens als *Anamnesis.* Und mit und neben ihm das zentrale Motiv des Neuplatonismus, die spekulative Deutung des Guten als des Göttlichen im Zusammenhang der Auslegung des Wortes der biblischen Überlieferung und deren entfernter Verwandtschaft mit dem Platonischen Verständnis des Dichters als des „Hermeneuten", des Boten der Götter.[13] Das Göttliche bedarf der Verkündigung, des „Hermeneutischen" im Doppelsinn der *Botschaft* und *Kunde vom Sein.* Daran hält Heidegger um so mehr fest, als der Sinn von Sein in der Zeit ebenso entdeckt wie verdeckt, ja zeitlich wesensmäßig verborgen bleibt, - die Erfahrung der „Kehre", daß zur Wahrheit des „Seins selbst" die Irre, zu seiner Entbergung die Verbergung bis hin zu völliger „Vergessenheit" gehört. Die Zeit ist die Ursprungsdimension der Seinserfahrung, in die das Hermeneutische zurückweist.

In der Sicht des späten Heidegger meint „Hermeneutik" schon am Ausgang seines phänomenologischen Denkwegs „weder die Lehre von der Auslegungskunst noch das Auslegen selbst, vielmehr den Versuch, das Wesen der Auslegung allererst aus dem Hermeneutischen zu bestimmen".[14] Das ist zweifellos eine Umdeutung, da

11 Vgl. *Philosophie in Selbstdarstellungen.* Bd III. Hamburg 1977, 69.

12 Davon handelt mein Beitrag: *Zwischen Plato und Aristoteles.* Heideggers doppelte Exposition der Seinsfrage und der Ansatz von Gadamers hermeneutischer Gesprächsdialektik. In: Allgemeine Zeitschrift für Philosophie. 11, 3 (1986), 1–28.

13 *Ion.* 534 d-e. Vgl. *Unterwegs zur Sprache.* Pfullingen 1959. 122.

14 *Unterwegs zur Sprache.* 98.

das „Hermeneutische“ auf der Grundlage der ursprünglichen Bedeutung des Wortes „Hermeneutik“, wonach es das „Geschäft der Auslegung“ bezeichnet, in *Sein und Zeit* nicht in der Unmittelbarkeit einer Botschaft, sondern primär als vermittelnde *Kunde* verstanden wird. Die Selbstauslegung des „Daseins“ und nur diese, der Logos der Fundamentalontologie, hat den „Charakter des ἑρμηνεύειν, durch das dem zum Dasein selbst gehörigen Seinsverständnis der eigentliche Sinn von Sein und die Grundstruktur seines eigenen Seins *kundgegeben* werden“.[15]

Heideggers Umdeutung ist von Gadamers Begriff der Hermeneutik so weit nicht entfernt, mit dem gewichtigen Unterschied freilich, daß *Wahrheit und Methode* jenes Hermeneutische am Phänomen der Auslegung auszuweisen sucht, methodisch also an jener Phänomenologie orientiert bleibt, die Heidegger als Denktitel gleichermaßen fallen läßt. Damit wird das Hermeneutische, die Botschaft und Kunde desjenigen, was sich dem Denken als „Sein“ zuschickt,[16] zur rätselhaften, „unverständlichen“ Sache, die das Verstehen herausfordert. Das eigentlich Herausfordernde an der Preisgabe der hermeneutischen Phänomenologie liegt in der von Heidegger angedeuteten Vermutung, daß das „Hermeneutische“ gar nicht mehr eine Sache, sondern einen Vorgang meint, der um einen Sach-Verhalt spielt. Was ist das für ein Vorgang? Und um welchen Sachverhalt handelt es sich?

III.

Vorgänge lassen sich nicht „erklären“, wohl aber *erläutern* und *erörtern,* d.h. nach ihrem Ort, dem Ursprung und Richtungssinn, fragen. Eine solche Erörterung soll hier vorbereitet werden.[17] Nicht an

15 *Sein und Zeit.* § 7. 37.
16 *Unterwegs zur Sprache.* 122.
17 Ich greife die von O. Pöggeler entfaltete Unterscheidung zwischen Erklären, Erläutern und Erörtern auf, die mir nicht nur für eine „Topologie des Seins“

Hand eines Vergleichs von Titeln, des Hin und Her von Begriffen, wie sie sich auf dem Weg von Heidegger zu Gadamer verschoben haben, oder gar von unterschiedlichen Standorten und Positionen auf dem Weg der Kehre. Davon sieht unser Versuch ab. Ein Ort läßt sich durch Vergleich vermessen. Und so lassen sich auch Ursprünge und Bewegungsrichtungen des Vorgangs bestimmen, der einen strittig gewordenen Sach-Verhalt umspielt: wie es sich mit der Sache selbst verhält, wie die Botschaft und Kunde vom „Sein" ausgelegt und verstanden werden kann. Diese Sache läßt weder Vergleich noch Abmessung zu. Denn sie hält sich in Bewegung, und dies eben darum, weil es sich gar nicht um eine Sache, sondern um einen Weg handelt, den Weg des Denkens zur Sprache, der als solcher ins Offene der hermeneutischen Erfahrung führt. Eine Vergleichung wäre also ganz unangemessen, zumal sich die Sache in Bewegung gar nicht um Positionen dreht. Sie bewegt sich um die *summa res* der Hermeneutik, die Hauptsache des Verstehens in der Zeit; und dahinter um die Abhebung von der metaphysischen Auslegung des Seins als des Seins von Seiendem, um eine Interpretation der ontologischen Differenz, die über die ontologische Fragestellung im ganzen hinausweist.

Daß die Differenz des Seienden vom Sein hermeneutisch zu interpretieren sei, darin liegt das Hauptmotiv der Kehre, des Versuchs von Heidegger, das Phänomen des Verstehens über die Umkehrung der Frage nach dem Sinn von Sein in die nach seiner Geschichte *seinsgeschichtlich* zu denken. Ursprünglicher als das Auslegen ist das *Darlegen,* die Botschaft und Kunde vom „Sein selbst". Zu sagen bleibt das Eine. Aber es wird von Anbeginn zwiefältig gesagt, als das *Eine Einende* im Sinne des überall Ersten und Allgemeinsten und zugleich das *Eine Einende* im Sinne des Höchsten, Göttlichen.[18] Und dieser Zwiefalt, dem Ungedachten der ontologischen Differenz, folgt das Denken der Seinsgeschichte: „Sein selbst – dies sagt: An-

bedeutsam erscheint. Vgl. *Der Denkweg Martin Heideggers.* Pfullingen ²1983. 281 f.

18 Vgl. *Identität und Differenz.* Pfullingen 1957. 67.

wesen des Anwesenden, d.h. die Zwiefalt beider aus ihrer Einfalt".[19]

Die ontologische Differenz ist am Grund *Duplizenz,* das Zweifache des *ersten Anfangs,* das im *anderen Anfang* des Denkens als Unterschied des „Seins" hinsichtlich des ihm eigenen Sinnes *inmitten der Zeit* aufgeht. Heidegger spricht in Wendungen, die an den Platonischen Denkweg der Dialektik und dessen Artikulierungen des „ältesten Alten" der abendländischen Philosophie anklingen, von der „Mitte der Zwei", dem Unterschied von Welt und Ding, der die Mitte von sich her auseinanderhält, auf die hindurch die Zwei zueinander einig sind.[20] So ist es sachlich zwingend und dem geschichtlichen Zurückdenken in den Anfang gemäß, wenn Heidegger auf dem Weg zur Sprache die *vorgängige Allseitigkeit des akroamatischen Phänomens,* des denkerischen Hörenkönnens auf den *Logos* und daran dessen zweifache Wegweisung für die Seinserfahrung aufdeckt. Auf dem *Weg hinauf,* das Darlegen der Botschaft, die vom Sein Kunde bringt, ist es das Hören auf das „Geläut der Stille", die Einfalt des Unterschieds, welcher die Zwiefalt zuspricht. Es ist der Weg zum „Hören" auf das Ungesagte an der Grenze der Sprache, das im Schweigen die lautlose Stimme des Seins vernimmt,[21] die das menschliche Sprachwesen bestimmt. Für den *Weg hinab* ist es die Zugehörigkeit des Menschen zum Sein, die das Wesen des Bezugs ausmacht. Denn der Bezug heißt „hermeneutisch" im Blick auf das Verwahren der Botschaft, die das Auslegen beansprucht und so den Menschen dazu gebraucht, den Zuspruch der Zwiefalt zu hören. Er „gehört" zu ihr, das meint: der Mensch *ist* jenes „Wesen", das auf die Sprache zu hören vermag, eine Wendung, die verdeutlicht, daß das

19 *Aus einem Gespräch von der Sprache.* In: *Unterwegs zur Sprache.* 122.
20 *Die Sprache.* 25.
21 Vgl. *O. Pöggeler: Der Denkweg Martin Heideggers.* 280ff, der dafür nach einem in den *Beiträgen zur Philosophie* (1936–1938) geprägten Ausdruck „Sigetik" gebraucht (nach brieflicher Mitteilung an Verf. vom 29. 9. 1987).

Wort „zugehören“ dem Sinn von „Sein“ entspricht, ja, vielleicht selbst ursprünglicher Seinsausdruck ist.[22]

Das ist nicht nur anfänglich-dialektisch gedacht, sondern ganz im Einklang mit dem verborgenen Problem am Grunde der abendländischen Logik und Metaphysik. Denn in ihr meint „Zugehörigkeit“ das transzendentale Verhältnis zwischen Sein und Wahrheit, welches das Denken als eine Bewegung des Seins selber und nicht primär als Verhalten eines Subjekts auszeichnet.[23] Darauf hat Gadamer hingewiesen. Es ist ein Gedanke der Wirkungsgeschichte, der, weitergedacht, mit dem Allseitigen des Hörens die Vorgängigkeit des akroamatischen Phänomens für die Erfahrung der Sprache im Verstehensvollzug erst voll zur Geltung bringt. Eingebettet in den Entwurf der Seinsgeschichte, wie sie ist, verdeckt sich Heideggers Besinnung auf den Zusammenhang des Hermeneutischen mit der Sprache die Tragweite der Entdeckung. Er sieht sie im Blick auf die Verwandlung des Denkens, den Absprung von der nachplatonischen Metaphysik. So tut er auf dem Weg der Kehre alles, um das dialektisch Gedachte von der Nähe zur Dialektik fernzuhalten, ein Vorgang, der das unablässige Ringen um eine verwandelte Sprache herausfordert. Das zeigen die Leitworte des späten Heidegger aus dem Umkreis der Erfahrung der „Mitte der Zwei“, der spekulativen Dimension einer sich selbst überschreitenden Hermeneutik der „Sage des Seins“. Es sind Beispiele einer Sprachnot, die sich der Nähe des Ver-sagens aussetzt.

Keines dieser Leitworte „ergibt“ sich aus dem, was sich different verhält, weder der *Bezug* noch die *Zwiefalt.* Sie beziehen immer Eines auf das Andere, die *Einfalt* auf das *Zwiefältige,* ohne daß Zwiefalt und Bezug Relationen eines Geschehens wäre. Sie sind reiner Selbstbezug, der sie bezüglich für sich sein läßt. Vollends für sich „ist“ der *Unter-schied* in der Mitte von Welt und Ding, der nur als

22 *Unterwegs zur Sprache.* 125f. Zur Semantik des Ausdrucks „zugehören“ vgl. die knappen Bemerkungen bei *E. Fränkel: Grammatik und Sprachwirklichkeit.* München 1974. 167f, 506. Die Problematik ist noch weitgehend ungeklärt.

23 Vgl. *Wahrheit und Methode.* 434.

dieser Eine „west". In reiner Selbstbezüglichkeit hält er von sich her die Mitte auseinander, auf die zu und durch die hindurch Welt und Dinge zueinander sind. Der Unterschied „vermittelt" nicht die Zwei, er versammelt sie aus sich, indem er sie in seinen „Riß" ruft. Und das Rufen schließt alles Dialektische von sich aus. So ist der Unterschied weder *Distinktion,* eine Unterscheidung des Sagens, noch *Relation unter dem Gesagten.* Er ist im höchsten Fall „Dimension", kein Bezirk, worin sich das Wechselspiel von Sprechen und Hören ereignet, sondern der Auf-Riß der Sprache für das „Sein selbst". In diesem Fall, d.h. zuhöchst, ist der Unterschied die Dimension, insofern er, auf dem Weg hinauf in das Geläut der Stille rufend, Welt und Ding in ihr Eigenes er-mißt.[24]

IV.

Es ist der hörende Weltbezug des Menschen, der sich hier auftut, der als sprachliche Mitte für Welt und Ding allem das Maß seines Wesens freigibt. Er ist *spekulativ,* weil sich so die Sprache selbst „spiegelt" und als das, was sie *ist,* zum Vorschein kommt. Sie bringt das Spekulative zur Sprache: die Zwiefalt des Sagens und Sichsagenlassens, das Sprechen, das nicht zugleich, sondern *zuvor* ein Hören ist, das *Zuvorgehörthaben* auf das Gesagte. Und er ist *geschichtlich,* weil sich das Spekulative über das Gespräch mit der Überlieferung als der Spiegelung des Einen im Vielen des Zusagenden entfaltet hat. Wenn Heidegger, der Erfahrung des Sprachgeschehens entgegen, das Spekulative nur *im Weg hinauf* zu erfassen sucht, auf der Spitze des Hermeneutischen im Selbstbezug der Stimme des Seins, so erklärt sich das aus der Voraussetzung, daß die Mitte der Sprache unmittelbar sei, mit nichts außer der Unmittelbarkeit des *sigetischen* Phänomens „vermittelt". Es ist das Phänomen des schweigenden Hörens auf das Geläut der Stille, das sich im reinen Selbstbezug erfüllt, eine Erfüllung, die ebenso unmittelbar eintritt.

24 *Unterwegs zur Sprache.* 25f, 29f.

Die Frage drängt sich wie von selbst auf, ob sich Heideggers Denken an diesem Punkt wirklich von den Konsequenzen der transzendentalen Bewußtseinstheorie freizuhalten vermag, ob sich die traditionell-phänomenologische Richtung auf ein immanent Gegebenes für den Verlauf des Weges zur Sprache auswirkt. Er mündet auf der anderen Seite des Sprachgeschehens in der gleichen Selbstbezüglichkeit des Sprechens, im unmittelbaren Verlautbaren und Rufen, das sich beim späten Heidegger zum dichterischen Vorgang des Nennens steigert. Im Sichsagenlassen des Einen kann immer nur Dasselbe gesagt werden. So anders es seinsgeschichtlich auch benannt werden mag, der Name für das „Sein", das Grundwort des Denkens, ist niemals *Logos,* sondern *Onoma.* Das Wort der Sprache bleibt auf die Sage des Seienden gestimmt. Aber sie vermag so nur zu sprechen, weil sie der Lichtung des Seins entspricht, dem einen Ereignis des Unterschieds, das sie jeweils nennt. Im seinsgeschichtlichen Austrag der Botschaft und Kunde vom Sein in der Zeit bekundet sich der Bann des ontologischen Grundverhältnisses, den Heidegger nicht durchbricht. Er löst sich erst über Gadamers hermeneutisches Prinzip der Wirkungsgeschichte, das auf dem *Weg hinab* in das Auslegen den Schritt zurück von *Onoma* zum *Logos* geht. Die Auslegung konkretisiert sich im Verhältnis von Text und Interpretation, in der Schriftlichkeit des sprachlich Überlieferten, die den unmittelbaren Wortgebrauch des Rufens und Nennens von vornherein eingrenzt. Es ist der Boden, dem der *Logos* erwächst, die Spiegelung der Schrift in der Sprache, die mit der Lautlosigkeit des Schreibens und Lesens das Phänomen des Hörens in seiner ganzen Tragweite aufschließt.

Obwohl davon in Gadamers Hauptwerk nicht ausdrücklich die Rede ist,[25] trägt es diese Spannung, die Grundspannung der Platonischen Dialektik und ihrer Wirkungsgeschichte bis hin zu Hegel, in

25 Vgl. jedoch die deutliche Auszeichnung der Schrift in: *Wahrheit und Methode.* 152–156, 125, 365–373, 508, sowie die neueren Beiträge: *Unterwegs zur Schrift?* In: *Schrift und Gedächtnis.* Hrsg. von A. u. J. Assmann und Chr. Hardmeier. München 1983, 10ff und *Text und Interpretation,* in dem gleichnamigen Band von Ph. Forget (München 1984. 24ff).

sich aus. „Texte“ sind *Poiesis* im anfänglichsten Sinn, Herstellung von Werken, die wie Bilder aus der Sprache heraussstehen und in sich stehen. Sie stellen dar, was ist, ein „Sein zum Text“, das sich der hermeneutischen Erfahrung in anderer Weise spiegelt: nicht in der selbstbezüglichen Unmittelbarkeit des Einen, dem Hören auf die lautlose Stimme des Seins, sondern vermittelt, in der Selbstunterscheidung des Sprachlauts vom Buchstaben, der Zweiheit von *grámma* und *phonē*. Wenn ich recht sehe, ist das der Punkt im Hintergrund, der Gadamers Gedankenzug bewegt und ihn letztlich von Heideggers Sprachauffassung wie vom neueren Gegenpol der „Grammatologie“ wegträgt.[26] In der Zweiheit des Textes ist die Entzweiung angelegt, der Unterschied des „Zwischen“, jene Mischung von Fremdheit und Vertrautheit, die das schriftlich Überlieferte für uns hat. Gadamer spricht von einem Mangel an Unmittelbarkeit, der nicht als Defekt erscheint; denn an diesem scheinbaren Mangel, in der abstrakten Fremdheit des Textes öffnet sich gerade die akroamatische Dimension der Hermeneutik, die Aufgabe, das in der schriftlichen Überlieferung Vermittelte (und *alle* Überlieferung ist *Schrift*) in die Unmittelbarkeit des Hörens auf das Sichzusagende „zurückzuübersetzen“.[27] Dieses „Übersetzen“ liegt dem begrifflichen Sprechen und jedem satzmäßigen Aussagen nach Art der Logik zugrunde, ohne „logisch“ oder „begrifflich“ vorgegeben zu sein. Es gibt sich akroamatisch, im *Pathos* des Hörenlassens des Gesagten und Sichzusagenden. So zeigt sich in *der Tiefe der Hermeneutik,* was sich der dialektischen Methode auf dem Weg von Kant zu Hegel und Marx verbirgt: das akroamatische Phänomen des *Logos,* ein altes Widerfahrnis, das die hermeneutische Philosophie in anderer Weise als das Geschehen am Grunde der Welt erfährt.

26 Vgl. Gadamers Distanzierung von *J. Derrida: Grammatologie* (frz. 1967). Frankfurt/M. 1974, in: *Wahrheit und Methode.* Gesammelte Werke. Bd 2. Tübingen 1986, 368f. Die von Derrida aufgeworfene Frage des „Phonozentrismus“ der abendländischen Logosphilosophie behandelt eine Untersuchung des Verf., die demnächst erscheinen wird.

27 Vgl. *Wahrheit und Methode.* 279 und 367.

Platons dialogisches Philosophieren

Wilhelm Perpeet (Bonn)

Die ars interpretandi wissenschaftstheoretisch zu rechtfertigen ist *eine* Sache, - eine *andere,* sie zu praktizieren. Z.B. einen Platonischen Dialog verstehend zu lesen und somit „Altes neu zu denken". Einem der hermeneutischen Philosophie verpflichteten Kollegen wird hiermit ein Geburtstagsgruß gesandt.

I.

Platons Philosophie ist nach über 2000 Jahren nicht nur im Detail, auch im Ganzen noch umstritten. Nicht wenige Freunde Platons versuchten textnah, seine Philosophie als Systemphilosophie zu verstehen. H.J. Krämer und K. Gaiser aus der Tübinger Schule Wolfgang Schadewaldts tun es noch mit bewundernswertem Scharfsinn.[1] Sie beziehen sich auf die indirekte Überlieferung von Platons ungeschriebener Lehre, halten seine Vorlesungstätigkeit (Περὶ τἀγαθοῦ) für die Hauptquelle seiner Philosophie und bringen sie als Systemphilosophie zur Geltung.

Fragt man sich, warum Platon ein Systemphilosoph gewesen sein soll, so wird man nicht fehlgehen mit der Vermutung, daß diese mit-

1 *H. J. Krämer: Arete bei Platon und Aristoteles.* Zum Wesen und zur Geschichte der platonischen Ontologie (Sitzungsberichte der Heidelberger Akademie der Wissenschaften. Philos.-Historische Klasse. Abh. 6. 1959). Heidelberg 1959; dazu die Rez. v. *W. Perpeet: Der systematisierte Platon.* In: Philosophische Rundschau. 10 (1962), 253ff. Ferner: *K. Gaiser: Platons ungeschriebene Lehre.* Stuttgart 1963; *H. Krämer: Neues zum Streit um Platons Prinzipientheorie.* In: Philosophische Rundschau. 27 (1980), 1ff.; vgl. die von J. Wippern zusammengestellten Beiträge zur Systematisierung der Platonischen Philosophie in: *Das Problem der ungeschriebenen Lehre Platons.* Beiträge zum Verständnis der Platonischen Prinzipien-Philosophie Darmstadt 1972. (Wege der Forschung. Bd. 186.).

gebrachte Vormeinung von Philosophie im Spiele ist: Wenn überhaupt Philosophie, dann in der Form eines Systems. Und da Platon ein Klassiker der Philosophie ist, muß er schon ein System „gebaut“ haben. Ein System aber erfordert *Grund*-sätze bzw. Prinzipien. Nach solchen wird das Corpus Platonicum oder die indirekte antike Überlieferung abgesucht. Wo anders sollten sie auch zu finden sein? Also werden zitationsfähige Dicta den Dialogen, Briefen und tradierten Vortragsnotizen entnommen. Die so gewonnenen *Grund*-sätze werden dank ihrer Isolierung in der Weise aus-gedacht, daß möglichst alle Platonischen Lehrstücke wieder darauf bezogen werden. Was dann als *die* Philosophie Platons offeriert wird, ist schließlich doch nur wieder die Philosophie des jeweiligen Platonexegeten. Das kann auch gar nicht anders sein: Das Zirkelverfahren ist kein hermeneutisches. Also kommt es trotz Platons Schriftwerk zu den mannigfaltigsten Philosophien. Gemeinsam ist ihnen eines: Es sind insgesamt gedankliche Konstruktionen und keine Interpretationen. So ist die Chance, sich Platonisches Philosophieren anzueignen, gering. Warum? Weil man dieser Vorstellung erliegt: Ein Klassiker der Philosophie wie Platon – so meint man, auch ohne sich dieser Meinung selbst bewußt zu sein – *muß* ein Systemphilosoph sein. Ist doch die Scheu vor einem System, wie Hegel in den *Nürnberger Schriften* programmierte, „unphilosophisch“. Nun hat aber eine philosophische Platonexegese auch die literarische Form ernstzunehmen – also den Platonischen Dialog. Als Schriftsteller setzt Platon Gesprächspartner in Szene. Selbst die trockeneren Spätdialoge sind immer noch provozierende Untersuchungen. Platons Dialoge machen den Leser zum „schweigenden“ Mit-Unterredner und kritisch wachen Mitdenkenden. Sie muten an wie an einen Leser adressiert. Sie rechnen mit dessen Bereitschaft, an den Untersuchungen teilzunehmen. Sie bringen den Leser nicht ohne Absicht auf Wege, die sich wie Umwege ausnehmen. Ein intimer Platonkenner wie H. Gundert erinnerte daran: „Die platonischen Dialoge sind das originale Zeugnis seiner Lehre gerade dadurch, daß sie vorläufig bleiben, auf den Weg bringen ohne ans ‚Ende‘ zu kommen, und doch im Fragment das Ganze durchscheinen lassen."[2] Was immer abgehandelt wird, jeder Dialog bestätigt, was H. Rombach bezüglich eines philosophierenden Gesprächs so formuliert: „Wahrheit ‚hat' man nicht; Wahrheit geschieht. Das Gespräch ist das Geschehen der Wahrheit ... Nur wer mitgeht, ‚erfährt' Wahrheit. Wer Wahrheit nicht ‚erfahren' hat, weiß nichts von Wahrheit. Über Wahrheit gibt es keine Lehre. Über Wahrheit gibt es keine Wahrheit."[3]

Hält man „Richtigkeit" und „Wahrheit" in dem Sinne auseinander, daß „Richtigkeit" (rectitudo) auf eine feststellbare Tatsache bezogen ist, „Wahrheit" (veritas) aber auf eine innere Fruchtbarkeit – verstanden als ein Geschehen der „seelischen" Reifung –, dann trifft erst recht zu, daß Wahrheit nicht satzmäßig lehr- oder lernbar ist, also auch nicht „gehabt" werden kann. Sie ereignet sich. In diesem Zusammenhang zwei bedenkenswerte Worte: „Was fruchtbar ist, allein ist wahr." Das bloß Richtige sei keine sechs Pfennige wert (Goethe). Und: „Einer hat immer unrecht: aber mit zweien beginnt die Wahrheit" (Nietzsche).[4] Also wäre das Gespräch der angestammte Ort eines fruchtbaren Geschehens von Wahrheit. Und eben diesen Ort des Geschehens hat der Leser im und am Platonischen Dialog. Warum? Weil Einwand gegen Einwand, Bedenken gegen Bedenken stehen. Philosophie heißt philosophieren. Und warum nicht aus der Position eines abgeschotteten einzelnen, der sich für und aus sich allein um Einsicht bemüht? Warum im Gespräch mit anderen? Weil Sterbliche, nicht Unsterbliche philosophieren. Die Unsterblichen sind allwissend (vgl. Xenophanes). Den Sterblichen haften Fehltritte

2 *H. Gundert: Dialog und Dialektik.* Zur Struktur des platonischen Dialogs. Amsterdam 1971. 7 (Studien zur antiken Philosophie. Bd. 1.); ders.: *Der platonische Dialog.* Heidelberg 1968 (Bibliothek der klassischen Altertumswissenschaften. NF. 2. Reihe. Bd. 26).

3 *H. Rombach: Strukturontologie.* Eine Phänomenologie der Freiheit. Freiburg/München 1971. 94f.

4 Nicht der Formulierung, wohl der Sache nach unterscheiden E. Rothacker (*Mensch und Geschichte.* Bonn 1950. 208ff.) und M. Heidegger (*Holzwege.* Frankfurt a.M. 1950. 40; *Vorträge und Aufsätze.* Pfullingen 1954. 26) ebenfalls „Richtigkeit" und „Wahrheit". In diesem Punkte wären sie sich mit Goethe und Nietzsche einig.

an. So Theognis, den Platon wohl kannte.[5] Sterblichen ist die Möglichkeit des Irrens wesentlich. „Errare humanum est" – das ist seit Hieronymus ein Geflügeltes Wort. Nur muß irren nicht verirren bedeuten. Irrwege können Umwege sein, welche für den um Einsicht bemühten menschlichen Geist oft die kürzesten sind. Vor Sackgassen aber schützt man sich durch mitphilosophierende Gesprächspartner. So wäre es Torheit, sich vor der Irre zu fürchten. „Wer die Irre fürchtet, richtet sich am besten in Systemen ein. Systeme sind immer Systeme der Sicherheit. Nur leider reicht diese nicht weiter als die Systeme selbst."[6] H. Rombach kontrastiert Systemphilosophie und „Risikophilosophie". „Dialogphilosophie" halte ich für passender. Die Dialogphilosophie hat in Platon ihren Klassiker. Er schreibt nicht „direkt", jedenfalls nicht so, wie ein Redemeister spricht. Den Platonischen Dialog als „Medium des philosophischen Gedankens" zu betrachten, wie letztlich Wolfgang Wieland den 3. Paragraphen im 1. Kapitel seines *Platon*-Buches betitelte,[7] ist eine methodologisch richtige Absichtserklärung.

Die Bezeichnung „Dialogphilosophie" stützt sich auch auf die bekannte Passage im *Siebenten Brief* (341 c). Da steht zu lesen: Wer

5 Vgl. *Platon: Menon.* 95; ders.: *Gesetze.* 630.

6 *H. Rombach: Strukturontologie.* 100.

7 *W. Wieland: Platon und die Formen des Wissens.* Göttingen 1982. 50 ff. Allzu neu ist dieser Ansatz allerdings nicht. – Auswahlweise sei erinnert an: *J. Stenzel: Literarische Form und philosophischer Gehalt des platonischen Dialoges* (1916). In: *Kleine Schriften zur griechischen Philosophie.* Hrsg. von Bertha Stenzel. Darmstadt ²1957, 32–47; ders.: *Zum Aufbau des platonischen Dialoges* (1934). a.a.O. 333–344; *P. Friedländer: Platon. Eidos, Paideia, Dialogos.* Berlin/Leipzig 1928. 180 ff.; ders.: *Dialog und Existenz.* In: *Platon.* Bd. 1. Berlin ³1964, 243–248; *E. Hoffmann: Platon.* Zürich 1950; darin: *Die literarischen Voraussetzungen des Platonverständnisses,* 7–28; *J. Derbolav: Was Platon „sagte" und was er gemeint hat.* Erörterung einer hermeneutisch bedeutsamen Differenz. In: *Beispiele.* Festschrift für Eugen Fink zum 60. Geburtstag. Hrsg. von L. Landgrebe. Den Haag 1965, 161–187; *W. Bröcker: Platos Gespräche.* Frankfurt a.M. ²1967; *H.-G. Gadamer: Platons ungeschriebene Dialektik* (1968). In: *Kleine Schriften.* Bd. 3: Idee und Sprache. Tübingen 1972, 27–49. Über sechs verschiedene Ansätze der Platonforschung vgl. *W. Perpeet: Das Gute als Einheit.* Zur Agathon-Spekulation Platons. In: *Einheit und Sein.* Gottfried Martin zum 65. Geburtstag. Hrsg. von I. Heidemann u. E. K. Specht. Köln 1966. 17–31; dasselbe in: Kant-Studien. 57 (1966), 17–31.

immer behauptet zu wissen, um was ich eifere (ἐγὼ σπουδάζω), hat sich schon verirrt. Denn darüber gibt es „von mir“ keine zusammenfassende Schrift (σύγγραμμα). Denn es läßt sich überhaupt nicht wie andere Lehr- und Lernstücke (ὡς ἄλλα μαθήματα) in die Form eines Aussagesatzes bringen. Allein im häufigen Beisammensein (ἐκ πολλῆς τυνουσίας) um der Sache willen (περὶ τὸ πράγματα) wird es einem in der Seele plötzlich (ἐξαίφνης) wie ein Licht aufgehen. Entzündet von einem überspringenden Funken, erlischt dieses nicht. Es nährt sich aus sich selbst. In diesem Sinne bezeichnen wir Platons Philosophie als Dialogphilosophie. Aus dem genuin griechischen Wortgebrauch von φιλοσοφία wird diese Benennung einsichtig.

II.

In frühgriechischer Zeit heißt σοφία „technisches Wissen“. Dem Kapitän, der ein Schiff durch die Brandung und an Klippen vorbei zu steuern versteht, wird eine lehr- und lernbare σοφία bescheinigt. Auch dem, der einen Eisenpflug schmieden und so den Holzpflug vorteilhaft ersetzen kann. Wer ein sturmsicheres Dachgebälk zu zimmern weiß, ist ein σοφὸς τέκτων. Platon nennt einen Musikverständigen σοφός.[8] Wer sich in der metrischen Kunst des Versbaues auskennt, wird σοφὸς ποιητής genannt (Pindar). Usw. Kurz: Σοφία bedeutet das Wissen im Sinne einer „technischen Intelligenz“.

Von der σοφία einer „ethischen Intelligenz“ ist aber auch die Rede. „Ethische Intelligenz“ bezeichnet im Griechischen nicht die einer „sittlichen Persönlichkeit“. Eine sittliche, moralische oder ethische Persönlichkeit mit ἄνθρωπος ἠθικός wiederzugeben wäre ungriechisch. Der vertraute, angestammte Aufenthaltsort heißt ἦθος. Pferde haben ihre gewohnten Weideplätze (ἤθεα ἵππων; *Il.* V.511),

8 *Platon: Philebos.* 17 c; im einzelnen: *Pindar: Pyth.* 5. 115; *Isth.* 1. 45; *Ol.* 1. 9. Vgl. *E. Schwartz: Ethik der Griechen.* Hrsg. von W. Richter, Stuttgart 1951. 168 ff.

Schweine ihre Koben (ἤθεα; *Od.* XIV. 411). Bei Pindar haben Bäume ihren „Biotop" - wie Menschen ihre Heimat. Heimweh nennt Aischylos οἶκος ἠθέων. Für „traut", „lieb", „teuer", steht das Adjektiv ἠθεῖος. Aristoteles (*EN* II.1) bringt wie Platon (*Gesetze.* XII.968 d) τὸ ἦθος mit τὸ ἔθος (= Gewohnheit, Brauch) zusammen. Dem Verb ἐθίζω (= gewöhnen) liegt ἔθος zugrunde. So gewinnt τὸ ἦθος eine verinnerlichende Bedeutung. Die bekannte lokale Umgebung (= Umwelt) bestimmt die Praxis mit. Τρόπος (= Lebensweise) wird sinngleich mit ἦθος. Es bezeichnet „einen Komplex des inneren Lebens, eine Sphäre des menschlichen Wesens, die mit Handeln und Wollen zusammenhängt".[9] Also auch mit der Gesinnung: Man muß mit seinem Leben etwas anzufangen wissen. Das Lebewesen „Mensch" bedarf einer σοφία, einer „ethischen Intelligenz", welche sich durch ein „weisheitliches Wissen" auszeichnet. Herauszuhören ist diese Bedeutung von σοφία aus uns geläufigen Wendungen wie Lebens-, Welt-, Spruch-, Alters-, Volksweisheit. Auch aus der Gattungsbezeichnung „Weisheitsliteratur" mit ihren „Einfachen Formen"[10] (Legende, Sage, Mythe, Rätsel, Spruch, Kasus, Memorabilia, Märchen, Witz) und „hohen" Formen (Epik, Lyrik, Hymnik, Tragödie, Komödie, Roman, Ballade, Kurzgeschichte, Essay, Reise- und Tagebuch, den Sammlungen von Fragmenten und Aphorismen und nicht zuletzt der zeit-, kultur-, kunst- und literaturkritischen Prosa von Rang).

Den Griechen waren Homer und Hesiod die ersten Lehrer „ethischer Intelligenz" und weisheitlichen Wissens. Noch im fünften Jahrhundert hießen Dichter σοφισταί.[11] Bei Goethe findet sich eine Rechtfertigung dafür: „Eingeboren auf dem Grunde seines Herzens

9 *E. Schwartz: Ethik der Griechen.* 16.

10 Vgl. *A. Jolles: Einfache Formen* (1930). Tübingen ^{6}1982. Spezifisches über die Kunst des Erzählens bei den Griechen und über die Ausdrucks- und Mitteilungsformen der Liebe zur Weisheit (σοφία) bei *E. Schwartz: Fünf Vorträge über den griechischen Roman.* Das Romanhafte in der erzählenden Literatur der Griechen. Berlin ^{2}1943.

11 *W. Burkert: Weisheit und Wissenschaft.* Studien zu Pythagoras, Philolaos und Platon. Nürnberg 1962. 144. (Erlanger Beiträge zur Sprach- und Kunstwissenschaft. Bd. 10.).

wächst die schöne Blume der Weisheit hervor, und wenn die anderen wachend träumen, und von ungeheuren Vorstellungen aus allen ihren Sinnen geängstigt werden, so lebt er [der Dichter] den Traum des Lebens als ein Wachender, und das Seltenste, was geschieht, ist ihm zugleich Vergangenheit und Zukunft. Und so ist der Dichter zugleich Lehrer, Wahrsager, Freund der Götter und der Menschen."[12]

Von allem Göttlichen und Menschlichen wußten die Griechen aber nicht nur aus der Dichtung im engeren Sinne. Auch die legendären ἕπτα σοφοί standen im Ansehen, Liebhaber des „weisheitlichen Wissens" zu sein. Aus den „Sieben Weisen" wurden sogar siebzehn. Sie verstanden sich auf Lebensregeln, Mahn- und Sprichworte, rühmende Grabinschriften und zum Nachsinnen an Tempeln angebrachte Inschriften, auf Preis- wie Trinklieder, lösbare Rätselspiele und rhetorische „Superlativ-Fragen".[13] Zum Beispiel: Wer ist der Glücklichste? Der Tüchtigste? Was ist das Schönste? Mit Berufung auf die olympischen Musen und aus der Kenntnis göttlicher Ratschlüsse wußten sie darauf die bündigsten Antworten: Was ist das Älteste? Gott; er ist ungeboren. Was ist das Schnellste? Der Gedanke; er durcheilt alles. Zumal in politisch, strategisch und wirtschaftlich schwierigen Zeitläuften setzen sie der Fülle von Unzulänglichkeiten eine Fülle von Tüchtigkeiten (ἀρεταί) entgegen. Wer des Lebens kundig ist und die Lebenskunst beherrscht, hält sich in und mit *fragenden* Denkbewegungen nicht auf. Liebe zur Weisheit (σοφία) verrät sich in *feststellenden* Sprachgebärden.

Eine ist das *gleichnishafte Sagen.* Exemplarisch sind die Homerischen Gleichnisse. Sie als Vergleiche aufzufassen wäre falsch. Die

12 *J. W. Goethe: Wilhelm Meisters Lehrjahre.* II. 2 (Artemis-Gedenkausgabe. Hrsg. von E. Beutler. Bd. 7.). Zürich 1948. 88 f.

13 *H. Fränkel: Dichtung und Philosophie des frühen Griechentums.* Eine Geschichte der griechischen Epik, Lyrik und Prosa bis zur Mitte des 5. Jahrhunderts. München ^{2}1962. 274 ff.; *W. Schadewaldt: Legende von Homer, dem fahrenden Sänger.* Ein altgriechisches Volksbuch. Leipzig 1942; *B. Snell: Leben und Meinungen der Sieben Weisen.* München ^{4}1971; ders.: *Dichtung und Gesellschaft.* Studien zum Einfluß der Dichter auf das soziale Denken und Verhalten im alten Griechenland. Hamburg 1965.

sog. Platonischen Gleichnisse (Sonnen-, Linien- und Höhlengleichnis) sind z. B. als *Vergleiche,* aber nicht als *Gleichnisse* zu lesen und zu verstehen. Während der Vergleich die Ungleichartigkeit der Relate bewußt macht, gleichen die Homerischen Gleichnisse die Relate im „Wie-wenn-also"-Sagen einander an. Das gleichnishafte Sagen würde mißverstanden, wollte man zum Verständnis desselben ein tertium comparationis ausfindig machen.

Weitere spezifische Sprachgebärden der lebenskundlichen σοφία sind: anschauliche Vergegenwärtigung, personifizierende Stilisierung der Elementargewalten und der thymoiden Regungen.[14] Reden blikken unfreundlich (Euripides, Aristophanes), Hilfen blicken heiter (Sophokles). Ein werdendes Lied hat ein fernleuchtendes Antlitz (Pindar). Eine Lanze stürmt hastig; mit Begierde fliegt ein Pfeil, um im Fleische zu schwelgen (Homer); ein glänzender Helm hat Augen, hohläugig ist die Felskluft (Homer). Fernsehend heißt der Ruf der Stimme bei Sophokles. Nachdrücklich weist Friedrich Theodor Vischers *Aesthetik* auf derartige sprachspezifische Mittel der Lebensweisheit hin.[15] Hermann Fränkel bemerkte die triadische Zusammenfassung: statt langatmiger Addition werden Einzeldinge zur Totalität einer Dreiheit zusammengefaßt, zu „Regen, Sturm und Frost", „Feuer, Wein und Kissen" (Alkaios), „Silber, Gold und Ackerland" (Solon), „Wind, Regen und Lied" (Pindar). So ist der Hörer bzw. Leser sofort im Bilde.[16]

Und Platon? Er war dieser dichterisch und prosaisch sich bekundenden σοφία keineswegs abgeneigt. In jungen Jahren sah und hörte er gern „Aufführungen". Mit Sprichwörtern gespickte Lesekomödien – nicht nur mythische Stoffe – muß er mit Vergnügen gelesen haben. Die kurzen mimusartigen Alltagsszenen des Sophoron von Syrakus, der Unterhaltungen von „Hinz und Kunz" zum besten

14 Vgl. *W. Perpeet: Vom Ursprung der Philosophie oder über eine spezifische Differenz zwischen Denken und Dichten.* In: *Der Mensch und die Künste.* Festschrift für Heinrich Lützeler zum 60. Geburtstage. Düsseldorf 1961, 58 ff.

15 *Fr. Th. Vischer: Aesthetik oder Wissenschaft des Schönen.* Dritter Teil. Zweiter Abschnitt. Fünftes Heft: Die Dichtkunst. Stuttgart 1857. 1215–1231.

16 *H. Fränkel: Dichtung und Philosophie des frühen Griechentums.* 591 f.

gab, soll er neben den großen Aristophanischen Bühnendramen noch unter dem Kopfkissen seines Sterbebettes gehabt haben.[17] Das ist nicht ausgeschlossen. Der Komposition und Sprachgebung - besonders seiner frühen und mittleren Dialoge - ist eine nicht geringe Sprachverliebtheit zu entnehmen. Schreiben schien ihm ein Spiel (παιδιά).[18] Also keine prinzipielle Abwertung der dichterisch verkündeten σοφία! Sie hat als Feier ihren Platz. Auch als Erziehung wird sie gewürdigt im 2., 3. und 10. Buch des *Staates,* im *Phaidon* und im 2. und 7. Buch der *Gesetze.*[19] Wie sollte Platon ein Mahnwort aus der *Odyssee* (VIII.329) wie dieses: οὐκ ἀρετᾷ κακὰ ἔργα (Nicht gedeihen schlechte Taten) mißfallen haben? David Humes Diktum: „Die Dichter lügen" hätte Platon befremdet.

Gewiß ist in Platons φιλοσοφία nicht die σοφία der Dichter und Weisen zu suchen. Er war kein Diener der Musen. Ernstlich liebte er nicht das weisheitliche Wissen der ethischen Intelligenz. Er liebte ein andersartiges, nämlich das wissenschaftliche Wissen. Das Platonische an diesem wissenschaftlichen Wissen wird uns noch beschäftigen. Aber zuvor noch ein σμικρόν τι. In Fachlexika der Philosophie wie in Nachschlagewerken werden bildungsbeflissene Leser über das, was Philosophie ist, so belehrt: Das Wort „Philosophie" kommt aus dem Griechischen und bedeutet „Liebe zur Weisheit". Das aber ist im Hinblick auf Platons eigene Philosophie - also auf seine von ihm schriftlich dokumentierte - eine Irreführung. Selbst ein Philologe von Rang wie Ernst Robert Curtius ist ihr erlegen. Sonst hätte er in Platons Homerkritik nicht den Gipfelpunkt des Streites zwischen Philosophie und Poesie sehen können.[20] Curtius war der Meinung, daß σοφία nur Weisheit und φιλοσοφία nichts weiter als Liebe zur Weisheit bedeute. Die Konsequenz dieser Vor-

17 Vgl. *K. Steinhart: Platon's Leben.* Leipzig 1873. 79; *Der Kleine Pauly.* Lexikon der Antike. Bd 5. München 1979. Art. *Sophron.* Sp. 280f.

18 *H. Gundert: Zum Spiel bei Platon* (1965). In: *Platonstudien.* Hrsg. von Kl. Döring u. F. Preißhofen. Amsterdam 1977. 188ff. (Studien zur antiken Philosophie. Bd 7).

19 *H. Gundert: Enthusiasmos und Logos bei Platon.* In: Lexis. 2 (1949), 33.

20 *E. R. Curtius: Europäische Literatur und lateinisches Mittelalter.* Bern ^{2}1954. 11. Kap.: Poesie und Philosophie. 211.

meinung ist Enttäuschung, ja mehr; sie besteht in der Abneigung gegen die Philosophie insgesamt und gegen die Platons insbesondere. Im Essay über Ortega y Gasset (1949) spricht E. R. Curtius offen von dieser Enttäuschung: „Ich möchte den deutschen Studenten sehen, der nicht die Erfahrung von Goethes Faust gemacht hätte: ‚Habe nun ach! Philosophie durchaus studiert mit heißem Bemühn. Da steh ich nun, ich armer Tor.' Es ist uns allen so gegangen. Wie hoffnungsvoll gingen wir in unsere erste philosophische Vorlesung! Und wie enttäuscht kamen wir wieder heraus!"[21] Es wäre m. E. ein leichtes, Studenten diese Enttäuschung zu ersparen. *Erstens:* Platons Homerkritik bezieht sich auf die Homerische „Theologie". Wie vor ihm Pindar und die Tragiker, aber auch Xenophanes und Heraklit, Pythagoras und Anaxagoras dachte Platon von der Gottheit der Unsterblichen angemessener. Ihm war eine anthropomorphe Göttervorstellung nicht mehr glaubwürdig.[22] *Zweitens:* Platons Homerkritik beruht auf dem geschichtlichen Abstand von der tatenreichen archaischen Welt der Helden im Vergleich mit der lebensgeschichtlich eigenen Zeit. Die bildungsbeflissene Jugend Athens füllte die Hörsäle „ausländischer" Redner (= „Sophisten"). Aber Sokrates, der gerechteste Athener, mußte sein Gesprächsleben mit dem Schierlingsbecher beenden. *Drittens:* Das sicherste Mittel gegen die oben angezeigte Enttäuschung ist das Lesen der Platonischen Dialoge. Es sind keine katechetisch-unterrichtenden Lehrdialoge wie solche von Cicero, Augustinus, Nikolaus von Cues, Giordano Bruno, Shaftesbury, Fichte, Schelling, Solger, Heidegger, Liebrucks. Das sind gefällige Einkleidungen einer bestimmten Lehre. Platon präsentiert keine. Seine Dialoge sind auch keine monologischen Zwiegespräche - vergleichbar mit dem Buch Hiob oder mit ägyptischen Seelengesprächen. Es sind Werbedialoge. Der Leser soll fragen lernen. Aber er soll nicht verbal fragen lernen! Das wäre nicht nötig. Denn fragen ist leicht. Aber wissen, was man fragt, ist schwierig. Darum muß das

21 *E. R. Curtius: Ortega y Gasset* (1949). In: *Kritische Essays zur europäischen Literatur.* Bern 1950, 271.

22 *H.-G. Gadamer: Plato und die Dichter* (1934). In: *Platos dialektische Ethik und andere Studien zur platonischen Philosophie.* Hamburg 1968, 184.

sachbezogene Ausfragen von Fragen gelernt werden. Darum die Sinngleichung von φιλοσοφία mit φιλομαθία (*Staat.* II.376; V.475). Die Liebe zum wissenschaftlichen Lernen erfüllt sich in fragenden Denkbewegungen. Denn φιλοσοφία ist ein nomen actionis. Philosophie ist ausschließlich im Philosophieren existent, und somit in der Präzision beim Auffinden und im Ausbau von Fragestellungen. Götter sind allwissend. Für Sterbliche ist jede Problemlösung wieder fragwürdig. Ihnen gibt Gott - um ein Goethe-Wort zu variieren - die Nüsse, und sie müssen sie knacken. Philosophieren ist ein Gottesdienst, der aus der Annäherung an Gott (ὁμοίωσις θεῷ; *Theaitet.* 176) nicht herausführt. Enthusiasmierte Dichter, Seher, Gesetzgeber und Weise *sagen* göttliche Weisheit. Sie sind fragenden Untersuchungen und jeder Forschung enthoben. Sie sind - wie gesagt - am Ziel. Der von Sokrates „inspirierte" Platon blieb unterwegs, wälzte in seinem dialogischen Schriftwerk alles Dogmatische von sich ab, schrieb so, daß das Geschriebene die mündliche Ebene des Fragens wieder erreicht. Auch wenn der Leser, solange das inszenierte Gespräch währt, ein schweigender Mit-Unterredner bleibt - wenn der Vorhang gefallen ist, muß er an sich selbst weitere Fragen richten. Es gibt in keinem Platon-Dialog einen Besserwisser. Platons Lese-Dialoge sind zetetisch-protreptischer Struktur. Ihr nichtwissender Sokrates ist einmal der ideale Dialogheld, einmal der wieder junggewordene Anfänger. Er bleibt hinter der Wahrheit zurück. Der Autor Platon zwingt die in Szene gesetzten Mit-Unterredner wie den Dialogleser, „den ewigen Vorsprung der Wahrheit anzuerkennen". Er macht „die Kraft der philosophischen Wahrheit in einem Grade fühlbar wie keine spätere Form des Philosophierens".[23]

Kurz: Während die Liebe zum weisheitlichen Wissen packt, mitreißt, mahnt, erschüttert, mit Kunstgriffen anschaulicher Vergegenwärtigung, angleichender Gleichnisse, sprachlich-rhythmischer Bezauberung, anheimelnden Wortklangs, zeigt Platons Liebe zum wissenschaftlich-philosophischen Wissen die Vorliebe für Problemfin-

23 *J. Stenzel: Zum Aufbau des platonischen Dialoges.* In: *Kleine Schriften zur griechischen Philosophie,* 335.

dungen, für Ernüchterung, für die Entfaltung von Fragen und ihre Widerlegbarkeit durch Gegenfragen. Diese Liebe bevorzugt die Kunstgriffe der Analogie, des Vergleichs- und Modelldenkens, des wiederholten Neuanfangs (ἐξ ἀρχῆς), der Hypothese, der Aporie, der Begriffsunterscheidung und -verknüpfung und - wenn es erlaubt ist - der sympathisch wirkenden Bescheidung durch den Wechsel von Spiel (παιδιά) und Ernst (σπουδή). Der geschriebene Dialog soll das gesprochene Wort mit schriftstellerischen Mitteln am Leben erhalten.[24] Darum erschwert der Schriftsteller Platon dem Leser die Parteinahme für den einen wie den anderen „erdichteten" Partner. Der Dialogleser findet kein „Stück" Philosophie vor. Er wird nicht in die Rolle eines Schülers gedrängt. Je aufmerksamer er liest, um so mehr sieht er sich verwickelt in ein geistiges Abenteuer. Das Verhältnis des Lesers zum Geschriebenen ist nicht vergleichbar mit zwei Gläsern, von denen das eine volle Glas mit dem anderen leeren durch einen Wollfaden so verbunden ist, daß sich nun das leere auch anfüllt. Platon - und von ihm selbst stammt dieser Vergleich - will sicher dem Leser Erkenntnis eröffnen, aber nur solche, die dieser sich selbst vermittelt. Gerade die Textstellen, die man unterstreicht und für ausschlaggebend hält, nehmen sich aus wie Wellenkämme einer Gedankenbewegung, die den Leser „in Einsichten und wieder hellere Einsichten" führt. Andererseits erfährt er geheime Sinnwiderstände. Mit jeder Einsicht tauchen neue Rätsel auf. Es verwirrt sich das Klare wieder, bis er „sich schließlich mit all den Fragen und Schwierigkeiten, auf die ihn gerade die Einsichten hinführen, allein gelassen sieht, und zwar auch dann, wenn sich am Ende alles zu lösen scheint".[25] Und so kann es nicht anders sein. Platon will den Dialogleser nicht an seine Person, sondern an die Sache binden, um derentwillen philosophiert wird. Der Leser findet ohnehin keinen terminologischen Halt. Verlor er den roten Faden, so konnte er nicht schnell wie in einem gebundenen Buch zurückblättern. Die

24 *R. Harder: Die Meisterung der Schrift durch die Griechen.* In: *Kleine Schriften.* Hrsg. von W. Marg. München 1960, 96.
25 *H. Gundert: Der platonische Dialog.* 5.

vorwärts zu lesende Rolle ließ sich nicht so leicht zurückrollen. Es gab keine Interpunktion, keine Anführungszeichen, Überschriften, Absätze, Sperrungen. Erst recht keine Namen- und Sachregister! Die Sitte des lauten Vorlesens macht auch den so oft vorkommenden Topos „Laßt uns von vorn anfangen!" verständlich.

Mit Platons *Menon* machen wir die Probe aufs Exempel. Dazu zwei Vorbemerkungen.

III.

1. Der nach einem Schüler des Sophisten Gorgias titulierte Dialog *Menon* (geschrieben zwischen 395 und 385) zählt zu den ἀρετή-Dialogen. Er bildet den Übergang zur mittleren Gruppe der großen Dialoge wie *Symposion, Phaidon, Politeia.* Wie üblich wird ἀρετή mit „Tugend" übersetzt. Auch im Deutschen ist mit „Tugend" Tauglichkeit gemeint. Selbst der Rheinwein hat nach Goethe eine Tugend: er berauscht nicht so leicht. Auch im Griechischen bedeutet ἀρετή Tauglichkeit, Tüchtigkeit. Seit Homer macht die Brauchbarkeit eines Werkzeugs dessen Tugend aus. Ein scharfes Messer ist nicht ohne Tugend. Ein Schwert, das etwas taugt, ist tugendhaft. Ein fruchtbarer Acker ist es auch; kräftig gebaute und schnelle Pferde ebenso. Auch tüchtige Menschen. Seit Odysseus von Hause fort ist und in der Fremde umherirrt, hat Penelope ihre Tugend verloren. Sie welkt dahin, ihr fehlt der Lebensschwung.

In ἀρετή steckt sowohl das Verb ἀρετᾶν = blühen, gedeihen, voll „da" sein als auch das Verb ἀραρίσκω = gefallen, also maßgeblich und vorbildlich sein. Der Beste heißt ἄριστος. Ferner ist zu beachten, daß mit ἀρετή keine ἕξις, also keine habitualisierte Eigenschaft gemeint ist. Nur mit Anstrengung ist ἀρετή zu gewinnen. Darum heißen errungene Sportsiege ἀρεταί. Der Pfad zur ἀρετή ist steil (Hesiod).

2. Platon versteht ἀρετή vornehmlich als Tüchtigkeit des Bürgers in einer πόλις. Πόλις kommt von πολίζω = eine Stadt gründen.

Bürger einer Stadt sein heißt πολιτεύω. Dessen Tüchtigkeit zeigt sich darin, daß er an der πολιτεία, d.h. an der Gemeinschaft der Bürger teilnehmen kann. Man wird nicht ohne eigenes Zutun Bürger. Man muß Bürger sein können. Bürger ist man immer als Mitbürger. Als solcher muß man sich erweisen. So ist Bürger sein nicht leicht. Man muß sich um „politische" Tugenden bemühen. Politische Tugenden werden auch erstrebenswerte Güter (ἀγαθά) genannt. Davon handeln Platons Tugenddialoge: so *Charmides* von der Besonnenheit, *Laches* von der Tapferkeit, *Lysis* von der Freundschaft, *Hippias Maior* vom Bewundernswerten, d.h. Schönen, *Protagoras* und *Gorgias* von der Beredsamkeit, *Thrasymachos* von der Gerechtigkeit. Wer solche ἀρεταί (Fähigkeiten, Tugenden) erstrebt, erstrebt „Güter". Güter aber sind tauglich für bzw. zu etwas. Kein Gut ist um seiner selbst willen erstrebenswert. Güter sind sie nur um eines selbstzwecklichen, d.h. höchsten Gutes (μέγιστον ἀγαθόν) willen. Und dieses bestimmt Platon als das Gemeinwohl einer πόλις. Um des Gemeinwohles willen dürfen die politischen Tugenden insgesamt Güter genannt werden.

Im *Menon* geht es nun nicht um eine politische Einzeltugend. Es geht um das Gemeinsame, das allen politischen Tugenden wesentlich ist.

IV.

Wie aus der Pistole geschossen, fragt Menon den Sokrates: Auf welche Weise kommt dem Menschen politische Tüchtigkeit zu? Vermittels eines Lehrers (διδάσκαλος), also durch Unterricht (διδαχή)? Oder durch eigene Übung (ἄσκησις)? Oder von selbst (ἀπὸ τοῦ αὐτομάτου) bzw. von Natur aus (φύσει)? Oder sonstwie (ἄλλῳ τινὶ τρόπῳ)? Menon weiß nicht, was er fragt. Solange man nicht weiß, was politische Tüchtigkeit ist, ist über ihre Erwerbbarkeit nichts auszumachen. Sokrates läßt darum die unsachliche, unbeantwortbare Frage nicht durchgehen und wirft eine andere auf. Diese: *Was* ist überhaupt (τὸ παράπαν) politische Tüchtigkeit? Menon hört zwar, aber versteht nicht, wonach gefragt wird. Er sagt nur, was er schon weiß: Man redet ja von vielerlei Tüchtigkeiten. Er zählt einige auf: die Tüchtigkeit des Mannes, der Frau, der Kinder, der Sklaven. Nun hatte Sokrates nicht nach Benennungen (ὀνόματα) von Tüchtigkeiten gefragt, sondern nach einer Begründung dafür, daß so vielerlei doch wieder dasselbe sei. Mit welchem logischen Recht dürfen so verschiedene Arten von Tüchtigkeiten „politische" Tüchtigkeiten genannt werden?

Sokrates fragt erneut nach dem Wesen (εἶδος bzw. οὐσία) der politischen Tugend. Menon versteht wieder nicht. Denn er sagt: Über Menschen herrschen zu können - das ist politische Tüchtigkeit. Natürlich (wie Sokrates nachhilft) in gerechter Weise. Aber damit hat Menon doch nur wieder eine einzelne politische Tugend dahergesagt. Ist doch Gerechtigkeit neben Besonnenheit, Tapferkeit, Beredsamkeit usw. nur eine besondere Tugend. Das ist nicht in Abrede zu stellen. Menon, der alles zu wissen glaubt, stellt sich nicht dumm und zitiert einen Liebhaber weisheitlichen Wissens, nämlich einen Dichterspruch, der von Simonides stammen könnte:[26] Politische Tüchtigkeit besteht in der Macht (δύναμις), sich Güter wie Gesundheit, Gold, Silber, Ehrenämter und alles, was man für erstrebenswert hält, zu verschaffen. Wieder ist diese Rede fragwürdig. Denn keiner wünscht sich Schlechtes und Schädliches (οὐδεὶς βούλεσθαι τὰ κακά). Über die „Fragerei" des Platonischen Sokrates verärgert, will Menon das Gespräch nicht weiterführen, hält Fragen für sinnlos. Könne doch keiner nach dem fragen, was er nicht kennt. Und was man weiß, danach fragt man nicht. Offensichtlich unterscheidet Menon nicht zwischen dem Fragen nach Worten und dem Fragen nach Sachen.

Es ist aber zu unterscheiden zwischen einer in Wörtern geäußerten Frage und dem mit Worten befragten Sachsinn. Sokrates geht es nicht um Rechthaberei. Es ist kein Streitgespräch beschrieben. Pla-

26 *Platon: Menon.* Hrsg. von K. Reich. Griechisch-Deutsch. Hamburg 1972. 99 (Philosophische Bibliothek. Bd 278).

ton setzt Gesprächspartner in Szene und nicht Gegner, die versuchen, sich niederzuwerfen (καταβάλλειν) oder sich durch Verärgerung gegenseitig mundtot zu machen. Hier wird weder eine Debatte noch eine amüsante Konversation beschrieben. Erst recht kein unterhaltsames Frage- und Antwortspiel mit „Ja" und „Nein". Platon holt den Leser ins Philosophieren. Er demonstriert ihm suggestiv die Notwendigkeit eines Gesprächs als Methode. Aber darum muß das Gespräch als Medium eines aktualen Philosophierens doch nicht tierisch ernst bleiben. Urbane Ironie ist mit im Spiel. Sie entkrampft, ist eine Art Luftholen, erleichtert das mündliche Sich-Vergewissern in Form der Unterredung. Λέγειν heißt auflesen, sammeln, διαλέγειν durch- und auslesen, aussondern, worfeln, z.B. beim Dreschen auf der Tenne. Die τέχνη διαλεκτική ist eine Kunst, mittels der Wechselrede an Grenzen des Nicht-mehr-weiter-Wissens zu kommen. Wer in seiner „Grübelbude" (φροντιστήριον) über etwas schreibt, wird der Sache nie ganz sicher, selbst wenn er sich selbst Einwände und diese auch wieder schriftlich macht. Es sind ja wiederum *seine,* von ihm selbst zurechtgedachten Einwände. Und davon abgesehen: Geschriebenes ist stumm wie ein Bild, ist adressiert an einen anonymen Leser. Schon damit setzt sich der Autor der Gefahr aus, mißverstanden zu werden. Die Mündlichkeit des Gesprächs erlaubt, daß der eine den anderen fragen kann: τὶ λέγεις, was sagst du? D.h. was denkst du? Bzw. woran soll ich denken, wenn du das und das sagst? „Das gesprochene und zugleich gehörte Wort gerät" – wie J. Stenzel treffend bemerkt – „in eine Bewegung, die merkwürdigerweise gerade durch diese Bewegung auf ein Ruhendes führt, etwas, das im Hören und Sprechen zwei verschiedene Seelen zusammenbindet. Wenn man dem anderen seinen ‚Logos gibt', ihm Rede steht und seiner Rede steht, da wächst und mehrt sich durch diesen Austausch von irgendwelchem Inneren, dem λόγον δοῦναι καὶ δέξασθαι, jene eigentümliche ‚Feststellung', Setzung, Bindung, ὑπόθεσις".[27] Eine Rückversicherung gegen Ergebnisse, die noch fragwür-

27 *J. Stenzel: Art. „Sokrates".* In: *Pauly-Wissowa: Realencyclopädie der classischen Altertumswissenschaft.* Bd 3. Stuttgart 1926. Sp. 821.

dig sein könnten, gewährt nur das dialogische Weitergehen. Es beflügelt „das Streben nach steter Schärfung und Verbesserung des Erreichten, der stufenweisen Annäherung über die eine ὑπόθεσις zur ‚kräftigeren', schließlich an das ‚Zulängliche', ἱκανόν (Plat. *Phaidon.* 100 a.101 d)".[28]

Zurück zum *Menon.* Als φιλόσοφος hat Menon sich so wenig erwiesen, daß er jede Frage, nicht nur die nach der politischen Tüchtigkeit, für sinnlos hält. Die μαιευτικὴ τέχνη des Platonischen Sokrates war vergeblich. Sein Versuch, aus Menon einen symphilosophierenden Gesprächspartner zu machen, mißlang. Aber Platon enttäuscht seine Dialogleser nicht. Denn nun exemplifiziert Sokrates dem Menon, daß ein dialogisches Fragen sehr wohl erkenntnisfördernd sein kann. Selbst ein in Geometrie unbewanderter Sklave – der des Menon nämlich – kommt mit Hilfe gezielter Fragen „wie von selbst" auf den Satz vom verdoppelten Flächeninhalt eines Quadrates. Menon will nicht hinter der dialektischen Intelligenz eines unfreien Mannes zurückstehen und erklärt sich unter dem Eindruck dieses inszenierten Schein-Gesprächs zu einem vierten Anlauf bereit. Politische Tüchtigkeit? Das ist wissenschaftliches Wissen (ἐπιστήμη). Doch zeigt auch diese Aussage, daß Menon die zur Erörterung anstehende Frage nach dem Wesen bürgerlicher Tüchtigkeit immer noch mißverstanden hat. Machte nämlich wissenschaftliches, d.h. lernbares Wissen einen Menschen zu einem tüchtigen Bürger, hätten vermutlich Themistokles, Aristides, Perikles, Thukydides auch ihren Söhnen ἀρετή beibringen können oder ihnen von Lehrern beibringen lassen.

Und nun wird der Leser überrascht. Platon läßt Sokrates diese hypothetische Endlösung äußern: Politische Tüchtigkeit beruht nicht auf wissenschaftlichem Wissen. Denn dann wären z.B. mathematische Wissenschaftler die tüchtigsten Bürger und zu verantwortlichen Regenten eines Stadtstaates berufen. Die politische Tüchtigkeit beruht aber auch nicht auf dem radikalen Nichtwissen derer, die nur Wissen vortäuschen und voller trügerischer Meinung (ψευδὴς δόξα)

28 A.a.O. Sp. 823.

sind. Wie könnte man diesen politische ἀρετή bescheinigen und ihnen die Kraft zur Verantwortung für das Gemeinwohl zugestehen? Also dürfte das gesuchte Wesen einer politisch vorbildlichen Tugend zwischen beiden Wissensformen zu suchen und zu finden sein. Und das wäre ein aufrichtiges Meinungswissen (ὀρθὴ δόξα bzw. δόξα ἀληθής). Damit endet der schriftlich verfaßte Dialog. Aber entlassen ist der Leser nicht. Es fragt sich doch, wie die Wesensbestimmung der politischen Tüchtigkeit als Kraft zur aufrichtigen Meinung zu begründen wäre. Läßt sich der Begriff der „richtigen Meinung" mit dem der bürgerlichen, d.h. politischen Tüchtigkeit überhaupt verknüpfen?

V.

Ich denke so:

1. Politische ἀρετή ist eine tüchtige, d.h. vorbildliche Handlungsweise (πρᾶξις). Im Beispiel: Das Wohlwollen, das man „Freundschaft" (φιλία) nennt, hält nicht von selbst an. Freundschaft wird getätigt. Sie hält nur so lange, als sie getätigt wird. Eine fromme Gesinnung (εὐσέβεια) „hat" man auch nicht wie seine Augen- oder Haarfarbe. Sie wird getätigt. Tapferkeit (ἀνδρεία) ist Tathandlung. Redekunst (ῥητορική) ist im Reden existent, Großzügigkeit (μεγαλοπρέπεια) in entsprechenden Gesten. Gerechtigkeit (δικαιοσύνη) und Besonnenheit (φρόνησις) existieren in Vollzügen. Diese und andere politische Tugenden sind Güter, weil sie zur Stabilisierung des Gemeinwohls taugen.

2. Als Handlungsvollzüge sind Tüchtigkeiten konkret, d.h. situationsbezogen. In und aus bestimmten, zu meisternden Lagen wird gehandelt.

3. Situationsbezogene Handlungen sind zukunftsbezogen. Was faktisch noch nicht, wohl aber vorstellungsmäßig präsent ist, wird er-handelt.

4. Zum Begriff der Handlung gehört nicht nur das Künftigkeits-, sondern auch ein Vergangenheitsmoment. Ohne das Bewußtsein eines zeitlichen Entzugs von etwas, bliebe eine Handlung ohne Zukunftsbezug. Beide Zeitlichkeitsbezüge sind Bedingungen einer Handlung.

5. Damit verknüpft ist das Moment der Unbestimmtheit. Gehandelt wird im Bereich zeitlich sich kreuzender Erscheinungen. Diese richten sich nicht nach „meinen" Handlungsabsichten. Handlungen sind der Fügung des Zufalls (τύχη) ausgesetzt. Entsprechen sie den gehegten Absichten, sprechen wir - griechisch gedacht - von einem „glücklichen" Zufall (εὐτυχία).

6. Daher ist ein Handlungserfolg nicht unbedingt wiß- und vorhersagbar. Das Handlungsziel ist kein veränderungslos *seiend*-Seiendes, sondern ein *werdend*-Seiendes.

7. Werdend-Seiendes aber bleibt wissenschaftlich-verbindlicher Aussage entzogen. Nur seiend-Seiendes ist wissenschaftlich-begründbarem Wissen offen.

8. So ist politische, sich in Handlungen ausweisende Tüchtigkeit nicht lehr- und lern-, d.h. so wißbar wie z.B. mathematische Sachverhalte, wohl aber wißbar aus einer aufrichtigen, auf das Gemeinwohl bedachten *Meinung* - also einer ὀρθὴ δόξα.

Copula und „sein" in dem sprachkritischen Ansatz von Hans Lipps

Friedrich Hogemann (Bochum)

Hans Lipps (1889–1941) ist aus dem Göttinger Kreis um Edmund Husserl und Adolf Reinach hervorgegangen. Seine philosophischen und wissenschaftlichen Interessen umfaßten ein breites Spektrum. Studien in Biologie und Medizin schloß er mit Promotionen ab.[1] Besonders intensiv befaßte er sich mit den philosophischen Grundlagen der Wissenschaften; dies belegt z. B. der Titel seiner (verloren gegangenen) Habilitationsarbeit: *Untersuchungen zur Philosophie der Mathematik.* Seine Stellungnahmen zu Problemen der formalen Logik sind über sein gesamtes Werk verstreut.[2] Den Anstoß zu Arbeiten über Rechtsphilosophie hat er sicher vor Adolf Reinach empfangen. In seiner Habilitationsvorlesung: *Die Subordination der Organe. Zur Philosophie der Biologie* (1921)[3] weist er nach, daß es gleichermaßen verfehlt sei, den Organismus als Mechanismus, Zweckmäßigkeitssystem oder Ganzheit fassen zu wollen. Lipps' Kritik weist zurück auf eine Naturerfahrung, die der wissenschaftlichen vorausliegt und aus der diese ihren Sinn empfängt; so kann er sich der Naturforschung Goethes öffnen.[4] Zahlreiche seiner Arbeiten sind anthropologischen Themen gewidmet,[5] im Mittelpunkt

1 Der Titel seiner biologischen Dissertation lautet: *Über Strukturveränderungen von Pflanzen in geändertem Medium.* Göttingen 1913; der seiner medizinischen: *Pharmakologische Untersuchungen in der Colchicinreihe II.* In: Archiv für experimentelle Pathologie und Pharmakologie. 85 (1920), 235–255.

2 Ich zitiere Hans Lipps nach: *Werke 1–5.* Frankfurt a. M. 1976 ff. (Im Folgenden unter der entsprechenden arabischen Ziffer zitiert).

3 *Werke.* 5. 127–152.

4 Siehe insbesondere: *Goethes Farbenlehre (1939).* In: *Werke.* 5. 108–124. Vgl. hierzu die vorzügliche Darstellung von *Ludwig Landgrebe: Das Problem der ursprünglichen Erfahrung im Werke von Hans Lipps.* In: Philosophische Rundschau. 4 (1956), 166–182.

5 Vgl. insbesondere die in *Werke.* 3 zusammengefaßten Arbeiten.

seines denkerischen Ansatzes stehen aber seine Arbeiten zur Sprachkritik. Die *Untersuchungen zur Phänomenologie der Erkenntnis* sind seine erste größere philosophische Arbeit; die *Untersuchungen zu einer hermeneutischen Logik*[6] das Hauptwerk seiner Reifezeit.

Wie die übrigen „Göttinger", so hat auch Lipps den Schritt Husserls zur transzendentalen Phänomenologie nicht mitvollzogen. Ja sein Ansatz hat ihn sogar dahin geführt, auch die *Logischen Untersuchungen*[7] radikal in Frage zu stellen. Seine Suche nach eigenen Wegen hat ihn aber nicht zum Folger Heideggers werden lassen. Der erste Teil der *Untersuchungen zur Phänomenologie der Erkenntnis: Das Ding und seine Eigenschaften,*[8] erschien 1927, also im gleichen Jahr wie *Sein und Zeit;* das Werk ist ein Beleg dafür, daß sich Lipps zu dieser Zeit bereits wesentliche Einsichten seines Philosophierens erarbeitet hat. Im Vorwort zum zweiten Teil dieses Werkes: *Aussage und Urteil,* der ein Jahr später erschien,[9] schreibt Lipps, die existenziale Analytik habe es ihm ermöglicht, vieles schärfer zu fassen, als es ihm von seinem ursprünglichen Ansatz aus möglich gewesen wäre,[10] jedoch lehnt er auch jetzt jegliche Ontologie ab: es gebe weder eine universelle Ontologie noch eine Ontologie, die dasjenige theoretisch behandle, was wesentlich jeder Behandlung vorausgehe.[11]

Wenn ich nun versuche, den Ansatz von Lipps in der gebotenen Kürze darzustellen, so empfiehlt sich dazu als erster Schritt, die Schriften heranzuziehen, die in die Mitte seines Denkens führen, sodann, aus ihnen ein Thema auszuwählen, das das Profil dieses Ansatzes in der gebotenen Schärfe hervortreten läßt. Ein solches Thema ist sicherlich die Diskussion, die Lipps mit der traditionellen Logik und der Philosophie Kants um den Sinn der Copula geführt hat.

6 Zuerst erschienen Frankfurt a.M. 1938. In: *Werke.* 2.
7 Zuerst erschienen Halle 1900.
8 In: *Werke.* 1, Teil 1 (3–106). Zitiert: *Werke.* 1,1.
9 In: *Werke.* 1, Teil 2 (1–103; neue Zählung). Zitiert: *Werke.* 1,2.
10 *Werke.* 1,2.5.
11 *Werke.* 1,2.13.

Wollen wir verstehen, welcher Sinn der Copula in diesen Positionen beigemessen wird, so können wir nicht umhin, „das in seiner ursprünglichen und *verschiedenen* Bedeutung wiederherzustellen, was … unter dem Schema der Intentionalität unterschiedslos ineins genommen werden konnte“.[12] Es ist also jeweils die Kritik von Lipps und anschließend seine Neubestimmung des Problemzusammenhangs zu exponieren. Im ersten Teil meiner Abhandlung werde ich ein Thema aus dem Bereich der Aporie des Dinges und seiner Eigenschaften darstellen, im zweiten Lipps' Kritik an Kants Beispiel der 100 Taler, im dritten seine Frage nach dem Sinn des „ist“ in der *Kritik der reinen Vernunft.*

I.

Die Aporien, in die sich der Ansatz des Dinges mit seinen Eigenschaften verstrickt, läßt sich Lipps von Herbart vorgeben: „Das *Was* der Dinge wird uns durch die Sinne nicht bekannt. Denn Erstlich: die sämtlichen, in der Wahrnehmung gegebenen Eigenschaften der Dinge sind *relativ.* Die Umstände mischen sich nicht bloß *ein* in die Wahrnehmung, sondern *bestimmen sie dergestalt,* daß offenbar die Dinge diese Eigenschaften ohne diese zufälligen Umstände gar nicht haben würden. Ein Körper hat Farbe; aber nicht ohne Licht; was ist nun diese Eigenschaft im Dunklen? … Zweitens: Die Mehrheit der Eigenschaften verträgt sich schlechterdings nicht mit der Einheit des Gegenstandes.“[13] Hier ist das Ding also als Subjekt von

12 *Werke.* 1,2.15.

13 *Lehrbuch zur Einleitung in die Philosophie.* In: *Johann Friedrich Herbart: Sämtliche Werke.* Hrsg. von Karl Kehrbach und Otto Flügel. Bd 4. Reprint Aalen 1964. § 97. 149f. Zum Folgenden vgl. durchgängig *Aristoteles: Metaphysik Z;* dazu: *Ernst Tugendhat: TI KATA TINOΣ.* Eine Untersuchung zu Struktur und Ursprung aristotelischer Grundbegriffe. Freiburg/München 1958, bes. 20ff. (Symposion. 2). *Edmund Husserl: Logische Untersuchungen.* Bd 2, Teil 1. Bes. 112ff. Ders.: *Ideen zu einer reinen Phänomenologie und phänomenologischen Philosophie.* In: *Husserliana.* Bd 3. Haag 1950. 10ff.

Prädikaten angesetzt, wobei zum ens praedicabile die Verifizierbarkeit gehört. Ist hierbei die Copula nicht in einem ganz bestimmten Sinne genommen? Es ist gerade die Universalität der Logik, die diesen Sachverhalt verdeckt und so diese Frage gar nicht aufkommen läßt. Es ist Aufgabe der Philosophie, das ans Licht zu heben, was bei diesem Vollzug der Copula immer schon mitgemeint ist.[14] – In *Das Ding und seine Eigenschaften* diskutiert Lipps die von Herbart formulierten Aporien. Hier können wir nur die Diskussion der ersten These berücksichtigen, und auch das nur auszugsweise. Lipps erkennt die „sachliche Stärke" von Herbarts Überlegungen darin, daß es philosophisch nur aufgegeben sein könne, „die gemeine Weltansicht *zu begreifen*".[15] Nur habe Herbart die Antizipationen nicht bemerkt, die seiner Frage erst ihre Bedeutung verschafften und die in der Konzeption einer *Natur* überhaupt lägen.[16]

Schon[17] die Rede von der Farbe, „die ein Körper hat", kann zu Schwierigkeiten führen. Sicherlich „hat" die Fensterscheibe, auf die die Abendsonne scheint, ihr Rubinrot, aber doch so, daß ihr dieser „Schein" vorgelagert ist und nicht als zu ihr gehörig genommen wird. Ein Scheinhaftes ist auch der Regenbogen.[18] „Hinter" ihm existiert nichts. Aber dennoch „existiert" er. Was existiert eigentlich bei ihm? Oder bei einem blauen Tintenklecks? Die Frage kehrt wieder, wenn wir uns „substantiierenden" Washeiten zuwenden wie etwa Eisen. Nehmen wir zwei Schrauben, die aus Eisen sind. Wenn sie rosten, ist es dann nicht ihr Stoff, der oxydiert? Die Versuchung, den Stoff als dasjenige wegzuargumentieren, an dem sich dieser Prozeß vollzieht, ist groß, lockt sie doch auf eine seit langem gebahnte Heerstraße: *Das* Eisen könne überhaupt nicht rosten; von ihm könne nur im Modus des „überhaupt" etwas prädiziert werden. Indem man von dem Stück Eisen eine Veränderung aussage, habe man es als ein

14 *Werke.* 1,1.5.
15 *Werke.* 1,1.69.
16 *Werke.* 1,1.72.
17 Zum Folgenden siehe *Werke.* 1,1.8 ff.
18 Auch Husserl hat versucht, dieses Phänomen zu deuten. Vgl. *Ideen II.* In: *Husserliana.* Bd 4. Haag 1952. 36 f. Siehe auch *Landgrebe:* a. a. O., 173 f.

τόδε τι genommen, als Gegenstand, der in der Subjekt-Prädikat-Relation ausgelegt werde. Die Einführung eines Begriffs, der ursprünglich aus der *Metaphysik* des Aristoteles stammt, erfolgt hier nicht zufällig; im siebten Buch der *Metaphysik* arbeitet Aristoteles ja die zweifache Bedeutung von οὐσία heraus: „oberste Substanz" ist für ihn nunmehr die Präsenz in ihrem Vorliegen. Freilich geht die Präsenz in ihrem Vorliegen nicht auf, d.h. auch in ihrem Vorliegen bleibt sie ἄτομον εἶδος. Dennoch kann sich die Gleichsetzung von τόδε τι und Gegenstand nicht auf Aristoteles berufen; Lipps selbst weist darauf hin, daß die Entstellung des aristotelischen Einsatzes in der Übersetzung von ὑποκείμενον und κατηγορούμενον mit subiectum und praedicatum begonnen habe.[19] Lipps' Kritik zielt also sicher auf Husserl, der in den „Ideen" den Aristotelischen Ausdruck τόδε τι verwendet.

Gegen das Hinüberspielen des hier zur Diskussion stehenden Sachverhalts in die traditionelle Logik wendet Lipps ein, man könne im gegebenen Falle schlechterdings nicht von einem Urteil sprechen; es läge lediglich eine dingliche Veränderung vor, nämlich die Oxydation des Eisens. Freilich sei hierbei das Eisen vorgängig spezifisch bestimmt worden; diese Bestimmung gäbe sein Was, seinen *Stoff* an. Die spezifische Bestimmung führe mich nicht in die Verlegenheit, zunächst eine Bestimmung zu treffen, die von der Stofflichkeit des zu Bestimmenden absähe, und diese dann bei Gelegenheit eines individuell Vorliegenden als faktisch bestehende zu setzen. Man bemühe hierbei das principium individuationis; bei dem Eisen in meiner Hand handele es sich aber gar nicht um eine Vereinzelung: Der Tatsache, daß das Eisen in meiner Hand zerbricht, fehle ein Subjekt. Damit verhielte es sich anders, wenn ich dem Eisen Gegenständlichkeit supponierte und dann von ihm prädizierte, was ihm zukäme. Mein alltäglicher Umgang mit dem Eisen sei wesentlich unterschieden von seiner Behandlung durch die Wissenschaften; diese erforschten die Eigenschaften *des* Eisens.

19 *Werke.* 2.121.

Das Was des Eisens ist sein Stoff. Nach Lipps ist die Frage nach dem Was einer Sache also nicht dann beantwortet, wenn auf ihre species, sondern nur dann, wenn auf ihre Materie verwiesen wird, – eine Antwort, die für die gesamte metaphysische Tradition unannehmbar gewesen ist. Diese Neubestimmung der Antwort auf die Was-Frage hat aber zur Folge, daß sich das Verhältnis der Sache zu dem sie erfassende Wort von Grund auf ändert. Es wäre irreführend, in diesem Zusammenhang einen „Begriff" anzunehmen, der Wort und Sache erst vermittelte. Das Wort vermag von sich aus die Natur dessen, was Eisen *ist,* zu kennzeichnen. Damit hörte die Philosophie aber auch auf, Wesensforschung zu sein. Ihr Sagen würde sich ebenfalls radikal wandeln. Damit hat Lipps die Legitimität des Verfahrens, einen Fall unter einen Begriff zu subsumieren, der als der maßgebliche dieses Falles erkannt worden ist, nicht bestritten. Nur ist dies nicht die Art und Weise, wie wir im Alltag mit den Dingen umgehen.

Es ist das Eisen, das oxydiert. Es wäre verfehlt, bei der Verwandlung eines Stoffes etwas suchen zu wollen, das als Identisches verharrt. Gewiß „bleibt" etwas, wenn z.B. eine Kerze schmilzt, nämlich das Wachs. Das eine hat sich in das andere *verwandelt.* Verwandlung ist zu unterscheiden von der Metamorphose, bei der nur die Gestalt wechselt. Verwandlung und Metamorphose werden nicht einfach als „Tatsachen" vorgefunden, die ich gleichsam nur aus der Natur abzulesen brauche; beide sind als „Konzeptionen" zu begreifen.[20]

II.

„Sein ist offenbar kein reales Prädikat", hatte Kant gelehrt. 100 wirkliche Taler enthielten dem Begriffe nach nicht mehr als 100 mögliche, eben nur vorgestellte. Dagegen gehörten 100 wirkliche Taler zu

20 *Werke.* 1,2.55 Anm. und 89.

meinem Vermögen, und es machte sehr viel aus, ob sie mein Vermögen vermehrten oder nicht.[21]

Lipps hat das 100-Taler-Beispiel mehrmals diskutiert, und zwar in den §§ 8–10 von: *Das Ding und seine Eigenschaften,* dann eingehender im § 5 von: *Aussage und Urteil* sowie zusammenfassend im § 9 der *Untersuchungen zu einer hermeneutischen Logik.* Meiner Darstellung lege ich vor allem die beiden ersten Texte zugrunde. – Eine Darstellung von Lipps' Kant-Interpretation bedarf der kritischen Vorsicht. In den beiden ersten Arbeiten unterstellt er Kant Theoreme, die in Wirklichkeit Salomon Maimon vertreten hat. Lipps' Rekurs auf Maimon ist nicht zufällig, erwachte doch zu seiner Studienzeit das Interesse an der Philosophie Maimons erneut. Maimon betrachtete sich als Schüler, aber zugleich auch als kritischer Fortsetzer Kants; er griff hinter Kant auf Hume, aber auch auf Leibniz, Wolff und Baumgarten zurück, gegen dessen Ontologie er seine eigene abhob. So gehört die Lehre von der ursprünglichen Synthesis, auf die sich Lipps als eine Lehre Kants bezieht, allein Maimon an.[22] Lipps' Kant-Deutung in seiner Habilitationsvorlesung geht auf den Neukantianismus, vielleicht aber schon ebenfalls auf Maimon zurück.[23] Kritische Bemerkungen, die er gegen Kant richtet, scheinen sich gelegentlich eher auf Husserl zu beziehen.[24] In den *Untersuchungen zu einer hermeneutischen Logik* hat Lipps die Kant-Deutung seiner früheren Arbeiten aufgegeben; er folgt jetzt der Kant-Interpretation, die Heidegger in seinem ersten *Kant*-Buch vorgelegt hat.[25] Zu beachten ist ferner, daß Lipps auf Kants *Einzig möglichen Beweisgrund* als die Schrift verweist, die er diskutieren möchte; in dieser habe Kant seine Lehre von der Existenz vorzüglich dargestellt. Die Beweisgrund-Schrift wählt aber als Beispiel bei der Darlegung des Exi-

21 *Kant: Kritik der reinen Vernunft (KrV).* A 598f, B 626f.

22 *Werke.* 1,1.36f. und 44 sowie: *Salomon Maimon: Versuch über die Transzendentalphilosophie.* Mit einem Anhang über die symbolische Erkenntnis und Anmerkungen. Berlin 1790. Fotomechanischer Nachdruck Darmstadt 1963. 84, 30 und 349, 377f.

23 Siehe *Werke.* 5.151 sowie die eben zitierte Schrift von Maimon: 186.

24 Vgl. z.B. *Werke.* 1,1.46.

25 Siehe *Werke.* 2.64.

stenzproblems nicht die 100 Taler, sondern ein historisches Individuum: C. J. Caesar; dieses Beispiel stammt aus der Leibniz-Tradition.[26] Lipps bezieht sich in Wirklichkeit durchweg auf die Widerlegung des ontologischen Gottesbeweises in der *Kritik der reinen Vernunft.* Gelegentlich trifft die Argumentation von Lipps die Position Kants überhaupt nicht. So weist er im § 10 von *Das Ding ...* zu Recht darauf hin, daß die Behandlung des Existenzproblems im Rahmen des Existentialurteils es immerhin gestatte, Existenz und Nichtexistenz als Alternative wenigstens noch zu formulieren; dennoch gebe diese Behandlung letztlich ihr Problem aus der Hand. Die Kontradiktion von „es regnet" könne „nur auf dem Umweg über den Sinn der Behauptung, d.i. im Hinblick auf die Umstände," als widersprechende Aussage fixiert werden. Der kontradiktorische Partner sei hier also nicht in der Lage, wie im kontradiktorischen Urteil „frei hinzutreten", wenn auch unter der Beibehaltung des Orientiertseins an seinem Widerpart. Aber wollen nicht die synthetischen Urteile a posteriori Kants diesem Sachverhalt ebenfalls Rechnung tragen? Hätte Lipps Kant gerecht werden wollen, so hätte er deren Möglichkeiten und Grenzen ausloten müssen. So gilt es, vieles aus Lipps' Kant-Deutung beiseite zu lassen. Dennoch bleibt genug, was eine Erörterung lohnt.

Lipps stimmt der These Kants zu, kritisiert aber, daß er es bei dieser habe bewenden lassen.[27] Auch sei das Beispiel der 100 Taler unglücklich: Es seien ja nicht die „wirklichen", d.h. materiellen Taler, aus denen mein Vermögen bestehe. Statt ihrer könnte ich auch einen Papierschein besitzen als Anweisung auf 100 Taler.[28] Dennoch bleibe es dabei, daß 100 Taler in meinem Vermögen vorhanden sein oder fehlen könnten. Lipps fragt, ob es Sinn habe, die 100

26 Vgl. *Heinz Heimsoeth: Transzendentale Dialektik.* Dritter Teil. Berlin 1969. 474ff.

27 Hierzu und zum Folgenden vgl. *Werke.* 1,1.34ff.

28 Münzen wie Papierschein sind Träger der allgemeinen Aquivalentform als einer Form des Wertes überhaupt. Jede Ware kann Träger dieser Form sein. Siehe *Karl Marx: Das Kapital.* Kritik der politischen Ökonomie. Bd 1. Buch 1: Der Produktionsprozeß des Kapitals. In: *Karl Marx. Friedrich Engels: Werke.* Bd 23. Berlin 1962. 83f.

Taler darüber hinaus als etwas zu bestimmen, das existieren und nicht existieren könne. Was könnte damit gemeint sein? *Diese* 100 Taler sicherlich nicht, denn das im *dies* mitgemeinte hic et nunc sei ja gerade dasjenige, das eine Sache in den Zusammenhang der existierenden Dinge einstelle.[29] Das Beispiel gehe von einem begrifflichen Was aus, das, man wisse nicht wie, in die Existenz gerate und das davor und danach denselben Sinn haben solle. – Was Lipps bei näherer Prüfung des Beispiels entdeckt, ist also die Begriff-Gegenstand-Relation. Aus ihr wird erklärlich, daß man das Problem immer wieder in die Urteilslehre hineingeschoben hat. Damit gilt für die Existenz wie für den Gegenstand, daß sie „theoretisch-different" ist, d.h. daß sie sich als behauptet oder geleugnet darstellt. Aber kann diese Behandlung dem Phänomen der Existenz gerecht werden? Oder verdeckt sie mehr, als sie aufhellt? Fragen wir, was ein *wirklicher Taler* ist.[30]

Die Münze, die vor mir auf dem Tisch liegt, ist von Silber; sie wurde in einer Münzanstalt geprägt und von der Institution, die damit beauftragt ist, in Umlauf gesetzt. Sie kann nicht für sich selbst aufkommen, d.h. sie ist das, was sie ist, nur in einem Geflecht wirtschaftlichen Geschehens. Sie ist bereits abgegriffen, und zwar so sehr, daß sie kaum noch von einem runden Silberstück zu unterscheiden ist. Dennoch ist sie ein Taler. Man beachte, wie wenig hier die Gleichheit des Gegenstandes mit seinen Bestimmungen besagt. 100 Taler fehlen oder sind vorhanden. Von einem „Subsistierenden", dem Merkmale zu- oder abgesprochen werden, ist hier überhaupt nicht die Rede. Auch Kant konnte ja nur zwischen dem Vorhandensein und dem Fehlen von 100 Talern in meinem Vermögen einen Unterschied entdecken.

29 Hier sei an die Kritik erinnert, die Hegel an Kants 100-Taler-Beispiel geübt hat; diese Kritik hat freilich eine ganz andere Stoßrichtung als die von Lipps. Siehe *G. W. F. Hegel: Wissenschaft der Logik.* Die Lehre vom Sein (1832). In: *Gesammelte Werke.* Bd 21. Hamburg 1985. 73 ff. Auf die Kritik Hegels weist Lipps kurz hin in 1,1,54.

30 Zum Folgenden vgl. *Werke.* 1,2.49 ff.

Es ist zu wenig beachtet worden, daß „existieren“ bzw. „nichtexistieren“ sowie die zu ihrem semantischen Feld gehörenden Verben ja nach dem Zusammenhang, in dem sie stehen, eine Vielfalt von Bedeutungen annehmen können. In beiden Fällen, ob als vorhanden oder als fehlend, bestimmen die 100 Taler mein Vermögen. Ich suche auf meinem Spaziergang *diese* Bank; die Stelle, an der sie stand, ist leer. Sie fehlt auf andere Weise als die 100 Taler; ihr Fehlen ist ein defizienter Modus von Vorhandenheit. Eine Tierart kommt auf der großen Bühne der Natur (selten, häufig) vor. Ein bestimmtes Tier wird nicht auf seine Vorhandenheit, sondern auf seine „Art“ hin gesucht usw.

Mannigfache Bedeutungen können auch „wirklich“ und „Wirklichkeit“ annehmen. Kant setzt in seinem Beispiel die Wirklichkeit der Möglichkeit entgegen. In der Umgangssprache stellen wir oft der Wirklichkeit den „bloßen Schein“ gegenüber. Als „wirklich“ betrachten wir vorzüglich das, was man „sehen“ kann. „Wirklichkeit“ ist nichts objektiv Vorfindliches, sondern eine Weise des Umgehens mit … Dies verdeutlicht sich bei einer weiteren Bedeutung von „Wirklichkeit“: Der „wirkliche“ Taler ist „in Wahrheit“ ein Taler. „Wirklichkeit“ umgrenzt hier den Wahrheitshorizont, innerhalb dessen wir leben. Diese Bedeutung von Wirklichkeit wäre mißverstanden, wollte man annehmen, sie grenze eine bestimmte Sphäre innerhalb des Seienden im Ganzen aus, etwa die „Außenwelt“. Die Unterscheidung von Immanenz und Transzendenz ist eine „Konzeption“, die von der okzidentalen Kultur zu einer bestimmten Epoche gefunden worden ist; das Weltverständnis anderer Kulturen wird von ganz anderen „Konzeptionen“ geleitet.[31] „Wirklichsein“ heißt nicht: „Tatsächlichsein“. „Etwas ist *tatsächlich* dieses oder solches“ signalisiert, daß jeder Irrtum ausgeschlossen sein soll. Tatsächliches ist überprüfbar. Ergibt sich bei der Prüfung die Unhaltbarkeit einer Tatsachenbehauptung, so kehrt sich als ihr Gegenstück das reine Nichts hervor. Die möglichen Taler im Beispiel Kants sind genau gesehen

31 Siehe hierzu *Hans Lipps: Die Erlebnisse der „Primitiven“* sowie *Die Wirklichkeit bei den Naturvölkern.* In: *Werke.* 5.25–37 bzw. 82–88.

nicht an der Wirklichkeit, sondern an der Tatsächlichkeit orientiert.

III.

Der kritische Teil der Untersuchungen von Lipps hat zum Ergebnis, daß die Eigenschaften eines Dinges zu Merkmalen des Gegenstandes nivelliert werden, sobald wir dem Ding und seinen Eigenschaften die Subjekt-Prädikat-Struktur supponieren. Wollen wir wiederfinden, was die Prädikate ursprünglich sind, gilt es die Bewandtnis wiederzuentdecken, die es ursprünglich mit ihnen hat.

Die Kritik, die Lipps an der traditionellen Logik übt, impliziert bereits eine Kritik an der Transzendentalphilosophie, wie sie in *Kants Kritik der reinen Vernunft* vorliegt. Denn dieselbe Funktion, die den verschiedenen Vorstellungen in einem Urteil Einheit gibt, verleiht sie auch den Vorstellungen in der Anschauung.[32] Mit Begriff und Anschauung sind die beiden Elemente genannt, deren Synthesis die Erkenntnis eines Gegenstandes ergibt. Lipps fragt, was mit dieser Synthesis eigentlich erreicht sei. Sicherlich nicht die Erkenntnis der Wirklichkeit im Sinne von Wahrheit; Dasein habe Kant in eine Urteilsmodalität verschoben.[33] Von vornherein sei hier alles an Tatsächlichkeit orientiert, die Wahrheit dem Kriterium der Prüfbarkeit unterworfen.[34] Von dem Begriff der Wahrheit im Sinne von Wirklichkeit unterscheidet Lipps den der Richtigkeit: Die Auflösung z. B. einer mathematischen Gleichung ist nicht wahr, sondern richtig. Aber auch dem Kriterium der Richtigkeit entzieht sich die kantische Synthesis. Maimon hat gegen Kant eingewandt, er habe wohl die Frage quid iuris?, nicht aber die Frage quid facti? beantwortet. In der Frage quid facti? geht es darum, „ob wir diese Begriffe und Sätze a priori von empyrischen (sic!) Objecten wirklich gebrauchen,

32 *KrV.* A 79, B 104 f.
33 *Werke.* 1,2.51.
34 *Werke.* 1,1.42 f.

oder nicht?"[35] Mit dieser Frage hat Maimon der weit später einsetzenden Lebensweltforschung grundsätzlich bereits den Weg gewiesen. Lipps entgegnet auf die Frage Maimons, unter den Voraussetzungen der Transzendentalphilosphie sei sie überhaupt nicht zu beantworten.[36] Und wie kommt die Wahrnehmung bei der Gegenstandskonstitution zu ihrer Schlüsselrolle? Weil sie sinnlicher Natur sei, nehme man sie als einen direkten Zugang zu den Dingen. Dies sei eine Lehre, die man allenfalls nach ihren historischen Ursprüngen befragen, die man aber nicht eigentlich diskutieren könne.[37] Oberste Bedingung für die Zusammenfassung des Mannigfaltigen sei nach Kant die transzendentale Apperzeption. Aber verhilft nicht auch andererseits erst die Mannigfaltigkeit zu einem Bewußtsein der Identität des „Ich denke"? Kant müsse zu allgemeingültigen Gesetzen seine Zuflucht nehmen, um überhaupt über das Empirische hinauskommen zu können. Aber bleibt nicht das Apriorische mit Zufälligkeit behaftet, wenn man es dem Aposteriorischen entgegensetzt?[38] Allgemeingültigkeit ist sicher von den Ergebnissen bestimmter Wissenschaften zu fordern, aber wieso auch von der Philosophie?[39]

Mit zwei Feststellungen berührt Lipps nunmehr die „Konzeption", die der Transzendentalphilosophie ihre Direktion gibt: Für diese „Konzeption" sei einmal wesentlich, daß die zeitliche Neutralität der Copula in ihrem Mittelpunkt stehe; nur unter dieser Bedingung sei die Konstitution von Objekten möglich. Hierzu trete aber als gleichwesentlich ein zweites: die so gefaßte Copula habe Kant an die ursprünglich-synthetische Einheit der Apperzeption geknüpft. Diese Konzeption weise historisch auf Leibniz zurück.[40]

35 *Salomon Maimon: Versuch einer neuen Logik oder Theorie des Denkens.* Nebst angehängten Briefen des Philaletes an Aenesidemus. Berlin 1794. Neudruck Berlin 1912. 381 f.

36 *Werke.* 1,1.36.

37 Vgl. *Werke.* 1,1.60 f. Fußnote 2.

38 *Werke.* 1,1.45.

39 Vgl. *Werke.* 1,2.14, Fußnote 1.

40 *Werke.* 1,1.46. Vgl. *KrV.* B 141 f.

Gilt es nicht, dieses Konzept einer zeitlosen Copula zu hinterfragen? Überhaupt: Rühren die Schwierigkeiten, in die sich die Transzendentalphilosophie verstrickt hat, nicht daher, daß sie den Boden unter den Füßen verloren hat, auf dem die Frage, was *ist,* allein sinnvoll gestellt werden kann? Mit diesem Boden ist nichts anders gemeint als *unser Umgang mit der Natur.* – Was uns begegnet, finden wir nicht einfach vor. Damit gesteht Lipps der Transzendentalphilosophie einen Kern des Rechts zu. Jedoch darf das, was uns begegnet, nicht von vornherein als ein Konstitutiertes aufgefaßt werden. Es ist primär nicht konstituiert, sondern *genommen* in einer Vorwegnahme, die mein Suchen und Fragen leitet und zu der die Möglichkeit des Irrtums wesentlich gehört. Diese Antizipationen der Einstellung sind es, die als das ursprüngliche a priori betrachtet werden müssen. Dieses a priori läßt sich nicht mehr in einer transzendentalen Reflexion enthüllen. Die Weise der Reflexion, die ihm zu entsprechen vermag, ist ein „Nachtrag" im Verhältnis zu dem, was immer schon *da* ist und dessen Implikationen sie ans Licht hebt, – mit anderen Worten: Sie ist hermeneutische Logik.

Dem so verstandenen a priori steht nicht mehr ein a posteriori als ein factum brutum gegenüber. Kants Lehre vom Schema, dem Verfahren der Einbildungskraft, einem Begriff sein Bild zu verschaffen,[41] enthält wiederum einen Kern des Rechts. Allerdings sind die Begriffe des alltäglichen Lebens keine „Bestimmungen". Sie sind Vorblicke, unter denen ich das Gesehene nehme. Diese Vorblicke können wechseln. So kann ich etwas als ein welkes Blatt oder einen Schmetterlingsflügel nehmen. Im zweiten Fall entdecke ich im wirren Linienspiel des Gesehenen eine Zeichnung. Sie sind keine Bestimmung durch den Hinblick auf Allgemeines: Das Mienenspiel eines Menschen verstehe ich nur dann richtig, wenn ich die Wandlungsmöglichkeiten seines Gesichtes kenne. Sie gruppieren sich um eine „Mitte, die unnennbar bleibt".[42] Ein solches Umgehen mit den Dingen kann nicht mehr als die intentionale Leistung eines Absolu-

41 *KrV.* A 140, B 179f. Vgl. hierzu und zum Folgenden *Werke.* 2.58.
42 *Werke.* 2.63.

ten als des Residuums transzendentaler Reduktion interpretiert werden. Schon Josef König, auf den Lipps sich bezieht, hatte gegen Husserl eingewandt, das „transzendentale Ursein", das „absolut und notwendig" sein solle, bleibe auf die existierende Welt als deren Bedingung der Möglichkeit bezogen.[43] Nur einem Wesen, das sich „hinter einer der Welt immanenten Grenze"[44] halte, sei es möglich, die Dinge anzusprechen und zu behandeln. Im Sichentschließen vermag es eine Situation zu übernehmen und ihr eine Wendung zu geben. Damit sei angedeutet, daß Lipps wie auch der Heidegger der frühen zwanziger Jahre daran gearbeitet hat, ein theoretisches Philosophieren im Sinne des „unbeteiligten Zuschauers" zu überwinden. Lipps erinnert an den Hinweis Schelers, der Status des Wissens sei in die Wirklichkeit verflochten.[45] So entscheidet sich erst von dem konkreten Faktum her, in das man jeweils hineingestellt ist, was Aufgabe der Erkenntnis ist; allgemein von Erkenntnis zu sprechen, geht demnach an der Sache vorbei.[46]

Das Ich ist in diesem Zusammenhang nicht mehr das „Ich denke", das mit dem „Verhältniswörtchen ist" zusammengeschlossen worden ist. Es ist nunmehr dasjenige, das sich in seinen Antizipationen voraus ist und darin auf sich zurückkommt. „Die Wirklichkeit ist in einem sehr handgreiflichen Sinn angelegt auf das in dem sum formulierten esse."[47] Erst in *Aussage und Urteil* und noch eingehender in den *Untersuchungen zu einer hermeneutischen Logik* entfaltet Lipps den Gedanken, daß sich die Rede, in der sich das Ich artikuliert, an einen Hörenden, ein Du, richtet. Das Besondere der *bin*- und *bist*-Sätze bestehe darin, ein bestimmtes Verhältnis in der Rede zu bedeuten: Im Ich käme ich auf mich selbst zu, im Du sei derjenige getroffen, der auf Erwiderung angesprochen sei.[48] Indem

43 *Josef König: Der Begriff der Intuition.* Halle 1926. Siehe *Werke.* 1,1.49.
44 *Werke.* 1,1.48.
45 *Mas Scheler: Die Formen des Wissens und die Bildung.* Bonn 1925. 30. Wiederabgedruckt in: *Gesammelte Werke.* Bd 9. Bern und München 1976. 111 ff. Siehe *Werke.* 1,1.49.
46 *Werke.* 1,1.51 f.
47 *Werke.* 1,1.48.
48 *Werke.* 2.29.

Lipps die Frage nach dem, was die Tradition Copula genannt hat, auf den Boden der Rede als desjenigen stellt, in dem der Mensch seinen Umgang mit der Welt artikuliert, erweist sich diese traditionelle Auslegung von „sein“ als eine Verengung und gewinnt „sein“ seinen Verbcharakter zurück, zu dem Zeitlichkeit, Modalität und Bestimmtheit durch eine Person gehören.

II.

Ästhetik und Politik im Deutschen Idealismus

Kunst und Bildung in Wilhelm von Humboldts „Ästhetischen Versuchen“

Clemens Menze (Köln)

Zu den bedeutsamen Texten der klassischen deutschen Ästhetik gehören Wilhelm von Humboldts *Ästhetische Versuche*. Verglichen mit den Bemühungen um Schillers ästhetische Abhandlungen, haben sie bislang nur eine geringe Beachtung gefunden. Bis auf den heutigen Tag liegt keine auch nur in etwa detaillierte und über zusammenraffende Inhaltsangaben hinausgehende Ausdeutung des ganzen Werkes vor. Hingegen mangelt es nicht an kritischen Erwähnungen, die, sowohl auf das ganze Werk als auch auf Teile bezogen, gemeinhin den ausgetretenen Pfaden der schon früh einsetzenden Kritik folgen.[1] Zu einer umfassenden Interpretation fehlt es

1 Zur Vorgeschichte und ersten Rezeption der *Ästhetischen Versuche* s. Leitzmanns Anmerkungen in der Akademie-Ausgabe. II. 402–405. Humboldt hatte am 19. April 1798 das Manuskript des Werkes an Schiller übersandt und in einem beigefügten Brief in seinen Grundintentionen vorgestellt, nämlich „1. das eigentliche Wesen der *Kunst* ins Licht zu stellen, 2. von Goethes Eigentümlichkeit Rechenschaft zu geben, 3. die Natur der epischen Dichtung zu ergründen und zu zeigen, daß sie und die lyrische eigentlich die einzigen großen Hauptklassen sind, unter die sich alle übrigen bringen lassen“ (*Der Briefwechsel zwischen Friedrich Schiller und Wilhelm von Humboldt.* Hrsg. von Siegfried Seidel. 2 Bde. Berlin 1962. Bd 2. 150). Schiller und Goethe stimmen dem Werk grundsätzlich, wenn auch nicht ohne essentielle Vorbehalte zu. In seinem Brief an Humboldt vom 16. Juli 1798 verweist Goethe auf Schiller, der darlegen werde, „wie der Theoretiker Ihre Deduktion aufnehmen möchte, wozu mir von dem Himmel das Organ versagt ist“. (*Hamburger Ausgabe.* Goethes Briefe. Bd 2. Hamburg 1964. 356) Schiller konzentriert seine Kritik in seinem Brief an Humboldt vom 27. Juni 1798 auf die Nutzlosigkeit der Humboldtschen Theorie für den ausübenden Künstler, auf ihre Unzulänglichkeit für den Kritiker, der Kunstwerke „beurteilen“ muß, auf die von Humboldt zu groß angesetzte Unterscheidung zwischen epischer und dramatischer Dichtung und wiederholt wieder einmal seine Bedenken gegenüber Humboldts zu langatmigem und diffusem Stil (vgl. *Briefwechsel* 2. 159ff). Humboldt würdigt Schillers Einwendungen ausführlich in seinem Brief an Schiller vom 12. Juli 1798 (vgl. *Briefwechsel.*

noch an vielen Voraussetzungen. Für einen solchen Versuch sind Studien erforderlich, die die Zusammenhänge mit der französischen Ästhetik und Philosophie klären, die Bezüge zur deutschen Ästhetik von Winckelmann bis Karl Philipp Moritz untersuchen, die Anlehnungen an und Differenzen zu Kants *Kritik der Urteils-*

2. 165 ff) und sieht die Funktion der Ästhetik darin, denjenigen zu dienen, „welche die Werke der Kunst genießen und denen sie nicht wie jenem Genie und Begeisterung entbehrlich machen; sie kann z. B. der Poesie nicht glücklichere Dichter, aber geweihtere Zuhörer schaffen" (a. a.O. 167). Gleichwohl rufen Schillers Einwendungen in Humboldt „eine gewisse Furcht über den Erfolg dieser Schrift" (a. a. O. 173; Brief an Schiller vom 5. September 1798) hervor und veranlassen ihn, die Auflage auf 500 Exemplare zu beschränken. Es wird ihm sogar zweifelhaft, ob sein Werk im Publikum „überhaupt eine Aufnahme erfährt" (a. a. O. 185; Brief an Schiller vom 26. April 1799). Diese Zweifel sind nicht unbegründet. Eine nachhaltige Resonanz, eine produktive Weiterführung, gar die von Humboldt geplante Fortsetzung findet das Werk nicht. Wo es zur Kenntnis genommen wird, stößt es auf Kritik, gar auf Ablehnung. Vgl. die Belege bei *Leitzmann,* II. 405, insbesondere die Bemerkung A. W. Schlegels in dem Athenäum. 2. Band. 2. Stück (1799), 333. Gegen den allgemeinen Trend, dem auch Voß folgt (vgl. seinen Brief an F. A. Wolf vom 9. April 1799, in: *Briefe von Joh. Heinrich Voß.* Hrsg. von Abraham Voß. Bd 2. Halberstadt 1830. 245), wendet sich anscheinend lediglich Wieland, der nur bedauert, daß Humboldt seine ästhetische Theorie mit der Beurteilung des Goetheschen Epos verflochten habe (s. *Litterarische Zustände und Zeitgenossen.* Aus K. A. Böttiger's Nachlasse, vom Sohne. Bd 1. Leipzig 1838. 248). Dieser Befund spiegelt sich in der Rezeptionsgeschichte deutlich wider. Zu Humboldts Lebzeiten erscheint keine weitere Auflage, und es gibt, von den Reaktionen unmittelbar nach dem Erscheinen des Werkes abgesehen, anscheinend kein nachhaltiges Echo mehr. Der erste Nachdruck geschieht 1843 in den *Gesammelten Werken.* Bd 4. 1–269, dem 1861 die mit einem Vorwort von Hermann Hettner herausgegebene dritte (!) und 1882 die vierte Auflage folgen. Im zwanzigsten Jahrhundert wurde das Werk 1904 in dem von Leitzmann herausgegebenen Bd 2 der *Gesammelten Schriften* (Akademie-Ausgabe) und 1961 in Bd 2 der von A. Flitner und K. Giel herausgegebenen *Werke in fünf Bänden* veröffentlicht. In den Interpretationen überwiegt die Kritik. Das Buch sei, meint Haym 1856 (vgl. *R. Haym: Wilhelm von Humboldt.* Berlin 1856. 170), „bis auf den heutigen Tag eine Studie für den Literaturhistoriker geblieben". Eine Wirkung habe es nicht zu entfalten vermocht. Obwohl dieser Auffassung von K. Groth widersprochen wird (vgl. K. Groths Brief an R. Haym vom 14. Juni 1856, in: *Ausgewählter Briefwechsel Rudolfs Hayms.* Hrsg. von H. Rosenberg. Berlin 1930. 137 f), dürfte Haym doch recht haben. Vielfach wird in der nachfolgenden Bewertung der *Ästhetischen Versuche* auf die Beurteilungen Schillers, Körners, A. W. Schlegels

kraft, Fichtes frühen philosophischen Schriften, Schillers ästhetischen Arbeiten thematisieren, den metaphysischen und anthropologischen Hintergrund dieser Erwägungen ausleuchten, vor allem aber sich der entscheidenden Elemente dieser Ästhetik vergewissern und in ihrer Bedeutung abschätzen, um den diese ästhetischen Versuche organisierenden, den Zusammenhang von Kunst und Bildung bestimmenden Grundgedanken herausheben zu können. Die-

zurückgegriffen. Hettners gelinder Mißbilligung in dem Vorwort zu seiner Ausgabe folgt eine auch gegen Hettner gerichtete durch Unverständnis und Parteilichkeit geprägte entschiedene Zurückweisung der *Ästhetischen Versuche* von *Albert Hamann: Ueber Wilhelm von Humboldts ästhetische Versuche.* Ein Beitrag zur Kritik unserer Poetik. In: Zeitschrift für das Gymnasialwesen. 17 (1863), 161–198, die zwar in ihrer polemischen Schärfe keine Nachahmer findet, wohl aber Grundmängel markiert, die immer aufs neue hervorgehoben werden. Eine detaillierte Rezeptionsgeschichte der *Ästhetischen Versuche* liegt bislang nicht vor. Sie hätte sich auf die Humboldt-Biographien, Darstellungen der klassischen Ästhetik, der Poetik, auf nicht selten an versteckter Stelle veröffentlichte Briefe, nicht zuletzt auf die nicht zahlreichen Einzelabhandlungen zu stützen. So weit ich diese Rückgriffe übersehe, zeigen sie in der Regel eine kritische Distanz zu Humboldt. Zwar urteilt O. Harnack (*Wilhelm von Humboldt.* Berlin 1913. 63), „daß die ‚Ästhetischen Versuche' ziemlich im Verborgenen blieben. Es muß dies allezeit beklagt werden". Aber noch nach Friedrich Schaffstein (*Wilhelm von Humboldt.* Ein Lebensbild. Frankfurt a.M. 1952. 134) besteht „die eigentliche Leistung seiner Pariser Jahre auf anderen Gebieten". In dem jüngsten Aufsatz urteilt Joachim Wohlleben (*Wilhelm von Humboldts ästhetische Versuche.* In: *Wilhelm von Humboldt.* Ein Vortragszyklus zum 150. Todestag. Hrsg. von Bernfried Schlerath. Berlin - New York 1986, 184–211) mit Verweis auf Humboldts späte Arbeiten *Über Schiller und den Gang seiner Geistesentwicklung* und *Rezension von Goethes zweitem römischen Aufenthalt:* „Wer nach unmittelbar anschaulichen Verdiensten des literarischen Kritikers Humboldt fragt, sollte sich an diese späten Porträts halten" (211). Symptomatisch für diese Zurücksetzung der *Ästhetischen Versuche* ist, daß Udo Kultermann sie in seiner *Kleinen Geschichte der Kunsttheorie* (Darmstadt 1987) nicht einmal erwähnt. Verkannt werden in der Rezeptionsgeschichte fast durchgängig die Rolle und die wesentliche Bedeutung der *Ästhetischen Versuche* im Zusammenhang mit Humboldts Anthropologie und Theorie der Bildung des Menschen. Nicht zuletzt daraus resultieren so manche leichthin über Humboldts Werk hinwegsehenden Fehleinschätzungen, in denen die Originalität dieser Ästhetik abgetan wird. Die einzige Ausnahme stellt das Buch von Kurt Müller-Vollmer dar: *Poesie und Einbildungskraft.* Zur Dichtungstheorie Wilhelm von Humboldts. Stuttgart 1967.

ser Zusammenhang ist der Kunst nicht nachträglich angesonnen und aufgesetzt, sondern mit der Einsicht in das, was Kunst ist und zugleich vollbringt, gestiftet. Humboldt weist deshalb die überlieferte Wesensbestimmung der Kunst als Nachahmung der Natur zurück.[2] Denn so mannigfache Deutungen das Nachahmungspostulat auch seit Plato und Aristoteles bis auf Humboldts Zeit hin erfahren hat, so ist es in allen diesen an dem natürlichen Gegenstand orientierten Bemühungen nicht gelungen, eine doppelte Unbestimmtheit zu beseitigen, die sich gerade auch mit der als schöne Nachahmung oder produktive Aneignung gefaßten Nachahmung verknüpft. Sowohl die Forderung, nur schöne Gegenstände schön nachzuahmen, die unerklärt läßt, was schön ist, als auch der Versuch, die Nachahmung als produktive Aneignung festzulegen, der von dem natürlichen Gegenstand als dem entscheidenden Richtpunkt nicht abläßt, verstricken sich in unlösbare Schwierigkeiten. Ohne schlüssige Antworten bleiben die auf der Grundlage der Festlegung der Kunst als der Nachahmung der Natur gestellten Fragen, die Humboldt in seiner Selbstanzeige der *Ästhetischen Versuche* stellt: «quelle nature est-ce qu'on doit imiter? la belle sans doute? Mais le moyen de la reconnoître à des signes certains? Quel genre d'imitation exige-t-on? est-ce l'imitation servile du copiste? ou est-ce une autre plus libre qui permet d'altérer et d'embellir son original?» (III. 17f) In die Irre führen die Anstrengungen der Philosophen, das Schöne als eine dem Gegenstand zukommende Eigenschaft zu erfassen. Ihre Untersuchungen können nicht darüber hinwegtäuschen, daß mit der Definition der Kunst als Nachahmung der Natur die Kunst in der ihr eigentümlichen Art von vornherein verstellt ist. Sie eröffnen und entschlüsseln nicht die Kunst, sondern verharren diesseits aller Kunst, die sich solchen Angängen gegenüber in ihrer Eigenbedeutung verschließt. Humboldt sieht „den Grundirrthum aller bisherigen falschen ästhetischen Raisonnements" darin, „dass man im Objecte aufgesucht hat, was allein im

2 Vgl. II. 132f. Alle Zitate, soweit nicht anders vermerkt, sind der Akademie-Ausgabe der Werke Humboldts entnommen.

Subjecte verborgen ist, wenigstens nur an diesem eigentlich beschrieben, in jenem bloss empfunden werden kann" (II. 151). Er stützt sich deshalb auf den von Kant in der *Kritik der Urteilskraft* gebahnten „subjektiven" Weg, der die Bestimmung des Schönen nicht länger vom Gegenstand abzieht, sondern in dem Aufweis der Gemütsstimmung angesichts des Schönen besteht. Nur auf dieser Grundlage ist es möglich, die Kunst in ihrem Eigencharakter allererst zu erfassen. Es gibt keinen anderen Ausgangspunkt, Kunst zu beurteilen, als die Gemütsstimmung des die Kunst Erzeugenden und Betrachtenden, obwohl auch eine solche Basis noch Raum genug für unterschiedliche Interpretationen läßt. Das zeigen Humboldts frühe Überlegungen, doch noch ein wenn auch nicht im landläufigen Sinne objektives Kriterium für Schönheit aufzufinden[3], oder seine Andeutungen einer Differenz in der Auffassung von Schönheit in den Jenenser Diskussionen mit Schiller.[4]

Die folgenden Erwägungen konzentrieren sich auf die Erfassung dieser der Kunst eigenen Natur und Bedeutung. Das geschieht in zwei nur logisch voneinander zu unterscheidenden, der Sache nach aber ineins und zugleich sich vollziehenden Schritten, einmal die das Kunstwerk auszeichnende Eigenheit zu bestimmen (I), zum anderen jene Wirkung zu erfassen, die der wirklich schöne Gegenstand in unserem Gemüt erzeugt (II). Die abschließenden Bemerkungen stellen eine andeutende Weiterführung und Zusammenfassung dieser Erörterungen dar (III).

3 S. dazu: *Ansichten über Aesthetik und Literatur von Wilhelm von Humboldt.* Seine Briefe an Christian Gottfried Körner (1793–1830). Hrsg. von F. Jonas. Berlin 1880. 2–5 (Brief vom 27. Oktober 1793).

4 Vgl. zu dieser Frage Humboldts Brief an Caroline von Wolzogen vom 15. Februar 1794. In: *Literarischer Nachlaß der Frau Caroline von Wolzogen vom 15. Februar 1794.* Hrsg. von K. H. Bd 2. Leipzig 1849, 3f. S. auch VI. 493f.

I.

Den Schlüssel, um Humboldts Auffassung von der Kunst überhaupt aufschließen zu können, bietet seine Lehre von der Einbildungskraft, in der er die Natur und die Wirkweise dieser geheimnisvollsten Fähigkeit unter den Vermögen des Menschen zu enträtseln versucht. Von diesem Ansatz her unterscheidet er sich sowohl von Kant, der in der *Analytik des Schönen* vor allem die Eigenständigkeit des Geschmacksurteils gegenüber dem Erkenntnisurteil sichert, als auch von Schiller, der in der *Ästhetischen Erziehung* die Schönheit als eine notwendige Bedingung der Menschheit aufweist, so mannigfache Entsprechungen auch zwischen ihren ästhetischen Erwägungen sonst bestehen mögen. Humboldts Verständnis der Einbildungskraft tritt aus den diesem Vermögen bei Aristoteles genauso folgenreich wie eng gezogenen Grenzen heraus, der es als Zwischenvermögen zwischen Anschauung und Denken bestimmte (vgl. *De anima.* 427b. 14), und zwar so, daß die Phantasie nicht ohne Wahrnehmung, das Denken nicht ohne Phantasie sein kann. Humboldt genügt diese einengende Festlegung nicht, weil sie die der Einbildungskraft eigene Produktivität übersieht. So kritisiert er an der in der aristotelischen Tradition stehenden Beschreibung der Funktion der Einbildungskraft bei Condillac, der eine für die französische Philosophie des achtzehnten Jahrhunderts kennzeichnende Auffassung wiedergibt, dieser sähe in ihr lediglich „ein stärkeres Gedächtniss, indem sie sich die Gegenstände vergegenwärtigt“ (XIV. 504), kenne gar nicht die der Einbildungskraft eigene „Schöpfung des Nicht Wirklichen, nur die Verbindung in Gedanken des nicht so zugleich zusammen Wirklichen“ (ebd.), und habe somit keinen Begriff von produktiver Einbildungskraft. In solchen immer wiederholten Bestimmungen werde die Einbildungskraft ihrer Bedeutung nach verkannt. Humboldts Rückverweis auf die reproduktive Einbildungskraft dient so auch lediglich der veranschaulichenden Hervorhebung der Leistung der produktiven Einbildungskraft (vgl. II. 149; III. 10). Produktivität als deren maßgebliche Eigentümlichkeit findet Humboldt in den Darlegungen über Natur und Beschaffenheit der Einbildungskraft bei Kant und Fichte, ohne daß er jedoch ihre systematischen Auslegungen und verästelnden Differenzierungen im einzelnen nachzeichnet.[5] Für ihn ist allein die Einbildungskraft als ästhetische Einbildungskraft belangvoll. Er wählt aus und nimmt auf, was die Herausarbeitung seiner Auffassung über die Einbildungskraft und im Zusammenhang damit über das der Kunst Eigentümliche stützt, und fügt es zu neuer Einheit zusammen.[6]

In seinen Überlegungen bleibt Humboldt trotz einer Fülle von Anklängen an Fichtes Lehre von der Einbildungskraft der Auffassung Kants stärker verbunden. In der *Kritik der Urteilskraft* hatte dieser die Einbildungskraft als produktives Erkenntnisvermögen so bestimmt: Sie ist „sehr mächtig in Schaffung gleichsam einer andern Natur, aus dem Stoffe, den ihr die wirkliche gibt“. Die Natur leiht dem Künstler zwar den Stoff, „dieser aber [kann] von uns zu etwas ganz anderem, nämlich dem, was die Natur übertrifft, verarbeitet werden“.[7] Der Künstler ist an das Wirkliche gebunden; aber er schafft es zur Kunst um. Ungleich radikaler äußert sich Fichte in der Humboldt wohlbekannten Schrift *Über den Geist und den Buchstaben in der Philosophie:* „Die produktive Einbildungskraft erneuert

5 Vgl. *Immanuel Kants Werke* (Cassirer). Bd VIII. 54ff. (*Anthropologie.* §28); *J. H. Fichte: Nachgelassene Werke.* Hrsg. von I. H. Fichte. Erster Bd. 494ff. Humboldt wie im übrigen auch Schiller unterscheiden nicht zwischen Einbildungskraft und Phantasie.

6 Für Humboldts Arbeitsweise ist es kennzeichnend, daß er alles, was er aufnimmt, in seine eigenen Überlegungen integriert und als Anregungen nutzt, die ihm bisweilen weit von dem ursprünglich Gemeinten wegführen. In einem Brief an Caroline vom 5. April 1816 beschreibt er seine Arbeitsweise so: „Man braucht ein Buch selten zum Lesen, meist nur zum Nachschlagen, Lesen einzelner Stellen, und da hat es für mich einen unschätzbaren und tief ins Leben eingreifenden Wert ... Ich lebe in vielen Ideen, wozu mir wieder die Bücher lieb sind, und lebe nur in ihnen und wenig mit dem unverständigen Getriebe um mich her, das ich nicht verständig machen werde, und was es zu keiner Zeit gewesen ist“ (*Wilhelm und Caroline von Humboldt in ihren Briefen.* Hrsg. von Anna von Sydow. Fünfter Band. Berlin 1912, 222).

7 *Immanuel Kants Werke.* Bd V. 389 (*Kritik der Urteilskraft.* § 49).

nicht: sie ist ... völlige Schöpferin, und Schöpferin aus Nichts."[8] Humboldt entwickelt seine Erwägungen im Ausgang von Kant, indem er an der Erfahrungsbasis der Einbildungskraft festhält, führt sie aber auch an Fichte heran, indem er ihre freie Produktivität schärfer heraushebt. Er scheint bisweilen sogar von Fichtes Auffassung fasziniert zu sein, ohne sie jedoch konsequent in seinen Gesamtzusammenhang zu integrieren.[9]

Das den Künstler auszeichnende Vermögen ist die frei herrschende Einbildungskraft. Seine elementare künstlerische Aufgabe besteht nach Humboldts grundlegender Bestimmung in der Verwandlung des Wirklichen in ein Bild (vgl. II. 126 u.ö.). In dieser durch den Künstler erwirkten Umschaffung tritt ein von dem Wirklichen verschiedenes Gebilde hervor. Humboldt erläutert diese Andersheit an dem einen Naturgegenstand abbildenden Gemälde (vgl. II. 127; II. 130f). Selbst wenn die gemalte Figur dem natürlichen Gegenstand zum Verwechseln ähnlich sähe, erzeugt sie in dem Betrachtenden einen völlig anderen Eindruck als den, den das Wirkliche hervorruft. Denn der Maler, der etwa in einem Stilleben Gegenstände vorstellt, zeigt ja nicht diese selbst, sondern Umrisse, Farben, aus denen der Geist allererst den künstlerischen Gegenstand erschafft. Nähme der Betrachtende das vom Künstler Dargestellte als einen natürlichen Gegenstand, dann erfaßte er über seine

8 *Johann Gottlieb Fichte: Von den Pflichten der Gelehrten.* Jenaer Vorlesungen 1794/95. Hrsg. von Reinhard Lauth, Hans Jacob, Peter K. Schneider. Hamburg 1971. 58 (Philosophische Bibliothek. Bd 274). Erste Vorlesung „Ueber den Unterschied des Geistes, u. des Buchstabens in der Philosophie".

9 Fichte beansprucht in einer Erklärung aus dem Jahre 1795 gegen C. Chr. E. Schmid (s. *J. G. Fichte: Briefwechsel.* Bd I. Hrsg. von Hans Schulz. Leipzig 1925. 510), er begreife die Einbildungskraft als ein Vermögen, das den idealen Stoff für die Vorstellung absolut erschaffe, und hebt hervor, er sei „der erste und bis jetzt einzige ... der mit ausdrücklichen Worten ein solches, Vermögen annimmt; ohnerachtet dieselbe Behauptung, wie mir scheint, schon im Geiste der Leibnitzischen Philosophie ganz klar, und in dem der Kantische unverkennbar enthalten ist". Vgl. dazu auch *Johann Gottlieb Fichte: Von den Pflichten der Gelehrten.* 58, 70 u. ö. Humboldt scheint diesen Aspekt der Einbildungskraft auf seine Weise aufgegriffen zu haben. Eine Untersuchung darüber liegt nicht vor. Zu Fichtes Philosophie in diesem Zusammenhang vgl. *Julius Drechsler: Fichtes Lehre vom Bild.* Stuttgart 1955.

Sinne eine farbige Leinwand, über die er, diese in einen Begriff gefaßt, abschließend verfügen könnte. Daß überhaupt ein „Bild" des Gegenstandes entstehen kann, liegt daran, daß das Dargestellte nicht über die Sinne vermittelt und für den Verstand zurechtgelegt wird, sondern es wendet sich unmittelbar an die Einbildungskraft. Humboldt stellt fest: «il n'est jamais possible de comparer l'objet de la nature à l'objet de l'art. Le premier parle toujours à nos sens ou à notre imagination; le dernier ne frappe que notre imagination.» (III. 10; vgl. II. 130) Der Künstler schafft also das Wirkliche um und versetzt es in eine andere Sphäre. Er ordnet die Sinnlichkeit der Einbildungskraft unter, die in jenem undurchschaubaren, aller abschließenden Erklärung unzugänglichen Prozeß Umrisse in Formen, Farben in Glanz verwandelt und das Kunstwerk schafft. Das Wirkliche ist durch Existenz bestimmt und schließt dadurch, daß es ist, wie es ist, alle anderen Möglichkeiten aus. Seine Rechtfertigung liegt in dieser seiner Existenz: „Die Erscheinung ist da: diess ist genug, jeden Zweifel zurückzuweisen." (II. 128) Es kann nichts anderes sein als das, was es jetzt ist. Die Kunst hingegen, so kann Humboldt bestimmen, „besteht in der Vernichtung der Natur, als Wirklichkeit und ihrer Wiederherstellung, als Product der Einbildungskraft" (VII. 584). Sie bringt die durch die Einbildungskraft neu geschaffene Natur vor den inneren Sinn, wirkt nur durch die Form. Daher gilt: „Die Kunst geht durch den Gegenstand auf die Empfindung, oder durch die Empfindung (die blosse Regung des inneren Sinns, ohne sinnliches Bild oder logischen Gedanken) auf den Gegenstand, wenn wirklich, was nicht gerade nothwendig, einer vorhanden ist" (ebd.). Kunst ist daher nichts anderes als ein „reines Erzeugniss der dichterischen Einbildungskraft" (II. 195). Sie ist „gar nicht mehr Wirklichkeit" (ebd.). Gewiß sieht der Künstler auf die Natur, aber «en nous offrant son image, il nous donne autre chose qu'elle; et il nous ramène si peu à la réalité des objets, qu'il nous en détache plutôt» (III. 9). Daher ist das Kunstwerk kein Merkzeichen für einen natürlichen Gegenstand. Es verweist nicht auf die Natur zurück, sondern ruht in seiner Schönheit und Erhabenheit in sich, ist sich genug und steht als Ausdruck des Charakters der Einbildungskraft nur für sich selbst.[10]

Die ästhetische Einbildungskraft, die diese Umschaffung des Wirklichen, die in Wahrheit ein Neuerschaffen ist, zuwegebringt, zählt zu den «facultés supérieures de notre ame» (III. 16). Sie ist fundamental von der bloß chimärischen unterschieden, die sich ihren vom Augenblick bestimmten Phantastereien überläßt, Zufällen folgt, andere Vermögen in ihren Taumel hineinzieht oder gar erstickt.[11] Ihr eignet «une spontanéité évidente» (III. 2). Sie ist ein frei handelndes, aus sich heraus schaffendes Vermögen, das nicht an Ort und Zeit gebunden ist, alle einengenden Fesseln aufhebt, einander Entgegengesetztes verknüpft, die anderen Vermögen mit ins Spiel zieht, sie zu lebendiger Tätigkeit anregt, alle Spuren des Wirklichen beseitigt, so Schönheit und Realität aufs Innigste verbindet und erhabene Gedanken und Empfindungen im Gemüt anregt, ohne daß sich ihr Vollzug in seinem Kern auch nur annäherungsweise erklären ließe. Denn gelänge das, könnte das Lebendige selbst erklärt werden. Humboldt schreibt daher der Einbildungskraft eine magische Wirkung zu (s. III. 16), spricht von ihrem „geheimnisvollen Zauber", mit dem sie die Wirklichkeit überdecke und in unwirklichem Glanz erscheinen lasse.[12] Sie weiß „durch ihre Zauberkraft … die endliche Natur so in ihrem Wesen zu zerstören und in ihrer Form zu erhalten …, dass sie, mitten in der Sinnenwelt lebend und webend, alle sinnliche Regung in rein idealische Anschauung auflöst" (V. 335). Sie füllt den Künstler so aus und ist eins mit dem, was er als Künstler ist, daß Humboldt von diesem nicht ohne Kühnheit sagen kann:

10 Vgl. III. 9: «Une belle statue ne rappelle rien qu'elle-même, la nature disparoît à côté d'elle, son auteur lui-même est effacé par elle, elle semble n'exister que par elle et pour elle seule.»

11 Vgl. dazu III. 13. Eine Parallelstelle dazu s. bei *Johann Gottlieb Fichte: Von den Pflichten der Gelehrten.* 67 f.

12 Vgl. II. 137. Auch Kant bezeichnet in seiner Anthropologie die Einbildungskraft als „Zauberin" (*Werke.* Bd VIII. 55). Humboldt kennt diese Anthropologie und scheint sie während seines Pariser Aufenthalts gelesen zu haben. Vgl. XV. 4.

Der Künstler allein «ne se fonde sur rien; par l'essor seul de son génie il se tient planant, pour ainsi dire, dans le vide» (III. 9).[13]

Die Einbildungskraft erzeugt in der Erschaffung des Kunstwerkes die Differenz zwischen Kunst und Wirklichkeit. Soll das Kunstwerk in dem, was es an sich selbst ist, erfaßt werden, findet sich weder in dem unauslotbaren Schaffensprozeß des Künstlers ein Ansatz, noch gibt das Kunstwerk selbst einen Anhalt, da es nicht wie ein Wirkliches vorliegt, sondern es läßt sich nur „aus der allgemeinen Natur des Gemüths" (II. 127) bestimmen, da es nur in der Darstellung durch die Einbildungskraft ist.

Unter den allgemeinen Gemütszuständen können somit nicht der der reinen Vernunft oder der des Verstandes maßgeblich sein (vgl. II. 127). Vielmehr ist es nur der durch die Vorherrschaft der Einbildungskraft charakterisierte Gemütszustand, in dem diese, frei herrschend, ein eigenes reines Erzeugnis hervorbringt. In diesem Zustand ist die Mediatisierung von Einbildungskraft, aber auch die ihr eigene Willkür aufgehoben, weil sie in ihm mit der Gesamtheit der Vermögen, mit Sinnlichkeit, Verstand, Vernunft, Empfindungsvermögen verknüpft ist, die sie, über diese herrschend, zugleich in Tätigkeit setzt und bestimmt. Folglich läßt sich allein über die Einwirkung des Künstlers vermittels seines Werkes auf den Gemütszustand der Weg finden, der zu einer Bestimmung der Kunst als Kunst führen kann. Die produktive Einbildungskraft des Künstlers regt die Phantasie des Kunstbetrachters an, die von ihr erzeugten künstlerischen Gegenstände in diesem wieder hervorzubringen. Das heißt, daß der Gemütszustand des Kunstbetrachters, wenn er die Kunst als Kunst auffaßt, dem des schaffenden Künstlers entsprechen muß. Es muß also auch in dem die Kunst Aufnehmenden die Einbildungskraft herrschen, damit sie unter Mitwirkung der anderen Vermögen in einem Akt produktiver Reproduktion das vom Künstler Erschaffene in sich hervorrufen kann. Somit muß, was in diesem

13 Von der „Freiheit des Schwebens" als Charakter der Einbildungskraft handelt Fichte in der *Grundlage der gesamten Wissenschaftslehre.* Vgl. *J. G. Fichte's sämmtliche Werke.* Hrsg. von I. H. Fichte. Erster Band. 241 f.

Zustand hervortritt, „1., ein reines Erzeugniss der Einbildungskraft seyn; und 2., immer eine gewisse, äussere oder innere Realität besitzen“ (ebd.). Die Einbildungskraft schafft also ein Werk, in dem Idealität als der ihrem reinen Erzeugnis eigene Charakter und Realität als das durch Mitwirkung aller Vermögen Geschaffene untrennbar miteinander verbunden sind. Nach einer in der Schulphilosophie des achtzehnten Jahrhunderts geläufigen Bestimmung kennzeichnet das Reale im Unterschied zum Wirklichen den Sachgehalt einer Sache unabhängig davon, ob diese Sache auch existiert. Somit wird demjenigen Realität zugesprochen, das sachlich möglich ist. Diese reale Möglichkeit wird in einer Bestimmung erfaßt, die die Weise ihrer Erzeugung in sich begreift. Werden so die Gesetze der Hervorbringung von etwas festgestellt, läßt sich dieses in dem erkennen, was es selbst ist. Dem Kunstwerk kommt Realität zu, indem es aus dem gesetzmäßigen Zusammenwirken aller Seelenkräfte unter der Herrschaft der freiwirkenden Einbildungskraft entspringt. Es ist somit ein Phantasieprodukt, das nur in der Vorstellung, in der Phantasie ist, also völlig real, aber nicht wirklich ist. Es stellt daher nicht etwas Einzelnes und für sich Dastehendes in seiner Erscheinung dar, sondern unter Aufhebung alles Wirklichen den durch die Einbildungskraft erzeugten Gegenstand als einen künstlerischen Gegenstand in seiner von allem Beiherspielenden getilgten reinen Eigentümlichkeit, nicht ein Einzelnes als solches, vielmehr einen Zusammenhang, in dem jedes mit jedem verknüpft ist, und läßt sich nur „unter der Bedingung eines durchgängigen inneren Zusammenhanges“ (II. 128) denken. Denn im Bereich des Möglichen gibt es nur «la liaison et la dépendance mutuelle des différentes parties qui puissent fixer les objets à nos yeux» (III. 16). Auf diese Weise gibt die Einbildungskraft die Vorstellung einer Existenz, von der es bei Humboldt heißt, sie sei «plus vive et plus durable que celle que nous apercevons par nos sens» (III. 17). In der in ihrem Werk herrschenden durchgängigen wechselseitigen Abhängigkeit des einen vom anderen konstituiert sich das Ganze, dem «une existence idéale» (III. 16) eignet. Idealisch ist somit alles, „was die Phantasie in ihrer reinen Selbstthätigkeit erzeugt, was daher vollkommne Phantasie-Einheit besitzt“ (II. 133). Jedes Kunstwerk, stellt Humboldt daher fest, «ressemble, pour parler le langage des mathématiciens, à une quantité donnée et entièrement déterminée. Rien n'y manque, rien n'y est superflu; c'est cette chose et nulle autre, mais celle-ci toute entière» (III. 6). Als ein solches Idealisches ist das Kunstwerk ein Nicht-Wirkliches, das alle Momente der Zeit zugleich enthält, das einander Widersprechende zu einer Einheit in sich zusammenschließt, das Wirkliche in eine Sphäre erhebt, in der es das bedrückend Herabziehende und einengend Beschränkte verloren hat. Diesem Werk hat der Künstler eine «force magique» verliehen, «par laquelle il repousse loin de lui tout ce qui tient à nos désirs sensuels, et ne réveille que les facultés les plus élevées de notre ame» (III. 10), und daher liegt sein maßgebliches Talent nicht zuletzt darin, «de produire des illusions, mais des illusions plus durables et plus profondes que la vérité même» (III. 5).

Das als nichtwirklich bestimmte Idealische, das den Menschen über die platte Wirklichkeit erhebt und ihm anzeigt, daß er als Mensch in das Land der Ideen gehört, zeichnet nicht schon die Kunst als Kunst aus. Im Unterschied zum Vernunftideal und zum moralischen Ideal ist das die Kunst charakterisierende Idealische ein freies Erzeugnis der Einbildungskraft. Es ist ein Beiname für Schönheit (vgl. III. 16). Um die spezifische Qualität dieses Idealischen über die Bestimmung als Nicht-Wirkliches hinaus schärfer zu fassen, greift Humboldt auf den Schaffensprozeß zurück, in dem das Kunstwerk hervortritt. Der Künstler verschönert nicht einen natürlichen Gegenstand, sondern macht ihn allererst schön, indem er ihn durch die Einbildungskraft erzeugt und ihm eine Gestalt, eine Form gibt. In diesem schöpferischen Akt seiner Einbildungskraft stellt er „lauter reine Charakterformen auf, blosse Gestalten, welche die lautre, nicht durch einzelne wechselnde Umstände entstellte Natur an sich tragen“ (II. 129). Das produktive Bilden der Einbildungskraft ist nicht durch Verstandesregeln geleitet, aber auch nicht willkürlich, sondern geschieht in dem freien Zusammenspiel mit den Vollzügen der anderen Vermögen. Die Einbildungskraft schafft neue Formen, verknüpft diese mit Vorstellungen verwandter Formen und spielt mit ihnen. Wie der Künstler die Übereinstimmung der Form der Einbildungskraft mit der Form der Natur herbeiführt, läßt sich begrifflich nicht mehr aufweisen. Gerade das über alles technisch Regelhafte hinausgehende Wesentliche entzieht sich dem Begriff. Denn das Kunstwerk ist nicht das Ergebnis eines Herstellungsvorganges, sondern ein aus dem unbegreiflichen Schöpfungsakt des Künstlers entsprungenes Werk der Phantasie, das nur gefühlt und geschaffen, aber nicht gemacht werden kann. Der Künstler stellt es allererst in seiner Schönheit dar. Nur so hebt er „die Natur aus den Schranken der Wirklichkeit empor und führt sie in das Land der Ideen hinüber, schafft er seine Individuen in Ideale um" (II. 132). Dieses aus der Einbildungskraft entspringende Idealische ist dasjenige, «par laquelle nous désignons cette beauté sublime, cette élévation dont la nature elle-même ne nous offre aucun exemple» (III. 13). Somit läßt sich dieses Idealische zugleich als dasjenige bestimmen, das, wie Humboldt in Anlehnung an Kants Bestimmung der ästhetischen Einbildungskraft sagt, alles Wirkliche übertrifft.

Das so gefaßte Idealische steht in einem unauflösbaren Zusammenhang mit der Totalität. Indem der Künstler eine Stimmung schafft, in der allein die Einbildungskraft herrscht, eröffnet er eine neue Welt, die nicht wirklich ist und sich nicht in einem Begriff feststellen läßt, in der vielmehr alles mit allem zusammenhängt, jeder Punkt zugleich Mittelpunkt ist, „von welchem nach allen Seiten hin Stralen ins Unendliche ausgehen" (II. 136). Etwas idealisch darstellen heißt daher nicht nur, einen natürlichen Gegenstand außerhalb aller Wirklichkeit neu konstituieren, sondern zugleich ihn als künstlerischen Gegenstand so bilden, daß er Mittelpunkt ist, von dem aus die Phantasie ansetzt, die Welt in ihrer Totalität zu durchlaufen und vorzustellen. Die von Synthesis zu Synthesis ins Unendliche fortschreitende Einbildungskraft läßt in ihrem idealischen Ganzen die Totalität anschauen. Idealität und Totalität stehen so in einem Wechselverhältnis, insofern das Idealische auf der Möglichkeit der Totalität beruht und zugleich diese begrenzt und so anschaulich macht. Das Idealische ist gemäß der Schuldefinition, derzufolge das

Ideal die Darstellung einer Idee in einem Individuum ist (vgl. II. 138), dasjenige, das „sich alles, aber alles nur auf seine Weise aneignet“ (ebd.). Das Idealische veranschaulicht die Totalität, die sich in ihm nicht absolut, sondern nur perspektivisch gebrochen zeigen kann.[14] Es erweist sich als die Bedingung für das Hervortreten der Totalität. Zugleich aber ist die Totalität die Voraussetzung für das Idealische, dessen Inbegriff sie ist. So ist das Idealische nur aus der Totalität heraus zu begreifen, die Totalität nur am Idealischen zu erfassen. Weil das Idealische das reine Werk der Einbildungskraft ist, ist mit ihm die Totalität als notwendige Folge gesetzt; denn ohne sie wäre es selbst nicht. Aus der Tätigkeit der frei herrschenden Einbildungskraft ergibt sich somit Totalität in der Idealität. Vollendeten sich diese Tätigkeit im Werk und das Werk in der Tätigkeit, so daß sich das Idealische in seinem Inbegriff selbst darstellte, so herrschte absolute Totalität. „Wenn nun beides,“ erläutert Humboldt, „die Einbildungskraft so gestimmt und der Gegenstand so bearbeitet ist, daß die erstere bei keinem einzelnen Punkt stehen bleiben und der letztere sie auf keinen einzelnen heften will; so kann nicht anders, als erst mit der Vollendung des ganzen Kreises, mit vollkommner Totalität Stillstand und Ruhe eintreten“ (II. 139). In der Darstellung von Totalität in der Idealität wird die Unergründbarkeit von Kunst offenbar. Diese Totalität kann nicht in einen Begriff gefaßt werden. Sie fordert vielmehr die Einbildungskraft zu immer neuen Verknüpfungen, zur Schaffung idealischer Ganzheiten heraus, in denen sie wie in einem Kristallisationspunkt hervortritt, ohne sich in ihrer Absolutheit zeigen zu können, und erweist sich so als der unauslotbare Inbegriff einer unendlichen Mannigfaltigkeit der durch das Kunstwerk in den Betrachtenden angeregten Produktionen, die sie in der sie jeweils begrenzenden Weise darstellen. Die absolute Totalität läßt sich in keinem Bild erfassen und in ihrem Gehalt begreifen. Die Rückschau auf den Schaffensprozeß des Künstlers zeigt seine auf die Totalität hinführende Idealisierung, zugleich aber auch die in diesem Vorgang mit dem erzeugten Werk selbst schon gegebene Wirkung

14 S. auch *Kant: Werke.* Bd V. 302 (*Kritik der Urteilskraft* § 17).

auf den Menschen als eines Menschen und somit die Bahn, auf der sich dieser die Erfüllung seiner Bestimmung als Mensch erhoffen kann. Der Künstler bildet nicht nur das Kunstwerk, sondern erzeugt durch sein Werk eine Stimmung, die den Menschen stimmt, sich diese Welt zu eröffnen. Durch das Kunstwerk als Objekt stimmt er das Subjekt: „Den wirklichen Gegenstand nur gleichsam zum Spiel in ein Object der Phantasie zu verwandeln, fängt er an und hört damit auf, das grösseste und schwerste Geschäft, was dem Menschen als seine letzte Bestimmung aufgegeben ist, sich und die Aussenwelt um ihn her auf das innigste mit einander zu verknüpfen, diese erst als einen fremden Gegenstand in sich aufzunehmen, dann aber als einen frei und selbst organisirten wieder zurückzugeben, auf seine Weise und mit den ihm angewiesenen Organen auszuführen" (II. 142). Somit ist in diese Anverwandlung von Welt und ihre Neuschaffung als Kunst immer schon die menschheitliche Wirkung von Kunst eingeschlossen, der Menschheit in sich den größtmöglichen vollständigen Ausdruck zu geben. Kunst im Sinne Humboldts ist ohne diese Wirkung nicht vorstellbar.

II.

Von diesen elementarästhetischen Erwägungen her über die Seinsweise und Wirkung des Kunstwerkes überhaupt zeigen sich Kunst und rein menschliche Bildung auf untrennbare Weise miteinander verknüpft. Bildung ergibt sich aus der Rückwirkung eines Gegenstandes im weitesten Sinne auf die Befindlichkeit eines Menschen, der sich diese Welt anzueignen versucht. Eine solche Wirkung geschieht jedoch im Rückbezug des zu Erfassenden auf den Erfassenden selbst auf unterschiedliche Weise. Sie hängt nicht nur von dem Menschen ab, der sich auf diesen Gegenstand einläßt, sondern auch von dem Gegenstand selbst. Dieser kann den Menschen zu einer je spezifischen Reaktion oder Handlung im Blick auf vorgängige verschiedene spezielle Zwecke veranlassen, so daß sich der Mensch in die Verwirklichung dieser Zwecke eingespannt sieht. Diese Wirkung kann so weit reichen, daß der Mensch selbst mediatisiert, zu einer Funktion ihm vorgängiger Verhältnisse, sogar zum bloßen Abdruck dieser Lage, schließlich nur noch als „Sache" angesehen wird. Schiller, F. Schlegel, Hölderlin, Pestalozzi, nicht zuletzt Humboldt haben in ihrer Zeitkritik diese Gefährdung des Menschen immer wieder hervorgehoben und die Gegebenheiten, wie sie durch die dogmatische Religion, den absolutistischen Staat und eine deren Zwecke fördernde Erziehung geprägt sind, als maßgebliche Ursachen der Verzweckung und Verkehrung des Menschen markiert. Sie bestimmten den Zustand eines sich so an die Welt entäußernden, zum bloß zu traktierenden Objekt herabgestuften Menschen als „Entfremdung". Ihr setzten sie die reine Bildung als dasjenige entgegen, was durch die Revolutionierung der Denkungsart ein solches Außer-sich-selbst-Sein des Menschen aufzuheben und ihn auf sich selbst zurückzuführen in der Lage ist. Nicht als Gegenstand unter Gegenständen, sondern als ein von diesen abgetrenntes eigenes Reich haben sie die Kunst als jene Welt erfaßt, in deren Medium sich allein die reine Bildung vollziehen kann. Die Bildung des Menschen zum Menschen erweist sich als ästhetische Bildung, weil sich in der Kunst allein der Mensch zu sich selbst freisetzen kann.

In diese allgemeinen Erörterungen fügen sich Humboldts *Ästhetische Versuche* ein. Sie sind nicht nur ein durchaus eigenständiger Beitrag zur Ästhetik seiner Zeit, sondern zugleich ein zentrales Element seiner Untersuchungen zur Anthropologie und Bildungslehre, also zu Sein und Bestimmung des Menschen, die für ihn, wie er immer wieder betont, auch im Mittelpunkt seiner Studien während des Pariser Aufenthaltes stehen. In der auf Veranlassung Schillers hinzugesetzten ausführlichen Einleitung hat er diesen Hauptgesichtspunkt noch einmal deutlich herausgehoben. Das Entscheidende in bildungstheoretischer Hinsicht ist die mit der Kunst als Kunst verknüpfte Wirkung. Apodiktisch lauten die die Selbstanzeige der *Ästhetischen Versuche* einleitenden Sätze: «Le domaine du poète est l'imagination; il n'est poète qu'en fécondant la sienne, il ne se montre tel qu'en échauffant la nôtre.» (III. 1) Das bedeutet, daß der

Künstler die der Kunst eigene Wirkung nur hervorzurufen vermag, wenn es ihm gelingt, «entre lui et nous une sympathie parfaite qui nous tourne toujours vers les mêmes objets, et nous tienne toujours au même degré de chaleur» (III. 2). Diese Feststellung schließt ein: «Celui qui voit un tableau avec un œil vraiment connoisseur, doit le refaire, pour ainsi dire, dans son imagination; et le lecteur d'un poète doit être, en quelque façon, poète lui-même» (ebd.). Der Kunst eignet also eine von dem Wirklichen völlig verschiedene Wirkung. Zur Erfassung des natürlichen Gegenstandes, so erhaben er auch sein mag, bedarf es nicht des zusammenstimmenden Tätigseins aller Vermögen des Menschen. Das sich unmittelbar an die Sinne wendende Wirkliche erregt sein Interesse, reizt seine Begierde, stachelt seine Leidenschaften an, weckt seine Tätigkeit zum Handeln, läßt ihn das Gegebene analysieren, Teile zu einem Ganzen zusammenfügen, Gewinn und Genuß, den es verspricht, kalkulieren, fixiert ihn auf die Außenwelt, indem es ihn aus sich herauslockt und abhängig macht. So spricht es den Menschen nicht als ihn selbst an, sondern zieht ihn in seinen Bann, zwingt ihn bis zur Erschöpfung zur Verfolgung zufälliger, weil spezieller Zwecke und verstrickt ihn fortschreitend in Reaktionszwänge, die ihn immer mehr in die endlose Wirklichkeit hineinziehen, statt ihn über sie zu erheben.

Diese den individuellen Menschen in dem, was er an sich selbst ist, verstellende Wirkung erweist sich ganz besonders für jenes Wirkliche, das im Kleide der Kunst auftritt, und durch den Anschein, Kunst zu sein, die mit dem Wirklichen verknüpften Effekte nur noch steigert. Daher ist Humboldt sehr darauf bedacht, die verkehrenden Wirkungen sogenannter Kunst aufzudecken, die als gefällige Mittel etwa dezidierte politische Einstellungen propagandistisch unterstützen, bestimmte moralische Anschauungen einprägen, religiöse Überzeugungen verfestigen wollen. In solchen Inanspruchnahmen verstärken sich die heterogenen, nicht den Menschen als ganzen in seiner Menschheit angehenden Effekte, die ihn für etwas zu präparieren trachten, das ihn in einen fortschreitenden Widerspruch zu seiner Bestimmung als Mensch selbst setzt und ihn schließlich, auf eine im Kern willkürliche Funktion reduziert und zu einem austauschbaren Element zurechtgemacht, in seiner Individualität auslöscht.

Im Blick auf die Poesie legt Humoldt beispielhaft dar, nicht das sei ein Kunstwerk, «où le poète, dénué d'un fonds réel et intéressant, nous débite des paroles sonores, de beaux vers, et même des images pittoresques; car, quoiqu'il soit peut-être assez adroit pour flatter par là notre imagination, elle cherchera envain un objet sur lequel elle puisse se fixer, qu'il achève de lui dépeindre, dont elle puisse admirer l'ensemble et parcourir les détails» (III. 14). Seine Kunst ist kein wohlfeiles Mittel, Kinder zu unterhalten und zu belehren. Sie ist nicht ein einer anfänglichen Entwicklungsstufe der Menschheit zugeordnetes Mittel, das sich mit dem Fortschritt der Menschheit selbst überholt und überflüssig macht. Zu ihrer Wirkung bedarf sie nicht des rhetorischen Aufputzes, des scharfsinnigen Raisonnements, erborgter Schönheit. Dichter, die es sich zum Zwecke setzen, mit ausgeklügelter Raffinesse direkt auf den Menschen einzuwirken, zerstören den Geschmack, der den Menschen vorzüglich auszeichnet, und selbst wenn es die meisten sind, die so verfahren, steht außer Zweifel, «que ceux-ci ne sont relativement aux vrais poètes, que ce que les décorateurs sont relativement aux peintres» (III. 14). Es handelt sich um Dichterlinge, die, statt den natürlichen Gegenstand in ein Bild zu verwandeln, sich in ruheloser Emsigkeit darum bemühen, ihn zu einem wirksamen Mittel herauszuputzen, das unter dem Anschein, ja sogar unter Vortäuschung von Kunst die je intendierten speziellen Wirkungen hervorrufen soll. Ihre Werke wirken nicht durch sich selbst, sondern durch von außen aufgesetzte Mittel, die dem Werk selbst nicht organisch zugehören. Mit ihnen sollen die Menschen auf eine eher unbemerkbare, gerade deshalb besonders wirksame Weise eingelullt, für willkürliche Zwecke willfährig gemacht werden, so daß sie glauben, selber zu wollen, was ihnen von außen nur angesonnen wurde, daß sie es sollen. Diese in ihrer scheinbar sanften Art besonders widerwärtige Form von Manipulation nutzt die Vorspiegelung der der Kunst in ihrer Eigenbedeutung gemäßen Wirkung, um Welt zu verstellen, wo sie hätte eröffnet werden müssen. Sie paralysiert die rein künstlerische Wirkung, die zugleich rein bildende Wirkung ist, unterdrückt die Anregung zur Selbstbestimmung, mißachtet den Menschen in seiner Würde, überdeckt mit ihren Beteuerungen von Humanität ihre besonders raffinierte Vorgehensweise, die sich den Menschen in seinem jeweiligen Gebrauchswert zurechtlegt.

Diese mit Kunst immer zusammengehenden, sich in ihren Kern selbst einschleichenden und sie so zersetzenden Versuche sieht Humboldt nicht zuletzt in der Poesie der neueren, insbesondere der romantischen Dichter. Humboldt spricht ihnen eine echte, also das gesamte Gemüt unter der Herrschaft der Einbildungskraft stimmende Wirkung ab, die allein aus der Gestalt und dem Wesen der Kunst überhaupt hervorgeht; denn indem diese in unmittelbarer Beziehung auf den Betrachter beschreiben, darstellen, tätig sind, können sie diese Stimmigkeit des Gefühls nicht hervorrufen (vgl. II. 196). Diese Künstler „sind mehr eigenmächtige Schöpfer einer bunten und gestaltenreichen Feenwelt, als treue Mahler einer reichen Natur“ (II. 198). Ihnen fehlt es „an dem ruhig bildenden Sinn“ und, was ihr Werk angeht, „an der reinen Objectivität, an der inneren Nothwendigkeit der Formen“ (ebd.). Sie zeigen den der Moderne eigenen Hang, sich in sich selbst zurückzuziehen, sich in Gedanken und Gefühlen einzuschließen. Gerade deshalb ergreift die moderne Poesie den Menschen mit stärkerer Macht, regt seine Gefühle auf; aber, und da tritt die ihrer rein menschlichen Wirkung gezogene Grenze hervor, «elle frappe moins notre imagination, elle parle moins à nos sens, son langage est à la fois plus obscur et plus difficile, les situations qu'elle nous offre, déchirent souvent notre ame, au lieu de répandre sur elle ce calme délicieux et profond auquel nous reconnoissons les chefs-d'œvre des anciens. Elle est moins poésie, en un mot, et tient moins du caractère véritable de l'art» (III. 24f). Einige moderne Dichter erscheinen in dieser Einseitigkeit, der Unfähigkeit, ein idealisches Ganzes zu schaffen, «plutôt bizarres que sublimes,» und darin liegt auch begründet, «qu'ils manquent l'effet poétique qu'ils vouloient produire» (III. 27). In der reflexiven Natur dieser Poesie prägt sich der moderne Geist aus, der Sinnlichkeit und Phantasie zurückdrängt, die Kräfte des Menschen isoliert und aufspaltet, analytische Bestrebungen bis in die Philosophie und sogar in die Kunst hinein fortsetzt, die so dazu beiträgt, zu verfestigen, was sie überwinden soll.

In der Vereinseitigung der modernen Kultur liegt aber auch insofern ein Vorzug, als sie durch den Rückgang auf und in das eigene Selbst eine bislang unerkannte Welt der Innerlichkeit eröffnet, die in ein idealisches Ganzes umzuschaffen Humboldt als die große künstlerische Aufgabe seiner Zeit ansieht: «Nous ne nous plaindrons plus alors de ne pas retrouver la vérité et la simplicité des anciens.» (III. 27) Die neue vollkommene Kunst, die den Menschen aus seiner ihn deformierenden Abhängigkeit von den Verhältnissen freisetzen soll, muß über die Alten und die Verkehrungen der Moderne hinaus und unauflösbar zusammenknüpfen, was einander konträr entgegengesetzt zu sein scheint; aber sie ist nicht länger eine stille Hoffnung oder gar theoretische Forderung, sondern sie tritt in Deutschland im Werke Goethes hervor, der das neuzeitliche Denken und Empfinden mit der einfachen Natur der Alten in vereinigender Gestaltung zu höchstem Ausdruck bringt und so der Kunst die den ganzen Menschen ergreifende menschheitliche Wirkung zurückgibt, in der das Individuum nicht wie ein Tropfen im Ozean verschwindet, sondern die Unerschöpflichkeit und Unendlichkeit des Alls in seiner Selbstdarstellung in sich vergegenwärtigt.

Es scheint so, als habe Humboldt mit seinen Erwägungen gegen eine nicht auf den Menschen als Menschen wirkende Dichtung, die diesen, statt ihn zu sich freizusetzen, für spezielle Zwecke zu beanspruchen trachtet, jede Weise didaktischer Poesie überhaupt aus der Kunst ausgeschlossen. So attestiert auch Schiller der didaktischen Darstellung, sie könne nicht schön sein; denn es fehlten ihr „die zwei vornehmsten Eigenschaften, *Sinnlichkeit im Ausdruck und Freiheit in der Bewegung*".[15] Humboldt lehnt aber die didaktische Dichtung nicht von vornherein als unkünstlerisch ab, sondern verweist

15 *Friedrich Schiller: Sämtliche Werke.* Hrsg. von G. Fricke und H. O. Göpfert. Bd V. 674 *(Über die notwendigen Grenzen beim Gebrauch schöner Formen).* München 1967.

auf die großen Schwierigkeiten, Gegenstände des reinen Denkens dichterisch darzustellen. Daher sei «la bonne poésie didactique si rare parmi les chefs-d'œuvre de toutes les nations» (III. 21). Gedankendichtung kann nicht Kunst sein, wenn sie lediglich schöne Verkleidung, Medium für ansprechende Darbietung, Mittel überhaupt für einen ihr wesensfremden Zweck ist. Dem Künstler läßt sich nicht vorschreiben: «Telle est l'impression que vous devez produire; telle est la manière dont vous devez être affecté vous-même, l'idée que vous devez concevoir de votre ouvrage.» (III. 19) Es ist nicht sein Geschäft, die Ergebnisse der Philosophie und der Wissenschaften geradewegs zu nutzen, sich zu umgeben mit «d'images neuves, mais recherchées, de pensées profondes peut-être, mais trop spéculatives et trop abstraites» (III. 25). Die Kunst lehrt nicht in der Weise, daß sie dem Menschen von außen etwas aufpreßt und ihn so nach einem ihm Fremden zurechtrückt. Sie ist deshalb nicht gedankenlos; aber es liegt ihr mehr an dem Denken als daran, einem Menschen einen Gedanken überzustülpen. Daher kann auch die didaktische Dichtung dann keine Kunst sein, wenn sie den zu traktierenden Gedanken künstelnd in Verse gießt. Ein Beispiel dafür bietet der doch poetisch sonst so begabte Lukrez mit seinem philosophischen Lehrgedicht *De rerum natura* (vgl. V. 337f). Ihm mißlingt es mit diesem Werk, Philosophie und Poesie organisch miteinander zu verbinden. Das der Philosophie übergeworfene schöne Kleid erweist sich als geschmackloser Mißgriff. In einem philosophischen Lehrgedicht soll die Dichtung die Philosophie aber nicht bloß angenehm wirkend drapieren. Sie kann sich nicht darin gefallen, vorgedachte Gedanken einprägsam vorzubereiten. Daß ein Lehrgedicht aber auch ein Kunstwerk sein kann, zeigt die *Bhagavad-Gita,* die mehr noch als die Lehrgedichte des Empedokles und Parmenides auf unübertreffliche Weise „dem wahren und eigentlichen Begriff einer philosophischen Dichtung entspricht“ (V. 334). Im Unterschied zu anderen sogenannten philosophischen und didaktischen Gedichten ist sie Philosophie und Poesie in unauflösbarer Weise verknüpfende Naturpoesie, die „das ganze, ungetheilte Wesen des Menschen in Anspruch“ (V. 335) nimmt und den Menschen zu dem Punkt führt, „wo sich seine endliche Natur in Ahndung eines Unendlichen verliert" (ebd.). Als Werk der schöpferischen Einbildungskraft entspringt sie einer inneren Begeisterung, in der Wahrheit nicht subtil deduktiv oder induktiv andemonstriert werden soll, sondern in ungekünsteltem Rhythmus und innerem Drang „aus der Tiefe des Geistes" (ebd.) hervorgeht. Die philosophische Lehre muß sich in der Dichtung „wie in ihrer natürlichen und angebornen Form bewegen" (ebd.). Sie muß bis auf den Punkt zurückgehen, wo alles durch den Verstand bestimmte logische Raisonnement ein Ende hat, „wo die Wahrheit durch die blosse Läuterung und Richtung des Geistes, durch die Entfernung alles dialektischen Scheins, aus der Steigerung des reinen Selbstbewusstseyns hervorflammt" (V. 336). In dieser ursprünglichen Ungeschiedenheit hat das wahrhaft philosophische Gedicht seine Stelle. Alle Kräfte des Dichters sind in ungeschiedenem Vollzug unter der Herrschaft der Einbildungskraft tätig, und er fühlt sich stark genug, „der Wahrheit ihr Wesen auch mitten in dem Schwunge der dichterischen Einbildungskraft zu erhalten" (V. 336). Die Einheit hat sich noch nicht in einander sich entgegensetzende Elemente aufgelöst, Poesie sich noch nicht von Wissenschaft, Philosophie, Geschichte getrennt, die erst durch die Vereinzelung der Vermögen eine andere Gestalt gewinnen. Die Möglichkeit einer neuen philosophischen Dichtung hängt daher an der Wiederherstellung der ursprünglichen Einheit, die zwar als solche nicht wiederholbar ist, wohl aber auf der Ebene der Reflexion bei vollerem Bewußtsein möglich und geboten ist. Ein Übergang aus der Einhausung in die einschränkende Naturverkettung zu diesem Gebiet kann gelingen, wenn die Aufnahme der Fortschritte der Wissenschaften und der Philosophie in die Werke der Kunst auf die allein der Kunst gemäße Weise geschieht, daß sie in das idealische Ganze so integriert sind, daß sie es nicht bestimmen, vielmehr nur durch die und in der Einbildungskraft wirksam sind. Schiller zeigt mit *Die Künstler,* wie zum mindesten ansatzweise unter den Bedingungen der Moderne eine Verbindung des seinen Gegenstand nicht erschöpfenden Gedankens mit der Anschauung in der dichterischen Einbildungskraft möglich ist, ohne die Kunst in ihrem Grundcharakter zu verändern.

Maßgeblich für den Kunstcharakter und die Wirkweise der Kunst ist die Form. Nicht der Inhalt, sondern die Art und Weise, wie er dargestellt wird, entscheidet über das, was Kunst ist. Es besteht künstlerisch kein Unterschied zwischen sich gravitätisch Vortragendem und spielerisch Hingehauchtem. Der Historienmaler, der mit der Größe seines Sujets frappiert, und der Blumenmaler unterscheiden sich als Künstler durch die mit ihrer Kunst als Kunst verknüpfte Wirkung nicht, mag jener auch als Mensch vortrefflicher, psychologisch kenntnisreicher, technisch versierter, dieser von eher naiver Unreflektiertheit sein. Humboldt streitet gegen die, wie er meint, auch noch zu seiner Zeit verbreitete Meinung, den Rang eines Kunstwerkes mehr seinem Gehalt nach zu schätzen, sieht gerade in Deutschland den Mißstand darin, daß bei der Poesie „immer der Inhalt alles seyn sollte, und das freie *Spiel* der Phantasie und Sprache ganz verschmäht blieb“, rühmt daher die in anderen Hinsichten nicht ohne Vorbehalte angesehenen beiden Schlegel in ihren Bemühungen, daß sie gegen das Prosaische, Mechanische, bloß Diskursive, rein aus dem Raisonnement Erklärbare mit Nachdruck das Poetische, Genialische, Phantastische geltend machen.[16] Für die Kunst sind alle Gegenstände von gleicher Gültigkeit. Sollte aber überhaupt nach dem Gehalt differenziert werden, dann erzeugt nicht der ernste und gehaltreiche Künstler die höchste Wirkung, sondern vielmehr der, „welchem der Genius der Kunst seine grössesste Leichtigkeit verliehen hat, der die Einbildungskraft am zartesten und leisesten zu bewegen versteht, dessen Tönen sie am üppigsten entgegenschwillt, der sie mit einer unendlichen Sehnsucht nach immer neuen Verbindungen, immer neuen Flügen erfüllt“ (II. 137). Gerade diese der Einbildungskraft eigene verzaubernde Leichtigkeit ermöglicht es, „dass sie nirgends so schwer auftritt, um sich an Einer

16 Vgl. Humboldts Brief an Brinkmann vom 4. Februar 1804, in: *Wilhelm von Humboldts Briefe an Karl Gustav von Brinkmann.* Hrsg. u. erläutert von A. Leitzmann. Leipzig 1939. 161–163.

Stelle festzuwurzeln, dass sie immer weiter und weiter schweift und doch immer den ganzen Kreis zugleich beherrscht, den sie durchstrichen hat“ (ebd.). So erfüllt sich vorzüglich die Absicht des Dichters, die in nichts anderem besteht, als „das Gemüth zu stimmen“ (ebd.), und es bleibt belanglos, ob er „den einfachsten Stoff, einen Sonnenaufgang, einen schönen Sommerabend oder jede andre einzelne Naturscene besingen oder eine Ilias, eine Messiade dichten“ (ebd.) mag.

Wie Kant verficht Humboldt also eine Ästhetik der reinen Form, in der gehaltsästhetische Auffassungen keine Stelle haben. Die Kunst soll unmittelbar die Einbildungskraft anregen, sich nicht erst durch ihren Inhalt und Gehalt an den Verstand wenden und so ihren Kunstcharakter einbüßen. Sie bedarf, um Kunst zu sein, der Erzeugung durch die Einbildungskraft des die Kunst Betrachtenden und ist nur im Vollzug dieser Einbildungskraft, nur im Akte dieser produktiven Reproduktion. Es sind aber zugleich diese Erwägungen, die aus dem Kontext der Ästhetik Kants hinausführen. So sehr Humboldt auch in vielen Einsichten mit Kant übereinstimmt, liegt doch zugleich auch in der Aufnahme der Kantischen Gedanken eine fundamentale Differenz, die sich hinter gleichlautenden Formulierungen verbirgt. So bestimmt Humboldt die Schönheit als „das allgemeine, nothwendige, reine Wohlgefallen an einem Gegenstand ohne Begriff“ (I. 259). Von diesem Wohlgefallen heißt es dann erläuternd, daß es „nicht durch Ueberzeugung erzwungen werden kann und doch abgenöthigt sein soll“, daß es „allgemein sein muss, und dessen Gegenstand nicht durch den Begriff reizt“ (ebd.). Humboldt wiederholt damit offensichtlich wesentliche Resultate aus den ausführlichen Darlegungen Kants in der *Analytik des Schönen,* wenngleich es auffällt, daß in dieser Rekapitulation die Bestimmung des Geschmacksurteils nach dem Moment der Relation fehlt (worauf in diesem Zusammenhang nicht weiter eingegangen werden soll). Er übernimmt also Kants zentralen Angang, daß das Geschmacksurteil durch das subjektive Wohlgefallen bestimmt ist, das die Vorstellung des Gegenstandes durch das Subjekt begleitet, und tritt den sich daraus ergebenden Folgerungen bei. In seiner darüber hinausgehenden

Auslegung dieses Wohlgefallens weicht er jedoch von Kant ab, indem er seinen Erläuterungen hinzusetzt, dieses Wohlgefallen müsse sich „nothwendig auf die ganze Seelenstimmung des Empfindenden in ihrer grössesten Individualität beziehen, wie auch schon die unendliche Verschiedenheit in Geschmaksurtheilen zeigt" (ebd.). Bezieht sich nämlich dieses Wohlgefallen auf die zuhöchst individuellen Empfindungen, aus denen die unendliche Verschiedenheit der Geschmacksurteile resultiert, dann zeigt sich mit dieser zusätzlichen Bestimmung, wie weit entfernt Humboldt von Kants Bestimmungen ist; denn Kant muß ja von allen individuellen Empfindungen abstrahieren, weil nur so seine Forderung nach der subjektiven Allgemeinheit des Geschmacksurteils einlösbar wird. Humboldt entzieht also mit der Suspendierung der Reinheit des Geschmacksurteils im Sinne Kants den Kantischen Bestimmungen die Grundlage. Kant zufolge läßt sich die unendliche Verschiedenheit der Geschmacksurteile nur aus der Beimengung von Interessen erklären. In Wahrheit handelt es sich daher nicht um reine Geschmacksurteile. Demnach muß bei Humboldt ein anderes Verständnis der Bestimmungen der Reinheit, Allgemeinheit, Notwendigkeit, Begriffslosigkeit, die das Wohlgefallen erfassen, vorliegen. In der Identität der Bezeichnungen verbirgt sich die Verschiedenheit der Begriffe, die auf eine andere Theorie verweisen, in der die Bestimmungen des Wohlgefallens anders als bei Kant erfaßt sind.

Diese Theorie ist eine metaphysische Lehre, die ihr Zentrum in der Erfassung und Bestimmung der Individualität hat. Kants Ästhetik wird unter dieser Hinsicht in sie integriert und zugleich verwandelt. Das Subjekt ist als dieses individuelle Subjekt in seiner Endlichkeit bestimmt, sich als es selbst darzustellen und so in der Menschheit auszuprägen, die nur in der Individualität auf ihre Weise wirklich ist. Menschheit in ihrer umfassenden Objektivität ist nichts anderes als die Totalität dieser je bestimmten subjektiven Ausprägungen. Daher ist jedes sich bildende Individuum zugleich konstituierendes Element der Menschheit. Die Kunst ist jenes Medium, in dem sich diese Bildung vollzieht. Sie regt alle Kräfte des Gemüts des Menschen an, unter der Herrschaft der Einbildungskraft gemeinsam tätig zu werden. Ihre Erfassung besteht in nichts anderem als in ihrer produktiv reproduzierenden Vergegenwärtigung durch die Einbildungskraft. Diese ist immer diese besondere Vergegenwärtigung, die aber keineswegs willkürlich ist. Der Künstler verfährt bildend und stimmend zugleich. Er bildet das Objekt und stimmt dadurch zugleich den sein Werk aufnehmenden Betrachter. Die Weise dieses Bildens und Stimmens, eingegrenzt durch die Verwandlung des Wirklichen in ein Bild, so daß eine Reproduktion des Wirklichen ausgeschlossen ist, und durch die Anregung der Einbildungskraft im Verein mit den Kräften des Gemüts, so daß sich das Kunstwerk nicht in einen Begriff fassen läßt, ist von Künstler zu Künstler verschieden, und so ist auch die produktive Reproduktion des die Kunst Aufnehmenden subjektiv, ohne daß das bedeuten muß, daß die Einbildungskraft nicht rein oder isoliert tätig sei. Rein objektiv wäre die Kunst nur als Inbegriff aller ihrer subjektiv wirklichen und möglichen Darstellungen in dem die Kunst Betrachtenden überhaupt, also nur als Inbegriff ihrer Totalwirkung. So zeigt sich, daß Kant die Grundlage überhaupt zur Beurteilung des Schönen, Anregungen und Begriffsstützen bietet, die Humboldt in einem Akt der Anverwandlung in seine Lehre überträgt und zugleich individualisiert und dynamisiert. In der differenzierenden Herausarbeitung der der Kunst als Kunst eigenen Wirkung macht Humboldt sie für sein Bildungsdenken fruchtbar, indem er nicht nur fragt, wie ästhetische Wirkungen durch den Künstler möglich sind, sondern zugleich in der ästhetischen Wirkweise den maßgeblichen Ausgangspunkt für seine darauf aufbauenden Überlegungen findet.

Der Künstler verändert durch seine Tätigkeit nicht unmittelbar die Wirklichkeit, sondern den Gemütszustand des Menschen. Indem er die ursprüngliche, schöpferische Geisteskraft, seine Einbildungskraft, dazu bestimmt, ein von allen anderen Produktionen verschiedenes idealisches Ganzes hervorzubringen, entzündet er von selbst die Einbildungskraft des sein Werk Betrachtenden, auf die er nicht direkt einwirken und die er so in ihrer freien Tätigkeit nicht aufheben darf, und regt sie an, „nicht bloss überhaupt auch schöpferisch, sondern es gerade auf dieselbe Weise zu seyn“ (II. 191; vgl. II.

151). Kunst kann nie durch die Stimmung des sie Empfindenden hervorgebracht werden, so wie derjenige nur das Dichten für möglich hält, der selbst „etwas Aehnliches gefühlt hat" (XIV. 626).[17] In dem Brief an Schiller vom 12. Juli 1798 erläutert und begründet Humboldt die Nacherschaffung des Kunstwerkes in dem Betrachtenden so: „Sicherlich gibt es kein anderes Gefäß, die Werke der Einbildungskraft zu fassen, als diese Einbildungskraft selbst, und ebenso ist es eigentlich mit jeder andern geistigen Virtuosität. Jede ist im eigentlichsten und strengsten Verstande ein wahrer Zeugungsakt, eine Tathandlung der innern und ursprünglichen Kraft. Um diese zu begreifen, muß man sie selbst gleichsam nachmachen, d.h., man muß dieselben Kräfte in Bewegung setzen, deren außerordentliche Energie sie hervorgebracht hat."[18] In dieser unter der Herrschaft der Einbildungskraft sich vollziehenden vereinten Tätigkeit aller Kräfte des die Kunst Betrachtenden zeugt sich der Kunstsinn des Künstlers fort: „Wer den Apoll betrachtet oder den Homer liest, fühlt sich, wie er auch vorher hätte gestimmt seyn mögen, zu demselben angefeuert; die Einheit seines innern Wesens in diesen Augenblicken und die Einheit des Werks, das vor seinen Augen dasteht, schmelzen gleichsam in Eins zusammen und wachsen, indem sie sich über die ganze Natur, so wie wir dieselbe alsdann ansehen, verbreiten, zu etwas Unendlichem an." (II. 195; s. auch III. 6) Diese durch die Kunst angeregte Stimmung erläutert Humboldt so: „Alle Fäden menschlicher Gefühle sind alsdann in uns aufgezogen; wir empfinden die menschliche Natur zugleich in allen ihren Berührungspunkten; nie gehen wir leiser von einer Empfindung zu einer andren über; nie ist jede, auch sonst heftige Regung so milde und so gehalten; zugleich aber spiegelt sich alsdann in uns die Welt, die uns

17 Humboldt verkennt nicht, daß es Menschen gibt, «qui ne voient dans ses productions que les objets qu'elles représentent» (III. 9), die das Werk des Künstlers «réduire ... à un simple hiéroglyphe, un pur signe sensible d'une idée intellectuelle» (III. 7). Die Wirkung der Kunst kann nicht eintreten, weil ein von dieser Art die Kunst Betrachtender «n'a pas eu l'ame de le sentir» (III. 6).

18 *Briefwechsel* 2. 166 (siehe Anm. 1).

umgiebt, und setzt dieselbe Stimmung in uns fort. Denn die Vollendung und Harmonie, die wir vor uns erblicken, gehen in uns selbst über und offenbaren sich durch *Ruhe* und *Rührung* - welche beide man vielleicht als die allgemeinste Wirkung jedes grossen Kunstwerks ansehen darf: durch Ruhe, weil in diesem Zustande nichts Störendes, nichts Misklingendes Statt finden kann; durch Rührung, weil es immer das Herz mit Wehmuth ergreift, so oft wir in eine gewisse Tiefe der Natur oder der Menschheit blicken. Beide zusammen beweisen, dass wir die Menschheit und das Schicksal, diese beiden ungeheuren Gegenstände, die auf einmal alles umfassen, was ein menschliches Herz zu rühren vermag, nie lebendiger durchschauen und energischer verknüpfen, als in diesen Momenten." (II. 141 f) Dieser Zustand der ästhetischen Betrachtung ist für Humboldt der erfüllte Menschheitszustand, in dem der Mensch sich, aus der bloßen Wirklichkeit herausgerückt, nicht länger durch Sinnenreiz und triebhafte Begierde beherrscht, für spezielle Zwecke und Bedürfnisse mediatisiert sieht, ein freier ästhetischer Vollendungszustand der Selbstbildung, in dem sich alle menschlichen Möglichkeiten versammeln, aus dem heraus er menschheitlich handeln kann, ohne sich erst mit einem gewaltsamen Sprung vom Druck der Sinnlichkeit befreien zu müssen. Es ist der Zustand, in dem der Egoismus, die Endlichkeit und Ungewißheit der eigenen Existenz getilgt sind. Die Kunstwerke fesseln uns durch ihre bloße Präsenz. «Il nous suffit d'en jouir en les contemplant.» (III. 7) Sie geben uns uns selbst zurück. So tritt in diesem Zustand die dem Menschen als Menschen zugehörige Bestimmung hervor, nicht länger Objekt für etwas, sondern Subjekt zu sein, das sich die der Würde des Menschen angemessenen Verhältnisse schafft. So erschafft sich der Betrachter in der Anschauung des Kunstwerkes und der durch sie erzeugten produktiven Stimmung eine durch Einheit und Allheit gekennzeichnete Welt, in der alles zu einer in sich geschlossenen Vollständigkeit miteinander verknüpft ist, die es ihm ermöglicht, „alles zu *sehen*" (II. 136), alle Zustände des Menschen in ihrem innersten Zusammenhang zu erfassen. „Ich gehe", schreibt Humboldt an Schiller, „immer auf die innern Stimmungen der Seele und immer auf das Allgemeinste aus.

Ich fühle, daß in jedem Menschen alles in *einem* Punkte zusammenstrebt, daß es *einen* Punkt gibt, aus dem sich seine Gestalt, sein Tun, seine Werke, sein Leben, seine Jugend und sein Alter, kurz sein Wesen in allen Modifikationen und allen Zeiten seines Daseins zugleich und harmonisch übersehen läßt, und diesem *einen* Punkte gehe ich überall nach."[19] Von diesem Punkt her ist der Mensch der Herr der Welt. „Es ist nicht mehr schwer," erklärt daher Humboldt, „eine Welt zu bewegen, wenn man einen Punkt ausserhalb derselben gefunden hat, auf den man mit Sicherheit fussen kann." (II.137)

Humboldt begreift seine Überlegungen selbst als „Fragment" einer Theorie der Kunst (vgl. II. 319), das für sich keine strikte Allgemeingültigkeit einfordern kann, aber Konsequenz beansprucht (vgl. II. 225). Die Theorie gerade am Ausgang des achtzehnten Jahrhunderts vollständig auszuführen, ist ihm wegen ihres Zusammenhanges mit der Bildung des Menschen dringlich. Denn nur eine im Medium der Kunst sich vollendende Selbstbildung läßt sich gegen jene Revolutionen und Umstürze aufbieten, die zur Durchsetzung ihrer auf ein abstraktes Gutes gerichteten Prinzipien den konkreten Menschen mit um die Umstände unbekümmerter, niederschmetternder Gewalt ins Verderben ziehen. Humboldt will daher enger als bislang die Kunst mit der Bildung zur Moralität verbinden, ihre den Menschen zu sich selbst und zu freier Gestaltung befreiende Kraft ausschöpfen, um „die innern Formen des Charakters zu bilden und zu befestigen" (II. 319) und ihn sich in seinem Streben nach Selbstbestimmung und Selbstdarstellung zur Geltung bringen zu lassen. Das ersehnte Reich der Freiheit kann nur wirklich werden, wenn es der einzelne in sich selbst schafft und in dem geselligen Umgang mit den anderen praktiziert.

19 *Briefwechsel* 2. 168 f (Brief vom 12. Juli 1798).

III.

Humboldt verkennt die Schwierigkeiten nicht, die in dem Aufriß seines ästhetischen Grundgedankens hervortreten. Sie veranlassen ihn zu konkretisierenden Darlegungen, die an Goethes *Hermann und Dorothea* als an einem herausragenden, die allgemeine Natur der Kunst ausdrückenden Kunstwerk zeigen, was Kunst ist, und das bedeutet zugleich, wie Kunst wirkt. Dazu bedarf es jedoch einer Fülle weiterer Erwägungen, die das damit Gemeinte näher zu verdeutlichen haben. Sie führen auf eine Theorie der Künste - Plastik, Malerei, Musik, Poesie, Schauspielkunst - und nötigen in der Kennzeichnung der ihnen je eigenen Wirkweise zur Bestimmung der Poesie als einer Kunst in Übereinstimmung und besonders in Abgrenzung zu den anderen Künsten. Im Unterschied zu den unmittelbar durch die Anschauung vermittelten Künsten, die direkt die Einbildungskraft anregen, wirkt die Poesie durch ihre Sprache. Sie ist Kunst durch Sprache (vgl. II. 158)[20], die ihrerseits, wie Humboldt 1798, noch weit entfernt von der Durchdringung der Natur und der Beschaffenheit der Sprache überhaupt, erklärt, als ein durch den Verstand gebildetes Mittel, das Geist und Herz interessiert, umgearbeitet werden muß (vgl. II. 143), damit sich das sprachliche Kunstwerk überhaupt erst durch die Einbildungskraft erzeugen läßt. Dieser Ansatz nötigt zum Aufweis der Hauptgattungen der Dichtung, die sich nicht an genialisch ersonnenen Mustern ablesen lassen, sondern von Humboldts elementarästhetischem Ansatz her aus der Natur der ästhetischen Einbildungskraft und des allgemeinen Seelenzustandes angesichts dieser Einbildungskraft, also aus der in der wahren Handlung des Künstlers sich vollziehenden Synthesis abgeleitet werden müssen, so daß sich aus der der einzelnen Dichtungsgattung entsprechenden subjektiven Stimmung ihre objektive Definition ge-

20 Zum Eigencharakter der Dichtkunst vgl. auch *Kant: Werke.* Bd V. 402f (*Kritik der Urteilskraft.* §53), deren Bestimmung Humboldt paraphrasierend und umsetzend aufnimmt, ohne der Kantischen Darstellung des ästhetischen Wertes der Künste untereinander beizutreten.

winnen läßt. Die Sprache unterstützt nicht nur in vorzüglicher Weise die ästhetische Wirkung (vgl. III. 21), sondern hemmt sie auch, was keineswegs bloß für die mit einer fremden Sprache verknüpfte Kunst gilt (vgl. III. 3). Sie stößt an ihr gezogene Grenzen bei der Darstellung und Beschreibung des künstlerischen Gegenstandes, dessen Erfassung in einen kontinuierlichen Zirkel hineinführt (vgl. III. 17; III. 19)[21], an dem jeder Fortschritt in Richtung auf eine endgültige Ermächtigung abprallt. Diese Hindernisse verstärken sich im übrigen noch bei der Schauspielkunst, die „die Kunst der Kunst, nicht die Darstellung der Natur, sondern die Darstellung einer andern vorhergegangenen künstlerischen Darstellung ist" (II. 388).

Allen diesen nicht weiter zu verfolgenden Fragen, die immer wieder auf elementarästhetische Darlegungen zurückverweisen, liegt die Überzeugung von einer alle spezifizierenden Wirkungen umfassenden Wirkung überhaupt zugrunde, die sich in der der Anregung und Unterstützung des harmonisch-proportionierlichen Spiels aller Kräfte des Menschen unter der Herrschaft der Einbildungskraft und somit in dem fortschreitenden Hervortreten der reinen Bildung in dem Gemüt des die Kunst Auffassenden ausprägt. Diese Bildung ist notwendig ästhetische Bildung und als diese Selbstbildung. Daher ist der Mensch nicht länger bloß zu bildendes Objekt, sondern sich selbst bildendes Subjekt, das sich als ein solches Subjekt in Kunst, Sprache, Geschichte, Geselligkeit bewegt und sich der seine Eigentümlichkeit verstellenden Abzweckung entzieht. In dem Aufweis für diese Selbstermächtigung tritt zugleich Humboldts Bezug auf die eigene Zeit hervor. Die in den tradierten Institutionen erstarrte Gegenwart muß aufgebrochen und aus ihrer Lethargie zu einem befreienden Spiel der Kräfte erweckt werden, aus dem heraus allererst

21 Vgl. auch VI. 545: „Ueber einen Dichter reden oder schreiben, ist nie mehr als ein Herumgehen um das Unaussprechliche." Die Darstellung der ästhetischen Idee als einer Vorstellung der Einbildungskraft, so hatte Kant (*Werke.* Bd V. 389) es schon bekräftigt, gibt viel zu denken Anlaß, „ohne daß ihr doch irgend ein bestimmter Gedanke d.i. Begriff adäquat sein kann, die folglich keine Sprache völlig erreicht und verständlich machen kann" (*Kritik der Urteilskraft.* §49).

eine neue Grundlage aller Kultur entstehen kann. Sie steht vor der Alternative, in gewalttätiger Revolution fortzufahren und die französischen Erfahrungen zu mißachten, die die einzelnen Individuen nur als Objekte von Handlungen zeigen, oder durch einen Bewußtseinswandel eine allmähliche, aber dauerhafte Umstellung der Menschen zu sich selbst in ihrer Bestimmung herbeizuführen, so daß sie sich anstelle von Objekten, über die verfügt wird, als Subjekte ihrer Handlungen begreifen können. Dafür aber bedarf es der Reife zur Freiheit, die sich nicht vorschreiben, sondern nur durch Selbstbildung kontinuierlich ausprägen läßt. Um aber diesen Prozeß der Bildung ins Werk setzen zu können, ist die das Kunstwerk schaffende ästhetische Einbildungskraft notwendig. Auf diese Weise verschränken sich Kunst und Bildung in einem unauflösbaren Zusammenhang, so wie es auch Schiller auf einem anderen, gleichwohl verwandten Weg gezeigt hatte. Kunst läßt sich nicht mehr aus der Menschenbildung tilgen. Sie ist jenes Leben schaffende und erhaltende produktive Element, das den Anstoß und Vollzug von Bildung ermöglicht und grundlegende Voraussetzungen für die Freiheit des Menschen und die ihm als Menschen eigenen Rechte allererst erschafft. In diesem Sinne sind die *Ästhetischen Versuche* eine Grundschrift des deutschen Humanismus, in der in elementarer Weise im Medium der Kunst die Verknüpfung von Bildung und menschheitlicher Politik aufgewiesen wird, so daß das Reich der Freiheit nicht erst in fernen Jahrtausenden, sondern in der Bildung eines jeden einzelnen wirklich werden kann.

Schellings Genieästhetik

Klaus Düsing (Köln)

Die Glanzzeit der Ästhetik ist zweifellos die Epoche von Kant bis Hegel. In ihr wird einerseits der Ästhetik eine herausragende systematische Bedeutung zuerkannt; die Ästhetik gehört fast immer zum Vollendungssinn damaliger philosophischer Theorien. Andererseits werden in dieser Periode grundlegende Möglichkeiten der Konzeption und des inneren Aufbaus einer Ästhetik paradigmatisch erprobt. Auch wenn sich solche Grundmöglichkeiten einer Ästhetik nicht unvermittelt auf gegenwärtige Versuche, eine Ästhetik zu entwickeln, anwenden lassen, da das sogenannte Ende des Idealismus und die Entstehung der modernen Kunst geschichtliche Barrieren bilden, so können doch diese paradigmatischen Ästhetik-Konzeptionen unter Berücksichtigung des Zeitenabstandes sehr wohl zur Auflösung verschiedener Probleme in gegenwärtigen Auffassungen zur Ästhetik herangezogen werden.

Eine Ästhetik kann zum einen als Lehre von den ästhetischen Bestimmungen der *reinen Form* eines Anschauungsgegenstandes begründet werden; nur auf dieser Grundlage können dann dessen ästhetischer Gehalt, das Verhältnis von Natur und Kunst sowie hinsichtlich der ästhetischen Einstellung das Verhältnis von Betrachter und Künstler entwickelt werden. Eine solche Ästhetik findet sich in Kants *Kritik der Urteilskraft*. Zum anderen kann eine Ästhetik auf gegenteilige Weise begründet werden, nämlich als *Gehaltsästhetik*. Dann gründen in den genuin ästhetischen Bestimmungen des Gehalts eines Anschauungsgegenstandes die ästhetischen Qualitäten der Form dieses Gegenstandes sowie das genannte Verhältnis von Betrachter und Künstler, ebenso das Verhältnis von Natur und Kunst. Am reinsten führt Hegel diesen Grundtypus von Ästhetik durch. – Geht diese Alternative von unterschiedlichen Auffassungen des ästhetischen Gegenstandes aus, so beruht die folgende auf einer bipolaren Auffassung von ästhetischer Subjektivität. Danach kann eine Ästhetik einerseits die ästhetische Anschauung und Beurteilung des Betrachters ästhetischer Gegenstände als Grundlage ansetzen, der Betrachter mag nun Kunstkritiker, Leser, Zuschauer oder dgl. sein; diese Lehre wird zur *Geschmacksästhetik,* wie sie prinzipiell Kant, und zwar ebenfalls in der *Kritik der Urteilskraft* entwickelt. Erst aufgrund der ästhetischen Wertprädikate, über die der Geschmack verfügt, können hier die anderen schon genannten Probleme der Ästhetik gelöst werden. Andererseits kann eine Ästhetik das Schaffen des Künstlers, des Genies, als Fundament aller anderen ästhetischen Bestimmungen begreifen, die in ihrer eigenen Bedeutung dadurch jeweils begründet und erhellt werden müssen. So entsteht eine *Genieästhetik,* wie sie insbesondere der junge Schelling konzipiert. Gerade diese letzte systematische Möglichkeit einer Ästhetik zeigt, daß über den Vorrang der Natur oder der Kunst in einer Ästhetik jeweils mitentschieden sein muß; dies gilt auch für die erwähnten anderen Ästhetik-Ansätze. Während in Kants Ästhetik noch ein freilich in kritischen Grenzen verbleibender Nachklang einer „Ästhetik" der Natur zu finden ist, die ehemals kosmotheologisch fundiert war, ist alle idealistische Ästhetik grundlegend Philosophie der Kunst. – Es sind, wie leicht ersichtlich, auch durchaus Kombinationen unter diesen systematischen Grundtypen einer Ästhetik möglich.

Vor diesem systematischen Hintergrund soll nun im folgenden die Kunstphilosophie des jungen Schelling als Grundtypus der Genieästhetik in ihren Erklärungsmöglichkeiten und in ihrer Bedeutung für Schellings Idealismus-Konzeption dargelegt werden. Diese Genieästhetik, die sich bei Schelling als ein solcher Grundtypus der Ästhetik nur im *System des transzendentalen Idealismus* findet, unterscheidet sich im Prinzip und im Detail von der identitätsphilosophischen Ästhetik in Schellings Vorlesungen über die *Philosophie der Kunst.* So sei in einem ersten Teil Schellings Begriff des transzendentalen Idealismus in Abhebung von demjenigen Fichtes umrissen. In einem zweiten Teil gilt es, Schellings Theorie des Genies und der Kunst innerhalb seines Ansatzes des transzendentalen Idealismus zu entwickeln. In einem dritten Teil soll die systematische Bedeutung von Schellings Genielehre innerhalb seiner frühidealistischen Philosophie bestimmt werden.

1. Der transzendentale Idealismus

Schelling geht im *System des transzendentalen Idealismus* ebenso wie Fichte in seinen früheren Konzeptionen der Wissenschaftslehre vom reinen Ich aus mit dem Satze: „Ich bin" oder „Ich = Ich". Beide verstehen die Formel der Identität des Ich mit sich nicht als bloße Tautologie; entschiedener als Fichte denkt Schelling sie als Gleichheit Entgegengesetzter (vgl. *SW* III. 372).[1] Diese Entgegengesetzten im Ich sind Subjekt und Objekt, Tätigkeit und Sein, Produzierendes und Produziertes. Wie Fichte bestimmt Schelling die spontane Tätigkeit des reinen Ich als intellektuelle Anschauung, als ein unmittelbares, aber rein geistiges Gegenwärtighaben seiner selbst. Prononcierter als Fichte hebt er ihren Grundcharakter der Produktivität hervor. Für Fichte ist das eigentlich produzierende Vermögen in der Regel die Einbildungskraft. Schelling nimmt auch diese Bestimmung mit seinem Begriff des „Dichtungsvermögens" auf und denkt sie als wesentliches Ingrediens der intellektuellen Anschauung. Diese Charakterisierung der intellektuellen Anschauung ermöglicht Schelling dann ihre zwangslose Weiterentwicklung zur Anschauung des Genies.

1 *SW = Schelling: Sämtliche Werke.* Hrsg. von K. F. A. Schelling. Stuttgart und Augsburg 1856–1861. Die Bandzahl wird mit römischen, die Seitenzahl mit arabischen Ziffern angegeben. – Jochen Schmidt erörtert im Rahmen seines großen geschichtlichen Durchblicks durch die Geschichte des Genie-Gedankens auch Schellings Genielehre. Er glaubt, Schelling sei mehr an der Bestimmung des Kunstwerks als des Genies interessiert; so gehöre seine Ästhetik nicht eigentlich zur modernen Subjektivierung der Produktionsästhetik. Schmidt übergeht dabei, daß Schellings Genieästhetik systematisch den Abschluß und die Vollendung des transzendentalen Idealismus als Subjektivitätstheorie bildet. Vgl. *Jochen Schmidt: Die Geschichte des Geniegedankens in der deutschen Literatur, Philosophie und Politik 1750–1945.* 2 Bde. Darmstadt 1985. Bd 1. 390–403.

Wie Fichte vertritt Schelling die Auffassung, daß durch den spontanen Vollzug der intellektuellen Anschauung das Ich in seinem Fürsichsein und in seinem unmittelbaren Wissen von sich erst entsteht. Dezidierter als Fichte besteht er darauf, daß hierbei freilich das Ich-Objekt, das da intellektuell angeschaut wird, als das Gegenteil des vollziehenden Ich-Subjekts in der Theorie allererst entwickelt werden muß und in dieser am Anfang noch keineswegs als ein Ich vollendet ist. Vielmehr muß sich das Ich über eine ganze Stufenreihe von Vermittlungen, in denen das betrachtete Ich-Objekt immer mehr mit Strukturen und Momenten der Subjektivität erfüllt wird, bis es zuletzt dem entwickelten Ich-Subjekt gleicht, mit sich selbst vermitteln. Doch findet sich diese Konzeption im Prinzip ebenfalls schon bei Fichte, der die Dichotomie von betrachtendem und betrachtetem Ich und die Weisen ihrer Beziehung aufeinander der Entwicklung seines frühen Idealismus zugrunde legt. – Ferner konzipiert Schelling den gesamten transzendentalen Idealismus als systematische Geschichte des Selbstbewußtseins. In der *Grundlage* von 1794/95 hatte Fichte nur einen Teil seines Idealismus für ein solches Programm vorgesehen. Dagegen läßt sich insbesondere aus seiner Darlegung der *Wissenschaftslehre nova methodo,* die Schelling freilich nicht kennt, entnehmen, daß er den gesamten Idealismus der Wissenschaftslehre – ähnlich wie dann Schelling – als systematische Geschichte des Selbstbewußtseins anlegt,[2] d.h. als systematische Explikation der verschiedenen Fähigkeiten und Leistungen des endlichen Geistes aufgrund des einen Prinzips des Ich. – Für Schellings Konzeption des transzendentalen Idealismus ist es nun kennzeichnend, daß er diese beiden Argumentationsstränge, die sich auch schon bei Fichte finden, nämlich die Entwicklung von Stufen des Ich-Objekts als Stufen der Selbstvermittlung des Ich mit sich und die systematische Darlegung der Fähigkeiten und Leistungen des Selbstbewußtseins, prinzipiell verbindet und – nach seinem Anspruch – vollstän-

2 Vgl. dazu *E. Düsing: Intersubjektivität und Selbstbewußtsein.* Behavioristische, phänomenologische und idealistische Begründungstheorien bei Mead, Schütz, Fichte und Hegel. Köln 1986. Bes. 260ff, auch 186ff.

dig ausführt. So ist für ihn der transzendentale Idealismus eine solche systematische Geschichte des Selbstbewußtseins, in der einer Stufenfolge von verschiedenen Fähigkeiten und Leistungen des Subjekts eine Stufenfolge von Bestimmungen des Ich-Objekts, die sich zunehmend mit Subjektivitätsbedeutung anreichern, notwendig korrespondiert. Die höchste subjektive Vorstellungsfähigkeit ist danach diejenige, die sich auf ein nicht mehr defizientes, sondern vollständig als Subjektivität erwiesenes Ich-Objekt zu beziehen vermag. Diese Position ist nach Schelling erst mit der ästhetischen schöpferischen Anschauung des Genies und seiner Kunst erreicht.

Diese Abänderungen, die Schelling gegenüber Fichte vornimmt, betreffen das Prinzip und die subjektivitätstheoretische Anlage des transzendentalen Idealismus. Sie sind verbunden mit anderen, materialen Abänderungen, die leicht zu erkennen sind. Schelling erweitert Fichtes transzendentalen Idealismus zum einen um die Darlegung der transzendentalen Vorgeschichte des Selbstbewußtseins. Hierbei baut er Fichtes Lehre von der unbewußt produzierenden Einbildungskraft zu einer Theorie von Stufen unbewußter produktiver Leistungen des Ich aus, die zu ihrem jeweiligen Korrelat Stufen der Natur haben.[3] Dieser Naturphilosophie als untergeordnetem Bestandteil des transzendentalen Idealismus liegt bei Schelling die sich von Fichte entfernende Auffassung zugrunde, daß die unbewußte Tätigkeit, von der das endliche reflektierende Ich nichts weiß, dem erfüllten Ich ebenso wesentlich ist wie die bewußte Tätigkeit. – Zum anderen erweitert Schelling gegenüber Fichte den transzendentalen Idealismus um eine Theorie des Genies und der Kunst. Selbstbewußtsein ist für Schelling nicht vollendet im vernünftigen, adäquat evidenten Selbstbezug des Wollens, das Welt und Geschichte von sich unterscheiden muß. Dem Selbstbewußtsein kommt nach Schelling vielmehr gleichermaßen wesentlich die bewußte und die unbewußte Tätigkeit zu. Da diese Tätigkeiten aber einander widerstreiten,

3 R. Lauth zeigt, daß solche Naturphilosophie prinzipiell auch von Fichte konzipiert wurde; vgl. *Die transzendentale Naturlehre Fichtes nach den Prinzipien der Wissenschaftslehre.* Hamburg 1984.

entsteht erfülltes Selbstbewußtsein erst, wenn eine höhere Einheit beider zustande kommt. Die Konstitution dieser höheren Einheit gelingt nach Schelling nur dem Genie. – Die Einführung eines naturphilosophischen Teils und einer Genieästhetik in den transzendentalen Idealismus beruht also auf einer gegenüber Fichte veränderten Auffassung von erfülltem Selbstbewußtsein.[4]

Diesem transzendentalen Idealismus als Theorie des „Subjektiven" geht nun nach Schelling gleichursprünglich und gleichberechtigt eine Theorie des „Objektiven" oder die Naturphilosophie voraus. Diese Naturphilosophie ist nicht Teil der Transzendentalphilosophie, sondern selbständiger, der Transzendentalphilosophie gegenübergesetzter Systemteil. Dies wäre in Fichtes Konzeption unmöglich. Fichtes Protest gegen diese Bedeutung der Naturphilosophie und Schellings Festhalten an seiner eigenen Auffassung zeigen indirekt, daß Schelling eine grundlegend von Fichtes Theorie abweichende Bedeutung von transzendentalem Idealismus vor Augen hat, die er freilich nicht hinreichend ausführt. Fichte bewahrt in seinem Begriff des Idealismus die Kantische Auffassung, nach welcher der transzendentale Idealismus als Theorie der Erkenntnisarten und ihrer Verbindungen untereinander die Grundlegungswissenschaft für alles Erkennen darstellt. Fichte erweitert diese Bestimmung noch, indem er seinen transzendentalen Idealismus als Grundlegungswissenschaft für alle Arten des Vorstellens und Wollens des Ich versteht. So kann nach Fichte ebenso wie nach Kant eine Untersuchung der Bestimmungen der Natur weder methodisch noch inhaltlich vom Prinzip allen Wissens, dem Selbstbewußtsein, abstrahieren. Schelling dagegen bestreitet dem transzendentalen Idealismus gerade diesen Charakter einer Grundlegungswissenschaft; er betont das Begrenzte der Aufgabe dieses Idealismus, der nur das „Subjekti-

4 Vgl. hierzu – etwas anders – *R. Kroner: Von Kant bis Hegel.* 2 Bde (1921/24). 2. Aufl. Tübingen 1961. Bes. Bd 2. 76–83. – Die Erweiterung der praktischen Philosophie innerhalb des transzendentalen Idealismus um eine an Kant sich anlehnende Theorie der Geschichte fügt keinen neuen Teil zum transzendentalen Idealismus hinzu, sondern vervollständigt einen schon bestehenden Teil.

ve" zu entfalten habe. Daher hält er eine selbständige Naturphilosophie von eigener ontologischer und kosmologischer Dignität für möglich. Auch sie impliziert nach Schelling zwar die Bestimmung des Selbstbewußtseins, jedoch nicht als Grundlage allen Wissens und Erkennens, sondern als reale höchste Potenz in der Stufenreihe der Natur, wodurch diese sich zugleich selbst übersteigt. Der transzendentale Idealismus entwickelt parallel zu solcher Naturphilosophie Stufen der realen Fähigkeiten und Leistungen des Geistes und deren jeweiliges korrelatives Ich-Objekt. Schelling versteht diesen Idealismus nicht als Grundlegungswissenschaft, sondern - ohne freilich zu letzter Klarheit zu gelangen - offenbar als eine Theorie des Aufbaus des realen endlichen Geistes, in dem sich schließlich das Absolute manifestiert, also der Intention nach als Geistesphilosophie, wie sie auf spekulativer Basis Hegel später ausführte.[5] - Diese Theorie des „Subjektiven" ist ebenso wie die Naturphilosophie in einer Konzeption von absoluter Identität metaphysisch fundiert. Doch kann diese absolute Identität nach Schellings damaliger Auffassung (vor 1801) nicht erkannt, ja nicht einmal gedacht werden; darin erweist sich diese Schellingsche Konzeption der Philosophie eindeutig noch als frühidealistisch.

2. Genie und Kunst

Innerhalb dieser Konzeption von transzendentalem Idealismus entwickelt Schelling nun seine Genieästhetik. Diese ist für ihn die Vollendung des transzendentalen Idealismus. Dem endlichen Geist ist nach Schelling, wie sich gezeigt hatte, gleichursprünglich die unbewußte ebenso wie die bewußte Tätigkeit, d.h. die Bildung dunkler, naturhafter und traumhafter ebenso wie klarer, deutlicher und reflektierter Vorstellungen, damit aber auch der Widerstreit dieser Tätigkeiten immanent. Schon mit der ersten Vorstellung seiner selbst

5 Ob Schelling damit einer Grundlegungswissenschaft entbehren kann, wie sie für Fichte der transzendentale Idealismus ist, bleibt allerdings fraglich.

befindet sich das Selbstbewußtsein in der Entzweiung dieser seiner Tätigkeiten; in dieser Entzweiung bleibt es auch als Wollen und Freiheitsbewußtsein. Wird diese Entzweiung vom Ich selbst aber erlebt und erlitten, so schließt es die unbewußte Tätigkeit nicht mehr von sich aus; es erfährt damit den Zwiespalt seiner selbst; dieser Widerstreit geht nach Schelling an „die Wurzel seines ganzen Daseins" (*SW* III. 616). Dadurch entsteht ein unendliches Streben, eine höhere Einheit und Versöhnung zu schaffen, in der das Ich sich selbst als mit sich identisches in diesem Widerstreit seiner Kräfte anzuschauen vermag. Es bringt diese höhere Einheit und damit seine Selbstanschauung nur zustande als Genie. Diese Einheit kann nicht durch Entschlüsse herbeigezwungen werden; sie gilt ihm „gleichsam als … Gunst einer höheren Natur", durch die es selbst „überrascht und *beglückt*" wird (*SW* III. 615). Das ästhetische Wohlgefallen kommt also zuerst dem Genie zu, das sich in seinem glückhaft gelingenden Schaffen unmittelbar der Aufhebung seines inneren Widerstreits und damit seiner Selbstvollendung bewußt wird.

Eine Quelle dieser Bestimmung des Schaffens des Genies als Einheit von bewußter und unbewußter Tätigkeit dürfte für Schelling Kants Genielehre in der *Kritik der Urteilskraft* sein. Im Genie gibt nach Kant die Natur der Kunst die Regel; die Natur im Schaffen des Genies ist das diesem selbst unbegreifliche, insofern dunkle und unbewußte Sich-Zusammenfinden seiner mannigfaltigen Vorstellungen zu einer ästhetischen Idee, zu einer geglückten, reichen ästhetischen Anschauung, die viel zu denken gibt. Zugleich erfolgt das Schaffen des Genies aber bei klarem Bewußtsein nach einer bestimmten Zielsetzung, ist bewußte Poiesis. Für Schelling gewinnt das Unbewußte im Schaffen des Genies größere Bedeutung als für Kant. Darin ist wohl kaum eine Vorprägung von Freudscher Psychologie und Tiefenpsychologie zu sehen;[6] das Reich des Unbewuß-

6 Dies versucht O. Marquard zu zeigen, vgl. z. B. *Über einige Beziehungen zwischen Ästhetik und Therapeutik in der Philosophie des neunzehnten Jahrhunderts.* In: *Materialien zu Schellings philosophischen Anfängen.* Hrsg. von M. Frank und G. Kurz. Frankfurt a. M. 1975, 341–377. – Schelling identifiziert

ten bleibt bei Schelling, damaligem Wissensstand gemäß, allgemein das Reich der unbegreiflichen, dunklen, auch traumhaften Vorstellungen. Neu ist der systematische Gedanke, daß dies wesentlich dem Ich angehört, ein Gedanke freilich, der in manchen Entwürfen der Jenaer Romantik vorbereitet ist. – Für das Naturhafte, Unreflektierte und Unbewußte im Schaffen des Genies deutet vor Schelling z. B. Schiller eine höhere Dignität an; Schillers Auffassung des Genies, wie sie insbesondere in *Über Anmut und Würde* und *Über naive und sentimentalische Dichtung* enthalten ist, dürfte für Schellings Genielehre einen weiteren wesentlichen Hintergrund darstellen. Schiller erklärt, daß das Genie in naturhafter Naivität den „Eingebungen eines Gottes“[7] gehorcht. Schelling folgt Schiller, abgesehen von seiner Abänderung des Schillerschen Verständnisses des Naturhaften, und er folgt damit der langen Tradition, in der auch Schiller steht und die auf Platos im *Phaidros* dargestellte Lehre von der θεία μανία des Dichters zurückgeht.[8] Dabei deutet Schelling das Unbegreifliche der Gottergriffenheit, des *„pati Deum“* (*SW* III. 617), und des Enthousiasmos des Genies innerhalb seiner Theorie des Ich als das Unbewußte im genialen Schaffen. In diesem ist also als ein arcanum der Gott gegenwärtig, der dem Genie zugleich das wesenserfüllende Ge-

einmal das „Unbegreifliche“, Unbewußte mit dem Genie (*SW* III. 616). Doch legt er es sonst als Einheit von bewußter und unbewußter Tätigkeit dar.

7 Vgl. *F. v. Schiller: Sämtliche Werke.* Aufgrund der Originaldrucke hrsg. von G. Fricke und H. G. Göpfert. München 1958 ff. Bd 5. 704. Beide Abhandlungen Schillers zieht Schelling auch in seinen Vorlesungen über die *Philosophie der Kunst* heran, insbesondere *Über naive und sentimentalische Dichtung,* wozu dort noch die erst 1801 veröffentlichte Schrift: *Über das Erhabene* kommt. – In einem Brief an Goethe vom 27. 3. 1801 wendet sich Schiller gegen Schellings Bemerkung, daß man in der Kunst vom Bewußtsein zum Bewußtlosen gehe; diese trifft in der Tat nicht Schellings eigentliche Theorie. Schiller bestätigt jedoch die Vereinigung des Bewußten (Besonnenen) und Unbewußten im Schaffen des Genies. Vgl. dazu *D. Jähnig: Schelling.* Die Kunst in der Philosophie. 2 Bde. Pfullingen 1966/69. Bd 2. 167–172.

8 Zur Wirkungsgeschichte des Gedankens der θεία μανία vgl. den grundlegenden Durchblick von *O. Pöggeler: Dichtungstheorie und Toposforschung.* In: Jahrbuch für Ästhetik und allgemeine Kunstwissenschaft. 5 (1960), bes. 112–123.

lingen der Vereinigung von unbewußter und bewußter Tätigkeit gewährt.

Das Schaffen des Genies in dieser geglückten und als glückhaft erlebten Vereinigung der entgegengesetzten Tätigkeiten ist nun nach Schelling immer Poiesis; es bleibt nicht nur innerliche Anschauung, nicht nur werklose, ins Innere eingeschlossene Phantasie oder gar bloßer Kunstwille, sondern bringt ein originales Kunstwerk hervor, das als gestaltetes auch äußerlich und objektiv anzuschauen sein muß. Die Kunst und ihre Werke, wie die Ästhetik sie grundsätzlich zu begreifen sucht, entstammen also notwendig dem Schaffen des Genies. Dies hatte mit anderer Zielrichtung schon Kant in der *Kritik der Urteilskraft* dargelegt. Da "Kunst" in allgemeinem Sinne auf absichtsvoller, vom Begriff eines Zweckes geleiteter, bewußter Hervorbringung beruht, ist schöne Kunst nach Kant nur möglich als zugleich naturhafte, insofern unbewußte Hervorbringung des Genies. Hierbei wird das Genie - wie bei Schelling - grundlegend als poietisch gedacht. Da für Kant anders als für die Idealisten Ästhetik nicht sogleich Philosophie der Kunst ist, garantiert nach seiner Lehre erst das Genie die Möglichkeit schöner Kunst und damit die Möglichkeit, in der Ästhetik auch Grundbestimmungen der schönen Kunst zu erörtern. Dies bedarf nach Schelling keines eigenen Beweises mehr. Da für Schelling Ästhetik Philosophie der Kunst ist und da ferner Kunst, sofern ihr ästhetische Wertprädikate wesentlich zukommen, nur durch das Schaffen des Genies entsteht, muß das Genie - anders als bei Kant - zum Ausgangspunkt und Prinzip der Ästhetik werden.

Das Genie wirkt nun einerseits, wie Schelling sagt, indem er einem antiken Topos folgt, „mit der größten Besonnenheit"[9]; anderer-

9 Diesem Topos gemäß gewährt solche Besonnenheit und Klarheit Apoll dem Dichter. F. Schlegel z. B. nimmt dies auf und stellt es der Wirkung des Dionysos gegenüber; vgl. *Über das Studium der griechischen Poesie* von 1797, in: *Kritische Friedrich-Schlegel-Ausgabe.* Bd I. 298. Vgl. auch *J. Paul: Vorschule der Ästhetik.* § 12. Der Gegensatz des Apollinischen und Dionysischen bahnt sich damit an. Zur Verbindung von Besonnenheit und Fortgerissenwerden, ja Wahnsinn im künstlerischen Schaffen vgl. auch in Schellings Akademierede *Über das Verhältnis der bildenden Künste zur Natur* (1807), *SW* VII. 313. -

seits legt es eine „unergründliche Tiefe" in sein Werk (*SW* III. 619). Darin sind die allgemeineren Bestimmungen der bewußten und unbewußten Tätigkeit sowie deren Einheit im genialen Schaffen enthalten. Das Gleiche gilt für Schellings Unterscheidung von „Kunst" im engeren Sinne als erlernbarer Kunstfertigkeit und „Poesie" als allgemeinem naturhaftem „Dichtungsvermögen", als naturhaft gegebener produktiver Phantasie überhaupt; in dieser Weise denken auch Schlegel und Novalis die Poesie; sie stehen damit in der Tradition der allgemeinen Bestimmung der Poesie als Poiesis in Platos *Symposion.* Beides, „Kunst" und „Poesie" als bewußtes und unbewußtes Hervorbringen, ist nach Schelling im genialen Schaffen vereint. Diese beiden Komponenten sind auch in Schillers *Über Anmut und Würde* oder in Kants *Kritik der Urteilskraft* angedeutet; sie gehen letztlich auf die Horazische Unterscheidung von „ars" und „ingenium" zurück, die selbst in der Tradition der griechischen Unterscheidung von Techne einerseits und Phantasia bzw. Enthousiasmos andererseits steht. Schelling ordnet hier - ganz unromantisch - die „ars" dem „ingenium" über hinsichtlich des Zustandebringens gelungener Kunstwerke.[10] - So nimmt Schelling durchaus klassische Topoi, die aus der Antike überliefert sind, in seine Genielehre auf.

Das Schaffen des Genies und die Verfaßtheit des Genies in diesem Schaffen hat Schelling zwar auch später noch erörtert, z.B. in der Akademierede *Über das Verhältnis der bildenden Künste zur Natur* (1807). Doch greift Schelling dabei u.a. Bestimmungen des *Systems des transzendentalen Idealismus* wieder auf; vor allem aber können diese Bestimmungen, was die poetische Patina jener Rede gele-

Zur Fortführung des Problems *Genie und Wahnsinn* bei Schopenhauer vgl. die problembewußte und perspektivenreiche Studie von *O. Pöggeler: Schopenhauer und das Wesen der Kunst.* In: *Ders.: Die Frage nach der Kunst.* Von Hegel zu Heidegger. Freiburg/München 1984, bes. 115-135.

10 Vgl. dazu und zu den antiken Hintergründen *D. Jähnig: Schelling.* Bd 2. 139ff, 145ff; er führt für die Entgegensetzung von „ars" und „ingenium" und die Überordnung der „ars" Stellen aus *Horaz: De arte poetica* an, einem Werk, das Schelling bekannt gewesen sein dürfte. - In der nachgetragenen Bemerkung (*SW* III. 619 Anm.) nimmt Schelling jene Priorität freilich zurück.

gentlich verschleiert, im späteren identitätsphilosophischen Ansatz nicht mehr die gleiche grundlegende systematische Bedeutung innehaben wie in der Konzeption des transzendentalen Idealismus.

Dem Produkt des genialen Schaffens, dem Kunstwerk, kommt nun nach Schelling der Grundcharakter der Schönheit zu. Von ihr unterscheidet Schelling die Erhabenheit; mit diesen beiden grundlegenden ästhetischen Wertprädikaten folgt er erneut der Tradition, die bis in die Antike zurückreicht und die - für Schelling bedeutsam - insbesondere Kant und Schiller weiterentwickeln. Schönheit ist, wie Schelling im *System des transzendentalen Idealismus* nur knapp charakterisiert, „das Unendliche endlich dargestellt" (*SW* III. 620). Die Versöhnung des absoluten, insofern unendlichen Gegensatzes von bewußter und unbewußter Tätigkeit im Schaffen des Genies bietet sich in dem von ihm hervorgebrachten, gestalthaft begrenzten Werk als Harmonie von Endlichkeit und Unendlichkeit, d.h. für Schelling als Schönheit dar. Bleibt im Objekt dagegen der Widerstreit bestehen und werden die Widerstreitenden nur in der subjektiv bleibenden Anschauung in eins gefaßt, so entsteht nach Schelling die alle Gemütskräfte anspannende Vorstellung des Erhabenen. Eigentlich aber, so emendiert Schelling in seinem Handexemplar, ist das wahrhaft Schöne zugleich erhaben und umgekehrt; er folgt damit Schillers Lehre von der Synthesis beider im Ideal.[11] Ebenso nimmt er mit der Charakterisierung, das Kunstwerk strahle „Ruhe" und „stille Größe" (*SW* III. 620) aus, Winckelmanns Klassizismus auf, und zwar nicht nur für die bildende, sondern für alle Kunst.[12] Er befindet sich damit in Übereinstimmung mit den ästhetischen Urteilen der zeitgenössischen „Klassiker" - ebenso wie später Hegel.

Weil die Genieästhetik Philosophie der Kunst ist, muß Schelling - wie später Hegel und anders als Kant - ausschließen, daß die Na-

11 Vgl. *SW* III. 621, vgl. auch in den Vorlesungen über die *Philosophie der Kunst*, *SW* V. 468, zu Schillers Auffassung vgl. z.B. *Sämtliche Werke.* Bd V. 481ff, dazu vgl. *W. Düsing: Schillers Idee des Erhabenen.* Diss. Köln 1967. 90-99.

12 Vgl. auch Schellings Äußerungen zu Winckelmann *SW* V. 477 und - zumeist mit Beziehung auf die bildende Kunst - *SW* VII. 295f, 306, 309 u.ö.

turschönheit ursprünglicher Inhalt dieser Ästhetik sei; sie ist nur zufällig da und erfüllt nicht die höheren Bestimmungen des geistigen Schönen. Schon im *System des transzendentalen Idealismus* weist Schelling daher die Auffassung von der Kunst als Nachahmung der Natur zurück.[13] Vielmehr ist für Schelling die Kunst des Genies Maßstab der Beurteilung auch der Naturschönheit. Das Genie ist für Schelling autonom (vgl. *SW* V. 349); es bildet in seiner genialen Produktivität allererst die intuitiven Normen und Muster aus, nach denen überhaupt ein Naturding oder Kunstwerk als schön oder erhaben erfaßt werden kann. Ihnen folgt der Betrachter, der ebenfalls, wenn auch nur nachschaffend produktiv ist.

Dieses intuitive produktive Vermögen des Genies, das aus sich selbst die ästhetischen Maßstäbe erst hervorbringt, die sein Schaffen regeln, charakterisiert Schelling auch mit Bestimmungen, die Kant in der *Kritik der Urteilskraft* dem göttlichen intuitiven Verstand vorbehält. Das Genie schaut die „Idee des Ganzen" (*SW* III. 623) als Grund der Teile und ihres Zusammenhangs an. Eine solche Anschauung ist auch nach Kant intellektuell und spontan-produktiv; sie bringt durch ihre Tätigkeit Seiendes als ihr Produkt hervor. Zwar deutet auch Kant einmal die auf antike Tradition zurückgehende Vorstellung an, daß das Genie ein „alter deus" sei; doch erst Schelling überträgt die Bestimmungen des intuitiven Verstandes auf das Genie;[14] dies ist für ihn das „inwohnende Göttliche des Menschen" (*SW* V. 460). –

So finden sich in der Genieästhetik des jungen Schelling eine Reihe von „klassischen" Momenten, von Wiederaufnahmen antiker Bestimmungen und Topoi sowie von Gemeinsamkeiten mit zeitgenössischen ästhetischen Auffassungen, die schon bald als „klassisch" galten. Doch nimmt Schelling ebenso zentrale romantische Überlegungen in seine Genieästhetik auf; nicht immer leuchtet deren

13 Vgl. *SW* III. 622. Vgl. auch VII. 292 ff.

14 Zu diesen Zusammenhängen sei der Hinweis erlaubt auf meine Abhandlung: *Ästhetische Einbildungskraft und intuitiver Verstand.* Kants Lehre und Hegels spekulativ-idealistische Umdeutung. In: Hegel-Studien. 21 (1986), 87–128, bes. 99 f, auch 123 f.

Kompossibilität mit jenen „klassischen" Momenten ohne weiteres ein. – So gibt es für ihn als realisierte Einheit von bewußter und unbewußter Tätigkeit, von Endlichkeit und Unendlichkeit eigentlich „nur Ein absolutes Kunstwerk, welches zwar in ganz verschiedenen Exemplaren existieren kann, aber doch nur Eines ist" (*SW* III. 627). Große Dichter suchten es nach Schelling nicht in einem einzelnen Gedicht, sondern „durch das *Ganze* ihrer Dichtungen hervorzubringen" (ebd.). Ähnlich hatte sich F. Schlegel im *Gespräch über die Poesie* geäußert.[15] Die Vorstellung der Einheit und Vollendung eines künstlerischen Einzelwerks wird damit aufgegeben.

Bei diesen Bestimmungen eines universellen Kunstwerks hat Schelling offenbar die Mythologie und als bestimmtes Beispiel die griechische Mythologie vor Augen. Zwar erklärt er im *System des transzendentalen Idealismus* nicht wie F. Schlegel geradezu, die Mythologie sei ein solches Kunstwerk. Er vergleicht vielmehr nur die unendliche Sinnfülle der Mythologie, in der symbolisch „Ideen" (*SW* III. 620) dargestellt werden, und das unabsichtliche, unbewußte Entstandensein der Mythologie mit den gleichen Qualitäten eines einzelnen Kunstwerks. Auch in den Vorlesungen über die *Philosophie der Kunst* ist die Mythologie zunächst lediglich der „Stoff", der Inhalt der Kunst. Da jedoch die Mythologie nur in den einzelnen Kunstwerken existiert, da sie das Unendliche in endlicher, symbolischer Gestalt, d. h. schön darstellt, ja da „das Grundgesetz aller Götterbildungen ... Schönheit" ist (*SW* V. 397 f), deshalb ist für Schelling letztlich die Mythologie selbst das universelle Kunstwerk; es tritt bei den Griechen, wie Schelling in jenen Vorlesungen erklärt, exemplarisch als Mythologie der Natur, später im Christentum exemplarisch als Mythologie der Geschichte auf (vgl. *SW* V. 427). So entwirft Schelling – ebenso wie Schlegel – den Begriff einer ästhetischen Mythologie.[16] Schelling deutet dabei eine Mythologie in vage neuplato-

15 Vgl. *Kritische Friedrich-Schlegel-Gesamtausgabe.* Bd II. Hrsg. von H. Eichner. München usw. 1967, z. B. 313: „... die alte Poesie sei ein einziges, unteilbares, vollendetes Gedicht".

16 Dieser Mythologiebegriff ist ein anderer als der des „ältesten Systemprogramms des deutschen Idealismus", was O. Pöggeler überzeugend dargelegt

nischer Weise als Darstellung „aller Ideen“ in konkreten, symbolisch-sinnträchtigen göttlichen Gestalten.[17] Dieser Gedanke läßt sich eigentlich erst in den Vorlesungen über die *Philosophie der Kunst* ausführen, die die Theorie der Mythologie weiterentwickeln; denn für Schelling ist erst die Identitätsphilosophie in der Lage, in Ideen spekulativ zu begreifen, was die Kunst in konkreten Gestalten anschaulich darstellt. Solche Deutung gilt dann nicht nur der griechischen, sondern auch der christlichen und schließlich sogar der neuen Mythologie, die Schelling ebenso wie Schlegel fordert;[18] Hegel dagegen hält schon in seinen ersten Jenaer Jahren die Mythologie - und mit ihr die Kunst - für etwas in der wirklichen Geschichte Vergangenes.

Aus dieser Bestimmung der Mythologie als des Inhalts der Kunst, ja als des universellen Kunstwerks selbst ergibt sich eine weitere zentrale Bestimmung der Ästhetik, die Schelling - ebenso wie Schlegel - nicht eigens begründet; die Ästhetik wird dadurch notwendig zur Gehaltsästhetik.

Diese Konzeption der Mythologie als Kunstwerk, die Schelling schon im *System des transzendentalen Idealismus* vorschwebt, führt nun zu einer überraschenden Anwendung des Geniegedankens. Während er mit den oben dargelegten, mehrfach auf die klassische Tradition zurückgehenden Bestimmungen das menschliche Künstlerindividuum als Genie betrachtet, bestimmt er im Kontext der Erörterung der Mythologie - wie Schlegel - in romantischer Auswei-

hat; damit entfällt ein entscheidendes inhaltliches Argument, Schelling als Verfasser dieses Programms anzusehen. Es stammt, wie als erster Pöggeler gezeigt hat, von Hegel; vgl. *O. Pöggeler: Hegel, der Verfasser des ältesten Systemprogramms des deutschen Idealismus.* In: Hegel-Studien. Beiheft 4. Bonn 1969, 17-32 und ders. *Hölderlin, Hegel und das älteste Systemprogramm.* In: Hegel Studien. Beiheft 9. Bonn 1973, 211-259, bes. 245 f.

17 Vgl. z. B.: „Die Ideen in der Philosophie und die Götter in der Kunst sind ein und dasselbe“ (*SW* V. 401; vgl. 370).

18 Zu Schellings Lehre von der Mythologie in den Vorlesungen über die *Philosophie der Kunst* vgl. die detaillierte, sehr instruktive Interpretation von *X. Tilliette: Schelling.* Une philosophie en devenir. 2 Bde. Paris 1970. Bd 1. 439-471, zum Verhältnis Schellings zu Schlegel hinsichtlich der Forderung einer neuen Mythologie vgl. 442 ff.

tung als Genie ein „Volk“, z. B. dasjenige der Griechen, oder ein ganzes „Geschlecht“ eines Zeitalters (vgl. *SW* III. 620, 629). Genie wird damit zu einem die menschliche Individualität übersteigenden, allgemeinen kunstschaffenden Vermögen, ohne daß Schelling aufzeigt, wie diese „romantische“ mit jener „klassischen“ Auffassung im Detail zu verbinden ist. Das Gleiche gilt für das durch das Genie in beiderlei Bedeutung Hervorgebrachte, das einzelne bzw. das universelle Kunstwerk.[19]

Schließlich deutet Schelling die Malerei, die „die unsichtbare Scheidewand“ zwischen „wirklicher und idealischer Welt“ (*SW* III. 628) aufhebt, mit einem Anklang an den „magischen Idealismus“, d. h. romantisch. Denn diese Kunstwerke bzw. diese einzelnen Repräsentationen eines allgemeinen Kunstwerks stellen anschaulich-bildhaft die Wirklichkeit der wahren, „idealischen“, nur durch die ästhetische Phantasie erfaßbaren Welt dar, die durch die Sinnenwelt „nur unvollkommen hindurchschimmert“ (ebd.). Diese Auffassung mit ihrer „magisch idealistischen“ Konnotation bleibt bei Schelling nicht auf die Malerei beschränkt, auch wenn er die Trennung von gegebener Sinnenwelt und „idealischer“, ästhetischer Welt nicht vollständig aufhebt.[20] Da die Mythologie für ihn Darstellung des Absoluten und Göttlichen und damit des absolut Wahren ist und da diese Bedeutung der Mythologie auch für die Gegenwart und Zu-

19 Am Beispiel der *Göttlichen Komödie* deutet Schelling in seinem *Dante*-Aufsatz eine Verbindung beider Begriffe vom Kunstwerk an. Die *Göttliche Komödie* ist zwar de facto ein einzelnes Werk; aber es repräsentiert zugleich „die ganze Gattung der neueren Poesie“, ist „Vorbild“ der „modernen Poesie“, s. Schellings Journal-Aufsatz in: *Hegel: Gesammelte Werke.* Bd 4. Hrsg. von H. Buchner und O. Pöggeler. Hamburg 1968. 486 f, 493. Zu Schlegels vergleichbarer Auffassung vom universellen Kunstwerk und zu seiner Vorstellung von einer progressiven Universalpoesie vgl. z. B. *W. Benjamin: Der Begriff der Kunstkritik in der deutschen Romantik* (1920). Hrsg. v. H. Schweppenhäuser. Frankfurt a. M. 1973. 81 ff und – detaillierter – *E. Behler: Friedrich Schlegels Theorie der Universalpoesie* (1957). In: *Friedrich Schlegel und die Kunsttheorie seiner Zeit.* Hrsg. von H. Schanze. Darmstadt 1985, 194–243.

20 Solche inhaltlichen Assonanzen bleiben möglich trotz der gegenseitigen Abneigung zwischen Schelling und Novalis, die schon R. Haym detailliert schildert, vgl. *Die romantische Schule.* Berlin 1870. Nachdruck: Hildesheim/New York 1977. 610 ff, zum „magischen Idealismus“ vgl. 358 ff.

kunft gültig bleibt, ist die genial und künstlerisch zu erschauende und zu erschaffende religiöse Phantasiewelt das wahre Urbild, das der künstlerisch Erlebende durch die ihn umgebende Sinnenwelt hindurch erblickt.

3. Kunst und Philosophie

Aufgrund dieser Mythologiekonzeption wird Schellings These verständlich, Kunst sei „die einzige und ewige Offenbarung", die es gebe, und nur durch „das Wunder" der Kunst könne man „von der absoluten Realität jenes Höchsten überzeugt" werden (*SW* III. 618).[21] Schelling vertritt hiermit einen ästhetischen Gotteserweis. Denn Kunst ist für ihn Kunstreligion; dies gilt nach Schellings Auffassung nicht nur - wie später in Hegels Ästhetik - für die klassische Kunst der Griechen, sondern auch für die vielgestaltige moderne Kunst und die Kunst der Zukunft. Die Philosophie denkt jenes „Höchste" und Absolute im Hinblick auf die von ihr zu entwickelnden Stufen der Entzweiung als das allen Entzweiungen voraus- und zugrundeliegende absolut Identische. Da philosophisches reflexives Denken immer diesen Entzweiungen verhaftet bleibt, weil es selbst auf Entzweiung beruht, kann die Philosophie dies Absolute nicht in seinen inneren Bestimmungen begrifflich erfassen; sie bleibt negative Theologie. Deshalb offenbart nur die Kunst als Kunstreligion jenes „Höchste" oder Gott. Darin stellt sie das Vorbild der Philosophie dar; sie erreicht für Schelling, wonach die Philosophie im Denken immer nur streben kann. Sie eröffnet dem Philosophen „das Allerheiligste ... wo in ewiger und ursprünglicher Vereinigung gleichsam in Einer Flamme brennt", was sonst, was auch im Denken immer getrennt bleibt (*SW* III. 628). Der poetische Aufschwung an dieser Stelle ist inhaltlich wohlmotiviert; von jener göttlichen Einheit

21 Vgl. hierzu und zu Hegels späterer Kritik an dieser Auffassung Schellings *O. Pöggeler: Hegels Kritik der Romantik.* Diss. Bonn 1956. 159 ff.

kann man nach Schelling aufweisend nur in dichterischer Begeisterung reden.

Nicht nur hinsichtlich der Darstellung des Absoluten und Göttlichen, auch hinsichtlich des „Organs“ seiner Erfassung ist die Kunst für Schelling Vorbild der Philosophie. Die ästhetische Anschauung wird in der Kunst in eigentlicher Weise realisiert; in der Philosophie dagegen bleibt sie bloß innerlich, bleibt sie als intuitive, spontanproduktive Vorstellungstätigkeit bloß innere Grundlage der begrifflich-reflexiven Entwicklungen. Mit dieser Auffassung von der ästhetisch-poietischen und produktiven Grundkraft als Basisvermögen für Kunst und Philosophie steht Schelling F. Schlegel und Novalis nahe; Schelling integriert sie freilich in seine eigene Konzeption des transzendentalen Idealismus. Die Entwicklung der Philosophie, speziell des transzendentalen Idealismus, beruht danach auf der spontanen, intellektuellen Anschauung; deren ursprüngliche Evidenzen transformiert das entzweiende und fixierende Denken in Begriffe und Theorien; in diesen aber kann die in sich einige intellektuelle Anschauung selbst nicht adäquat ausgedrückt werden. In der Kunst dagegen bleibt die intellektuelle Anschauung nicht innerlich, sondern gewinnt im Kunstwerk ästhetische Objektivität. So ist die „ästhetische Anschauung“ die „objektiv gewordene intellektuelle“ (*SW* III. 625); sie ist damit paradigmatisch für die Philosophie. – Die eigentlich realisierte intellektuelle Anschauung, die ästhetische Kunstanschauung des Genies, wird sogar zum „Organon … und Dokument der Philosophie“ (*SW* III. 627).[22] In der Tradition vor Kant war die Logik Organon der Philosophie als Theorie der Formen und Gesetze des reinen Denkens. Für Schelling ist im eminenten, die philosophische Erkenntnis überragenden Sinn die ästhetische Anschauung des Genies ein solches Organon. Über sie muß in ihrem wesent-

22 Diese zentrale Stelle ist oft interpretiert worden; vgl. z. B. die kritische Interpretation von *R. Haym: Die romantische Schule.* 647 f. Vgl. ebenso *H. Kuhn: Die Vollendung der klassischen deutschen Ästhetik durch Hegel* (1931). In: Ders. *Schriften zur Ästhetik.* München 1966. 85 f, 91. *D. Jähnig: Schelling.* Bd 1. 12 ff; Bd 2. 313 f u. ö. – *J. Schmidt: Die Geschichte des Genie-Gedankens.* Bd 1. 394, 396, 398.

lichen Bedeutungsgehalt auch der Philosoph verfügen; sie ist für ihn poietisch-produktive intellektuelle Anschauung, die allen seinen Deduktionen zugrunde liegt. Die Kunst des Genies ist zugleich „Dokument" und Beweis für die adäquate Verwirklichung solcher Anschauung des höchsten Einen, die die Philosophie erstrebt, aber nicht erreicht. Schelling sieht freilich auch die *Philosophie* der Kunst und damit nicht die Kunst selbst als Organon der Philosophie an (vgl. *SW* III. 351, 612). Die Logik als Organon ist nämlich in der Tradition Bestandteil der Philosophie. Das Gleiche gilt von der Philosophie der Kunst als Organon.[23] Sie entwickelt die Erkenntnisweise der „objektiv gewordenen intellektuellen" Anschauung, die – wesensgleich, aber nicht objektiv werdend – aller philosophischen Erkenntnis zugrunde liegt.

Dieses Vermögen produktiver intellektueller Anschauung macht nach Schelling nun insbesondere den Stufenbau des transzendentalen Idealismus verständlich. Es liegt dem für sich werdenden und schließlich zur erfüllten Selbstanschauung gelangenden Ich zugrunde als „Dichtungsvermögen" oder – in Fortführung von Fichtes Lehre – als „Einbildungskraft" (*SW* III. 626), die Widerstreitendes vereinigt. Sie tritt auf den verschiedenen Stufen der Entwicklung des Ich in je verschiedenen Potenzen auf von der naturhaft produktiven bis zur genial ästhetischen Anschauung. Erst die Kunst und die ästhetische Anschauung des Genies verschaffen die Überzeugung von der selbständigen Existenz dieses Vermögens; dadurch allein besteht nach Schelling die Gewißheit, daß auch die deduzierte Stufenreihe der Vorstellungsweisen des für sich werdenden Ich, d.h. die dargelegte systematische Geschichte des Selbstbewußtseins nicht leere begriffliche Konstruktion ist, sondern objektive Realität hat. – Der transzendentale Idealismus gelangt somit zu seiner Vollendung und

23 In Schellings Konzeption geht der transzendentale Idealismus und dessen Vollendung, die Genieästhetik, generell der Logik, sie begründend, voraus. Da er selbst jedoch Wissenschaftslehre sein will, ergibt sich hier ein logischer Zirkel. Der transzendentale Idealismus muß Sinn und Gültigkeit der logischen Gesetze und Kategorien schon voraussetzen, die er doch eigentlich erst ableiten und begründen will.

zur Rechtfertigung seiner Bedeutung durch die Explikation von Genie und Kunst als objektiver Realität; er kehrt in sein Prinzip zurück, in das Ich, und weist nach Schelling zugleich über seine Grenzen hinaus. Das Ich als Genie erkennt im Objekt seiner Selbstbetrachtung, nämlich in seiner eigenen poietischen Produktivität, die sich in dem von ihm geschaffenen Kunstwerk manifestiert, vollständig sich selbst; es weiß sich damit als erfüllte Subjektivität. Das Telos der transzendentalphilosophisch aufzuzeigenden Entwicklung des Ich, die entfaltete, sich anschauende Subjektivität, ist also das Genie. Nur das Genie vereinigt die entgegengesetzten, aber nach Schelling dem Ich gleichwesentlichen Tätigkeiten bewußten und unbewußten produktiven Vorstellens. Damit überschreitet das Genie zugleich die Grenzen der Philosophie; es verwirklicht in seiner ästhetischen Anschauung die absolute Identität und ist darin Offenbarung Gottes.

Diese Genieästhetik bildet die Vollendung des transzendentalen Idealismus. Sie stellt innerhalb dieses Idealismus die höhere Einheit von theoretischer und praktischer Philosophie sowie ihrer Gebiete: der Natur und der Freiheit dar. – Schelling erwägt wenig später[24] eine Philosophie der Kunst als dritten Systemteil, der zur Natur- und Transzendentalphilosophie hinzutritt. Wie dies möglich ist und welche Gestalt die Ästhetik dann annehmen soll, bleibt offen. Bald darauf gelangt Schelling zur Konzeption des Identitätssystems, in dem das Absolute vollständig durch Vernunft erkannt wird. In diesem System wird die Philosophie der Kunst in der Erkenntnis des Absoluten und des Universums begründet. Zwar behält Schelling eine Genielehre bei, aber dieser kommt für die Ästhetik keine Grundlegungsbedeutung mehr zu; die Ästhetik wird wesentlich zu einer metaphysischen Theorie der Mythologie als Kunstreligion. Letztlich wird dem künstlerischen Schaffen nun – ebenso wie bei

24 Vgl. *SW* IV. 89, 92. Vgl. auch Schelling an Fichte. 19. 11. 1800. In: *Fichte-Schelling.* Briefwechsel. Einleitung von W. Schulz. Frankfurt a.M. 1968. 109.

Hegel von seinen Jenaer Entwürfen an – das philosophische Begreifen des Absoluten übergeordnet.

Die grundlegende systematische Abänderung, die die Ästhetik in der Identitätsphilosophie erfährt, dient offensichtlich nicht der Auflösung etwaiger immanenter Probleme und Schwierigkeiten der Genieästhetik. Sie ist die Folge einer prinzipiellen Umwandlung von Schellings systematischer Gesamtkonzeption, da er von einer frühidealistischen Position, nach der das Absolute philosophisch nicht zu erkennen ist, zu einer absoluten Metaphysik, einem System vollständiger philosophischer Erkenntnis des Absoluten übergeht. Doch auch diese Wendung zur absoluten Metaphysik läßt nicht erkennen, wie dadurch etwa offengebliebene Fragen des transzendentalen Idealismus besser gelöst werden können. Schellings Genieästhetik im *System des transzendentalen Idealismus* ist durch die Identitätsphilosophie ebenso wie auch durch die nachfolgenden idealistischen Konzeptionen als Repräsentant eines Grundtypus idealistischer Ästhetik nicht überholt worden. – Sie behält Bedeutung auch für moderne ästhetische Reflexionen, wenn man nur den Zeiten- und Problemabstand berücksichtigt, der uns von Schellings Idealismus und Kunsttheorie trennt; denn sowohl den systematischen Grundtypus der Genieästhetik als auch den Reichtum an klassischen und romantischen Einsichten und Motiven zum Genie, den Schelling aufnimmt und sich anverwandelt, kann man als Potential der Ästhetik nur zum eigenen Nachteil vernachlässigen. Beachtet man dagegen einen solchen Ansatz der Vergangenheit, dann kann man das Problembewußtsein der modernen Ästhetik durchaus vertiefen. Schließlich ist Mnemosyne die Mutter der Musen.

Hölderlin und die intellektuale Anschauung

Xavier Tilliette (Chantilly)

In der *Aenesidemus-Rezension* hatte Fichte, wenn auch nur flüchtig,[1] die sogenannte intellektuelle Anschauung vom Kantischen Verdikt befreit. Allerdings konnte man meinen, er sei nicht kühner als der treue Reinhold, der die intellektuelle „Vorstellung“ des Ichs in eine „Anschauung“ übersetzt hatte.[2] Aber seit dem Buch von Willy Kabitz[3] und vor allem seit der Veröffentlichung der *Eigenen Meditationen über Elementarphilosophie,* die das Konzept der ersten *Wissenschaftslehre* enthalten, weiß man, daß Fichte nur mühsam den Bann der intellektuellen Anschauung gebrochen hat. Die rasche Anspielung in der Rezension war also mehr als ein *obiter dictum.* Aufmerksamen Lesern ist sie nicht entgangen, jedenfalls hat Schelling sie für zureichend gehalten. In *Über den Begriff* und in der *Grundlage* schweigt Fichte merkwürdigerweise über diesen Punkt. Vermutlich wollte er Kant und die Kantianer schonen. Doch verbirgt sich die intellektuelle Anschauung unter dem Namen der Tathandlung, anders ist der Anfang der *Wissenschaftslehre* nicht nachvollziehbar.[4]

1 *Fichtes Werke.* I.10.16.

2 *Beyträge zur Berichtigung bisheriger Missverständnisse der Philosophie.* 1 Bd 1790. § XXXIX. 245 (vgl. *Neue Darstellung der Hauptmomente der Elementarphilosophie.* 1. Teil Fundamentallehre); § XLIII. 249–250; § XLIV. 251. Siehe auch *Versuch einer neuen Theorie des Vorstellungsvermögens.* 1789. 3. Buch. 530. Kant spricht eher von bloßer oder einfacher Vorstellung des Ich. Siehe ebenfalls das Kantische Wörterbuch von Schmid. 52, 56, 222.

3 *Studien zur Entwicklungsgeschichte der Fichteschen Wissenschaftslehre.* Berlin 1902.

4 Dazu *Xavier Tilliette: Erste Fichte-Rezeption.* Mit besonderer Berücksichtigung der intellektuellen Anschauung. In: *Der transzendentale Gedanke.* Die gegenwärtige Darstellung der Philosophie Fichtes. Hrsg. von Klaus Hammacher. Hamburg 1977, 532–545, bes. 537, 544. Dort die entgegengesetzte Meinung von *Alexis Philonenko: Die intellektuelle Anschauung bei Fichte;* sowie ders., *La liberté humaine dans la philosophie de Fichte.* 2 éme édit. Paris 1980.. II–III und Kap. 5, »L'intuition intellectuelle«, 77–94. In die gleiche

Außerdem bezog sich Fichte auf die Intuition in seinen Vorlesungen, wie er z. B. Reinhold unterrichtet:

„Die Seele meines Systems ist der Satz: das Ich setzt schlechthin sich selbst. Diese Worte haben keinen Sinn und keinen Wert, ohne die innere Anschauung des Ich durch sich selbst, die ich im Diskurs sehr oft aus Menschen entwickelt habe, die mich gar nicht begreifen konnten und sodann mich vollkommen begriffen."[5]

Ein Hinweis ohne Erklärung hat den Stiftlern Hölderlin und Schelling genügt, um eine auf weiten Strecken unabhängige „Entwicklung" auszulösen. Die Zurückforderung bzw. Wiederaufnahme des von Kant verdrängten Ausdruckes ist größtenteils ein Verdienst des frühreifen Schelling.[6] Er hat, in Ermangelung einer Erläuterung von Fichte – aber durch dessen lebendige Rede angeregt[7] – die intellektuelle (die er bald „intellektu*ale*" schreibt) Anschauung hervorgehoben. Die Rezensenten reagierten sarkastisch,[8] ein Beweis, daß das Wort in der kleinen vom Kantianismus geprägten literarischen Welt verfemt war. Es geschah selten, daß die intellektuelle Anschauung anders als im Sinne Kants verwendet wurde: Schiller z. B. bezeichnet durch den Terminus „geistige Anschauung" die Anschauung der Idee oder des Idealen in der Dichtung von Haller und Klop-

Kerbe schlägt *Thomas P. Hohler: Intellectual Intuition and the beginning of Fichte's philosophy, a new interpretation.* In: Tijdschrift vor Filosofie. 37 (1975), Nr I, 52–73.

5 *Briefwechsel.* I. 477 (an Reinhold, 2. Juli 1795).

6 *Schellings Werke.* I. 181–182 *Vom Ich).*

7 Fichte auf dem Wege nach Jena ist in Tübingen aufgetaucht; *Plitt,* I. 73. Ernst Müller betont mit Recht, daß die Version intellekt*ual* keiner schwäbischen Mundart entstammt, sondern Folge der „Auseinandersetzung mit Spinozas amor intellectualis" ist (*Hölderlin.* Studien zur Geschichte seines Geistes. Stuttgart-Berlin 1944. 151). Dennoch übersetzt Schelling ausgerechnet intellekt*uelle* Liebe Gottes (I. 317 A.).

8 Vgl. die Rezension der Jenaer Allg. Literatur Zeitung. Nr. 319, 11. Okt. 1796. Sp. 89–91, und Nicolais berühmte *Beschreibung einer Reise …* Berlin 1796, Bd 11.

stock.[9] Kant selbst in seiner Polemik gegen Swedenborg[10] hatte die übersinnliche Anschauung scharf gerügt, und die Anschauung auf das Gebiet der Erfahrung zurückverlegt.

Die strenge Einschränkung des Begriffes durch Kant ließ, nach dem Bruch des Verdikts durch Fichte, die intellektuelle Anschauung in der Schwebe, ließ sie gleichsam ohne Gehalt, als ein zu erfüllendes Wort bestehen. Aber die Beziehung auf das Ich war erhellend. Denn gerade in der Sturm-und-Drang und vorromantischen Periode galt das Ich (das Subjekt) als Mittelpunkt einer Vielheit von Erlebnissen und Schilderungen. Die Rätselhaftigkeit des Selbst wirkte sich auf mehrere Felder der Erfahrung aus, von psychischen Ereignissen zu mystischen Entzückungen. Die merkwürdige, einseitige Zurückhaltung Kants konnte daran wenig ändern und die besonders in der Dichtung in den Vordergrund gespielte Bedeutung des geheimnisvollen Ich und seiner Zustände[11] herabsetzen.

Im Kontext der Frage nach dem Ich und überhaupt mit der Empfindsamkeit des ausgehenden 18. Jahrhunderts hat sich die Bestimmung der intellektuellen Anschauung weiterentwickelt und gewandelt; sie war ja trotz der Autorität Kants nicht abgeschlossen. Bis Fichte deren Sinn energisch festsetzt, ist sie Schwankungen ausgesetzt, die sich sogar im Rahmen eines einzelnen Werkes wie *Vom Ich* finden. Das Rätselhafte des Ich, seine Vielschichtigkeit, seine Subjekt-Objektivität teilen sich der Bestimmung der intellektuellen Anschauung mit. Die intellektuelle Anschauung gilt als rein, ein Blitz in der Nacht, ein „Himmel im Verstande“[12], und ist doch durch das Medium des Gemüts geleitet, an sich ungeteilt und doch mit sinnlichen Anschauungen, Stimmungen, Gefühlen vermengt. Niemand, auch nicht Fichte, hat sie endgültig festzulegen vermocht,

9 *Über naive und sentimentale Dichtung.*

10 *Träume eines Geistersehers erläutert durch Träume der Metaphysik* (1766). Vgl. die andere kleine Schrift von 1796, *Von einem neuerdings erhobenen vornehmen Ton in der Philosophie.*

11 Mehrere Beispiele von Jean Paul *(Titan, Clavis Fichtiana),* Jacobi *(Woldemar, Allwill),* K. Ph. Moritz *(Anton Reiser),* Herder, Baggesen, usw.

12 *Schellings Werke.* I. 305 (5. Brief), vgl. *Jacobi: Über die Lehre von Spinoza.* IV/1.69.

weil sie zu Augenblicken der Erhebung und der Entrückung des Menschen gehört. Deshalb sind ihre Schicksale in der romantischen Philosophie so vielfältig und ihr Begriff schillernd gewesen, bevor sie, als Hegel den Stab über sie gebrochen hatte, ihre Bedeutung einbüßt und eine bescheidenere Gestalt annimmt.[13] Auch Hölderlin bereitete die intellektuelle Anschauung im kurzen Lauf seiner „ekzentrischen"[14] Bahn große Schwierigkeiten. Der Bezug auf Fichtes Leistung und vor allem das Gespräch mit Schelling sind aufschlußreich, ehe Hölderlin sich zu einer eigenständigen Konzeption durchringt. Überdies gilt hier Franz Baaders Lieblingssatz: *quand on est à trois, on est à quatre.* Ein Seitenblick soll auch in den folgenden Überlegungen auf Hegel fallen.[15]

Der junge Stiftler Schelling ergeht sich in Lobpreisungen des absoluten Ich, die er in seinem Primizbuch niederschreibt. Indessen grübelt Hölderlin in Waltershausen über dasselbe absolute Ich, das er analog zur spinozistischen Substanz zu fassen sucht. Er streitet scharfsinnig ab, daß die Benennung „Ich" für das Absolute oder das Prädikat „absolut" für das Ich zutreffe. Ich ist notwendig Selbstbewußtsein, Zusammenfall des Subjekts und Objekts. Ein absolutes Ich hat kein Objekt, hat auch nicht sich selbst zum Objekt, ist infolgedessen nichts (für sich, d.h. überhaupt nichts). So heißt es im Brief an Hegel vom 26. Januar 1795[16]; während Schelling seiner Begeisterung Ausdruck verleiht, bis er durch Fichte ins Geheimnis des „subjektiven Spinozismus"[17] eingeweiht wird und er ihm die Auffassung des Ich als Selbstbewußtsein nahebringt.[18] Fichte moniert, Schelling habe lediglich das reine (Selbst)Bewußtsein innerhalb des empiri-

13 Vorwort der *Phänomenologie des Geistes.*

14 *Hölderlin: Sämtliche Werke.* Hrsg. von F. Beissner. Bd 3. Stuttgart 1958 (Sonderausgabe Darmstadt). 169 (Fragment. Vorrede), 249 (Vorletzte Fassung).

15 Otto Pöggeler hat sich mit diesem Aspekt selbst eingehend beschäftigt.

16 *Hegel: Briefe von und an Hegel.* Bd 1.19–20 (*Hölderlin.* VI. 169, Nr 94). Ich befürworte Binders Lesung „für sich" in der Wiederholung, vgl. Bd 3.213 (*Hyperions Jugend.* Kap. I).

17 *Plitt.* I. 71–74, vgl. 76–77.

18 VI. 178, Nr 97 (13. April 1795).

schen übersehen, damit aber den eigentümlichen Ort der intellektuellen Anschauung verkannt.

Das Schweigen Fichtes in der *Grundlage* nahm Schelling zum Anlaß für eigene Reflexionen, insbesondere die Auffassung des Ich als Freiheit: Ich gleich Freiheit, damit ist die ganze Energetik des Ichs auf einmal begriffen. Was ein Ich sei, weiß man auf einen Schlag, unmittelbar. Die Begeisterung, mit der Schelling vom Ich redet,[19] erklärt sich aus der Tatsache, daß er Freiheit miteinbegreift.[20] In dieser Hinsicht hat Schelling Fichte gewiß nicht mißverstanden, wenn man an den herrlichen Schluß der Züricher Vorlesung denkt.[21] Aber die Entdeckung des Selbst schloß auch eine Idee mit gesellschaftlichem „Sprengstoff", die Bestimmung der Freiheit mit ein, so wie sie in den *Räubern, Don Carlos, Götz von Berlichingen* erscheint. Andererseits kann das Gefühl der Endlichkeit, das Bewußtsein der „Schranken", nicht ausgemerzt werden, woraus sich die schon erwähnte Zweiseitigkeit der intellektualen Anschauung erklärt (intellekt*ual* erinnert an amor intellect*ualis*).

Freiheit oder „reines absolutes Sein"? Es gibt bei Schelling Passagen, wo das Bewußtsein der eigenen Absolutheit das Ich sozusagen elektrisiert, aber wiederum andere, wo das Unauflösliche der Verhältnisse, die nicht-transzendierbare Endlichkeit im Sinne von Jacobi heraufbeschworen wird. Im berühmten Passus, wo Plato und Jacobi angerufen werden, spricht Schelling von einer „selbsterrungenen Anschauung"[22], und zwar errungen durch das Hindernis und die Vermittlung der Dinge. So gesehen muß die Freiheit eine Hemmung beseitigen, sie ist nicht länger ein Seelenflug. Interessant sind die wenigen Zeilen, die das Selbstbewußtsein behandeln.[23] Das endliche, wandelbare Ich ist gezwungen, seine Identität gegen den

19 I. 167–168, 177, 193, 203–204 (sentimus experimurque nos aeternos esse).
20 Jens Baggesen an Johann Benjamin Erhard, 17. Mai 1797 (*Denkwürdigkeiten des Philosophen und Arztes Joh. Benj. Erhard.* Hrsg. von Varnhagen von Ense. Stuttgart 1830. 436).
21 I. 412–416.
22 I. 216.
23 I. 180.

Strom der Erscheinungen bzw. Objekte zu retten. Doch wäre dieses notwendige Streben des Ich undenkbar, wenn das reine Ich mit seiner Forderung (sei identisch!) dem endlichen (an den Objekten haftenden) nicht zugrunde läge. Nun hat allmählich die platonische *visio intellectualis* die Oberhand gewonnen. Sie mündet in die epochale Erfahrung des Hen kai Pan, wie sie Lessing und Jacobi Spinoza zugeschrieben hatten.[24] Diese Erfahrung ist in ihrem genauen Sinn nicht leicht zu erklären, aber sie ist oft beschrieben worden.[25] Die Tübinger Stiftler münzen sie aus in eine Losung, die mit anderen wie Reich Gottes, unsichtbare Kirche, Zukunft des Herrn ... zusammenspielt. Hier wird Hölderlin für Schelling bedeutsam.

Die Wiederbegegnung mit Hölderlin im Frühsommer 1795 - und abermals im Spätsommer und im Herbst - hat vielleicht mehr auf Schelling gewirkt als auf Hölderlin. In der Tat war dieser, wie sein Biograph und Sohn hervorgehoben hat,[26] begierig, Neuigkeiten aus Jena zu erfahren, die der Heimkehrer und Fichte-Hörer mitbrachte. Der relative Mißerfolg seines Buches hatte Schelling ernüchtert,[27] er suchte andere Wege der Darstellung, die mit den vier ersten *Briefen über Dogmatismus und Kritizismus* greifbar werden. Die Ermutigung des älteren, er sei schon so weit wie Fichte gelangt, muß Schelling willkommen gewesen sein. Ob er noch eilig vor der Zusendung

24 *Über die Lehre.* IV/I. 54–55. 89.

25 Nochmals viele Beispiele bei Herder, Forster, Heinse, Jean Paul, Moritz ... In den letzten Blättern dieses Letzteren, im unvollendeten Briefroman *Die neue Cecilia* stößt man auf diese Stelle: „(Cecilia an Augusta) Ich habe einige Male eine Empfindung gehabt, die mich im innersten erschreckt hat, so süß sie auch ist. Mir war es, als ich im Anschauen der großen Natur, die mich umgab, mich verloren fühlte, als ob ich Himmel und Erde an meinen Busen drücken, und mit diesem schönen Ganzen mich vermählen sollte. Ich fühle durch diese Empfindung mein innerstes Dasein erschüttert; es war mir, als ob ich wünschte, plötzlich aufgelöst, in dieses Ganze mich zu verlieren, und nicht länger wie eine verwelkende hinsterbende Blume einzeln und verlassen dazustehen."

26 *Plitt.* I. 71 („bald nach Ostern" ist falsch).

27 *Plitt.* I. 79.

den Anfang des ersten Briefes, der so hölderlinisch klingt, bearbeitet hat, sei dahingestellt.[28] Aber die Bedenken, die Hölderlin gegen das absolute Ich geäußert hatte, trafen sich vermutlich mit Schellings eigenen Zweifeln. In anderem Zusammenhang[29] haben wir unlängst die verworrenen Beziehungen der beiden dargestellt, hauptsächlich unter Rücksicht auf den Schellingschen Standpunkt. Das Symphilosophieren soll nun im Spiegel der Gedanken Hölderlins wiedergegeben werden.

Die angebliche oder beanspruchte Geschlossenheit und Endgültigkeit des Schellingschen Systems hatte ihn betroffen gemacht. Er verrechnet Fichtes „System des Wissens“ auf die Seite des Dogmatismus und bezichtigt es des „scientivischen Quietismus“.[30] Das Fragment *Urteil und Sein,* wahrscheinlich früh entstanden,[31] versucht, hinter das Selbstbewußtsein oder die Identität des Ich gleich Ich zurückzutreten und damit ein „Sein schlechthin“ zu erreichen, das in der intellektualen Anschauung vorhanden und die innigste, unauflösliche Vereinigung des Subjekts und Objekts ist. Es ergibt sich also, daß die intellektuale Anschauung ein einziger Fall ist, der jeweils vom Individuum abhängt (von der Freiheit), sich dennoch von ihm loslöst und auf das absolute noumenale Sein bezieht. Die ontologische Deutung war in *Vom Ich* vorgezeichnet. Die intellektuale Anschauung als Erlebnis oder Grundsatz der Einigkeit (mit Allem, mit dem Ganzen, der Welt, der Natur, den Menschen, Gott) ist ein fester Bestandteil der Auffassung Hölderlins durch die Wandlungen im Durchlaufen der „Ekzentrischen Bahn“.[32] Sie ist zutiefst metaphysisch, auch in ihrem ästhetischen Wesen, also weder coenesthe-

28 Erst am 13. August sendet er sein Manuskript an Niethammer (*Horst Fuhrmans: Schelling.* Briefe und Dokumente. I. 53). Die Begegnung muß Ende Juli stattgefunden haben.

29 In einem Aufsatz der demnächst in einem Heft *Hölderlin* der *Cahiers de l'Herne* erscheinen soll.

30 IV. 222.

31 IV. 226–227. Nach Beissner (391) sind beide Aufsätze gleichzeitig verfaßt worden, und zwar Anfang 1795 in Jena.

32 *Lawrence Ryan: Hölderlins "Hyperion".* Exzentrische Bahn und Dichterberuf. Stuttgart 1965.

sisch noch ekstatisch noch träumerisch noch schwärmerisch, wenn sie auch naturgemäß durch Stimmungen und Empfindungen begleitet wird.

Hölderlin bestand auf einer ursprünglichen, unverletztlichen intellektuellen Anschauung (nach platonischem Muster), die der „Urteilung" des Selbstbewußtseins oder Ichs vorherging - eine rein metaphysische Einsicht. Auch Schelling deutete unmißverständlich auf das reine unauflösliche Sein hin: mein Ich enthält ein Sein ...[33] - lediglich wollte er es für die Freiheit zurückfordern und aus dem *transissement d'être* eine entschiedene *Selbst*anschauung hervorgerufen sein lassen - seltsam genug, denn das absolute Ich ist kein Selbst. In der Tat hat Schelling - vielleicht mit Hilfe Hölderlins[34] - die Anschauung der Freiheit aufgegeben, wie er sie versuchsweise von Fichtes Prämissen ableitete, um die Seinsanschauung dann ganz auf die Seite des vollendeten Dogmatismus zu schieben. Der Schritt geschieht offensichtlich im *Achten Brief*, also unter Hölderlins Anleitung. Nach wie vor ist Jacobis Spinoza Vorbild des erlebten Dogmatismus. Er lebte nämlich heiter und still „in einer intellektuellen Anschauung", d.h. in der ständigen Einsicht des Hen kai Pan, friedlich und verschollen im Universum, beinahe mit einem anschauenden Verstand - „Himmel im Verstande" -, der ihm alles *sub specie aeternitatis* offenbarte.[35] Die gesteigerte intellektuale Anschauung hätte ihn zur Ekstase und zum Tode führen müssen, wie das Beispiel etlicher Mystiker, mit den „Schrecken"[36] des hyperempfindsamen Kindes Jacobi gepaart, zeigt und beweist. Aber ein gewaltiger Irrtum war sein Leitfaden und Schutzschild: er ertrug lächelnd die Zerstörung seines Ich, weil er heimlich und unbewußt sein Ich der Vernichtung anheimgegeben hatte.

33 I. 167.

34 *Briefe.* Bd 4.220 (nicht immer akkordierend, 24. Febr. 1796, an Niethammer); 301 (Nr. 164, an die Mutter, 1. Sept. 1798: Zank).

35 I. 185, 203, 305, 316–317, 319. Siehe Anm. 12 und 19.

36 Ein Lutherisches Wort (auch bei Hume), das hinter den Schrecken der objektiven Welt (I. 157, 337) und der Schwärmerei (I. 332) steckt.

Von einer solchen Konzeption der intellektuellen Anschauung, deren Konsequenz bzw. Implikation der Stillstand des Universums oder Jacobis tödliche Ohnmacht wäre, hat Schelling sich abgewandt, ebenso gibt er eine „intellektuelle Anschauung", die mit der Freiheit verwachsen und der Reflexion verpflichtet wäre, auf und zwar mit Hölderlins Zustimmung. Dies ist der Gewinn - oder der Verlust - des zweiten Teils der *Briefe*.

Die eindrucksvolle Thematisierung der intellektuellen Anschauung und die ästhetische Wendung ihrer Bestimmung verdankt Schelling zweifelsohne seinem genialen Kommilitionen und Gönner Hölderlin. Die Abhängigkeit vermindert keineswegs seine hervorragende geistige Leistung; er synthetisiert in einem glänzenden Abschnitt jene Anschauung aus den Kulturwelt und den Zeitenstimmung.[37] An der Trennung des Ich und der intellektuellen Anschauung halten Schelling wie Hölderlin fest. Trotzdem trennen sich ihre Wege abermals, und zwar angesichts der endgültigen Verortung der intellektuellen Anschauung, die Schelling zugunsten des kritischen Strebens anstelle der Schau oder Ekstase depotenziert, während Hölderlin sie vermittels ihrer ästhetischen Implikationen[38] in den Dienst der Theorie nimmt. Schelling macht sich darin zum Anwalt einer militanten Philosophie im Gefolge Fichtes; Hölderlin verharrt in einer negativen Haltung, vergleichbar dem Zögern Hyperions dem gewaltigen Alabanda gegenüber.

Hölderlins Konzeption wird im folgenden erhellt durch einen Vergleich der Hinweise in den Bruchstücken *Hermokrates an Cephalus, Urteil und Sein* mit den Fingerzeigen in zwei Briefen an Schiller und an Niethammer, vor allem mit der gleichzeitigen Vorrede der vorletzten Fassung des *Hyperion.* Hölderlin schreibt an Schiller (4. September 1795), es gehe ihm in seinen Überlegungen darum, der „unnachläßlichen Forderung" zu genügen, „die an jedes System gemacht werden muß, die Vereinigung des Subjekts und Objekts in einem absoluten - Ich oder wie man es nennen will" zu gewährlei-

37 I. 318-320, vgl. 216 (Tiefsinn, *Jacobi.* IV/1. 48-50).
38 I. 284.

sten; und dies „zwar ästhetisch in der intellektualen Anschauung, theoretisch aber nur durch eine unendliche Annäherung, wie die Annäherung des Quadrats zum Zirkel“[39] anzusetzen. Wenig später kündigt Hölderlin in einem Brief an Niethammer (24. Februar 1796) an, er gedenke in künftigen philosophischen Briefen das Prinzip darstellen zu können, das fähig sei, die Trennungen abzuschaffen und den „Widerstreit zwischen Subjekt und Objekt, Selbst und Welt, Vernunft und Offenbarung“ zu schlichten: „theoretisch in intellektualer Anschauung, ohne daß unsere praktische Vernunft zu Hilfe kommen müßte ... Wir bedürfen dafür ästhetischen Sinn“.[40] Trotz dieser Ankündigung wendet sich Hölderlin von der Philosophie ab, hin zu Poesie und Religion. Die leichte Sinnverschiebung, die im Vergleich der beiden Briefe zutagetritt, hebt sich auf bzw. wird dadurch plausibel, daß die Ästhetik die theoretische Philosophie ablöst. Außerdem faßte Hölderlin auch vorher den Gegensatz ästhetisch-theoretisch nicht so schroff als man häufig unterstellt. Denn das geometrische Bild der Quadratur des Zirkels (das in diesem Kontext wiederholt vorkommt)[41] hängt unmittelbar mit der mystischen Schau zusammen. Das wird eindeutig, wenn man die Quelle beachtet: denn es stammt aus Dantes *Paradies,* wo am Ende die *visio beatifica* der Dreifaltigkeit geschildert wird:

„Qual é 'l geometria che tutto s'affige
per misurar lo cerchio, e non ritrova,
pensando, quel principio ond'elli indige,

tal era io a quella vista nova:
veder volea come si convenne
l'imago al cerchio e come vi s'indova

39 VI. 196–197 (Nr. 104, 4. Sept. 1795).
40 VI. 219–220 (Nr 117, 24. Febr. 1796, an Niethammer). Vgl. 207 (Nr 111, an Niethammer, 22. Dez. 1795: Schelling abtrünnig).
41 III. 249–250; IV. 222 (Hermokrates an Cephalus); VI. 196–197 (an Schiller).

ma non eran da ciò le proprie penne:
se non che la mia mente fu percossa
da un fulgore in che sua voglia venne."[42]

Die Versöhnung seligen Seins und des menschlichen, faustischen Strebens, die Schelling für unerreichbar hielt, wird nach Hölderlin durch die Schönheit, als Schönheit möglich. Die erwähnte Vorrede der vorletzten Fassung des *Hyperion* lautet:

„Die selige Einigkeit, das Sein, im einzigen Sinn des Wortes, ist für uns verloren und wir mußten es verlieren, wenn wir es erstreben, erringen sollten. Wir reißen uns los vom friedlichen Ἓν και Παν der Welt, um es herzustellen, durch uns Selbst. Wir sind zerfallen mit der Natur, und was einst, wie man glauben kann, Eins war, widerstreitet sich jetzt, und Herrschaft und Knechtschaft wechselt auf beiden Seiten. Oft ist uns, als wäre die Welt Alles und wir Nichts, oft aber auch, als wären wir Alles und die Welt nichts. Auch Hyperion teilte sich unter diese beiden Extreme.

Jenen ewigen Widerstreit zwischen unserem Selbst und der Welt zu endigen, den Frieden alles Friedens, der höher ist, denn alle Vernunft, den wiederzubringen, uns mit der Natur zu vereinigen zu Einem unendlichen Ganzen, das ist das Ziel all unseres Strebens, wir mögen uns darüber verstehen oder nicht.

Aber weder unser Wissen noch unser Handeln gelangt in irgend einer Periode des Daseins dahin, wo aller Widerstreit aufhört, wo Alles Eins ist; die bestimmte Linie vereiniget sich mit der unbestimmten nur in unendlicher Annäherung.

Wir hätten auch keine Ahndung von jenem unendlichen Frieden, von jenem Sein, im einzigen Sinne des Wortes, wir strebten gar nicht, die Natur mit uns zu vereinigen, wir dächten und wir handelten nicht, es wäre überhaupt gar nichts (für uns), wenn nicht dennoch jene unendliche Vereinigung, jenes Sein, im einzigen Sinne des Wortes vorhanden wäre. Es ist vorhanden - als Schönheit ..."[43]

Der Text bedürfte eines ausführlichen Kommentars. Weder die platonisierende Tendenz jener Schau der Schönheit noch der religiöse Unterton darf überhört werden; die Schönheit ist himmlischen

42 *Paradies.* XXXIII. 133-138.
43 III. 249-250.

Ursprungs. Der Friede, der höher ist denn alle Vernunft[44], verrät den Ort, die Beheimatung des einzigen Seins. Daß Hölderlin dreimal die Formel „im einzigen Sinn des Worts“ verwendet, bezeugt, daß er das Sein selbst, das ewige, meint, damit in der Richtung der Schellingschen Erörterungen mitgeht. Die Andacht zur Natur, zum heiligen Kosmos, die Weltfrömmigkeit, ist unverkennbarer Bestandteil der Anschauung, bleibt aber, beinahe wie in der ersten *Rede* Schleiermachers, die denselben Geist atmet, nur vordergründig, nur Mittel. Die Mystik des Hen kai Pan, mit ihrem unbestreitbaren Pantheismus, zielt auf eine eschatologische Konzeption des Reichs Gottes, eines allgemeinen Friedens, einer Palingenesie. In diesem Zusammenhang gilt die Schönheit vorwegnehmend als Kunde und Anwesenheit eines Reiches des Seins, nicht des Scheines.

Eine mögliche Frage, auf die wir hier nicht eingehen wollen, betrifft das sogenannte *Älteste Systemprogramm des deutschen Idealismus.* Die Ähnlichkeit der Hölderlinischen Thematik mit dem gedanklichen Duktus des Programms ist auffällig. Ein Anteil des Dichters an der Konzeption gilt u. E. als sicher; er war bekanntlich sowohl mit Hegel als auch mit Schelling befreundet. Wenn man aus guten Gründen an Schellings Autorschaft festhält,[45] müßte man sogar sagen, daß Hölderlin der eigentliche spiritus rector des Fragmentes gewesen sei; bei Hegel vermißt man den prophetischen Schwung, der die anderen beseelte, und der im *Systemprogramm* spürbar ist.

Der Roman *Hyperion* fächert die in der früheren Vorrede konzentrierte Thematik auf. Das Zentrum der dort entworfenen Gedanken findet man im letzten Brief des ersten Bandes (zweites Buch). Hier entwickelt Hölderlin, wie die Schönheit das Leben der Natur und den Bund der Geister vorwegnimmt. Selbst wenn man vom schwärmerischen hellenischen Geist, von der Entzückung durch die Liebe (Diotima als lebende Gestalt der Schönheit) absieht, beeinflußt die

44 *Phil.* 4, 7.

45 S. *Das älteste Systemprogramm des deutschen Idealismus.* Studien zur Frühgeschichte des Idealismus. Hrsg. von Rüdiger Bubner. Bonn 1973, mit meinem Beitrag 35–52. (Hegel-Studien. Beiheft 9.).

Begeisterung, die aus Hölderlins Worten spricht, die Bestimmung der intellektuellen Anschauung:

„Heilige Natur! du bist dieselbe in und außer mir. Es muß so schwer nicht sein, was außer mir ist, zu vereinen mit dem Göttlichen in mir ... Es wird nur eine Schönheit sein; und Menschheit und Natur wird sich vereinen in Eine allumfassende Gottheit."[46]

Hier findet die frühe Vorrede zu einem Gleichgewicht, die Kalokagathia des griechischen Menschen dient als Leitfaden für die Bestimmung der „ewigen Schönheit", die sich selber unbekannt war. Um sich zu „fühlen", hat „der göttliche Mensch" seine Götter und Bilder erfunden. Letztlich entspringt auch die Philosophie (die sich wesensmäßig mit intellektueller Anschauung befaßt) aus dem Gefühl der „vollen lauteren Schönheit", kontrapunktisch aus der „Harmonie der mangellosen Schönheit, die nie gedacht wird". Harmonie ist der Schlüssel zu diesem Philosophieverständnis. Denn hier öffnet sich das philosophische Wesen der Schönheit gemäß dem „großen Wort" Heraklits: Sie ist „Ἓν διάφερον ἑαυτῷ (das Eine in sich selber unterschiedene), d.h. Eins und Alles, Einheit in der Vielheit und Vielheit in der Einheit, Identität im Entgegengesetzten und Entgegengesetztes im Identischen, ein Unendlicheiniges, kurz, ein lebendiges Ganzes, das sich unaufhörlich entzweit, erkennt und fühlt.[47]

Es leuchtet ein, daß hier die intellektuelle Anschauung am Werke und vorausgesetzt ist. Eine „geistige Schönheit", ein „Ideal der Schönheit" - das *Systemprogramm* nimmt „das Wort in höherem platonischem Sinne" - muß Gegenstand einer geistigen Anschauung sein - genommen nicht im Sinne der Verzückung sondern als Metapher, wie Hölderlin später sagen wird. Gewiß büßt die Anschauung so von ihrer reinen, seligen Geistigkeit ein, aber Schönheit muß erlebt und betrachtet werden. Das Höchste und Tiefste muß sich versinnlichen,[48] Gott will Götter, die Religion der Schönheit huldigt

46 III. 93.
47 III. 87.
48 IV. 292-293 *(Über Religion)*; 298 *(Werden im Vergehen)*.

einem „Gott der Mythe".[49] Der philosophische Dichter, der die Schule von Athen bewundert, wendet sich zur Mythologie, zum Bilde. Also sind die „mittelbaren Erfahrungen", von denen der *Achte Brief* spricht, mehr als nur mittelbar, sie vermitteln tatsächlich, Hülle und Leib zugleich, die sonst nur augenblickliche metaphysische Schau.[50] Die Philosophie braucht die Dichtung, aus der sie stammt, denn das Übersinnliche bleibt auf das mannigfaltige Analogon der Erfahrung angewiesen. Hyperion in seinem bedeutendsten Brief gibt davon beredtes Zeugnis und verweist auf Erscheinungen der Kunst und der Religion, liefert an anderer Stelle auch Beispiele aus der Natur, aus der Erfahrung der Natur. Solche Naturerlebnisse beziehen sich bloß oberflächlich auf idyllische Landschaften von Schwaben und Griechenland, Wälder und Felder, Hügel und Wiesen, Ufer und Wellen, Himmel- und Meeresblau; betreffen aber eigentlich - mittels der „geognostischen" oder „unendlichen" Landschaft[51] - die natura naturans, das lebendige Universum, in dem „Alles sich zum Ganzen webt". Die Stelle im *zweiten Brief,* echte Hymne des Hen kai Pan mit der Parade der Anaphern, entspricht einer Skizze am Ende des Thalia-Fragmentes, „auf dem Cithäron", wo die Verwandtschaft mit Schellings Ausführungen auf der Hand liegt:

„Verloren ins weite Blau, blick ich oft hinauf an den Aether, und hinein ins heilige Meer, und mir wird, als schlösse sich die Pforte des Unsichtbaren mir auf und ich verginge mit allem, was um mich ist, bis ein Rauschen im Gesträuche mich aufweckt aus dem seligen Tode, und mich wider Willen zurückruft auf die Stelle, wovon ich ausging."[52]

49 IV. 293.
50 Die Zentralschau (visio centralis) gehört hauptsächlich zur protestantischen Mystik (V. Weigel) und zu den schwäbischen Vätern (Oetinger). Siehe den Aufsatz von Ernst Benz über Schelling und den Pietismus, und vor allem das unvergessene Buch von *Robert Schneider: Hegels und Schellings schwäbische Geistesahnen.* Würzburg 1938. 68-69, 85-90.
51 Siehe *Romano Guardini: Hölderlin.* Weltbild und Frömmigkeit. Leipzig 1939; *Helmut Rehder: Die Philosophie der unendlichen Landschaft.* Halle 1932.
52 III. 191.

Der aufmerksame Leser entdeckt mühelos solche in der Erzählung verstreute innere Welt-Ich-Erfahrungen, die sich alle im Kristallisationspunkt der „Geistesschönheit" treffen. Selbstverständlich steht Hölderlin nicht allein mit der überschwenglich-poetischen Wiedergabe solcher Zustände, wenn er auch der einzige ist (neben Schelling), der sie metaphysisch deutet. Die zeitgenössische Literatur, mit z.B. Schiller, Goethe, Jean Paul, Jacobi, Heinse, Moritz[53] ist reich an Vorbildern, auch erotischen, künstlerischen und religiösen Inhalts. Mehrere abgeschattete „intellektuelle Anschauungen" vervielfältigen und spiegeln die echte wider. Mit sicherem Griff hat z.B. Johannes Hoffmeister, von Hölderlin belehrt, die intellektuelle Anschauung beim jungen Hegel[54] in der Vision des Gedichtes *Eleusis* (Hölderlin gewidmet) festgestellt, obwohl der Philosoph diese Vision später mit einem Federzug gestrichen hat, dann in der traumhaften Szene der Taufe Jesu[55] - die Aufzählung ließe sich vermehren. Hegel selbst war also mit dem Mysterium der Schönheit vertraut, und die philosophische Relevanz der Polis- und Freundschaftserfahrung, abgesehen von der Naturerfahrung, war ihm nicht fremd. Bemerkenswert ist trotzdem, daß er den Ausdruck nie verwendet, als ob er seine künftige Abneigung vor allem gegen Schellings Konzeption schon voraussah. Statt dessen finden sich beim jungen Hegel Gefühl und Empfindung, die auch zu Hölderlins Sprachgebrauch gehören: Gefühl versieht die Metaphysik des Lebens, des Lichtes, der Liebe, die den *Geist des Christentums* auszeichnet, mit ihren wesentlichen Momenten. Diese Eigenart der Darstellung bei Hegel erklärt vielleicht, warum auch in späteren Schriften Hölderlins die „intellektuelle Anschauung" in den Hintergrund tritt, verblaßt.

53 Musterbeispiel ist die *Theosophie des Julius* (Schiller). Nicht zu vergessen ist Georg Forster *(Fragment eines Briefes über Schillers Götter Griechenlands; Die Kunst und das Zeitalter).*

54 *Dokumente zu Hegels Entwicklung.* Hrsg. von J. Hoffmeister. Stuttgart 1936 (1974). 476.

55 *Hermann Nohl: Hegels Theologische Jugendschriften.* 18, 268, 280, 290–291, 296, 302, 319 (Taufe Jesu). Siehe auch Joh. Hoffmeisters *Hölderlin und die Philosophie.* Leipzig 1944 66–67, 79, 82, 160–162, 166.

Auf dies spätere Schicksal der „intellektualen Anschauung" im jäh unterbrochenen Werk des Dichters muß noch mit wenigen Worten eingegangen werden. Nicht ohne Zögern wagt man eine knappe Untersuchung, denn die Texte, die für die Deutung in Frage kommen, *Über die Verfahrungsweise des poetischen Geistes* und *Über den Unterschied der Dichtarten,* im Nachlaß begraben, sind schier undurchdringlich. Hoffmeister hatte ihre Unverständlichkeit offen gestanden[56] und einfach geschwiegen. Beissners Anmerkungen zu diesen Stellen sind spärlich. Es ist nicht der Fall, daß Hölderlin der Abstraktion nicht mächtig war, wie Ernst Müller meint[57]; im Gegenteil: es ist eher bedauerlich, daß er dem guten Rat des Freundes Niethammer nicht gefolgt ist,[58] sich vor der Abstraktion zu hüten. Denn der Leser steht vor unentwirrbaren Abstraktionen, vor endlosen, eingeschachtelten Sätzen, die Prousts Weitschweifigkeit weit übertreffen. Immerhin bemühen sich in der jüngsten Zeit einige Gelehrte, allen voran Lawrence Ryan, Hoffmeisters Verstehensverzicht[59] aufzuheben, wenn auch nicht mit überzeugendem Ergebnis.

Dennoch ist es nicht unmöglich, wenigstens für die Enträtselung des Problems der intellektuellen (oder intellektualen) Anschauung im Labyrinth der Hölderlinschen Gedanken einen Leitfaden ausfindig zu machen. Wir sehen dabei großenteils vom Zusammenhang ab, um nur der Behandlung der Anschauung nachzugehen. Es fällt auf, daß die Deutung der intellektualen Anschauung unterschiedlich ausfällt, je nachdem ob man den längeren Text *(Über die Verfahrungsweise)* oder den kürzeren *(Unterschied der Dichtarten)* betrachtet. Im *Unterschied der Dichtarten* erhebt Hölderlin die Anschauung

56 *J. Hoffmeister: Hölderlin und die Philosophie.* 145–149. Vgl. *Hölderlin und Hegel.* Tübingen 1931, 12. 15–16, 28; *Die Heimkehr des Geistes.* Hameln 1947, bes. 218–224 (Reich Gottes, Hen kai Pan), 229, 242 (intellektuelle Anschauung).

57 A.a.O. 171–173, 531–533.

58 VI. 219.

59 *Lawrence Ryan: Friedrich Hölderlin.* Stuttgart 1962, 50–55; Hölderlins Lehre vom Wechsel der Töne. Stuttgart 1960; *Walter Hof: Hölderlins Stil.* Meisenheim 1954; *Dieter Jähnig: Vorstudien ...* Tüb. Diss. 1955; *Meta Corssen: Hölderlin-Jahrbuch 1951; Jürgen Isberg: Hölderlin in Homburg.* Hamburg 1954.

zur Grundlage aller Dichtarten (lyrisch, episch, tragisch). Hingegen wird sie in der *Verfahrungsweise* einer „göttlichen Empfindung" untergeordnet, die übrigens Züge der Geistesanschauung annimmt. Darin zeigt sich zwar eine gewisse Labilität des Begriffes der Anschauung, es erweist sich aber zugleich, daß er nie ganz, sogar in der Poetik und Ästhetik nicht, seinen metaphysischen Ursprung verliert. Unsere Hypothese ist, daß die Aufwertung der intellektuellen Anschauung ein früheres Stadium markiert, also die Darstellung des *Unterschieds der Dichtarten* vorangeht, während die Begegnung mit Schelling und die längere Zusammenarbeit mit Hegel Spuren in der Bestimmung der Anschauung hinterlassen haben, d.h. die Anschauung wurde depotenziert.

Zuerst gilt es also die intellektuale Anschauung in der Übertragung des heroisch-tragischen Gedichtes (zitiert werden *Antigone* und *Oedipus*) zu betrachten. Hölderlin verbindet ausdrücklich die Anschauung mit dem Ideal des Hen kai Pan und seinen erlebten Zuständen:

„Eine intellektuale Anschauung ... welche keine andere sein kann, als jene Einigkeit mit allem, was lebt, die zwar von dem beschränkteren Gemüte nicht gefühlt, die in seinen höchsten Bestrebungen nur geahndet, aber vom Geist erkannt werden kann und aus der Unmöglichkeit einer absoluten Trennung und Vereinzelung hervorgeht".[60]

Die Fortsetzung zeigt im Sinne des mit Schelling vertrauten Autors, wie das Unendliche aus sich herausgehen müsse und das Ganze sich (in seinen Teilen) fühlbar mache. Denn die „Fühlbarkeit des Ganzen" hängt mit der Trennung der Teile zusammen: „Die in der intellektualen Anschauung vorhandene Einigkeit versinnlicht sich in eben dem Maße, in welchem sie aus sich herausgehet".[61] Der philosophische Schematismus enthüllt hier unverkennbar das Problem des „Überganges" (von den Kritikern mißverstanden).[62] Der Ursprung der Tragödie kündigt sich als Ziel der Entwicklung an, und

60 IV. 279.
61 IV. 280.
62 *L. Ryan: Hölderlin.* 53 (besondere Zeiten, Zeitenwende) siehe aber 42, 54.

zwar durch die Anspielung auf die Hybris („Übermaß des Geistes"), die dem früher erwähnten, ewigen Weltgesetz der Anankē widerstreitet („damit alles allem begegne, und jeden ihr ganzes Recht, ihr ganzes Mass von Leben werde"). Mythisch wird das Streben des Geistes nach „Materialität" und Trennung (analog zur „Prometheus-Ode") „Willkür des Zeus" genannt: sie ist notwendig und verursacht „den idealen Anfang der wirklichen Trennung".[63] Es ist merkwürdig, daß Hölderlin hier von „Spannung" spricht, wie später Schelling in seiner Potenzenlehre. Die Anwendung der Gedanken folgt unmittelbar: Der „idealische Grundton des tragischen Gedichtes" hebt bei Oedipus von Zeus (vom „höchsten Trennbaren") an – ähnlich bei Prometheus und Empedokles –, und wird analog zur intellektuellen Anschauung gefaßt.[64] Diese auf einer niedrigeren Stufe, „subjektiver", treibt zur Lyrik und paßt eher auf die Antigone. Dadurch ergibt sich eine Verschmelzung der Dichtarten, sowie sich eine wechselweise Nähe der Anschauung zur (Grund)Stimmung, zum Gefühl, zur Empfindung kundtut. Der *Grund zum Empedokles* bestätigt diese Tendenz und die Bestimmung der intellektuellen Anschauung (die nie ihre philosophische Herkunft verliert oder verneint) droht verwischt zu werden.

In der *Verfahrungsweise* kreisen Hölderlins Überlegungen – ein Kreis von Kreisen – um den poetischen Geist oder das poetische Ich, oft mit Anklängen und in Anlehnung an Fichte (Betonung der Wahl, der Freiheit, der Reflexion). Im Gegensatz zum anderen Bruchstück erscheint die intellektuale Anschauung diesmal eingeschränkt zu sein. Die rätselhafte Formulierung: „Ist die intellektuelle Anschauung Bedeutung, so ist der Ausdruck, das Materielle, leidenschaftlich, die geistige (idealische) Behandlung zeigt sich mehr im Stil";[65] erhellt sich insofern als die Bedeutung (Begründung, Rich-

63 IV. 280.

64 IV. 282. Vgl. 277 (Jean-Francois Courtine hat auf den Zusammenhang der intellektuellen Anschauung und der Tragödie bei Hölderlin hellsichtig hingewiesen; siehe *Schelling: Premiers Ecrits.* Paris 1987. Postface: »Finitude et Liberté«. 254).

65 IV. 254.

tung) das „Geistigsinnliche" einschließt; der gleiche Komplex von Problemen ist angesprochen.[66]

In der Tat wird das *Hen diapheron heautô* des Gedichtes ausführlich geschildert, mit wiederholtem Hinweis auf die Hyperbel, das hyperbolische Verfahren. Um so überraschender wirkt die vorläufige Aussparung des Hinweises auf die intellektuelle Anschauung zugunsten einer (lebendigen) Empfindung, die sie sozusagen vertritt. Allerdings war jene schon als (mögliche) Grundstimmung - möglicherweise des Dichters - charakterisiert und konnte deswegen vernachlässigt werden. Dennoch verwundert es, daß Hölderlins Beschreibung der ästhetischen intellektualen Anschauung diese nicht beim Namen nennt. Diese Unterdrückung der intellektuellen Anschauung ist nicht zufällig. Hölderlin gibt (endgültig?) einer „schönen, heiligen, göttlichen Empfindung"[67], die dazu transzendental ist, den Vorzug.[68] Gefühl wäre ebenfalls eine akzeptable Charakteristik, ihm gilt ein poetischer Lobpreis als „göttlich", Gipfel dichterischer Begabung, während der intellektualen Anschauung als Ekstase oder „bloßer Harmonie", „mythisches bildliches Subjekt-Objekt, mit Verlust des Bewußtseins und der Einheit"[69], ihre Ohnmacht attestiert wird. Man könnte die Stelle (im *Achten Brief*) vielleicht weitergehend so auslegen: Die Harmonie wäre ein reines Sein, ohne Widerspruch, unteilbar, ohne Leben. Und das mythische Subjekt-Objekt wäre nicht der Gott der Mythe, sondern eine Täuschung der Einbildungskraft.[70] Fichte träte abermals neben Schelling, und der Einfluß Hegels würde unverkennbar.

Wenn unsere Hypothese richtig ist, hätte Hölderlin nach einem kurzen Interesse die intellektuale Anschauung schließlich suspendiert. Sein Mißtrauen gegen die Philosophie hätte damit die Ober-

66 IV. 257, vgl. 255, 261.
67 IV. 261-263.
68 IV. 270-271. Vgl. *E. Müller: op. cit.* 10-11.
69 IV. 270.
70 Siehe meinen Aufsatz *L'intervention de Novalis dans l'examen et la discussion de l'intuition intellectuelle.* In: *L'art des confins.* Mélanges Maurice de Gandillac. Paris 1985, 645-656).

hand gewonnen, nur die Verquickung mit dem Schönheitserlebnis hätte ihre Bedeutung vorläufig aufrechterhalten. Eins zeigt sich auch hierin: Der von Kant vernachlässigte, von Fichte wiederaufgegriffene, verdoppelte Begriff der intellektuellen Anschauung bleibt Wandlungen und Abwandlungen unterzogen, bis Hegel sie endgültig verwirft bzw. einen bescheiden-begrenzten Gebrauch des Begriffs der Anschauung im System der Philosophie einräumt. Ihren Teil dazu haben auch Hölderlin, Schelling, Novalis und Friedrich Schlegel beigetragen.

Tragische und künstlerische Ironie bei K. W. F. Solger

Valerio Verra (Rom)

Das Tragische und die Ironie bilden zweifellos zwei wichtige ästhetisch-philosophische Themen, die seit ihrem fernen Anfang und von ihrer Formulierung in Griechenland her die Entwicklung der europäischen Geistesgeschichte und Kultur begleitet und gefördert haben, wiewohl dies mit wechselndem Erfolg geschah. In der Tat stellt die Tragödie einen Höhepunkt der griechischen Kultur dar und erscheint in vielfacher Hinsicht sogar mit dieser zutiefst in ihrem Wesen verbunden. Der Aufstieg des Christentums und die Konzeption einer providentiellen, auf Erlösung angelegten Geschichtsordnung haben freilich eine tiefgehende Verwandlung in dem Begriff des Tragischen ausgelöst, indem er von einer unpersönlichen Auffassung des Schicksals und aus denjenigen sittlichen Vorstellungen abzulösen ist, die tief in der Mythologie und der spezifischen Weise des politischen Lebens in Griechenland verbunden waren.

Neue Bedeutungen des Tragischen sind dann erst in einer nach- und anti-christlichen oder, wenn man will, nihilistischen Atmosphäre aufgekommen, wobei aber der Bezug, wenn auch nur polemisch oder negativ, zur christlichen Weltanschauung weiterhin eine schwer übersehbare oder gar zu beseitigende Dimension bildete.[1]

Weniger imposant ist vielleicht die Geschichte der Ironie, die nach einer Blüte in der sokratischen Epoche bis zum Zeitalter der Aufklärung und der Romantik warten mußte, um eine zentrale Rolle in der Ästhetik und teilweise auch in der Philosophie zu übernehmen, so daß sie sich schließlich als etwas Tieferes und Komplexeres zu präsentieren vermochte als etwa eine bloße rhetorische oder

1 Vgl. *Tragik und Tragödie.* Hrsg. von V. Sander. Darmstadt 1971; *W. Kaufmann: Tragödie und Philosophie.* Tübingen 1980.

stilistische Form. Eine ganz besondere Stellung fiel der Ironie zuletzt innerhalb der ästhetischen und philosophischen Problematik des nihilistischen und post-nihilistischen Denkens zu.[2]

Dies sind also zwei nach Bedeutung, Weite und Tiefe voneinander verschiedene Entwicklungslinien, die jedoch darum sich berühren, da beide einen besonders bedeutungsvollen Gipfelpunkt in der Goethezeit erreicht haben. Damals haben sich tatsächlich die meisten und wichtigsten Denker und Dichter in irgendeiner Weise an dem Begriff des Tragischen gemessen, welcher übrigens nicht nur in seiner existentiellen oder individuellen Bedeutung betrachtet wurde, sondern oft sogar als ein Schlüssel der ganzen Geschichte erachtet oder endlich auch auf das Wesen des Absoluten selber zurückgeführt wurde.[3] Nach ihrer Wiederentdeckung im Geiste der Aufklärung sowie Hamanns Rückgewinnung der ästhetischen Bedeutungselemente in der sokratischen Lehre gemäß einem prophetischen und paulinischen Auslegungssinn gewinnt die Ironie immer mehr eine zentrale Funktion[4] auch im Selbstverständnis der romantischen Kunst und Philosophie in ihrer historischen und epochemachenden Stellung.[5]

Insgesamt geurteilt haben jedoch beide Begriffe ihre jeweilige spezifische Eigenart bewahrt. Noch am Ende des 18. Jahrhunderts, wor-

2 Vgl. *B. Allemann: Ironie und Dichtung.* Pfullingen 1956, ^{2}1969; *E. Behler: Klassische Ironie. Romantische Ironie. Tragische Ironie.* Darmstadt 1972: (hier zitiert: *Klassische Ironie,*); *Ironie als literarisches Phänomen.* Hrsg. von H. E. Hass und G. A. Mohrlüder. Köln 1973; U. Japp: *Theorie der Ironie.* Frankfurt a.M. 1983.

3 Vgl. *B. von Wiese: Die deutsche Tragödie von Lessing bis Hebbel.* Hamburg 1948, ^{8}1973; *P. Szondi: Versuch über das Tragische.* In: *Schriften. I.* Frankfurt a.M. 1977, 151–260.

4 *J. G. Hamann: Sokratische Denkwürdigkeiten erklärt von F. Blanke.* Gütersloh 1959. Zur Frage der Interpretation Sokrates' im 18. Jahrhundert vgl. auch *B. Böhm: Sokrates im 18. Jahrhundert.* Neumünster 1966.

5 Neben den bereits genannten Arbeiten über die Ironie im allgemeinen vgl. auch *F. Brüggemann: Die Ironie als entwicklungsgeschichtliches Moment.* Jena 1909; *I. Strohschneider-Kohrs: Die romantische Ironie in Theorie und Gestaltung.* Tübingen 1960; *I. Strohschneider-Kohrs: Zur Poetik der deutschen Romantik II: Die romantische Ironie.* In: *Die deutsche Romantik.* Poetik, Formen und Motive. Hrsg. von H. Steffen. Göttingen ^{3}1978, 75–97.

auf Ernst Behler hinweist,[6] konnte die Ironie als rein intellektuelles Ornament, interessantes Spiel, als „geistreiche" Technik betrachtet werden und war deswegen weit entfernt vom Ernst der Tragödie, ja sogar mit dieser unvereinbar. In den ersten Jahrzehnten des 19. Jahrhunderts und in der Romantik entwickelte sich dagegen die Diskussion über die Möglichkeit einer „tragischen Ironie",[7] die als einer der wichtigsten Hauptvertreter bekanntlich Karl Wilhelm Ferdinand Solger entfaltete.[8] Der Ausgangspunkt von Definition und Bekannt-

6 *E. Behler: Klassiche Ironie,* 134ff.

7 Zu diesem Begriff im allgemeinen s. auch das Kapitel von *E. Behler: Die tragische Ironie* in dem genannten Band (*Klassische Ironie,* 134–154), in dem der Autor einen Überblick über die tragsiche Ironie in der deutschen Kultur der damaligen Zeit gibt, wobei er auch an die Formulierung erinnert, die Adam Müller 1806 in seinen Vorlesungen *Über die dramatische Kunst* für diesen Begriff fand, und sodann - ausgehend von dem im Jahre 1833 erschienen Werk des anglikanischen Bischofs *Connop Thirlwall: On the Irony of Sophocles* - einen Vergleich mit der Verwendung dieses Begriffs im angelsächsischen Raum anstellt.

8 Seine Werke wurden auch in jüngster Zeit neu verlegt: *K. W. F. Solger: Erwin.* Vier Gespräche über das Schöne und die Kunst (1815). Neuauflage der Berliner Ausgabe aus dem Jahre 1907. Mit einer Besprechung der *Vorlesungen über dramatische Kunst und Literatur* von A. W. Schlegel und mit einem Nachwort und Erläuterungen von W. Henckmann. München 1971 (hier zitiert *Erwin*); *K. W. F. Solger: Philosophische Gespräche* (1817). Mit einem Vorwort von W. Henckmann, Darmstadt 1972; *K. W. F. Solger: Nachgelassene Schriften und Briefwechsel.* 2 Bde. Hrsg. von L. Tieck und Fr. v. Raumer. Leipzig 1826. Neuauflage hrsg. von H. Anton. Heidelberg 1973 (hier als *NS 1 und 2* zitiert); *K. W. F. Solger: Vorlesungen über Ästhetik.* Hrsg. von K. W. L. Heyse. Leipzig 1826. Neuauflage Darmstadt 1962 (hier als *Vorlesungen* zitiert). - Im Anhang zu dieser Neuauflage des *Erwin* gibt Wolfhart Henckmann ein umfangreiches *Literaturverzeichnis* (574–576) sowie einen Überblick über die Geschicke des ästhetischen Denkens von Solger (*Die Nachwirkungen von Solgers Kunstphilosophie,* 530–541). - Unter den Arbeiten, die nach den in dem vorstehend zitierten Literaturverzeichnis publiziert wurden, seien genannt: *W. Henckmann: Symbol und Allegorie bei K. W. F. Solger.* In: *Romantik in Deutschland.* Hrsg. von R. Brinkmann. Stuttgart 1978, 639–651, sowie ders.: *Solger und die Berliner Kunstszene.* In: *Kunsterfahrung und Kulturpolitik im Berlin Hegels.* Hrsg. von O. Pöggeler und A. Gethmann-Siefert. In: Hegel-Studien. Beiheft 22 (1983). 199–228. Ferner: *R. Malter: L'ironie comme véritable essence de l'art.* L'explication théorique par Solger »de la façon romantique d'appréhender le monde« dans le dialogue Erwin. In: Les Etudes philosophiques. 2 (1983), 163–176.

machung dieses Begriffs verdankt sich eher beiläufigen und zufälligen Umständen. Solger veröffentlicht im Jahre 1819 eine ausführliche Rezension[9] der Wiener Vorlesungen von August Wilhelm Schlegel *Über dramatische Kunst und Literatur,* wo er deren gesamte theoretische Grundlage, näherhin die Auffassung selbst des Dramas in Frage stellte. Nach Schlegel sind die beiden Gattungen der dramatischen Poesie, d.h. Tragödie und Komödie, jeweils auf den „Ernst" und den „Scherz" zurückzuführen. Die tragische Poesie entsteht gerade aus dem Bewußtsein der Unfähigkeit des Menschen, dem Bedürfnis nach dem Unendlichen zu entsprechen, da er ganz und gar den Begebenheiten der Natur und der Mißgunst des Schicksals ausgeliefert ist. Vor solchem Gefühl eigener Unzulänglichkeit, Ohnmacht und sogar des ewigen Zwiespalts zwischen Freiheit und Notwendigkeit findet der Mensch nur im Bewußtsein einer Berufung Erleichterung, die über die Schranken irdischer Realität hinausblickt. Gerade deswegen ist für A. W. Schlegel die Ironie mit der Tragödie unvereinbar und darf mit letzterer nicht vermengt werden. Diese Überlegungen bilden den Ausgangspunkt für eine eingehende und komplexe Polemik Solgers gegen A. W. Schlegel, die sowohl die Auffassung der Tragödie[10] als auch diejenige der

9 Diese Rezension ist außer in der jüngsten Neuauflage des *Erwin* auch in *NS* 2. 493-628, abgedruckt. Die Wiener Vorlesungen sind Gegenstand der Studie von *S. A. Reavis: A. W. Schlegels Auffassung der Tragödie im Zusammenhang mit seiner Poetik und den ästhetischen Theorien seiner Zeit.* Frankfurt a.M., Bern, Las Vegas 1978. Die Verfasserin neigt dazu, die ästhetischen Grundlagen der Schlegelschen Auffassung von der Tragödie in den Vordergrund zu stellen, wonach die Versöhnung der Gegensätze nicht auf die Überwindung des einen oder anderen der beiden Pole (Freiheit und Notwendigkeit) angelegt sei, sondern auf den Glauben „an die ursprüngliche Einheit aller Dinge, also auch der menschlichen Vermögen. Nicht der Verstand kann sie bewirken, sondern einzig die Einbildungskraft, die Phantasie" (9).

10 Was jenseits der Arbeit August Wilhelm Schlegels das eigentliche Ziel dieser Polemik anbetrifft, so handelt es sich hierbei um eine äußerst verwickelte und umstrittene Frage, insbesondere hinsichtlich ihrer Zuordnung zu den Auffassungen Schillers. Gewöhnlich greift Solger in seiner Kritik an der Auslegung der Tragödie im Sinne der sittlichen Freiheit auf Kant und die „kantischen" Auffassungen von der Sittlichkeit zurück (s. neben der Rezension der Schrift Schlegels z.B. auch die *Vorlesungen,* 39 u. 310). Die recht scharfen

Ironie[11] betrifft und worin Motive zusammenfließen, die Solger schon in früheren Arbeiten[12] entwickelt hatte.

Diese Polemik kann durchaus nicht als marginal betrachtet werden, da in ihr die Hauptlinien und wesentlichen Züge des Solgerschen Denkens im Ganzen sich ausprägen. Ein beträchtlicher Teil der Rezension befaßt sich selbstverständlich mit Problemen der Literaturkritik und der Interpretation dramatischer Werke; darauf können wir hier nicht näher eingehen. Vielmehr haben wir uns darauf zu beschränken, im folgenden ausschließlich auf die Aspekte von größerer methodologischer und systematischer Bedeutung hinzuweisen. Daher werden auch solche Argumentationen beiseite gelassen,

Äußerungen gegen Schiller betreffen insbesondere dessen Tätigkeit als Theaterdichter. Schiller wird vorgeworfen, stets darauf bedacht zu sein, „Ideale" in die Handlung einzubringen (*NS* 2. 619) und in seinen Tragödien seine „Theorie" darzustellen (*Vorlesungen,* 43 u. 219). Besondere Aufmerksamkeit widmete diesem Problem Oskar Walzel in seinem umfassenden und bedeutsamen Aufsatz *Tragik bei Solger.* In: Helicon. 3 (1940), 27–49. Bei Schillers Standpunkt handelt es sich nach Walzel um etwas wesentlich Komplexeres als eine einfache Gegenüberstellung von Natur und Freiheit, wobei der Kampf gegen das Schicksal und seine Notwendigkeit ohnedies auf keinen Fall mit der Bekämpfung der sinnlichen Triebe gleichgesetzt werden kann. Daher kann die Kritik Solgers an A. W. Schlegel nicht einfach und unbesehen auf Schiller übertragen werden. Vielmehr verlangt ein Vergleich etliche komplizierte Übergänge, wobei auch die Auslegung des Kantischen Begriffs vom Erhabenen und die Frage des Unterschiedes zwischen antiker und moderner Tragödie mitspielen. Für unsere Zwecke ist hervorzuheben, daß nach der Auffassung Solgers die menschliche Natur als solche und damit auch die sittliche Natur des Menschen in Frage gestellt wird und letztendlich im metaphysischen Rahmen der Tragik des menschlichen Daseins untergeht. Zur Auffassung Solgers vom Tragischen und ihrer Einordnung in die Entwicklung des Denkens vom Idealismus Hegels bis zu Hebbel s. ferner die frühere Schrift Oskar Walzels *Hebbelprobleme.* Leipzig 1909. Zum Vergleich zwischen Solger und Hebbel s. *H. Siebert: Die dualistischen Weltdeutungen Hebbels und Solgers im Gegensatz zu Hegels dialektischer Philosophie.* In: Hebbel-Jahrbuch. 1965, 156–63.

11 Auch in diesem Fall wurde die Frage des eigentlichen Ziels der Auseinandersetzung lebhaft erörtert, so vor allem die Frage, ob sie sich nur auf die Auffassung August Wilhelm Schlegels von der Ironie, so wie sie sich aus der

die durch Analyse literarische Texte die Widersprüchlichkeit in dem Anspruch einer strengen Rückführung des Tragischen auf den „Ernst“ und des „Komischen“ auf den „Scherz“ unter Beweis stellen. Wir werden vielmehr ohne Umschweife auf den Kern des Streitpunktes der Polemik eingehen, wie er in dem metaphysisch-existentialen Charakter der Tragödie gegeben ist. Denn ohne diesen zu berücksichtigen, wie Schlegel verfährt, wird es Solger unmöglich, sei es dem allgemeinen Charakter der Tragödie, sei es deren spezifischen Differenzen in Antike und Moderne gerecht zu werden. Irrig ist nämlich, die antike Tragödie als Ausdruck eines Zwiespalts zwischen sittlicher Freiheit und Naturnotwendigkeit zu verstehen. Aus

Rezension der *Vorlesungen* ergibt, beziehe oder vielmehr allgemein auf den Begriff der romantischen Ironie, insbesondere bei Friedrich Schlegel. Gegen die letztgenannte Hypothese wandte sich entschieden Oskar Walzel in der Schrift aus dem Jahre 1938: *Methode? Ironie bei Friedrich Schlegel und bei Solger.* In: *Fr. Schlegel und die Kunsttheorie seiner Zeit.* Hrsg. von H. Schanze. Darmstadt 1985, 71–94. Nach Walzel liegt der Ironiebegriff selbst bei Solger im wesentlichen auf der Linie der Auffassung Friedrich Schlegels. Seine Polemik könne sogar verstanden werden als Korrektur des unglücklichen Versuchs August Wilhelm Schlegels, die Auffassung des Bruders Friedrich von der Ironie „verdaulicher“ zu machen. Man möge bedenken, daß nach Walzel Hegel einer der Hauptverantwortlichen für diesen Irrtum war, der fälschlicherweise eine Gleichsetzung der Auffassungen der Brüder Schlegel zur Folge hatte. Hegel habe über die Auffassung Friedrich Schlegels von der romantischen Ironie aus „blindem Hass“ die Unwahrheit gesagt (vgl. 94). Die Frage wird von Otto Pöggeler in seiner Untersuchung der Beziehung zwischen Hegel und Solger in dem Werk: *Hegels Kritik der Romantik* (Bonn 1956. 263–97), wieder aufgegriffen und vertieft, wobei der Autor die Behauptung Walzels für „unbegründet“ hält (vgl. 380). Was des weiteren den Unterschied zwischen Solger und Hegel hinsichtlich der Möglichkeit einer tragischen Ironie anbelangt, so betont Pöggeler, daß für Hegel die Trauer um den offenbarenden Untergang der Idee nur mit der Aufgabe einer seiner vergangenen historischen Phasen seitens des Geistes in Zusammenhang gebracht werden kann, während für Solger die Ironie und die Hinfälligkeit des Schönen auf der ewigen Dialektik der Idee als solcher beruhen (vgl. 287).

12 Neben *Erwin* siehe insbesondere die 1808 veröffentlichte und sehr bedeutende Einleitung zur Übersetzung der Werke Sophokles': *Über Sophokles und die alte Tragödie.* neu aufgelegt in: *NS* 2. 445–492.

diesem einen Mißverständnis ergeben sich noch weitere, sehr einschneidende Fehldeutungen, wie jenes hinsichtlich der Natur und Funktion des Chores, der mitnichten „subjektivistisch“ als „idealer Zuschauer“ begriffen werden darf, da ihm im Gegenteil die Aufgabe zufällt, dem Sinn einer Versöhnung des tragischen Zwiespalts Ausdruck zu verleihen. Denn dieser Zustand ist nicht zufällig und hängt auch nicht einfach mit der Besonderheit des Ereignisses oder der Dramenfigur zusammen, da er aus der Natur und dem Wesen des Menschen hervorgeht. Was in der Tragödie untergeht, ist in der Tat nicht nur der Einzelne; und sein Verderben ist nicht einfach auf den Mangel moralischer Intentionen zurückzuführen.

Der tragische Held ist im Gegenteil gleichzeitig schuldig und unschuldig; und es gibt keine Erklärung seiner Taten durch kausale Zusammenhänge oder Umstände, die seine Schuld tilgen können. Umgekehrt hindert jedenfalls diese Schuld nicht eine Verklärung des tragischen Helden, die von der Wertschätzung seiner Taten völlig unabhängig ist. Die antike Tragödie betrifft nur „Tatsachen“, Ereignisse und keine „Tathandlungen“ und was uns aufklärt, das ist gerade die Betrachtung der Allgemeinheit des Schicksals, wovon diese Tatsachen abhängen und das den notwendigen Widerspruch der menschlichen Natur in ihrem irdischen Leben ausdrückt. Was in der modernen Tragödie - deren größten Vertreter Solger in Shakespeare erblickt, so wie Sophokles als Gipfelpunkt der antiken Tragödie galt - tatsächlich in Frage gestellt wird, ist demzufolge nicht die Handlung oder deren Folgen, sondern vielmehr die Bedeutung der moralischen Freiheit, aus welcher die Handlung hervorgeht. Keineswegs liegt - wie oft behauptet wird - der Schwerpunkt in Hamlets Tragödie zuletzt in seiner Unentschlossenheit gegenüber einem (notwendig gebotenen) Tun, da die Handlung wie ein Schicksal droht. Vielmehr beruht jenes Schwergewicht in der Widersprüchlichkeit der Handlung selbst oder, besser gesagt, ihres moralischen Wertes. Was Hamlet quält ist nicht so sehr der Zweifel an der Pflicht oder an der Notwendigkeit zu handeln, sondern das Bewußtsein, oder besser die versteckte Furcht, daß die Tat durch den vieldeutigen Sinn, den sie durch ihre Ausführung erhält, jenen sozusagen „jungfräulichen“ Wert nicht anders als einzubüßen habe[13] und durch die offenbaren negativen Seiten der Tat selbst gleich befleckt wird. Wenn es hier auch um völlig andere und in mancher Hinsicht sogar um eine der antiken Tragödie entgegengesetzte dramatische Struktur handelt, ist dasjenige, was auch in diesem Falle in Frage steht, nicht die tragische Figur, sondern die menschliche Natur schlechthin und ihr unvermeidlicher Untergang gegenüber der Idee, oder besser der Notwendigkeit, die Idee in der Existenz zu verwirklichen.

Genauso wie die Tragödie hat auch die Ironie tiefe metaphysisch-existentiale Wurzeln und unterscheidet sich deshalb grundsätzlich von einem „schnöde(n) Hinwegsetzen über alles, was den Menschen wesentlich und ernstlich interessiert, über den ganzen Zwiespalt der Natur“.[14] Wäre die Ironie nur das, so würde sie sich auf „gemeine Spötterei“ reduzieren und sich überhaupt nicht über das Niveau des gemeinen Lebens und die gewöhnlichste Reflexion des Verstandes der Wirklichkeit gegenüber erheben. Die „echte“ Ironie hingegen geht von dem Bewußtsein aus, daß der Mensch - solange er auf dieser Welt lebt - seine Bestimmung, selbst im höchsten Sinne des Wortes, eben nur in der Welt erfüllen könne, und daß er sich deswegen nicht einem fruchtlosen und leeren „Streben nach dem Unendlichen“[15] hingeben dürfe. Denn alles, womit man glaubt, die endli-

13 *NS* 2. 585-89.

14 *NS* 2. 514.

15 So wäre es nach Solger absurd zu meinen, die erhebende und beruhigende Funktion der Tragödie entspringe dem Verweis auf etwas, das außerhalb der Tragödie liegt. Dieses Thema wird vor allem in den *Vorlesungen* (311-312) entwickelt, in denen Solger zeigt, daß der Hinweis der „Beruhigung“ auf die Hoffnung auf ein besseres Dasein ein Element der Reflexion in die Tragödie einbringt. Folglich ist entweder die Idee als Existenz an sich zu sehen, und in diesem Fall ist die gesamte irdische Wirklichkeit zu leugnen, so daß sich der religiöse und nicht der tragische Standpunkt ergibt, oder aber das wirkliche Dasein wird aufgrund seiner Zufälligkeit und nicht aufgrund seines Wesens als transeunt aufgefaßt, und in diesem Fall ergibt sich der Standpunkt der gewöhnlichen Reflexion, der sowohl die Idee als auch die Wirklichkeit bis in die Sphäre des gemeinen Verstandes herabsetzt. Demgegenüber sagt Solger: „Der Untergang der wirklichen Welt selbst ist Offenbarung des Ewigen; es bedarf keiner Offenbarung außer derselben. Das Opfer, welches gebracht

chen Ziele zu überschreiten, ist nur eitle und leere „Einbildung". Wie Solger präzisiert:

„Auch das Höchste ist für unser Handeln *nur in begrenzter endlicher Gestaltung da.* Und eben deswegen ist es an uns so nichtig wie das Geringste, und geht nothwendig mit uns und unserem nichtigen Sinne unter, denn in Wahrheit ist es nur da in Gott, und in diesem Untergange verklärt es sich als ein Göttliches, an welchem wir weder als endliche Wesen, noch als solche, die mit ihren Gedanken über das Endliche scheinbar hinausschweifen können, Theil haben würden, wenn es nicht eine unmittelbare Gegenwart dieses Göttlichen gäbe, die sich eben in dem Verschwinden unserer Wirklichkeit offenbart; die Stimmung aber, welcher dieses unmittelbar in den menschlichen Begebenheiten selbst einleuchtet, ist die tragische Ironie."[16]

Wir haben es für angebracht gehalten, Solgers Definition des Begriffes der „tragischen Ironie" ungekürzt wiederzugeben, nicht nur um einen genauen Bezugspunkt in dieser Diskussion zu schaffen, sondern auch weil die Komplexität der daraus entstehenden Interpretationsprobleme unmittelbar hervortritt auf der metaphysisch-existentialen sowie auf der poetologischen und kritischen Ebene. Auf der einen Seite ist diese „Stimmung" mit einer allgemeinen Auffassung des menschlichen Geschicks verbunden, das mit seiner Natur und mit seinem durch die verschiedenen Epochen hindurch unverändert bleibenden Wesen[17] zusammenhängt, auch wenn dieses

wird, ist selbst die Gegenwart des Ewigen ... Eine außerhalb der Tragödie liegende Beruhigung darf man also nicht suchen, die Tragödie selbst ist die Beruhigung, und ihr wahrer Sinn liegt darin, daß das Zeitliche sich selbst aufhebt, in so fern es theil nimmt an der Idee" (*Vorlesungen,* 97).

16 *NS* 2. 515.

17 Dieses Thema taucht wiederholt in der Rezension der Vorlesungen A. W. Schlegels (vgl. z. B. *NS* 2. 562 u. 564) und in den *Vorlesungen* (97–98, 315–316) auf, wo Solger hervorhebt, daß das tragische Gefühl durch das allgemeine Schicksal des Menschen hervorgerufen wird. Wenngleich dieses Gefühl in den verschiedenen Zeitaltern je nach dem Vorwiegen der einen oder anderen (alten oder neuen) Weltanschauung oder (symbolischen oder allegorischen) Kunstauffassung unterschiedlich zum Ausdruck gebracht wurde, ist „die wahre Bestimmung des Menschen" sowohl in der antiken als auch in der modernen Kunst in Wirklichkeit die gleiche (*NS* 2. 584).

Geschick in den beiden Hauptphasen unserer Geschichte in zwei verschiedene und entgegengesetzte Richtungen interpretiert und entwickelt wurde. Dies geschah zunächst in der griechischen Welt in Bezug auf die Totalität des Universums in seiner als Schicksal gestalteten Wesenheit, später dagegen, im Christentum, erfolgte eine Auslegung in Bezug auf die Freiheit und Persönlichkeit Gottes. Auf der anderen Seite erschöpft sich das Problem keineswegs auf der thematischen Ebene oder in seinem metaphysischen Parameter, sondern bringt eine komplexe Verflechtung stilistischer und formaler Probleme mit sich, aufgrund deren in der antiken Welt die symbolische Tendenz, im engsten Sinne des Terminus, und in der modernen die allegorische Tendenz überwiegend hervortraten. In beiden hat sich jedoch die Ironie verwirklicht und ausgewirkt, wiewohl in der ersten vorwiegend in einer unbewußten und in der letzten überwiegend bewußten Weise. In den Grenzen dieses Aufsatzes können wir nicht auf eine Analyse aller dieser Aspekte des Problems eingehen, wollen uns stattdessen aber auf die Angabe jener wesentlichen Elemente beschränken, welche die ideelle Trajektorie von der tragischen Ironie als „Stimmung“ bis zur „künstlerischen Ironie“ als spezifischer und zentraler Tätigkeit der Kunst ausmachen. Eine zentrale Rolle spielt in dieser Trajektorie, so scheint uns, daß dem Verstande eine „künstlerische“ Funktion zugeschrieben wird, die sich völlig von der des gemeinen Verstandes[18] unterscheidet. Von dieser zentralen Funktion her läßt sich das sich Herablassen der Idee in die Wirklichkeit ergreifen sowie die Tatsache, daß dieses sich Niederlassen seinerseits notwendig ein sich Vernichten der Idee und der Wirklichkeit selbst in einem außerordentlich komplexen Verhältnis von Harmonie und

18 Ingrid Strohschneider-Kohrs befaßte sich in ihrem Buch: *Die romantische Ironie* (vgl. 199–201) eingehend mit der Bedeutung des Begriffs des künstlerischen Verstandes. Nur wenn man der Funktion des künstlerischen Verstandes in angemessener Weise Rechnung trägt, so die Autorin, kann man es vermeiden, die Ironie Solgers als etwas rein Negatives aufzufassen, und ebenso sei es dann möglich, auch das Urteil Kierkegaards in dieser Frage zurechtzurücken und neu zu würdigen.

Widerspruch bedeutet, das nur die künstlerische Ironie im eigentlichen Sinne zu begreifen und auszudrücken imstande ist.

Auch hier wäre selbstverständlich eine weitläufigere Ausführung erforderlich, welche die Etappen des *Erwin* zurückzuverfolgen hätte und insbesondere bei jener „Tragödie des Schönen" verweilen müßte, die gegen Ende des zweiten Gesprächs vorstellig gemacht wird. Das Schöne kann in der Tat nicht anders als in der Vereinigung der Gegensätze, und zwar des Göttlichen und des Irdischen, der Idee und der sinnlichen Wirklichkeit bestehen. Nur in solcher Weise, obwohl sie zur praktischen Tätigkeit gehört, unterscheidet sich die Kunst sowohl von der Moral, die eine unendliche und unbegrenzte Aufgabe ist, als auch von der Religion, die eigentlich auch die Versöhnung der Widersprüche erstrebt, aber dies durch bloße Aufhebung der Endlichkeit sowie in der Innerlichkeit leistet. Wenn dem Schönen dagegen die Endlichkeit als unumgänglicher Bezugspunkt zukommt, so ist das darin gegründete Verhältnis zur Endlichkeit freilich völlig verschieden von demjenigen des gemeinen Verstandes, der zwar auf und durch die Gegensätze wirkt, aber durch graduelle und äußerliche Verknüpfungen und Beziehungen, die ins Unendliche im Sinne eines Unbegrenzten hinausgehen. Im Schönen hat man es nicht mit einer „relativen" Endlichkeit wie im Falle des gemeinen Verstandes zu tun, sondern mit einer selbstgenügsamen, in sich vollkommenen und ruhenden Endlichkeit, in der sich die Idee deshalb ausdrückt. Diese Endlichkeit muß daher von der anderen Endlichkeit als einer bloß zufälligen Vielheit, wie sie aus dem Gegensatz zwischen sinnlicher Wahrnehmung und Begriff hervorgeht, scharf und genau unterschieden werden. In solcher Vielheit hat man es mit einer „unergründlichen" Unendlichkeit zu tun, die es nie gestattet, zu einem Endpunkt zu gelangen und stattdessen nötigt, immer weiter zu gehen, ausgerichtet auf eine immer weiter über sich hinausdeutende Vielheit und Verschiedenheit. Damit entfaltet Solger eine Art der Polemik gegen das, was man im Sinne Hegels die „schlechte" Unendlichkeit nennen könnte, wie sie dem gemeinen Verstande eigentümlich zugehört. Dieser vermag nämlich nicht jenen Punkt der Endlichkeit zu erfassen, den dagegen eine höhere Erkenntnis treffen kann, für welche das „Moment“ der Endlichkeit zugleich vollständiger Ausdruck der Idee sein soll.[19]

Dies bliebe aber unerklärlich, wenn man das Schöne von einem bloß theoretischen Standpunkt, schlechthin als äußerliches Ergebnis einer künstlerischen Tätigkeit betrachtet, von dieser abgelöst und isoliert gesetzt. In diesem Falle geschieht eigentlich die „Tragödie des Schönen“, d.i. seine Unmöglichkeit, sich als Einheit und Versöhnung der Gegensätze zu verwirklichen, da das Schöne, wenn es ausschließlich als ein vom Tun losgelöstes Resultat aufgefaßt wird, sich notwendig als in zwei gegensätzliche Begriffe gespalten darbiete, wie etwa als „trauervoll“ und „lächerlich“, wiewohl es notwendigerweise auch in beiden zum Ausdruck kommt und als es selbst erscheint. Die „Tragödie des Schönen“ bekundet sich nicht bloß in solcher – wie man sagen müßte – strukturellen Unmöglichkeit, für das Schöne eine angemessene Verwirklichung in der sinnlichen Welt zu finden, sie beruht vor allem in der Unmöglichkeit, seine Differenzierung in den Ausdrucks- und Darstellungsweisen der verschiedenen Kunstgattungen zu rechtfertigen und gleichwohl stets noch seine Einheit darin zu bewahren.

Das Schöne kann und muß vor dieser „Tragödie“ (seiner Unvollziehbarkeit) gerettet werden, wenn man vom bloß theoretischen zum praktischen Standpunkt übergehen würde und anzuerkennen bereit wäre, daß es sinnlos ist, das Schöne außerhalb oder losgelöst von der künstlerischen Tätigkeit, d.i. seiner Hervorbringung selber, zu betrachten[20] und wenn man zugleich die charakteristischen Wesensmerkmale dieser besonderen Weise des Tuns und Handelns scharf herausstellt. Das künstlerische Tun ist allerdings eine Art der tätigen Hervorbringung, in der die Gegensätze in einem Akt erfaßt werden, dessen eigentlichster Sinn die Realisierung einer Relation darstellt, d.h. die Gegensätze werden in dem Augenblick solchen Tuns selbst

19 *Vorlesungen,* 74–78.

20 Dieser Punkt wird auch zu Beginn der *Vorlesungen* im einzelnen ausgeführt, wo es heißt: „Die Aesthetik soll uns eine *philosophische Lehre vom Schönen,* oder besser *eine philosophische Kunstlehre* sein; denn es giebt kein Schönes im vollen Sinne des Wortes ausser der Kunst“ (*Vorlesungen,* 1–21).

in ihrem gegenseitigen Übergehen in einander aufgefaßt. Im eminenten Sinne handelt es sich um eine Tätigkeit, welche immer zugleich eine Totalität zur Darstellung bringt, wiewohl dieses Ganzes in der Wahrnehmung seiner sinnlichen Wirklichkeit sich spezifiziert und als Vielfältiges konkretisiert. Auf diese Weise wird es möglich, den wesentlich symbolischen Charakter des Kunstwerkes zu erkennen. Hier ist „symbolisch" in einem weiteren Sinn des Wortes aufzufassen, im Unterschied zu jener engeren Bedeutung, nach der eine der beiden Tendenzen, in denen die Kunst sich ausdrückt, sich darstellt (die andere Tendenz war die Allegorischen). Obwohl diese Thematik bei Solger eine bedeutende Rolle spielt und auch in seiner Zeit große Beachtung fand[21], müssen wir unsere Aufmerksamkeit nun vornehmlich der Funktion der künstlerischen Ironie im Zuge des künstlerischen Tuns zuwenden, denn selbst wenn der praktische Charakter der Kunst angenommen und anerkannt wird, stellt sich doch neuerlich die Frage nach dem Widerstreit zwischen der Einheitlichkeit und der Universalität der Kunst, mithin zwischen dem Erfordernis, die unterschiedlichen Kunstwerke und Kunstgattungen als eine einheitliche Welt anzusehen, und der Notwendigkeit der Kunst, ihre konstitutiven Komponenten in der endlichen Wirklichkeit bzw. im Hervortreten verschiedener Richtungen sich zersplittern und zerstreuen zu lassen.[22] Dieser Widerspruch ist in einer letz-

21 Zu dieser Problematik, insbesondere zum Vergleich der Standpunkte Solgers sowie Schellings und Hegels s. den bereits erwähnten Aufsatz *W. Henckmann: Symbol und Allegorie bei K. W. F. Solger,* 639-651.

22 In diesem Zusammenhang scheint uns die Art und Weise, auf die Solger diese ganze Frage in seinem an den Bruder Friedrich gerichteten Schreiben vom 11. Juli 1815 darlegt, besonders wichtig zu sein und eine Klärung zu bewirken. Dort erläutert Solger die gesamte Problematik des *Erwin* wie folgt: „Wie ist es möglich, daß in einer zeitlichen und als solche mangelhaften Erscheinung sich ein vollkommenes Wesen offenbaren könne? Denn daß hierin die Schönheit liege, das haben dunkel alle gefühlt und darum die widersprechenden Dinge zu vereinigen gesucht. Die Lösung ist: Durch ein vollkommenes Handeln, von einer ganz bestimmten Art, welches die Kunst heißt; dieses ist nur in dem Moment, wo die Idee oder das Wesen die Stelle der Wirklichkeit einnimmt, und eben dadurch das Wirkliche für sich, die bloße Erscheinung als solche vernichtet wird. Dies ist der Standpunkt der Ironie. Daraus wird erwiesen, daß die Kunst ihren eigentlichen Sitz im

ten Konsequenz auf den tragischen Charakter sowohl der Existenz als auch der Kunst zurückzuführen. Deswegen kann aber das durch den künstlerischen Verstand vermittelte und gestiftete Verhältnis zwischen Idee und Wirklichkeit auf gar keinen Fall Nachahmung, Ausdruck oder gradueller Übergang zwischen den Gegensätzen sein, sondern setzt vielmehr einen Gegensatz voraus, der seinem Sinne nach die gegenseitige Vernichtung der widersprechenden Seiten meint und bedeutet. Diese Vernichtung ist übrigens die einzige Bedingung, damit der ganze Reichtum und die Fülle des Kunstuniversums durchsichtig wird.

Der Kern der Frage liegt darin, daß die Kunst, obwohl sie als Tätigkeit eine höchste Form des Erkennens und des Selbstbewußtseins ist, niemals eine rein anschauende, bloß passiv rezipierende und in diesem Sinne kontemplative Tätigkeit sein kann, da sie gerade die Idee im Endlichen verwirklichen muß, was ein Auseinanderfallen der in der Idee als geeint vorausgesetzten Termini des Allgemeinen und des Einzelnen voraussetzt.

Die darin gelegene Dialektik kann aber nicht bloß durch die Phantasie überwunden und aufgelöst werden, die sich ihrerseits in zwei einander entgegengesetzte und ins Unendliche tendierende Richtungen eines Tuns entfaltet, die eine, welche als „bildend" vom Allgemeinen ausgeht, die andere als „sinnend", welche demgegenüber das Besondere als Ziel ihrer Hinsicht bestimmt. Nur durch den künstlerischen Verstand[23] kann diese grenzenlose und aus sich unheilbare Spannung in einem aktiven Prozeß überwunden werden,

Verstande hat, aber im Wesentlichen, nicht in dem bloß Reflectirenden; daraus werden bildende und nachsinnende Phantasie, sinnliche Ausführung, Humor, Betrachtung und Witz entwickelt, Dinge über welche man bisher nie zu einer genügenden Erklärung gekommen war. Auch die Eintheilung der Kunst ist noch nie so vollständig aufgestellt, und besonders noch nie so bewiesen worden, warum es nicht mehr als fünf Künste geben kann, als in meinem dritten Gespräche" (*NS* 1. 360–361).

23 Vgl. *Erwin.* 359 ff und *Vorlesungen.* Dritter Abschnitt. Von dem Organismus des künstlerischen Geistes. 1. Von der Poesie im Allgemeinen und von ihrer Eintheilung, 183–189. Hier spricht Solger (vgl. 187) vom „dialektischen" Charakter des Wirkens des künstlerischen Verstandes bzw. von einer „künstlerischen Dialektik" im wahren Sinne des Wortes.

der völlig anders geschieht als derjenige des gemeinen Verstandes, der sich in einer Reihe gradueller und fortschreitender Vermittlungen und Beziehungen erschöpft. Dieser Prozeß gliedert sich in die zwei „Standpunkte“ der „Betrachtung“ und des „Witzes“. Die erstere bezeichnet jene Richtung der Tätigkeit des künstlerischen Verstandes, durch welche die Idee sich als der Begriff und die Vielheit in dem steten Bewußtsein entwickelt, daß es sich immer um eine und dieselbe Idee handelt. Daher scheint die Idee hier als etwas Positives, als etwas Gegebenes. In entgegengesetzter Richtung wirkt hingegen der „Witz“[24] als Tätigkeit des künstlerischen Verstandes, die das Verhältnis zwischen dem Begriff und dem Mannigfaltigen in einem Einheitsmoment zu erfassen sucht, in dem ihre Gegensätzlichkeit als relative Gegensätzlichkeit verschwindend und die Idee in der Aufhebung dargestellt wird. Mit anderen Worten ist der Witz eben das Zusammenfallen der Gegensätze in einem Punkte, so daß die Idee erscheint und sich als etwas Negatives offenbart.[25]

Besonders interessant ist nun die zeitliche Dimension, in der „Betrachtung“ und „Witz“ innerhalb der künstlerischen Tätigkeit ihre Funktion erfüllen, um jene Einseitigkeit zu überwinden, womit die Phantasie in ihrer doppelten Tendenz als „bildende“ und „sinnende“ noch behaftet ist. Bleibt man bei dieser Einseitigkeit stehen, so scheint es unvermeidlich, den sich im Kunstwerk vollziehenden Übergang des Wesens in die Wirklichkeit als unaufhörlichen Prozeß und damit das Wesen als ein unendliches, in sich nicht abgeschlossenes und darum leeres „Ideal“ zu begreifen.[26] Daher auch die Tendenz, die reale Erscheinung als Nachahmung des Wesens aufzufas-

24 Zur Frage der Geschichte und Verwendung dieses Ausdrucks in der damaligen Zeit vgl.: *A. Bäumler: Das Irrationalitätsproblem in der Ästhetik und Logik des 18. Jahrhunderts.* Halle a. S. 1923. Neue Auflage Darmstadt 1967. Kapitel 7; hinsichtlich eines Vergleichs mit der Ästhetik Schlegels und seiner Auffassung vom „Witz“ vgl. insbesondere: *F. Ingerslev: Genie und sinnverwandte Ausdrücke in den Schriften und Briefen Fr. Schlegels.* Berlin 1927, vor allem 34–45; *R. Belgardt: Romantische Poesie. Begriff und Bedeutung bei Fr. Schlegel.* Den Haag - Paris 1969.

25 Vgl. auch: *Vorlesungen,* 224–225.

26 *Erwin.* 370–372.

sen oder, wenn man will, als Kopie eines Vorbildes, das allerdings nie erfaßt und bestimmt werden kann. Doch diese Schwierigkeiten verschwinden nach Solger, sobald man die Eigentümlichkeit des Wirkens des künsterlischen Verstandes berücksichtigt, angefangen von der „Betrachtung“ als einer Tätigkeit, durch welche die Phantasie sich verwirklicht, indem das Wesen „in dem Augenblick der einzelnen Existenz“ gebracht wird. So wird das Wesen zu einer Wirklichkeit, die auf nichts anderes als auf sich selbst zurückgeführt werden kann und die somit, da sie keinen weiteren Grund hat, reine Zufälligkeit ist. Während wir uns bei der Beobachtung der gewöhnlichen Dinge der Erscheinungswelt mit mehr oder weniger naheliegenden Grundlagen derselben, mit einer Gattung, welcher wir diese Dinge zuordnen, oder auch mit Ursache, von denen wir sie herleiten zufrieden geben, so haben wir es indessen im Falle des Kunstwerkes mit einem völlig anderen Vorgang zu tun, weil es sich um eine gänzlich auf dem Augenblicklichen beruhenden Existenz handelt.[27] Hier geht es nämlich um eine Weise des existierenden Daseins, das für sich selber nicht ist; und doch ist diese Existenz als die des Wesentlichen und Ewigen auf eine so einmalige und besondere Weise ausgezeichnet.

Derart gelangt man auch zur Überwindung der Erscheinung – und zwar durch die reine Zufälligkeit, eben dadurch zugleich aber auch zur Begrenzung der Idee vermittels einer wirklichen und gegenwärtigen Existenz.

27 *Erwin.* 373–375. Zur Problematik der Beziehung zwischen Zeitlichkeit und künstlerischer Tätigkeit, insbesondere zum Begriff des Augenblicks, vgl. *H. Holländer: Augenblick und Zeitpunkt.* Studien zur Zeitstruktur und Zeitmetaphorik in Kunst und Wissenschaften. Hrsg. von Chr. W. Thomsen und H. Holländer. Darmstadt 1984, 7–21. Nach Holländer ist die Ästhetik Solgers „die *post festum* formulierte Theorie der Romantik. Sie hält der Schwierigkeit des Begriffs ‚Augenblick‘ stand und kann zugleich als Voraussetzung für die Bestimmungen Kierkegaards verstanden werden“ (15). Zu den metaphysischen Voraussetzungen des Begriffs des „Augenblicks“ bei Solger, insbesondere zur Frage der Beziehung zwischen Sein, Nichts und Zeitlichkeit, vgl.: *M. Frank: Das Problem „Zeit“ in der deutschen Romantik.* München 1972. 97–129.

Entscheidend ist aber der Hinweis, daß die Aufhebung der graduellen Abstufung der gemeinen Verstandestätigkeiten gleichfalls maßgebliche Bedeutung besitzt. Sie steht in Zusammenhang mit einer besonderen Interpretation der Zeitlichkeit der Kunst innerhalb des zweiten - oben bereits erwähnten - „Standpunktes" künstlerischer Tätigkeit des Verstandes, d.h. des Witzes.

Auch in diesem Falle kommt es sozusagen zu einem zeitlichen Qualitätssprung gegenüber den Prozessen des gewöhnlichen Verstandes, der sich darauf beschränkt, äußerliche Vergleichungen zwischen Einzelnem festzuhalten, so daß es dergestalt in einer fortwährenden Verschiebung gegen das Unendliche hin befangen bleibt sowie einer immerwährenden Unvollständigkeit unterworfen ist. Mit dem „Witz" hingegen wird diese Schwierigkeit plötzlich und jäh überwunden,[28] indem durch ein blitzartiges Geschehen eine Annäherung und Vernichtung der Gegensätze in ihrer jeweiligen Äußerlichkeit stattfindet. Der „Witz" gleicht einer jäh und unvorhergesehen aufscheinenden Helle, in deren Licht die Idee ganz gegenwärtig sich zeigt, während das Besondere als genichtet und zugleich in der Idee verklärt sich darstellt.[29]

Wiederum müssen wir die gewiß interessanten Hinweise dieser Thematik auf die daraus entstehenden poetologischen und kritischen Probleme auslassen, welche nach Solger gerade auf eine unan-

28 Daß dieser „plötzliche" Charakter in Wirklichkeit die gesamte Kunst kennzeichnet, auch wenn dies beim Witz besonders deutlich in Erscheinung tritt, wird mit besonderer großer Eindringlichkeit in den *Vorlesungen* ausgesprochen: „Was wir unter Witz verstehen, ist nichts anderes als das künstlerische Genie überhaupt, nur auf einem bestimmten Standpunkte. Das plötzliche Zusammenfallen der Gegensätze ohne Mittelglied unterscheidet den Witz vom gemeinen Verstande, der nur durch Mittelglieder verbinden kann. Dieses plötzliche Übergehen ist zwar Eigentümlichkeit der Kunst überhaupt, fällt uns aber beim Witz besonders auf, weil wir auf diesem Standpunkte die Wirklichkeit ganz als solche allein auffassen, was nur von dem Standpunkte des künstlerischen Verstandes aus möglich ist. Die Gegensätze werden erst als ganz wirkliche aufgefaßt, und dann offenbart sich auf einmal ihre Einheit." (*Vorlesungen,* 232).

29 Hinsichtlich des Vorkommens ähnlicher Ausdrücke und Bilder bei Fr. Schlegel vgl. die in Anm. 24 genannten Werke.

gemessene Konzeption von „Betrachtung“ und „Witz“ sowie deren Zusammenhang sowohl mit dem künstlerischen Verstand als auch mit der künstlerischen Tätigkeit im allgemeinen zurückzuführen sind. Vielmehr werden wir uns auf die Tragweite der Dialektik zwischen „Betrachtung“ und „Witz“ in der Frage der künstlerischen Ironie und der ihr innewohnenden tragischen Dimension konzentrieren.

In der Tat darf nicht vergessen werden, daß die Analyse von „Betrachtung“ und „Witz“ gerade darauf abzielt, den wahren Zentralpunkt der Kunst zu ermitteln, der es gestattet, gleichzeitig und widerspruchsfrei die Einheit und die Allgemeinheit der Kunst sowie deren Gliederung in eine Vielfalt von Werken, Richtungen und Gattungen zu erkennen.

Diesen Punkt kann man nun aber nur dann erkennen, wenn man einräumt, daß „Betrachtung“ als auch „Witz“ aufeinander angewiesen sind, da sie allerdings eine gemeinsame Wurzel haben und beide somit aus jenem „Augenblick des Übergangs“ entspringen, in dem der künstlerische Verstand die Anschauung des Allgemeinen und des Besonderen auch in ihrem notwendigen Widerspruch miteinander verschmilzt.[30] Gerade durch die Betrachtung der Eigentümlichkeit dieses Übergangs wird es dann möglich, darüber ins Klare zu kommen, daß die Beziehung der Idee und der wahrnehmbaren Wirklichkeit etwas völlig anderes ist als das einfache „Sich-Äußern“ des Allgemeinen im Besonderen. Da die Idee in Wirklichkeit durch den künstlerischen Verstand augenblicklich in das Besondere „übergeht“, äußert sie sich nicht nur darin, so wenig sie dabei lediglich als etwas Zeitliches und Vorübergehendes erscheint, sondern wird wahre Gegenwart. Weil außerhalb der Idee nichts ist, wird sie die Nichtigkeit und das Vergehen selbst. Daher, so kommentiert Solger, können wir nicht umhin, unendliche Trauer angesichts der Tatsache zu empfinden, daß das Höchste, die Idee sich ins Nichts in dem Maße pulverisiert, wie es das irdische Kleid anzieht. Doch gerade dieser „Augenblick des Überganges“, in dem die Idee sich notwendig vernichtet,

30 *Erwin.* 368.

ist der wahre Sitz des Kunst, wo „Betrachtung“ und „Witz“ zur gleichen Zeit als schöpferische und vernichtende Tätigkeit wirken und ihre tiefere Einheit in der Ironie offenbar werden lassen. Solger schließt in der Tat: „Hier also muß der Geist des Künstlers alle Richtungen in einen, alles überschauenden Blick zusammenfassen, und diesen über allem schwebenden, alles vernichtenden Blick nennen wir die Ironie.“[31]

Es erübrigt sich nunmehr, zu betonen, daß der künstlerischen Ironie also als notwendiger Vernichtung der Idee im Sinnlichen und des Sinnlichen in der Idee eine tragische Dimension innewohnt. Demgegenüber erscheint es angebracht, die offenbarende Funktion der Ironie in Erinnerung zu rufen und hervorzuheben. Die Trauer, die uns befällt, insofern wir das Schöne von dem sinnlichen Standpunkt aus und deswegen als transeunt betrachten, steht als Gegengewicht und Ausgleich das Bewußtsein gegenüber, daß das Schöne die Offenbarung des Wesens darstellt. Daher wird uns „diese Zeitlichkeit ein wesentliches Leben und eine fortgesetzte Offenbarung der lebendigen und gegenwärtigen Gottheit“.[32] Mit anderen Worten: auch wenn die künstlerische Ironie sich in verschiedenen Formen in den unterschiedlichen Epoche und Kunstgattungen ausdrücken kann, befindet sich ihr Grund in den „Sachen selbst“; und in diesem Sinne stellt Solger am Ende des *Erwin* fest, daß die Kunst unsere gegenwärtige, reale, bekannte und in ihrer Wesentlichkeit erlebte Existenz darstellt. Daher gilt es in jeglichem Falle der Kunst jenen zentralen Punkt aufzufinden, in dem Wesen und Wirklichkeit einander in einer „Gegenwart“ wechselseitig durchdringen und es ist eben jener Zentralpunkt, der von der Ironie als der „vollkommenste(n) Frucht des künstlerischen Verstandes“ gebildet wird.[33] Wenn diese „Frucht“ dennoch hinter dem ursprünglichen göttlichen Wirken zurückbleibt oder anders gesagt, wenn die künstlerische Ironie, selbst als höchster Ausgleich und als Versöhnung der gegensätzli-

31 *Erwin*. 387.
32 *Erwin*. 390.
33 *Erwin*. 394.

chen Tendenzen und Äußerungen der Kunst, sich nicht in einer „unerhörten“ Kunst zu vollenden vermag, einer Kunst mithin, welche die vollständige Versöhnung zwischen Bewußtsein und Unbewußtem, von Freiheit und Notwendigkeit,[34] sein würde, wenn also die Offenbarungsfunktion der Kunst sich nicht als Übergang zum Standpunkt des Absoluten ausweisen läßt, dann ist hierin die Grenze zu erkennen, in der wir von unserer irdischen, zeitlichen und menschlichen Lage eingeschränkt sind. Diese Grenze muß allerdings nach Solger nicht dazu führen, die Ironie in einer abstrakten Subjektivität oder, was noch schlimmer wäre, in einer Individualität zusammenzudrängen oder darin zu reduzieren. Genausowenig muß sie in einem – letztlich frustrierenden – Prozeß einer Annäherung an das Unendliche überdehnt bzw. aufgelöst werden. Vielmehr sollte diese Grenze dazu Anlaß geben, die konkrete und bedeutungsvolle Verwirklichung der Ironie in der vom künstlerischen Verstande aufgebauten Welt, in einer ganz und gar besonderen Dimension der Zeitlichkeit, eben kraft der ontologischen und existentialen Spannung zwischen Tragik und Ironie, d.i. näherhin zwischen tragischer und künstlerischer Ironie einsehbar werden zu lassen.

Übersetzt von Maria Civelli-Steinkötter.

34 *Erwin*. 392 und mit größerer Deutlichkeit in den *Vorlesungen*, 247. – Vielleicht sollte an dieser Stelle daran erinnert werden, daß Solger zwar Sophokles und Shakespeare als Vorbilder für die symbolische und allegorische Ironie bezeichnet, daß für ihn aber Michelangelo als der Künstler gilt, der sich am stärksten der Idee von einer Kunst näherte, worin das Bewußte und das Unbewußte der Ironie zusammenfielen, insofern nämlich, als es ihm gelungen sei, in seinen Werken die Gegensätze der alten und neuen Kunst zu vereinigen (*Vorlesungen*, 249).

The god and the dancing girl: new light on mastery and servitude

Michael John Petry (Rotterdam)

I.

In 1822, Hegel set about planning a full-scale book on the *Philosophy of Subjective Spirit.* From the manuscript material that has survived, it looks as though his primary purpose in doing so was to provide a systematic survey of the biological and subconscious foundations of human psychology. We know from other sources, however, that he also wanted to bring out the importance of paying careful attention to the immediate presuppositions of social and political activity. Since it was by means of the *Phenomenology* and the *Science of Logic* that he had made his name, the general public might have been expected to regard these works as a sort of propædeutic, and the recently published *Philosophy of Right* as in some sense their corollary. He had to show, therefore, that the same methodology was basic to all three publications, and given the circumstances, the best means of doing so was to concentrate upon the transition from psychology to politics, to highlight the precise derivation of the subject-matter of the *Philosophy of Right* within the whole cycle of the sciences outlined in the *Encyclopædia.* By 1822 he had had enough experience of the difficulties involved in getting his ideas across, to know how important it was that he should emphasize the empirical aspect of this systematic exposition. He certainly realized that it was only by so doing that he could prevent his philosophy of the social sciences from being regarded as little more than a phenomenological pipe-dream or an exercise in applied logic. His mature conception of the derivation of politics from the biological and psychological sciences had already been mapped out in the Heidelberg *Encyclopædia,* and during the Summer Term of 1822 he was delivering a series of lectures on the subject. He knew from the impact made by his other publications, however, that a separate volume on the subject would have much more effect than any amount of lecturing. In a field such as this, in which there was plenty of interest in the subject-matter and very little idea of how it was to be assessed, a book was undoubtedly the best means for getting across the specific significance of the general principles of his philosophical method.

It was also in 1822 that the Schellingian Adam Eschenmayer brought out the second edition of his *Psychology.* In this work, he provided an elaborate exposition of many of the subjects Hegel was dealing with in his lectures, – the ways in which ageing influences mental attitudes, the functions of the various sense organs, the interrelatedness of sleeping and waking, the nature of animal magnetism, the ways in which memory, recollection, attention, language, reason, phantasy will etc. contribute to what is loosely referred to as psychological activity. In the same year, another Schellingian, Henrik Steffens, burst upon the philosophical world of Restoration Germany with a rambling two-volume *Anthropology* in which he claimed that his conception of the human sciences was, "so boundless in scope, that it might well be used in order to treat of human cognition of the highest kind. Anthropology would then be philosophy in the widest sense of the word." This work, too, touched upon many of the themes with which Hegel was concerned when exploring the biological and subconscious foundations of political activity. – the organic sciences, human geography, racial variety, the temperaments, the ages of life, speech, the will etc. Interestingly enough, it also included an extensive section on the earth sciences.

Had Hegel's treatment of the relationship between psychology and politics involved nothing more than the spinning forth of a phenomenological sequence or the application of a categorial structure, he would almost certainly have reacted appreciatively to the ways in which Eschenmayer and Steffens had dealt with their subject-matter. Both had attempted to view it from the standpoint of a Schellingian telos, and had therefore established a certain phenomenological inter-relatedness between the topics dealt with. Both had certainly structured their expositions by applying certain logical categories. Their methodology had, however, done little justice to the natural relationships brought to light by the empirical sciences of the day. Since in both cases the methodology was in clear violation of the progressions in thought necessitated by the careful and consistent application of the well-tried principles of resolution and composition, it flew in the face of Hegel's comprehensive attempt to progress systematically through the various levels of ontological complexity. Their work was, as he was wont to express it, in flagrant violation of the *Notion.* It is hardly surprising, therefore, that in the draft of his proposed book on the *Philosophy of Subjective Spirit,* we should find him objecting strongly to the lay-out of Eschenmayer's publication, criticizing it for providing little evidence of any attempt to bring out the natural relationships between the topics discussed, and hauling Steffens over the coals for flitting about from one subject to another in such an utterly chaotic manner: "The first part of Eschenmayer's *Psychology,* in that it is empirical, makes no intrinsic pretension to being scientific. The second part, the Pure Psychology, ought to have been devoted to enunciating the principles of this empirical material, and to searching out the construction and indicating the derivation of the model which it simply presupposes. But Eschenmayer merely sets straight about positing the speculative cognition which ought to emerge here, 1) in reflection by means of notions, judgements and syllogisms, and 2) in ideal intuition. This second part therefore exhibits the ordinary method of analyzing a presupposition and reflecting upon it, together with what is indispensable to this, – the in fact wholly empirical and arbitrary procedure of discussing and determining the content as one pleases. Steffens' *Anthropology* mixes geology with anthropology. Since the whole of the work is rustled up out of empirical material, abstractions and fantastic combinations, no attention being paid to the thought, Notion and method of science, such a work is of no interest, at least to philosophy."[1]

As Hegel conceived of the matter, therefore, it was not enough simply to rule out the phenomenological and logical interpretations of the *Philosophy of Right,* merely to call attention in a broad and impressionistic manner to its presuppositions in the sphere of psychology and the subconscious. These fields also had to be carefully structured in accordance with the Notion and the findings of empiricism. There was, therefore, a crying need for a full-scale systematic work on the *Philosophy of Subjective Spirit.* Eschenmayer and Steffens may have had a wealth of empirical material at their fingertips, but they had little conception of the precise nature of its relevance to the task in hand. Steffens, like Schelling, seems to have had a fairly sound general conception of certain reasons for regarding the physical and biological sciences as the immediate presupposition of a doctrine of consciousness. The intuitive and arbitrary ways in which he had worked it out had to be improved upon, however, had to be so revised that the various sub-disciplines of the field might be grasped in their natural inter-relatedness.

This was not a problem which had only dawned upon Hegel since the *Philosophy of Right* had been seen through the press. There is evidence enough that it had preoccupied him during the Jena period, and in a letter written to his friend Niethammer in 1811, he had criticized Fries's inability to distinguish between logic and psychology, and stated his intention of following up the publication of his forthcoming *Logic* with a corresponding *Psychology.*[2] All that he had actually published during the years that followed was the condensed exposition of the subject in the *Encyclopædia.* It was, therefore, to

1 *F. Nicolin: Ein Hegelsches Fragment zur Philosophie des Geistes.* In: Hegel-Studien. 1 (1961), 9–48. Translated in: *M. J. Petry: Hegel's Philosophy of Subjective Spirit.* 3 vols. Dordrecht and Boston 1979. I. 90–139 (this work will subsequently be referred to as *Phil. Sub. Sp.*). *A. C. A. Eschenmayer: Psychologie in drei Theilen als empirische, reine und angewandte.* 2nd ed. Stuttgart and Tübingen 1822; *H. Steffens: Anthropologie.* 2 vols. Breslau 1822.

2 *Briefe von und an Hegel.* Ed. Johannes Hoffmeister and Friedhelm Nicolin, 4 vols. Hamburg 1969–1981. 1. 388, letter no. 196, written 10 October 1811.

this that he referred in the introduction to the *Philosophy of Right:* "The deduction of *will, freedom* and the *freedom of the will,* can only be carried out with reference to the whole cycle of philosophy. The fundamental premisses of the deduction are that *spirit* is initially *intelligence,* that the determinations through which it passes in its development from *feeling,* through *presentation* to *thought,* are the road along which it brings itself forth as *will,* and that will, as practical spirit in general, is the immediate truth of intelligence. I have expounded these premisses in my *Encyclopædia,* and hope by and by to be able to elaborate them still further."[3]

In his philosophy of the social sciences, he went on to demonstrate in detail how the systematic treatment of property, contract, coercion and crime necessarily leads on into a consideration of morality and ethical life. What he was planning to publish on *Subjective Spirit* would have demonstrated in similar detail how the systematic treatment of the biological foundations of consciousness and the conscious foundations of psychology necessarily leads on into a consideration of property. Property, as part of the whole cycle of philosophy, together with all that follows from it in the sphere of social and political activity, was to be shown as being derived from the drives and passions of the conscious and subconscious. Social and political activity was to be systematically related back to its psychological and anthropological roots. Since to this very day, the significance of this procedure within the whole architectonic of Hegel's thought has never been widely appreciated, it has to be emphasized that one of the primary purposes of the planned book on the *Philosophy of Subjective Spirit* was to make perfectly clear that the immediate starting point of the systematic consideration of law, morality, society and the state, lies in the similarly systematic treatment of theoretical and practical psychology, - not in some sort of phenomenological deduction, and certainly not in the elementary procedure of simply working out the systematic relationships between abstract logical categories.

3 *Grundlinien der Philosophie des Rechts.* 1820. Einleitung § 4.

II.

The central theme of Hegel's mature *Anthropology* is the distinguishing and inter-relating of increasing degrees of inwardness or inner co-ordination in the individual's awareness of its natural environment. The work begins where his treatment of the biological sciences ends, that is to say, with a consideration of somatico-psychic states which are almost entirely determined by external or *natural* factors, – the moods or attitudes typical of certain times of the day, for example, or of the various seasons of the year, the ways in which geographical circumstances are reflected in the broad mental characteristics of the various races and peoples of mankind. The natural factors determining the more specific characteristics of *individuals* then come under consideration, – temperament and character, for example, the changing attitudes characteristic of the various stages of life, the basic mental differences between men and women. This leads on into a carefully structured analysis of the ways in which the individual co-ordinates information concerning the external world by means of the five senses. Sensation is regarded by Hegel as being concerned predominantly with what is external, and is, therefore, distinguished from *feeling,* which he conceives of as essentially a matter of the inner life, – of dreams, intuitions, sleep-walking and visions, of the second-sight and of premonitions, of the multitudes of curious subconscious states then being investigated by the medical profession on account of the discovery of the therapeutic potential of being able to induce and manipulate them, and by the members of the Societies for the Study of Animal Magnetism, which were then all the rage. The medical implications of this field of enquiry lead on naturally into a consideration of the more concrete and individual matter of mental derangement, and of the ways in which the various forms of it can be cured. This is one of the most profoundly researched and richly documented of Hegel's expositions, and certainly deserves more consideration that it has received hitherto from those concerned with the history and methodology of psychiatry. Mental derangement is conceived of as essentially a disturbance in the co-ordination of the psyche. The psychiatrist has, therefore, to attempt to restore the patient to full awareness of his actual situation, to rehabilitate him within the routines and habits of normal living. When the individual himself is fully aware of his own inner identity as the correlate of his own actual environment, he is no longer simply part of this environment, but has risen above it to the complete inner co-ordination of the *ego* or of *consciousness.*[4]

The *Anthropology* is, therefore, a philosophy of the subconscious, a systematic survey of those states of the soul which, in that they are more or less determined by natural circumstances, fall short of the completely co-ordinated inwardness of the ego or consciousness. It would, perhaps, be misleading to say that the *Anthropology* therefore constitutes Hegel's "deduction" of the ego. If we look at the history of his development in this field, we find that at one stage he was treating biology as the immediate presupposition of consciousness, and that the conception of the subconscious as the intermediary between the two developed rather slowly. He seems to have begun by accepting the co-ordinated inwardness generally referred to as the ego as a fact, and then to have sought out, in the light of an ever-increasing wealth of empirical material, the precise inter-relationships between its presuppositions in the subconscious.[5] His ego is therefore "transcendental" in respect of the natural world, in that it has been defined by the progressive exclusion of subconscious states which involve biological or environmental factors. It does, however, bear some family resemblance to Descartes' corresponding postulate, although it is in no respect a matter of existential insight, and there is no question of the significance of it only being apparent to an individual capable of taking systemic doubt as seriously as Descartes did. Its closest affinity in eighteenth century philosophy is with Hume's conception of the "inconceivable rapidity" with which different perceptions succeed one another in human awareness, and with Kant's *empirical* ego. In one essential respect Hume's concep-

4 *Phil. Sub. Sp.* vol 2.
5 *Phil. Sub. Sp.* I. xlvii – lxvi.

tion does, perhaps, approximate more closely to Hegel's than either Descartes' or Kant's, since he does seem to have had a fairly distinct idea of consciousness as being rooted exclusively in the physical world.[6]

In the 1822 manuscript, Hegel gets no further than drawing up a general introduction to his *Philosophy of Spirit,* sketching his *Anthropology* from its initial stages to the doctrine of sensation, and formulating a few ideas concerning the significance of the ego. It was never worked up into a book, and was not published until a hundred and thirty years after his death. If we want to study these matters in detail, therefore, we have to rely upon the relevant sections of the *Encyclopædia,* and the corresponding lecture-notes.

In respect of Hegel's anthropological ego, it is worth noting that it is quite distinct from *logical* subjectivity. The systematic significance of Kantian judgements and Aristotelian syllogisms is to be sought in a doctrine of abstract categories, not in an analysis of the subconscious. The categories of quantity indispensable to mathematics are to be given their proper treatment within the general doctrine of the categories of being, not simply related haphazardly to the supposed psychology of those who employ them. For Hegel, therefore, in so far as Kant's *transcendental* ego was involved in the deduction of the forms of judgement, and in so far as Descartes' cognition was implicated in the abstractions of analytical geometry, they were to be systematically assessed within the *Science of Logic.* They had no bearing at all upon any success a psychiatrist might have in restoring the mentally deranged to health of mind.

Although at the end of his life Hegel tinkered a little with the general structure of his *Psychology,* its central Aristotelian theme remained much the same from the 1790's onwards. In the initial or *theoretical* section, a beginning is made with intuition, which is conceived of in a Kantian manner as being basic to the relationship between knowledge and objects. There is then a progression in de-

6 *D. Hume: A Treatise of Human Nature.* Ed. T. H. Green and T. H. Grose. London 1909. 534.

grees of subjectivity, in the course of which the content of intuition is internalized. This takes place at the most basic level in such intuitive activity as feeling and paying attention, then in the more complex procedures of recollecting and imagining, verbalizing and memorizing, and finally in thought itself, which Hegel analyzes into the ways in which the content of what has been intuited is grasped, assessed and reasoned about. The activity of reasoning about the content of intuition initiates the second main section, that of *practical* psychology. Here there is a progression in degrees of objectivity, beginning with nothing more than a basic feeling for practice, progressing to passion, involvement and wilfulness, and concluding with the active pursuit of happiness and a conception of human freedom. It is interesting to note, that this systematic structuring of the pursuit of happiness, which is presented by Hegel as being the immediate presupposition of the acquisition of property, and, therefore, as constituting the transition from psychology to sociology, from *Subjective Spirit* to the *Philosophy of Right,* may well reflect his general view of the philosophical significance of Bentham and the Utilitarians.[7]

In his observations on the ego at the end of the *Anthropology,* Hegel makes no mention of the ways in which his predecessors had confused what is logical with what is anthropological. In the opening Paragraphs of the *Psychology,* however, he emphasizes the purely physical foundations of its subject-matter, and notes that Condillac's approach to it, "is broadly justified in that the sensuous is regarded as primary, as the initial foundation." He then goes on to criticize the followers of Kant, one presumes that he has in mind thinkers such as Fries, Herbart and Beneke, for having attempted to develop a metaphysics by blurring the essential distinction between logic and psychology.[8]

7 *Phil. Sub. Sp.* III. 451.
8 *Phil. Sub. Sp.* III. 91, 99 (§§ 442, 444).

III.

If we are right in thinking that the main reason for Hegel's having set about planning the book on the *Philosophy of Subjective Spirit* was that he wanted to bring out the importance of paying careful attention to the immediate presuppositions of social and political activity, to show clearly how the *Philosophy of Right* fitted into the whole structure of the *Encyclopædia,* it is safe to assume that if he had completed the work, it would have included not only an *Anthropology,* but also a *Psychology.* Everyone would have recognized such a combination of topics as being typically Hegelian. The lectures he had delivered on *Subjective Spirit* at the University of Berlin had always been announced under these two headings. We have, moreover, no reason for thinking that any of those who actually attended the courses, let alone those who subsequently produced interpretations of the *Anthropology* and the *Psychology,* based on the material that was published, would have batted so much as an eyelid, had Hegel made a direct transition from one discipline to the other. An imposing survey of the various gradations of inner co-ordination within the general field of the subconscious had been rounded off with a convincing characterization of the subjectivity of the ego. Would it not be dialectically satisfying, reassuringly Kantian, to swing straight over from the ego to intuition, from the exclusion of all that is objective and physical to a fresh involvement with it?

It is a matter of very great importance to anyone trying to get to grips with the central principles of Hegelianism, as it is to anyone attempting to reach a critically constructive evaluation of the variety of ways in which the movement has been interpreted, to note that Hegel did not formulate a direct transition from the ego with which he rounded off the *Anthropology* to the intuition with which he initiated the systematic consideration of *Psychology.*

Respecting, on the one hand, the pure subjectivity of the ego, treating it as the Archimedean focal point of *consciousness,* he proceeded to distinguish increasing degrees of complexity in the extent to which it reflects what is objective to it. Initially, the object confronting the ego is nothing more than an undifferentiated otherness. In that this blank non-ego is specified in terms of sense-data, the ego is conscious of space, of time, and of the manifold variety of all that is spatial and temporal. For it to be conscious of things involves a further specification. This, in its turn, constitutes the immediate presupposition of its perceiving connections between things and distinguishing between things and their properties. Such perception lies at the basis of the ego's being conscious, in a Spinozistic manner, of the necessity which binds the physical world, and of the laws of physics which constitute the further specification of this necessity. Consciousness of the relative simplicity of the laws of physics gives way to consciousness of the relative complexity of the laws of the organic sciences, which, in their turn, constitute the immediate presupposition of the ego or consciousness.

For the ego to be conscious of consciousness and of the presuppositions of consciousness, is for it to be aware of its own genesis, of the way in which its own systematic significance has been derived from the philosophical treatment of the biological sciences and the subconscious. It is also the juncture at which it passes from consciousness to self-consciousness, from the sphere of subjectivity to that of inter-subjectivity. Here, once again, Hegel proceeds to distinguish increasing degrees of complexity, this time, in the relationship between interacting egos. At its most primitive, this relationship consists of little more than an animal drive. The subconscious motivations which had burst forth as mental derangement at the anthropological level, now re-emerge in the sphere of consciousness as an egocentric desire, a searching for satisfaction, giving rise to nothing more than a destructive involvement with the other ego. The ego's desire to dominate, coerce and subject, initiates a struggle which resolves itself in the first instance into the relationship of mastery and servitude. Service breeds community of interest, recognition and acceptance, and eventually gives rise to the rational relationship of mutual respect.

It is the pervasively rational inter-subjectivity of mutually respecting egos which provides Hegel with his transition to intuition. The intuitiveness characterized in the opening Paragraphs of the *Psychology* is not, therefore, the simply subjective activity which enables the ego to grasp natural laws. It presupposes not only the ego's being conscious of objectivity, but also its conscious and rational recognition of inter-subjectivity. It involves a self-conscious certainty of both the subjective and the objective aspects of the relationships between egos, a substantial knowledge of the presuppositions of its own intrinsic capabilities, a living spiritual awareness of the fact that the subject-object dichotomies of consciousness have been superseded and sublated. Hegel never managed to expound these matters very satisfactorily, but he did make clear that intuition, as he conceived it, holds within itself, in an abstract but very definite manner, the whole potential of what is distinctively psychological rather than phenomenological, that is to say, the *theoretical* as well as the *practical* presuppositions of *social* activity.[9]

IV.

Taken together with the structuring of the relationship between objective and subjective categories in the *Science of Logic,* this analysis of the transition from the ego to intuition in the *Berlin Phenomenology* constitutes the heart of Hegel's criticism of Kant.[10] After having come to the conclusion that the various forms of logical judgement, like space and time, have to be regarded as the presuppositions of knowledge derived from the senses, Kant was bound to attempt to draw a distinction between the transcendental and the empirical ego. This brought him face to face with the seemingly intractable problem of their inter-relationship. By treating logical categories in general, not simply as the correlates of judgements, and, therefore, as the presuppositions of knowledge derived from the senses, but also as the presuppositions of the natural world made manifest through the

9 *M. J. Petry: G. W. Hegel: Die Berliner Phänomenologie.* Dordrecht, Boston, London 1981. This work will subsequently be referred to as *Berlin Phen.*
10 *Berlin Phen.* xiix – iviii.

senses, Hegel was able to draw a clear-cut distinction between the logical and the phenomenological aspects of Kant's problem. *Objective* logical patterns such as those based upon quantity, the central category of mathematics, or those relating to universal causality, the central category of the philosophical systems of Spinoza and Leibniz, are to be given their systematic treatment, within the *Science of Logic,* as the presuppositions of such *subjective* categories as the various forms of judgement. Within the sphere of logic, therefore, universal reciprocity has to be regarded as the precondition of the judgement, not vice versa. Kant was simply not justified in ignoring the necessity of the asymmetrical relationship. Even less was he justified in failing to distinguish clearly between logic and anthropology. He had indeed been facing an intractable problem, and the reason was that he had confused two quite distinct issues, – the logical relationship between objective and subjective categories, and the anthropological relationship between the ego and the natural world.

It might seem reasonable to assume that there would have been less fruitless discussion of the ways in which Hegel's philosophical system relates to Kant's critical philosophy, had he actually got round to publishing his book on the *Philosophy of Subjective Spirit.* Curiously enough, it is by no means certain that this would have been the case. Even those who have made a profound study of Hegel's writings have often tended to overlook the significance of the well-documented fact that he made a point of giving phenomenology a systematic placing *within* the *Encyclopædia,* and there are certain understandable reasons for their having done so.

The first of these derives from the philosophical significance one is prepared to attach to the *Jena Phenomenology.* Hegel's contemporaries were at a loss to know what to make of the work. Goethe was outspoken enough: "To say anything more monstrous is indeed not possible. It seems to me quite unworthy of a rational man." Jean Paul confessed that he was: "immensely surprised by the clarity, style, freedom and vigour of Hegel's latest philosophical system." Schelling admitted that he had only managed to read the preface. Jacobi expressed the hope that the reviews would inform him as to what it was all about. Fries found it: "very nearly intolerable." Even Hegel's friend Schelver, who subsequently backed his appointment at Heidelberg, made no bones about admitting that he was quite incapable of understanding it. It was, therefore, something of a liability to the publisher, who took nearly a quarter of a century to sell the seven hundred and fifty copies he had printed.[11]

For certain unfathomable reasons, the situation has now changed completely, especially outside Germany, where translations of the book are proliferating at a truly phenomenal rate, and are accompanied by an apparently inexhaustible stream of articles and commentaries. It is, perhaps, a little unclear what the current consensus is concerning the precise significance of the work, but the publication of Hegel's other Jena writings, nearly all of which he himself left in manuscript, has helped to open up new perspectives, and has certainly given those interested in his intellectual development plenty to think about.

This industrious enthusiasm has given rise to a tendency to overlook the fact that the opening sections of the Jena *Phenomenology,* concerned as they are with consciousness, self-consciousness and reason, correspond to those so headed in the Berlin version, and that there can, therefore, be no doubt that Hegel intended that the subject-matter of the Jena work should be regarded as having been integrated into the *Encyclopædia.* The true significance of the Jena publication lay in its systematic treatment of the transition from the ego to intuition, and people were to be dissuaded from reading anything else into it. He first made this perfectly clear in the introduction to the Heidelberg *Encyclopædia,* published in 1817: "Formerly, it was the *Phenomenology of Spirit,* the scientific history of consciousness, which I treated as the first part of philosophy, in the sense of its having to precede pure science on account of its constituting the engendering of its Notion. At the same time, however, consciousness and its history, like every other philosophical science, is not an abso-

11 *Berlin Phen.* ixxxi.

lute beginning, but one member within the cycle of philosophy."[12] Despite this statement, and despite the good reasons for treating phenomenology as the dialectical link between anthropology and psychology, hardly any of Hegel's immediate followers showed any real understanding of the issues at stake here. It could have been that a sort of mental blockage was set up by the fact that the mature Hegel had regarded the point of departure in the *Phenomenology* as only one remove from that of mental derangement. Even Michelet, for example, well-versed and conscientious though he was in things Hegelian, blithely took it upon himself to lift the *Phenomenology* right out of the *Encyclopædia,* and justified this stroke of genius by arguing that it is impossible for the discipline: "to have two scientific placings within the system", since, "if it constitutes the science preliminary to the *Logic,* it cannot occur again as a moment of *Subjecitve Spirit.*"[13]

The second reason for the tendency to overlook the true import of the *Phenomenology* seems to derive from the broader philosophical significance which Hegel subsequently attached to the work. In the Jena version of the transition from the ego to intuition there is no mention of Spinoza and Kant. In the Berlin version there is, and, as we have seen, with good reason: "The Kantian philosophy is most accurately assessed in that it is considered as having grasped spirit as consciousness, and as containing throughout not the philosophy of spirit, but merely determinations of its phenomenology. It treats the *ego* as related to that which lies beyond it, calls the abstract determination of this the thing-in-itself, and grasps intelligence as well as will only in accordance with this finitude ... With regard to *Spinozism,* however, it is to be observed that spirit emerges from substance as free subjectivity opposed to the determinateness, in the judgement whereby it constitutes itself as *ego,* and that philosophy emerges from Spinozism in that it takes this judgement to be the

12 *Encyclopädie* (1817). § 36.
13 *K. L. Michelet: Anthropologie und Psychologie oder die Philosophie des subjektiven Geistes.* Berlin 1840, v; cf. *Berlin Phen.* lxxxvi.

absolute determination of spirit."[14] It can, indeed, be argued with some plausibility, that the three sub-sections of the *Berlin Phenomenology,* consciousness, self-consciousness and reason, constitute a dialectical re-construction of the three Kantian critiques, or, once again, that their central theme is Hegel's characterization of the fundamental philosophical standpoints of Kant, Fichte and Schelling respectively. To those who have a higher opinion of the significance of these thinkers and of their influence upon Hegel's own ideas, it seems utterly incongruous that he should have interpreted them in such a manner.

The third reason stems from the difficulties involved in reaching any sort of agreement on the significance of Hegel's treatment of mastery and servitude in the section on self-consciousness. Bearing in mind the systematic context of this section, – the transition from the subconscious to theoretical psychology, – it would appear to be necessary to regard the mastery and servitude business as simply an *illustration* of the various stages that have been distinguished in the working out of an *analytical survey* of inter-subjectivity. Hegel is dealing here with a very specific problem, inherited from Kant's second critique and the peculiar bias of Fichte's political philosophy. The trouble is, that so many of the concrete instances with which he chose to illustrate the problem, probably for nothing more than purely didactic reasons, are so suggestive of wider implications. They do indeed make it difficult to believe that he was simply concerned with individual inter-subjectivity.

In 1809, for example, when attempting to clarify the matter for the schoolboys at Nuremberg, he made reference to the relationship between Robinson Crusoe and Man Friday. This, like the duel, which he also referred to on certain occasions, is a fairly apposite illustration, since it only involves two people. He seems, however, to have gone on to relate it to its cultural context in feudal society, and to have developed a criticism of it on account of this context. Even more ambiguously wide-ranging in its implications is the reference

14 *Berlin Phen.* 10–13 (§ 415).

to the state of nature: "In order to avoid eventual misunderstandings of the point view just presented, it has also to be observed that the struggle for recognition in the extreme form in which it is here presented can occur only in the *state of nature,* in which men are simply *singular* beings. It remains alien to both civil society and the state, within which the recognition constituting the result of this struggle is already present."[15] This must be a reference to the *Anthropology,* to the natural context out of which the ego has arisen in the systematic exposition of the subconscious. Hegel seems to have been unable to resist the temptation to refer to civil society and the state, however, though he must have been aware of the confusion this could have caused on account of the use made of the postulate of the state of nature in political theory. When the theme of submission is discussed, mention is made of the role of the hero in creating a political unity out of the chaos of everyone being at odds with everyone else. The transition to universal self-consciousness involves reference to ancient Athens and the laws of Solon. When individual freedom is being dealt with, the philosophy of history is invoked, the progression of the idea of universal freedom from the Orient, through the civilizations of Greece and Rome to the world of modern Christian Europe. Christ is quoted at the very end of the dialectic of consciousness, and the significance ascribed to Judaism in the *Philosophy of Religion* is hinted at in the published version of § 435.[16]

Little wonder, then, that such a vivid and compelling drama as that of mastery and servitude, occurring as it does in such an esoteric and unexplored work as the *Philosophy of Subjective Spirit,* should have given rise to such a variety of interpretation. The early critics usually made mention of it, without coming up with any very bright ideas as to its significance. Exner was probably the most judicious of them: "How much truth is there in the whole business? That legally regulated social relationships develop slowly, and mainly by means of confusion, strife and violence. The subject is not a purely psycho-

15 *Phil. Sub. Sp.* III. 59 (§ 432 Addition); *Berlin Phen.* 168–169.
16 *Berlin Phen.* 108, 170.

logical one however; it belongs to the philosophy of history, which, if it is to give rise to real insight, and not simply a few bright ideas, requires that a wide range of other elements, as well as the psychological, should be taken into consideration."[17] It can hardly be regarded as surprising, therefore, that such an impatient and incisively constructive critic as Marx should have felt free to criticize Hegel for having treated the master-servant relationship as a dialectic of consciousness, and not as a real dialectic of socio-economic relationships. In more modern times, attempts have been made to show that Hegel may have had the writings of Aristotle, Vico, Diderot, Rousseau or Moser in mind when formulating the transition to universal consciousness. This particular aspect of the dialectic has quite clearly taken on a life of its own in the imagination of Hegel's critics.[18]

It has to be emphasized, therefore, that the novels of Defoe, the culture of the Greeks and of the Middle Ages, the postulation of a state of nature by the political theorists of the seventeenth and eighteenth centuries, the nature of legislation, the philosophical interpretation of world history, the religious significance of Judaism and of Christianity, as well as socio-economic relationships and the political writings of Aristotle and Moser, are all topics which have a systematic placing within the Hegelian system other than that ascribed, – and with good reason, as we have seen, to the transition from the ego to intuition. We have to consult the *Philosophy of Right,* the *Lectures on the Philosophy of History,* the *Aesthetics,* the *Philosophy of Religion* etc. if we want to consider Hegel's philosophical assessment of these other matters. He can only have been referring to them at this particular juncture in the *Philosophy of Subjective Spirit* in order to *illustrate* the abstruse, dry and abstract business of working out an analytical survey of self-consciousness. This becomes fully apparent if we take a look at the development of his conception of mastery and servitude.

17 *Franz Exner (1802–1853): Die Psychologie der Hegelschen Schule.* Leipzig 1842, 2nd ed. 1844. 25 f.

18 *Berlin Phen.* lxxviii – xci; *Phil. Sub. Sp.* III. 377–379.

Even in his early Jena writings, Hegel was distinguishing between natural, ethical and religious servitude. At that time, however, the relationship of mastery and servitude in the form in which it appears in the later *Phenomenology,* was being expounded by him in economic, social and political contexts. Had Marx known anything of these early writings, he would certainly have approved of this aspect of them. When Hegel first conceived of the development of this relationship, he therefore thought of it as capable of yielding a model which would bring out the universal significance of mutual recognition in respect of property, the law, the family and the state. A radical change of view took place about 1805. He seems to have decided, that although the inter-subjectivity established through the struggle for mastery is certainly *implicit* in social relationships, a model based on it is unsuitable for analysing or explaining them since it is incapable of taking account of the complexity of determining factors in play at such a level. The change of mind may well have been the outcome of his growing awareness of the geographical and economic factors which play such a basic and relatively intractable part in determining social relationships. Such a model, used in such a context, was, therefore, only capable of providing naive or simplistic explanations. It was, however, too fascinating simply to abandon. In the Jena *Phenomenology* of 1807, therefore, as in all its subsequent appearances in Hegel's writings, it is employed not in order to *explain* economic, social or political contexts, but in order to *illustrate* a level of self-consciousness.[19]

If it is important not to forget that the concrete instances by means of which Hegel illustrates the dialectic of mastery and servitude are not being presented systematically, it is, perhaps, even more important not to overlook the fact that they throw a flood of light upon his own psychology. He was quite obviously fascinated by the theme. In no other part of his philosophical system does he allow his own inner world of random associations and poetic insight such free play. Properly considered, therefore, the heterogenous references

19 *Berlin Phen.* lxii; *Phil. Sub. Sp.* III. 377.

which lie scattered throughout the surviving records relating to this aspect of the Berlin lectures, the incidental remarks on the heroes who have founded states, on the lawgivers who have bridled nations, on Judaic discipline and Christian freedom, tell us far more about Hegel himself than about the subject-matter of the *Encyclopædia.* It is therefore a matter of some importance, that two recently discovered manuscripts should have brought to light a hitherto unsuspected aspect of the associative thinking lying beneath the surface of § 436.

V.

Hegel gave regular courses on the *Philosophy of Subjective Spirit* throughout the whole of the Heidelberg and Berlin period. Since the average attendance was somewhat higher than at the corresponding courses on the *Philosophy of Right,* it is rather disappointing that so few of the notes taken by the students should have survived. While Boumann was preparing the 1845 edition of this part of the *Encyclopædia,* he had five sets at his disposal, all but one of which have since been lost. A fairly substantial body of jottings in Hegel's own hand had come to light by the time work began on the 1978 edition, but while the new text and the commentary were being prepared only three sets of students' notes were available, one dating from 1822 and two from the summer of 1825. It was apparent that some of the material Boumann had included in his edition had been drawn from notes taken down during the courses Hegel had given during the Winter Terms of 1827/8 and 1829/30, but it was not possible to check on the way in which this material had been edited.[20]

It was, therefore, something of a breakthrough, when Werner Stark, of the University of Marburg, West Germany, in the summer of 1984, discovered a complete set of notes on the 1827/8 lectures. They had been taken down by Ferdinand Walter (1801–1869) of

20 *Phil. Sub. Sp.* I. cx – cxv; *Berlin Phen.* xci – xciv.

Wolmar in Livonia, who was matriculated in the Faculty of Theology at the University of Berlin on October 31st 1827, and subsequently became the Lutheran bishop of his native province. After having been deposited in the Town Library at Königsberg, they were acquired by the Library of the Nicholas Copernicus University of Thorn in Poland, and it was there that Stark came across them. In October 1985, while Walter's notes were being transcribed, Professor Burkhard Tuschling, also of Marburg, located another set of notes on the same series of lectures in the Narodowa Library at Warsaw. These were taken down by Johann Eduard Erdmann (1805–1892), Walter's nephew, who lodged and studied with him at Berlin, subsequently concerned himself extensively with Hegel's *Psychology,* and eventually became professor of philosophy at Halle.[21]

The Erdmann manuscript appears to be a fair copy, evidently based on rough notes taken down in the lecture-room. Some parts of the Walter manuscript look as though they were written out while Hegel was actually lecturing, others seem to have been transcribed from his nephew's notes. Taken together, they provide us with a full and extremely valuable record of a hitherto undocumented treatment of the subject-matter of *Subjective Spirit,* the first of the two based on the 1827 edition of the *Encyclopædia.* It would be difficult to exaggerate their importance in this respect. They supply entirely new information on such subjects as the treatment of the differences between the male and the female subconscious, the nature of the feeling soul and of thought, the psychology of language and mnemonics, the transition to the will. They throw new light on Hegel's

21 Nicholas Copernicus University Library, Thorn, Poland: Signature III R. 514, 104 folio pages, *Hegels Vorlesungen über die Philosophie des Geistes:*Narodowa Library, Warsaw, Poland: 260 folio pages, *Hegel: Vorlesungen über die Philosophie des Geistes.* Berlin im Wintersemester 1827/28. Johann Eduard Erdmann. I am most grateful to Professor Tuschling, Werner Stark and Franz Hespe for having invited me to Marburg to make a close survey of a photocopy of the Walter manuscript in June 1985, for having put their transcriptions of both manuscripts at my disposal, and for having kept me informed concerning the further research on which their forthcoming edition of this important body of material is being based.

assessment of materialism and his conception of the connection between the microcosm and Leibniz's monads. They enable us to get a firmer grasp of the systematic structure of the thought basic to his treatment of suicide, of the whole sphere of the *Psychology,* and of practical spirit. They contain references to Plato, Spinoza, Treviranus, Blumenbach, Camper, Jacobi, J. Müller, Cicero etc. which are absent in all the other sources.[22] For those fascinated by Hegel's personal involvement in the dialectic of mastery and servitude, however, the following passage is surely one of the most remarkable in these new manuscripts: "Self-consciousness no longer knows of itself as a singularity, but has the determination of universality. – Educating an individual is simply a matter of getting it, by means of obedience, to relinquish obedience to an alien will. The will of a child is still a self-seeking wilfulness, a particularity, and when the child's self-seeking is checked by obedience, the universally valid will is still alien to it. It is by means of obedience, however, that the will of the child also becomes this universal will. It is often the case that peoples too have to undergo intensive repression if they are to acquire the strength to work out their own freedom, to become aware that they are intrinsically free. It is this determination that is now under consideration. Initially, it is a further determination of *consciousness,* for the general object is another self-consciousness. Here, however, I am free in that I am conscious of the freedom of my self-consciousness, in that I so maintain my freedom within the other self-consciousness, that my being a self-consciousness depends upon my knowing myself within the other. In that I do this, I *surrender* my self-consciousness to an other. Yet it is precisely within this other that I have affirmative knowledge of myself, for the barrier that was formerly

22 In the *Walter* manuscript, the page references are as follows: male and female subconscious (§ 397) 22'; nature of the feeling soul and of thought (§§ 403, 466) 29, 31', 90'; psychology of language and mnemonics (§§ 459, 462) 82, 87; transition to the will (§ 468) 94'; materialism (§ 382) 10; microcosm (§ 391) 13; suicide (§ 405) 31'; psychology and practical spirit (§§ 443, 469, 482) 69', 96, 104; Plato (§ 378) 6; Spinoza (§ 382) 9; Treviranus (§ 393) 15'; Blumenbach and Camper (§ 393) 16'; Jacobi (§ 395) 20; Müller (§ 406) 35; Cicero (§ 462) 87.

present in desire, in self-seeking, is now sublated. It is not a matter of two self-seeking entities in opposition to one another, but of a *single* self-consciousness. This single self-consciousness is therefore universal, since it is a particular only in so far as it is divided from its other. The abstract determination is now present in a much more concrete form. The substance of this self-consciousness is this self-knowledge, this proceeding forth from one's own self-seeking in order to continue oneself within the other. It is a determination which is present in love. In that I exclude everything else and so constitute this singularity, I am no longer a self-seeking ego but the free self-consciousness of knowing myself in the other. To know this is to know my self-identity, a knowledge which is not only the basis of all virtues but also of love. Goethe observes that:

'When we are ready to obey,
Love is never far away.'

That is to say that once the barrier or the particularity is sublated, self-consciousness enters into the determination of universality, and as a singularity it is then free. Obedience is the negative determinateness opposed to self-seeking. In that man appears to lose himself, in that he is unable to bear his solitude and so seeks out another consciousness, he does indeed lose himself. It is, however, precisely in this being outside of himself that he gains his substantial self-consciousness."[23]

If we are to judge from what Boumann published in his Addition to § 436 and from what has come down to us in the manuscript material surviving from the other courses Hegel gave, the treatment of this subject-matter in the 1827/8 lectures would appear to have been fuller than on any other occasion. The development of the argument would also appear to have been different. It seems to have been the only occasion on which Hegel established his premis by considering the education of the child, and then went on to support

23. *Walter.* 64' – 65; *Erdmann.* 160–161. The two versions of this passage are almost identical. Cf. *Berlin Phen.* 90–93 (§ 436).

his argument by quoting from Goethe's ballad *The god and the bajadere.* What private associations could have motivated this idiosyncratic and apparently unique illustration of a universal theme? Why should Goethe's poem have come to the forefront of his mind while he was delivering this particular lecture?

In the ballad, one of the supreme gods of Indian mythology, the lord of the earth, returns for the sixth time to be among mankind, "to feel the joy and the pain" of being human. As he is about to leave the town behind him, he is accosted by a dancing girl, a bajadere, a "forlorn and beautiful child" with rouge on her cheeks. To his joy, he perceives a pure heart in the depths of her degradation and wins not only her services but her love. In order to put this love to the test, he subjects her to an extremity of "lust, horror and ferocious pain". She awakes in the morning to find him dead by her side. Distraught with grief as he is being borne away to the funeral pit, she cries out that she wants "her husband back again", that she should be burnt with the corpse. The chanting priests remind her that she was not his wife, and that as a dancing girl she has no such duty. As she throws herself into the flames, the risen and rejuvenated god clasps his beloved to him:

"Children forlorn, by immortals borne
In arms of fire to the heavens above."[24]

Goethe wrote the ballad at the beginning of June 1797, and published it soon afterwards in a literary periodical edited by Schiller. His immediate source of information on Indian dancing girls and burial rites was evidently a work by the French explorer and naturalist Pierre Sonnerat, which had been translated into German in 1783, and which he first read some two years later.[25] Long after the ballad

24 *Sophien Ausgabe.* I Abteilung. Bd 1. 227–230.

25 *Robert Steiger: Goethes Leben von Tag zu Tag.* III. 588–591. Zürich and Munich 1984; *Musenalmanach.* 1798, 188–193; *Pierre Sonnerat (1749–1814): Voyages aux Indes orientales et à la Chine, de 1774 à 1781.* 2 vols. Paris 1782, German tr. Zürich 1783; 2nd German tr. *Reise nach Ostindien und China, auf Befehl des Königs in den Jahren 1774 bis 1781.* Frankfurt 1784; Goethe's letter to Charlotte von Stein, no. 2158, 5 September 1785.

had become well-known, however, and it was set to music by no fewer than five contemporary composers, Goethe observed, and on more than one occasion, that before he had actually written it down, he had been turning it over in his mind for a very long period of time, perhaps as much as "forty or fifty years". Although it is not very likely that this was literally true, it does seem to indicate that his first impression of these matters had been gained long before he had set eyes on Sonnerat's book, and that the original inspiration for the ballad had been the vivid and much-translated account of Indian religious customs written down by Abraham Rogers, chaplain to the Dutch settlement at Pulicat on the Coromandel coast between 1632 and 1642.[26] In any case, it is quite evident that just as the dialectic of mastery and servitude gathered associations in Hegel's subconscious, so the ballad of the god and the bajadere fermented in Goethe's mind over a long period of time before it was finally cast in its poetic form. To some extent, when Hegel quoted from the ballad, he was, therefore, responding in kind to the psychological situation out of which it had arisen.

The emotional impact of the ballad was heightened by its being set to music, and Goethe himself did not always find its popularity

26 On the musical settings: *Goethe: Gedenkausgabe.* Edited E. Beutler. Vol. 2, Zürich and Stuttgart 1962. 708. Goethe's comments on the intellectual gestation: *Sophien Ausgabe.* II. Abteilung. Bd 11. 58–64 (1822); *F. von Biedermann: Goethes Gespräche.* 5 vols. Leipzig 1909/11 vol. 4. 230, no. 2797 (10 March 1830). On the original inspiration: *E. von der Hellen: Goethes Sämtliche Werke.* 40 vols. Stuttgart and Berlin 1902/12, vol. 1 pt. 1, 347–348. – Abraham Rogers (d. 1649) wrote his account in Latin. Soon after his death it was translated into Dutch by the Socinian Andreas Wiszowaty (1608–1678), and published as: *De open-deure tot het verborgen heydendom, ofte Waerachtigh vertoogh van het leven ende zeden; mitsgaders de religie ende gods-dienst der bramines, op de cust Chormandel, ende de landen daar ontrent.* Leiden 1651. W. Caland published a modern edition of this work: *Werken uitgegeven door de Linschoten-vereeniging.* pt. 10. The Hague 1915. It was translated into German by Christoph Arnold (1627–1685): *Abraham Rogers Offne thür zu dem verborgenen heydenthum.* Nuremberg 1663, and it was probably this edition that Goethe had access to. A French translation by Thomas La Grue was published at Amsterdam in 1670. The burning of the wives of the deceased is described in pt. 1 ch. xx, and the calling of the dancing girls in pt. 2 ch. ii.

and effectiveness as a drawing-room piece entirely congenial. The itinerant ballet-dancer Marianne Jung (1784–1860) had been taken into the house of the Frankfurt banker Joseph Willemer at the age of fourteen, and had been brought up together with his children. In September 1814, at about the time that she was becoming emotionally involved with Goethe, Willemer married her. Singing *The god and the bajadere* was evidently one of her party-pieces, and Boisserée records the following on 17 September 1815: "In the evening a recital. Marianne sings *The god and the bajadere* again. In the first instance Goethe was not keen on her doing so; this became apparent from my conversation with him shortly before she began. He said that since it was practically her own story, he would be pleased were she never to sing it. She followed it up with some delightful folk-songs."[27]

The setting sung that evening was almost certainly Carl Friedrich Zelter's, who was then Professor of Music at the Berlin Academy of Fine Art, and was to become a close friend of Hegel's after 1818. It is therefore certainly a matter of some importance for an understanding of Hegel's response to the ballad he was quoting, that we should find him writing to Zelter in May 1825 concerning Indian social customs and mythology. During the middle of August 1827 Hegel left his wife and family in Berlin and spent two months in Paris. On the way home, he stopped off for a few days to visit Goethe at Weimar Zelter also happened to be staying with Goethe at this time, and the two professors travelled back to Berlin together. Since the course of lectures in which Hegel referred to the ballad was begun soon after this meeting, it seems reasonable to assume that the journey and these personal contacts had helped to bring it to the forefront of his mind.[28]

27 *F. von Biedermann* op. cit. vol. 2. 340, no. 1709 (17 September 1815); *Julius Zeitler: Goethe= Handbuch.* 3 vols. Stuttgart 1916/18 III. 574–577.

28 *C. F. Zelter (1758–1832): Sämtliche Lieder, Balladen und Romanzen.* 4 pts. Berlin 1810/13; *Briefe von und an Hegel.* Bd 3, especially letter no. 491 (1 May 1825); *Günther Nicolin: Hegel in Berichten seiner Zeitgenossen.* Hamburg 1970, nos. 514–537.

We have already noticed that Hegel was not averse to hinting at the *religious* significance of the progression in self-consciousness analysed in the *Phenomenology.* In 1825 he rounded off his whole treatment of the subject as follows: "In self-consciousness we saw the beginning of freedom, but spirit is concretely free, 'The Spirit will guide you into all truth', says Christ. Spirit is not merely formally free, as is self-consciousness, but enters into all truth, and since it is implicitly reason, and the certainty that there is nothing but reason, it seeks nothing but truth." It seems likely that Goethe associated the bajadere's salvation with that of Faust, and we have evidence in the *Aesthetics* that Hegel was thinking along similar lines when he drew the parallel with Mary Magdalene: "The apologue may be regarded as a parable which does not use the individual case merely as a *simile* to illustrate a universal meaning but in this cloak itself brings out and expresses the universal maxim - since the maxim is actually contained in the individual case which yet is recounted as only an individual example. Taken in this sense Goethe's *The god and the bajadere* is to be called an apologue. We find here the Christian story of the repentant Magdalene cloaked in Indian modes of thinking: the bajadere shows the same humility, the like strength of love and faith; God puts her to the proof, which she completely sustains, and now her exaltation and reconciliation follow."[29]

It is interesting to note that although these personal contacts with Zelter and Goethe certainly played a part in determining Hegel's associative reaction to the ballad, they also throw light on the *purely systematic* aspect of his having made mention of it at this particular juncture in the dialectical analysis of self-consciousness. In the letter concerning Indian social customs and mythology which he had written to Zelter in May 1825, he had also asked him to thank Goethe for sending on a copy of *On Morphology.* In the second volume of this work, Goethe had included a short essay on his own approach to

29 *Berlin Phen.* 105; *J. P. Eckermann: Goethes Gespräche.* 6 June 1831; *Alfred Zastrau: Goethe Handbuch.* I. Stuttgart 1961; cols. 664–674; *Hegel's Aesthetics.* Tr. T. M. Knox. 2 vols. Oxford 1975. I. 392–393.

the study of nature, occasioned by a comment on it contained in a recently published work on anthropology by J. C. A. Heinroth: "Heinroth regards it as characteristic of my manner of procedure that I should think in terms of the *things themselves,* by which he means that my thought does not separate itself off from them, that the intuited elements of the objects enter into the thinking and are thoroughly permeated by it, that whereas my intuiting is in itself a kind of thinking, so too my thought is an intuition ... Now what has been said of my thinking in terms of the *things themselves* is equally applicable to poetic productions. Certain of the great motifs, legends and age-old historical themes impressed themselves so profoundly upon my mind, that for forty or fifty years they took on a life of their own within me; to view these precious images in yet another imaginative light often appeared to me to be the most exquisite of experiences, since while they changed they remained always what they were, delineating and defining themselves with an ever increasing clarity and distinctness. I shall make mention here only of *The Bride of Corinth* and *The god and the bajadere.*"[30]

One can well imagine Hegel taking particular note of this passage and so discovering an entirely new reason for associating the ballad with the dialectic of self-consciousness. It was curious that Goethe should have switched in this manner from considering the epistemological foundations of his view of nature to characterizing the way in which he had turned the bajadere theme over in his mind. Hegel was not able to accept the meaning Goethe had attached to thinking if he kept strictly to the context being discussed, since recognitive intelligence was to be given its precise dialectical definition in the *Psychology,* not in the *Phenomenology.*[31] Nevertheless, in so far as Goethe was concerned with one of the basic problems of post-Kantian dualism and subjectivism, Hegel had every reason for taking his observation into consideration when discussing the issues raised by the crit-

30 *Bedeutende Fördernis durch ein einziges geistreiches Wort.* In: *Zur Morphologie.* 2 vols. Stuttgart and Tübingen 1817–1823. II. i. 46–51; *Sophien Ausgabe,* II Abteilung. Bd 11. 58–64.

31 *Phil. Sub. Sp.* III. 217–229 (§§ 465–468).

ique of practical reason. Goethe is concerned here with the way in which the mind thinks nature. Hegel, when he quotes him, is considering the stages by which the ego, which has excluded and sublated all natural involvement, re-establishes through rationality a rapport with what appears to be simply objective to it, but which is, in fact, also its presupposition. Goethe connects this basic concern with the way in which the 'great motifs and legends' had taken on a life of their own within him. Hegel's mind naturally switched to the ways in which the original theme of mastery and servitude had, over the years, gathered other themes about it, gone its own way, even in his own mind. Goethe saw his imaginative response bringing forth images of ever-increasing clarity and distinctness:

"Those images that yet
Fresh images beget,
That dolphin-torn, that gong-tormented sea."

Hegel was controlling the dialectic to ends that were different indeed, but also exactly analogous.

Small wonder, then, that at this particular juncture in the exposition of the dialectic of self-consciousness, poetry was allowed to cast its light upon the systematic progression.

Mythos und Logik: Der Tod des Achill

Helmut Schneider (Bochum)

„*Achilles* starb, durch einen Pfeil in der Ferse verwundet. Er hätte eben so gut an jedem übrigen Punct des Körpers verwundet werden *können.* Die Wunde an jenem Theil war also höchster Zufall. Durch die Richtung des Pfeiles war sie durchaus bestimmt. Aber der getroffene war in Rücksicht der übrigen Theile (auf die er, da er mit ihnen ein Ganzes ausmacht, nothwendig bezogen werden muß) als verwundeter *getroffener* Theil unterschieden. Diese Möglichkeit der übrigen, verwundet werden zu *können,* und die entgegengesetzte Wirklichkeit, nicht verwundet zu *sein;* so wie die Wirklichkeit des Verwundetseins der Ferse und seiner entgegengesetzten Möglichkeit, auch nicht verwundet zu werden, vereinigen die Griechen in der Einbildungskraft durch einen Mythos, das Eintauchen Achill's in den Lethe, nach welchem die nicht verwundeten Theile zugleich nicht verwundet werden *konnten* und der verwundete Theil *allein* nur verwundet werden konnte.“[1]

Dieser von Rosenkranz überlieferte Text Hegels wurde bisher in der Hegelforschung nicht beachtet; er ist aber im Zusammenhang mit anderen Texten aus Hegels Jugendzeit und auf dem Hintergrund der Beziehung Hegels zu Hölderlin durchaus einer Beachtung wert. Rosenkranz ordnete ihn der Berner Zeit Hegels zu. Da das Manuskript nicht erhalten ist, kann eine philologische Nachprüfung dieser Datierung an der Schrift nicht mehr erfolgen. Der kurze Text könnte den Verdacht erwecken, es handle sich um ein Fragment aus einem umfassenderen Text. Das scheint jedoch nicht der Fall zu sein, sondern Rosenkranz fand ihn wohl schon so vor, wie er ihn zum Abdruck brachte. Dabei muß natürlich offen bleiben, ob Hegel selbst den Text nicht in einen größeren Rahmen eingefügt hatte, der

1 *K. Rosenkranz: Georg Wilhelm Friedrich Hegels Leben.* Berlin 1844. 60/61.

dann verlorenging. Der Gesamteindruck spricht jedoch für einen selbständigen Kurztext. Rosenkranz gab als sein Verfahren bei der Abfassung der Biographie Hegels an, er habe kleinere charakteristische Arbeiten Hegels in den Text der Biographie aufgenommen,[2] nicht in den Anhang, der u.a. „Fragmente historischer Studien" enthält, die Rosenkranz als „geistvolle Aphorismen" bezeichnete.

Im Vorabdruck[3] stellte Rosenkranz den Text über Achill unter diese Fragmente, wohin er inhaltlich sicher nicht gehört. Rosenkranz berichtet, er habe diese Papiere in Hegels Nachlaß in einer Lage von Papieren gefunden, die Hegel selbst mit „Varia" überschrieben und die Texte enthalten habe, die von der Berner bis zur Berliner Zeit reichten. Auf Grund seiner Kenntnis der Handschrift Hegels habe er sie der Periode des Lebens Jesu, also der Berner Zeit, zugeordnet.[4] Hier scheint sich Rosenkranz, wie auch sonst öfters, getäuscht zu haben, zumal die wenigen Zeilen für eine Datierung aus der Handschrift kaum ausreichen. Der Text über Achill mit seiner „Vereinigungsphilosophie" kann nur in der Frankfurter Zeit entstanden sein, vielleicht sogar in der frühen Frankfurter Zeit.[5]

Die folgende Interpretation geht zunächst vom Wortlaut aus, zieht zur weiteren Aufhellung Hegels Jugendschriften heran und stellt diesen Versuch Hegels in den Rahmen des Frankfurter Freundeskreises mit Hölderlin, Sinclair und Zwilling, in deren Bemühun-

2 Brief von Rosenkranz an Marie Hegel, 2. 12. 1840; an Karl Hegel 23. 1. 1841.

3 *K. Rosenkranz: Aus Hegels Leben.* In: Literarhistorisches Taschenbuch. Hrsg. von R. E. Prutz. 1. Jg. Leipzig 1843. 182. Die geringen Unterschiede beider Fassungen sind inhaltlich bedeutungslos. Die zweite Fassung enthält außer zwei Sprachvarianten einige Wörter mehr in Sperrdruck, die im Manuskript Hegels vermutlich unterstrichen waren. In einem einleitenden Satz verweist Rosenkranz auf die Auseinandersetzung Hegels mit Taufe und Abendmahl; beide Hinweise - der für die Taufe war sicher richtig - blieben dann in der Biographie weg.

4 Brief von Rosenkranz an Karl Hegel, 29. 10. 1840. Für die Erlaubnis zur Zitierung der Briefe dankt der Verf. den privaten Besitzern und Herrn Professor Nicolin für die Benutzung seiner Abschrift.

5 *H. S. Harris: Hegel's development.* Towards the sunlight 1770-1801. Oxford 1972. 527 versah seine Datierung in die Frankfurter Zeit noch mit einem Fragezeichen.

gen, soweit sie erhalten sind, sich ein deutlich durchscheinender Horizont der Problematik Hegels zeigt.

Die Überlieferung des Mythos ist kompliziert und vielschichtig.[6] Achills Mutter Thetis sagte nach dem Bericht der Ilias den Tod ihres Sohnes durch die Pfeile Apollons voraus (*Ilias* 21, 277 f.). Die Ilias berichtet jedoch selbst nicht vom Tod Achills. In der Odyssee werden zwar die Vorgänge nach dem Tod Achills geschildert, aber keine näheren Angaben gemacht, wer Achilles tötete (*Od.* 24, 35 ff.). Die Version vom Tod durch den Pfeil Apollons in die Ferse stammt aus späteren Quellen. Auch der Mythos von der Unverwundbarkeit mit Ausnahme einer Ferse findet sich weder bei Homer noch Hesiod, sondern gehört jüngeren Überlieferungen an. Danach tauchte die Mutter, die Meeresgöttin Thetis, den neugeborenen Achilles in den Unterweltsfluß Styx, um ihn unverwundbar zu machen. Nur die Stelle, an der sie ihn an der Ferse eines Fußes in das Wasser hielt, blieb verwundbar und brachte ihm den Tod. Dieser Teil des Achillesmythos ist zum ersten Mal literarisch bezeugt in der *Achilleis* des Dichters Statius[7] aus dem 1. Jahrhundert n. Ch., geht aber auf ältere Traditionen zurück. Den Hintergrund dieser Episode schildern andere Überlieferungen so, daß Thetis, die gegen ihren Willen mit dem Sterblichen Peleus vermählt worden war, als Göttin um jeden Preis einen unsterblichen Sohn haben wollte. Hinter dem Wunsch nach der Unverwundbarkeit steht also der Wunsch nach Göttlichkeit und Unsterblichkeit. Nach seinem Tod wurde Achill wirklich als Gott bzw. Halbgott verehrt.[8]

6 Zusammenfassende Lexikonartikel über Achilles, die eine noch fehlende Monographie aber nicht ersetzen können: *Achilleus* (Fleischer) in: *Ausführliches Lexikon der griechischen und römischen Mythologie.* Hrsg. von W. H. Roscher. Bd 1. Abt. 1. Leipzig 1884. 11–66; *Achilleus* (Escher) in: Paulys Realencyclopädie der classischen Altertumswissenschaft. Hrsg. von G. Wissowa. 1. Halbband. Stuttgart 1893. 221–245; *Achilleus* (A. Kossatz-Deißmann) in: *Lexicon iconographicum mythologiae classicae* (LIMC). I.1. Zürich-München 1981. 37 ff. Zum Nachleben: *K. C. King: Achilles.* Paradigms of the war hero from Homer to the Middle Ages. Oxford 1987.

7 *Statius: Achilleid.* Ed.with introp., app.crit. and notes by O. A. W. Dike. Cambridge 1954.

8 *H. Hommel: Der Gott Achilleus.* Heidelberg 1980.

Aus welcher Quelle Hegel den Mythos aufnahm, läßt sich nicht mehr feststellen. Trotz seiner guten Kenntnis der antiken Literatur ist es aber eher unwahrscheinlich, daß Hegel seine mythologischen Kenntnisse immer nur aus den Quellen schöpfte. Die antiken Mythen wurden vielmehr auch in darstellenden Handbüchern und Lexika vermittelt. Weit verbreitet war das mythologische Lexikon von Hederich,[9] das Goethe etwa und Kleist verwendete. Wenn Hegel hier vom Fluß Lethe spricht statt vom Styx wie die Quellen, kann es sich zwar um eine Verwechslung handeln, wahrscheinlich aber um eine bewußte Kontamination der beiden Unterweltsflüsse, die in den Quellen in dieser Form nicht vorkommt. Auch in den späteren Reminiszenzen an Lethe und Styx in der *Phänomenologie des Geistes* hielt Hegel an der Einheit von Lethe und Styx fest.

Der Text läßt sich in zwei Teile gliedern. Der erste Teil geht vom Tod Achills als Faktum aus und bringt dabei die Modalitäten Zufälligkeit und Notwendigkeit ins Spiel. Der zweite Teil erklärt mit dem griechischen Mythos vom Eintauchen Achills in den Fluß Lethe den Tod des Achill, der zugleich die Auswirkung einer Vereinigung von Möglichkeit und Wirklichkeit ist. Der griechische Mythos von der Verwundbarkeit Achills dient also Hegel dazu, die Modalitäten Möglichkeit – Wirklichkeit und Notwendigkeit – Zufälligkeit als Einheit zu verstehen bzw. als Identität von Identität und Nichtidentität. Der erste Teil steht auf dem Boden eines Bewußtseins, das erst durch den ätiologischen Mythos vom Eintauchen Achills in den Lethe aufgeklärt wird über das Ende, den Tod, durch die Begebenheit am Anfang des Lebens. Der Mythos blendet vom Tod des Achill zurück in dessen frühe Biographie zur Erklärung der Tatsache, warum Achill nur durch eine Wunde an der Ferse den Tod finden konnte. Wenn man die Lösung des Mythos nicht kennt, so gilt, wie Hegel ganz richtig schreibt, daß auch jeder andere Teil des Körpers hätte verwundet werden können, so daß die Wunde an der Ferse zunächst als Zufall *erscheint,* der durch die Richtung des Pfeiles „durchaus“, d.h.

9 *Benjamin Hederichs gründliches mythologisches Lexicon* ... Leipzig 1770. Neudruck Darmstadt 1967.

völlig hinreichend bedingt und bestimmt war. Die Verwundung erscheint also zunächst als von außen bestimmt, durch den, der dem Pfeil die Richtung gab. Zufälligkeit und Kausalität schließen sich nicht aus. Die Verwundung der Ferse offenbarte jedoch die unterschiedliche Qualität der Körperteile im Hinblick auf ihre Verwundbarkeit, machte ihre Unterschiedenheit deutlich. Der Zufall bedeutet also eine Möglichkeit der Verwundung unter zahlreichen anderen Möglichkeiten. Durch den Pfeil wurde die von außen zufällige Möglichkeit zur Wirklichkeit. Die Notwendigkeit erscheint im modalen Feld in der Gegenrichtung, im Binnenbezug des unterschiedenen Teils, der Ferse, auf das Ganze, zu dem sie als Körperteil gehört. So werden Einheit und Trennung am Körper Achills sichtbar.

Die zunächst erscheinende Gleichheit aller Körperteile in der Möglichkeit erweist sich als Ungleichheit in der Wirklichkeit. Die Entgegensetzung von Möglichkeit und Wirklichkeit erfolgt durch die Negation. So stehen sich in antithetischer, gegenläufiger Form gegenüber:

Körperteile können verwundet werden, sind aber *nicht* verwundet; die Ferse ist verwundet, kann aber auch *nicht* verwundet werden. Oder etwas formalisiert:

Verwundung der Körperteile	Möglichkeit	+
	Wirklichkeit	–
Verwundung der Ferse	Wirklichkeit	+
	Möglichkeit	–

Möglichkeit und Wirklichkeit in ihrer positiven und negativen Anwendung auf Körperteile und Ferse schöpfen also in einer chiastischen Anordnung alle Möglichkeiten der Kombination aus, wobei Hegel jeweils die positiven Aussagen an die erste Stelle rückt.

Die Lösung des Mythos besteht in der Vereinigung von Möglichkeit und Wirklichkeit, so daß das nicht Wirkliche zugleich nicht möglich war und das Wirkliche allein möglich war. Der doppelten Verneinung von Wirklichkeit und Möglichkeit an den Körperteilen steht die doppelte Bejahung von Möglichkeit und Wirklichkeit an der Ferse gegenüber. Die Vereinigung von Möglichkeit und Wirklichkeit läßt Möglichkeit und Wirklichkeit zweimal zusammenfallen, in negativer und positiver Form:

Körperteile	Wirklichkeit	–
	Möglichkeit	–
Ferse	Wirklichkeit	+
	Möglichkeit	+

Dem „zugleich" der Negation steht das „allein" der Positionen gegenüber, der Unmöglichkeit also die Notwendigkeit, unter der Voraussetzung, daß überhaupt eine Verwundung stattfindet. Die Unmöglichkeit ist genauso ausschließend wie die Notwendigkeit. Beide stehen sich als Extreme kontradiktorisch gegenüber. Im Verhältnis von Zufälligkeit und Notwendigkeit spiegelt sich das Verhältnis von Möglichkeit und Wirklichkeit. Die Zufälligkeit erweist sich als Notwendigkeit, weil sie die Verwirklichung einer Möglichkeit ist, die sich als Möglichkeit notwendig verwirklicht.

Hier ist nicht der Ort, um Hegels und Hölderlins Vereinigungsphilosophie in Frankfurt vollständig nachzuzeichnen.[10] Auch die Modallehre kann nicht umfassend dargestellt werden.[11] Es sollen nur Anknüpfungs- und Berührungspunkte unseres Texts mit Hegels Frankfurter Schriften aufgezeigt und für das Verständnis fruchtbar gemacht werden. In den Tübinger und Berner Schriften stellt Hegel zwar öfters die Frage nach der Möglichkeit von konkreten Phänomenen, z. B. nach der Möglichkeit des Glaubens, des Wunderglaubens, des Wunders, aber nicht nach Möglichkeit und Wirklichkeit als Modalkategorien. Bereits zu einem frühen Exzerpt über die Frage nach der Möglichkeit und Wirklichkeit der Wunder hatte sich Hegel allerdings notiert: „hierher gehört eine Untersuchung des Begriffs von Möglichkeit und Wirklichkeit s. d. Kategorien",[12] so daß von der

10 Die beste Gesamtdarstellung bei *Ch. Jamme: „Ein ungelehrtes Buch".* Die philosophische Gemeinschaft zwischen Hölderlin und Hegel in Frankfurt 1797–1800. 2. Aufl. Bonn 1988.

11 Bisher wurde die Modallehre in Hegels *Jugendschriften* nicht bearbeitet.

12 *Hegels theologische Jugendschriften.* Hrsg. von H. Nohl. Tübingen 1907. 364. Deutlich wird hier auf Kant angespielt *(Kritik der reinen Vernunft).*

frühen objektgerichteten Fragestellung doch eine Brücke zur späteren Fragestellung führt, die dann schlagartig in der Frankfurter Zeit einsetzt.

Die von Hölderlin entwickelte und von Hegel übernommene und selbständig weiterentwickelte Vereinigungsphilosophie fragt nach der vollkommenen Vereinigung und den Stufen der Vereinigung im Endlichen und Absoluten, um dadurch die Trennungen und Gegensätze in Philosophie, Religion und Politik zu überwinden. Der Hintergrund und die Motivation dafür liegt in dem Bemühen der beiden Freunde um eine neue Religion und Politik als Grundlage einer allgemeinen Volksbildung, eine seit der Tübinger Zeit verfolgte Idee. Hier unter dem Gesichtspunkt der Modalkategorien ist am aufschlußreichsten eine singuläre Stelle aus dem Fragment „Religion, eine Religion stiften", die eine Vereinigung von Möglichkeit und Wirklichkeit als eine Form der Vereinigung neben anderen nennt: „Jene Vereinigung kann man Vereinigung des Subjekts und Objekts, der Freiheit und Natur, des Wirklichen und Möglichen nennen."[13] Diese drei Formen der Vereinigung endlicher Trennungen, die Hegel als erste in diesem frühesten Text der Vereinigungsphilosophie ins Auge faßt, bilden eine einzige Vereinigung des Absoluten. Dem Subjekt entsprechen Freiheit und Möglichkeit, dem Objekt Natur und Wirklichkeit. Wie kann man sich diese Vereinigung näherhin vorstellen? Da Hegel in diesem Fragment nichts weiteres mehr über die Vereinigung der Modalitäten sagt, muß man sich an den anderen analogen Vereinigungen orientieren, über die Hegel mehr sagt und die Aussagen dann auf die Modalitäten übertragen. Auch die Vereinigung von Natur und Freiheit wird nicht näher behandelt. Ausführlicher wird Hegel jedoch bei der Vereinigung von Subjekt und Objekt: „Wo Subjekt und Objekt – oder Freiheit und Natur so vereinigt gedacht wird, daß Natur Freiheit ist, daß Subjekt und Objekt nicht zu trennen sind, da ist Göttliches – ein solches Ideal ist das Objekt jeder Religion. Eine Gottheit ist Subjekt und Objekt zugleich, man kann nicht von ihr sagen, daß sie Subjekt sei im Gegensatz gegen

13 Ebd. 376.

Objekte oder daß sie Objekte habe –."[14] Die hier erreichte Stufe der Vereinigung muß man wohl als Identität bezeichnen, da die beiden Komponenten nicht mehr trennbar sind, weder real trennbar noch ideal trennbar durch Unterscheidung. Sie treten für sich nicht mehr in Erscheinung, sondern ergeben das Göttliche, Gott. Die Identität erfolgt durch eine Art von Verschmelzung, bei der die vereinigten Komponenten ihre eigene Form verlieren und aufgeben: „Wenn das Subjekt die Form des Subjekts, das Objekt die Form des Objekts behält, – die Natur immer noch Natur, so ist keine Vereinigung getroffen –."[15] Diese Verschmelzung durch Auflösung der Formen und Grenzen wäre im Endlichen gleichbedeutend mit Zerstörung. Hegel kann diese absolute Vereinigung daher nur für das Absolute aufrechterhalten. Im Endlichen gibt es auch niederere Stufen der Vereinigung. Hegel macht zwei Zugeständnisse: einerseits die Einschränkung bei vergötterten materiellen Dingen, andererseits bei den Halbgöttern. Ein Bach oder Baum, der vergöttert wird, indem man ihn belebt, ihm eine Seele gibt, verliert nicht seinen Status als Objekt: „Doch weil ein Bach, ein Baum zugleich auch ein Objekt, der bloßen Notwendigkeit unterworfen sein kann, so wie vergötterte Menschen auch unterschieden werden von dem Zustande, da sie bloße Menschen waren, so sind es bloße Halbgötter, nicht die Ewigen, Notwendigen."[16] Die Erwähnung der Halbgötter zeigt, daß diese Vorstellung in Hegels Denken einen breiteren Raum einnahm, so daß auch die Gestalt Achills hier im Hintergrund stehen kann. Eine inhaltliche und wohl auch zeitliche Nähe zum Fragment „Eine Religion, eine Religion stiften" aus der frühen Frankfurter Zeit Hegels unter dem ersten Einfluß von Hölderlin erscheint nach allen diesen Anklängen am plausibelsten.

Aufschlußreich ist jedoch Hegels Charakterisierung der Vereinigung als ein „Zugleich" von Subjekt und Objekt („Eine Gottheit ist Subjekt und Objekt zugleich") sowie von Möglichkeit und Wirklich-

14 Ebd. 376.
15 Ebd. 376.
16 Ebd. 376.

keit („nach welchem die nicht verwundeten Theile zugleich nicht verwundet werden konnten"). Das Zugleich ist ein Kennzeichen für die Aufhebung der Zeit und der Endlichkeit und dadurch des Widerspruchs. Im endlichen Bereich können zwei Gegensätze nicht in derselben Hinsicht bestehen. Allerdings ist es schwierig, im Achillestext das Verhältnis von Subjekt und Objekt wiederzufinden. Das mythische Subjekt vereinigt zwar Möglichkeit und Wirklichkeit am Objekt Achilles mit Hilfe der Einbildungskraft. Nach dem Ansatz der Vereinigungsphilosophie müßte Achilles aber nicht topographisch in Ferse und übrige Körperteile eingeteilt werden, zwischen denen man das Verhältnis von Subjekt und Objekt kaum finden kann, sondern wesensmäßig, d.h. in Leib und Seele. Daß Hegel auch dieses Problem weitergedacht hat, zeigen spätere Ausführungen am Ende vom *Geist des Christentums*, in denen Hegel die griechische und die christliche Fassung des Leib-Seele-Problems in Hinsicht auf die Unsterblichkeit gegenüberstellt.[17] Hegel konnte die Probleme der Vereinigungsphilosophie nicht sofort und in einem perfekten, konsistenten Entwurf durchdenken und darstellen, sondern nur langsam und tastend den von Hölderlin aufgenommenen Impuls ausgestalten. Unser Text ist einer dieser Versuche.

Rosenkranz sah in unserem Text ein Produkt des Hegelschen Tiefsinns. Das mag im Hinblick auf die wohl einmalige Bindung des Modalproblems an den Mythos richtig sein. Da das Modalproblem aber zu den ältesten Problemen der Philosophiegeschichte gehört, stellt sich die Frage nach der Einordnung der Lösung Hegels in die Tradition.[18] Dabei kann man schnell feststellen, daß es sich nicht nur um privaten Tiefsinn handelt, sondern um die uralte megarische Lösung, gegen die bereits Aristoteles polemisierte und gegen die er

17 Ebd. 339f.

18 Die Geschichte des Modalproblems ist in zwei Problemgeschichten dargestellt, die aber zeitlich begrenzt sind. Vgl. *A. Faust: Der Möglichkeitsgedanke.* Systemgeschichtliche Untersuchungen. 2 Teile. Heidelberg 1931/32. (reicht von den Vorsokratikern bis Cusanus); *I. Pape: Tradition und Transformation der Modalität.* Bd 1: Möglichkeit - Unmöglichkeit. Hamburg 1966 (mehr nicht erschienen, reicht von Descartes bis Kant).

seine Lehre von Dynamis und Energeia stellte. Die Quellen[19] berichten über die megarische Lehre in verschiedenen Formulierungen, die hier nicht diskutiert werden können. Es genügt eine Formulierung, von Aristoteles überliefert, die sich in der logischen Struktur bis in den sprachlichen Ausdruck hinein mit der Formulierung Hegels deckt. Artistoteles: Metaphysik. Θ. 1046 b. 29 f.:

Εἶσὶ δέ τινες οἵ φασιν, οἷον οἱ Μεγαρικοί, ὅταν ενεργῇ *μόνον* δόνασθαι, ὅταν δὲ *μὴ* ἐνεργῇ *οὐ* δύνασθαι.

Es gibt welche, die sagen, wie die Megariker, daß etwas nur möglich ist, wenn es wirkt; wenn es nicht wirkt, ist es nicht möglich.

Aristoteles verwendet statt des Adjektivs „wirklich" das Verbum „wirken", weil er durch ein selbstgemachtes simples Beispiel, das ein Wirken beinhaltet, den megarischen Satz lächerlich macht. Nach Aristoteles wäre dann der Baumeister nur Baumeister, wenn er wirklich baut, der Sehende nur dann sehend, wenn er gerade sieht, zwischendurch aber blind – eine absurde Konsequenz. Aristoteles hat die Formulierung des megarischen Satzes jedoch bereits entstellt, so daß seine Polemik an dessen Sinn völlig vorbeigeht, wie N. Hartmann, der den megarischen Satz zur Basis seiner Modallehre und Ontologie machte, überzeugend aufzeigte.[20] Die Umformulierung ist berechtigt und geboten. Hegel hat also aus heutiger Sicht, gegen Aristoteles, den Sinn des megarischen Satzes richtig verstanden. Wenn man die negative Form des Satzes wie Hegel an den Anfang stellt, stimmt die Struktur der Formulierung Hegels völlig mit Ari-

19 *K. Döring: Die Megariker.* Kommentierte Sammlung der Testimonien. Amsterdam 1972.

20 *N. Hartmann: Möglichkeit und Wirklichkeit.* Berlin 1938. 182. Anm. 1: „Aristoteles berichtet hier in seinen Termini δύνασθαι und ενεργεῖν, wodurch der Sinn des Satzes bereits entstellt erscheint. In der Megarischen Terminologie dürfte es sich um den Gegensatz von δυνατόν und αληθές gehandelt haben, wie aus späteren Zeugnissen ersichtlich ist. Das αλθηές hat hier noch die ursprüngliche, objektive Bedeutung ‚unverborgen' – vom Gegenstande gesagt, nicht von der Erkenntnis –, darf also in diesem Zusammenhange als ‚tatsächlich' oder ‚wirklich' verstanden werden." Auch O. Becker schloß sich dieser Beurteilung an. Vgl. *O. Becker: Über den Κυριεύων λογος des Diodoros Kronos.* In: Rhein. Museum f. Philologie. N.F. 99 (1956), 289–304, hier 291.

stoteles überein: „nach welchem die *nicht* verwundeten Theile zugleich *nicht* verwundet werden konnten, und der verwundete Theil *allein nur* verwundet werden konnte."

Entgegen einer öfters geäußerten Meinung war der junge Hegel mit Aristoteles durchaus vertraut.[21] Auch wenn der Name Aristoteles in den *Jugendschriften* nicht genannt wird, gibt es doch eine ganze Reihe von Bezügen und nicht nur, wie hier, kritischer Art. Hegel hat schließlich viele seiner Quellen und Bezugstexte nicht namentlich genannt. Hegels frühe Artistotelesbezüge können hier nicht weiterverfolgt werden.[22] Der frühe Besitz der Aristotelesausgabe erklärt jedoch auch, daß Rosenkranz unter den von Hegel in Frankfurt gekauften und studierten Klassikerausgaben nur Platon und Sextus Empiricus nennt, nicht Aristoteles.[23]

Die Vereinigung von Möglichkeit und Wirklichkeit erfolgt in diesem griechischen Mythos durch die Einbildungskraft, die den Mythos hervorbringt.[24] Hegel hat seit seiner Tübinger Zeit in der Phantasie, die der Einbildungskraft gleichzusetzen ist, das vereinigende und verbindende Element zwischen Vernunft und Sinnlichkeit gese-

21 Hegel kaufte bereits als Gymnasiast die *Nikomachische Ethik* in einer Basler Ausgabe von 1582. Vgl. *F. Nicolin: Der junge Hegel in Stuttgart.* Aufsätze und Tagebuchaufzeichnungen 1785–1788. Stuttgart 1970. 35, 112. – Auch die aristotelische *Metaphysik* im Rahmen einer Basler Gesamtausgabe des Aristoteles gehörte zum frühen Buchbesitz Hegels und wurde nach dem Zeugnis eines Kommilitonen von Hegel im Stift eifrig studiert. „Ein Compromotionale Hegels hat mir erzählt, Hegel habe während seiner Stiftsjahre vorzugsweise Aristoteles studiert in einer alten wurmstichigen Basler Ausgabe, der einzigen damals lesbaren" (*A. Schwegler: Erinnerungen an Hegel.* Hier zitiert nach: *Hegel in Berichten seiner Zeitgenossen.* Hrsg. von G. Nicolin. Hamburg 1970. 13). Der Compromotionale war Ch. P. F. Leutwein. Bei der genannten Basler Ausgabe handelte es sich um die Ausgabe von 1531, die im Auktionskatalog von Hegels Bibliothek verzeichnet ist (Nr. 378).

22 Ein erster Versuch wurde gemacht von *W. Kern: Hegels Aristotelesvorlesungen.* Diss. Rom 1955. 38–44. – Eine Arbeit über das Modalproblem bei Aristoteles und Hegel, die allerdings erst bei der *Phänomenologie des Geistes* einsetzt, betont ebenfalls die Übereinstimmung Hegels mit der megarischen Modallehre. Vgl. *J. Rollwage: Das Modalproblem und die historische Handlung.* Ein Vergleich zwischen Aristoteles und Hegel. München – Salzburg 1969.

23 *K. Rosenkranz: Hegels Leben.* 100.

24 Hegel folgt hier *Herder: Werke.* Ed. Suphan. 13.307 f.

hen (Kant), wodurch die neu zu gestaltende Volksreligion sich auszeichnen sollte. Diese zwischen dem Christentum und der griechischen Religion vermittelnde Position fand ihren programmatischen Niederschlag im sog. *Ältesten Systemprogramm des deutschen Idealismus* von Anfang 1797 in der Forderung nach einer neuen Mythologie der Vernunft als neuer sinnlicher Religion. „Monotheismus der Vernunft und des Herzens, Polytheismus der Einbildungskraft und der Kunst, dis ists, was wir bedürfen!“ Unser Text vom Tod des Achill kann als ein Stück ausgeführter konkreter neuer Mythologie verstanden werden. Die Modalbegriffe in ihrem Verhältnis werden sinnlich dargestellt im Mythos, so daß hier durch die philosophische Deutung des Mythos nicht nur eine neue Religion entsteht, sondern auch eine mythisch dargestellte Philosophie, die nicht nur für Intellektuelle verständlich sein sollte. Jacob Zwilling, Hegels und Hölderlins Freund, referierte bereits in einem Briefkonzept vom 26. 4. 1796 eine mythische Einkleidung der Vereinigungsphilosophie, wie er sie von Sinclair gehört hatte, wonach die Einbildungskraft im Anschluß an Fichte die Trennungen der Reflexion überwindet.[25]

Im Fragment „Religion, eine Religion stiften“ macht die Einbildungskraft die Liebe, also die Einheit von Subjekt und Objekt, zum Wesen des Menschen, also zur Gottheit, die der Mensch auch in der Natur finden kann, indem er in einer Kraft des Belebens durch Einbildungskraft die Objekte sich gleich macht, als Gleiche erkennt: „Liebe kann nur stattfinden gegen das Gleiche, gegen den Spiegel, gegen das Echo unseres Wesens.“ Die Einbildungskraft bekommt eine zentrale Stellung, wird zur Totalität aller Seelenkräfte. Hier legt sich ein Vergleich mit der Modallehre Hölderlins in *Urtheil und Seyn* nahe, die einen ganzen Abschnitt dieses Fragments ausmacht, in

25 *Jakob Zwillings Nachlass.* Eine Rekonstruktion. Mit Beiträgen zur Geschichte des spekulativen Denkens. Hrsg. u. erl. von D. Henrich u. Ch. Jamme. Bonn 1986 (Hegel-Studien. Beiheft 28). 43: „So oft ich die Wissenschaftslehre ansehe freue ich mich über den erhabenen Gedanken von der Einbildungskraft. *Sinclaire* der der Grigischen Sprache sehr mächtig ist sagte mir daß Prometheus soviel als die Reflexion bedeute diesem Prometheus der uns vom Olympus losgerissen Stelle ich die Einbildungskraft entgegen die uns wieder hinaufgetragen hat.“

dem Hölderlin die Einheit und Trennung des Seins in den Modalitäten aufweist. Wenn man diese Linie im Blick auf Hölderlin vorsichtig auszieht, könnte man vermuten, daß Hegel den Modalitäten wie Hölderlin bestimmte Seelenkräfte zuordnete. Hölderlin verband die Möglichkeit mit dem Verstand, die Notwendigkeit mit der Vernunft, die Wirklichkeit mit der Anschauung. Hölderlin orientierte sich offensichtlich stärker an Kant. Die Vereinigung der Modalitäten in der Einbildungskraft, die bei Hölderlin fehlt, kann man als Eigenleistung Hegels in der Ausbildung der Vereinigungsphilosophie betrachten.

Hegel verwendet hier die bei ihm sehr seltene Form „Mythos". Sie kommt in den *Jugendschriften* nur noch an einer Stelle vor, im Tagebuch der Reise in die Berner Oberalpen von 1796, wo er schreibt: „Zwischen Wassen und dem Dorfe Steg liegt auf einer Wiese neben dem Wege ein isoliertes ungeheures Felsenstück und es ist begreiflich, daß dem Kindersinn dieser Hirtenvölker schon lange sein Hiersein auffiel und an dasselbe einen Mythos anknüpfte. Aber wie immer, wie auch bei der Teufelsbrücke, hat die christliche Einbildungskraft nichts als eine abgeschmackte Legende hervorgebracht."[26] Auch Rosenkranz ist diese Stelle aufgefallen und er bemerkt dazu, daß Hegel die Phantasie des Christentums und dessen Legende kontrastiert habe „mit dem Griechischen Mythos (wie er ausdrücklich *schreibt*)."[27] Auch an dieser Stelle bezeichnet Mythos also einen nichtchristlichen Mythos, den einheimischen heidnischen Mythos der Schweizer Hirten. „Mythen" dagegen wollte Hegel schon in der Tübinger Zeit mit der von ihm geforderten christlichen Volksreligion verbinden.[28] Ebenfalls kann Hegel von jüdischen Mythen sprechen, sehr spät erst von griechischen Mythen.[29] Der Mythos ist konstituiert, wenn die Einbildungskraft die Objekte belebt und zu Göttern oder Halbgöttern macht, auch wenn Hegel das Wort „Mythos"

26 *K. Rosenkranz: Hegels Leben.* 100. – Schelling kennt im Singular nur die Form „Mythus".

27 Ebd. 44/45.

28 *Nohl.* 24.

29 Ebd. 401.

dafür nicht ausdrücklich verwendet.[30] Der von der Einbildungskraft hervorgebrachte Mythos als solcher nimmt also einen zentralen Platz in dieser Phase der Vereinigungsphilosophie ein und ist als Instrument dieses Denkens in dieser Theorie konsequent begründet. Bereits in Hegels Gedicht *Eleusis* vom August 1796, Hölderlin gewidmet, bahnt sich die Spiegelung der eigenen Position in einem erneuerten antiken Mythos an. Die einzelnen Mythen bekommen in der Folgezeit die Aufgabe, die notwendigen Vereinigungen zu leisten. Diese Phase der Vereinigungsphilosophie scheint Hegel jedoch bald wieder verlassen zu haben, denn sonst müßte es mehr solcher mythologischer Versuche geben, es sei denn, sie wären nicht überliefert.

Die Gestalt Achills und die Geschichte seines Eintauchens in den Fluß Lethe zieht sich versteckt auch durch andere Texte Hegels und liefert Vorstellungen, die in andere Kontexte eindringen. Darüberhinaus scheint Achill der von allen verehrte Held im „Frankfurter Kreis" gewesen zu sein - ein gemeinsames Idealbild - während andere Heroen wie Empedokles nur von Hölderlin einer besonderen Beachtung gewürdigt wurden. Bereits in Tübingen taucht das Bild von Achill, der durch das Eintauchen in das Wasser der Lethe unverwundbar wird, in einem Zusatz auf, den Rosenkranz in den von ihm veröffentlichten Teilen von *Volksreligion und Christentum* (1793) mitteilte: „Menschen, frühe in das todte Meer moralischen Geschwätzes getaucht, gehen zwar auch unverwundbar, wie Achilles, heraus, aber die menschliche Kraft ist auch darin ersäuft worden." Der Zusatz stammt sicher nicht von Rosenkranz, findet sich aber auch nicht im erhaltenen Manuskript. Nohl vermutete daher, Rosenkranz habe die Stelle aus dem fehlenden Bogen entnommen.[31] Inhaltlich paßt die Ergänzung durchaus in den Zusammenhang dieses Textes, da Hegel hier öfters gegen das moralische Geschwätz der Moraltheologie polemisiert, das Tugend nicht hervorbringen kann. Hegel sieht hier am Beispiel Achills die dialektische Ambivalenz der

30 Ebd. 257. 297.
31 *Nohl.* 20. (*K. Rosenkranz: Hegels Leben.* 467).

angestrebten Unverwundbarkeit. Das moralische Geschwätz macht den Menschen zwar unverwundbar, indem es ihn mit einem Panzer umgibt, der jedem Angriff standhält. Diese Art von Unverwundbarkeit ist jedoch kein Gewinn, sondern Verlust an menschlicher Kraft und Substanz, da das Lebendige wie im Toten Meer erstarrt, erstickt und „ersäuft“ wird. Durch Unverwundbarkeit verliert der Mensch seine Menschlichkeit. Das Bild vom Wasser, das wegen seiner positiven Wirkung zunächst ersehnt wird, dann aber tödlich wirkt, findet sich in ein ähnliches Bild integriert, das Hegel in der Jenaer Zeit für eine Staatsrevolution verwendet. Das Staatsvolk, das man sich unter einem See vergraben in der Erde vorstellen soll, gräbt sich langsam nach oben, bis die letzte Erdschicht durchbricht und „der See stürzt herein und ertränkt sie, indem er sie tränkt.“[32]

Hegel läßt die Wassersymbolik, die sich mit Achill verbindet, ohne daß sein Name genannt wird, in wieder anderer Form in die eindrucksvolle Schilderung des Untertauchens im Wasser bei der Taufe eingehen.[33] Hegels enthusiastische Beschreibung betont die vollständige Berührung von Mensch und Wasser, die in Analogie mit der Vereinigung in der Liebe zu sehen ist. An das Eintauchen Achills in den Fluß Lethe erinnert jedoch das Vergessen der Welt beim Untertauchen: „Im Untergetauchten ist nur Ein Gefühl, und die Vergessenheit der Welt, eine Einsamkeit, die alles von sich geworfen, allem sich entwunden hat.“[34] Vergessen der Welt und Unverwundbarkeit bekommen in der christlichen Deutung der Taufe einen leichter nachvollziehbaren Zusammenhang als im antiken Mythos, der diese Verbindung nicht näher erklärt, d.h. die Frage, warum der Fluß Lethe unverwundbar machen kann. Bei den Griechen mußten die Verstorbenen sowohl die Welt vergessen, wenn sie in das Jenseits kamen, als auch das Jenseits vergessen, wenn sie im Jenseits nicht bleiben durften, sondern sich in der Welt von neuem in einem menschlichen oder tierischen Körper wiederverkörpern

32 *K. Rosenkranz: Hegels Leben.* 181.
33 *Nohl.* 319/320.
34 Ebd. 319.

mußten. In beiden Richtungen bewirkte das Untertauchen im Lethe das Vergessen.[35]

In der *Phänomenologie des Geistes,* in der Hegel fast alles ablagerte, was er jemals zuvor im Leben gedacht hatte, unterscheidet er eine Lethe der Unterwelt und der Oberwelt: „Beide sind die Vergessenheit, das Verschwundensein der Wirklichkeit und des Tuns der Mächte der Substanz",[36] die wie ein Schale das stygische Wasser enthält, aus der das sittliche Bewußtsein die Vergessenheit aller Einseitigkeit des Fürsichseins getrunken hat und darin „zugleich alle eigne Wesenheit und selbstständige Bedeutung der gegenständlichen Wirklichkeit ertränkt."[37]

Im Ausblick auf Hölderlin, Zwilling und Sinclair kann man zunächst feststellen, daß bei Hölderlin die Bezugnahme auf Achill zwar später als bei Hegel einsetzte, dafür aber eine reichere und intensivere Beziehung verrät. Hölderlin erwähnte Achill bereits in dem frühen Aufsatz *Geschichte der schönen Künste unter den Griechen ...*[38] Die Lektüre der *Ilias,* die er teilweise selbst übersetzte, und damit die Geschichte vom Zorn des Achill begleitete Hölderlin jedoch von früher Jugend an. So sind die beiden Brieffragmente über den Charakter des Achill[39] (1799) sicher das Ergebnis einer langen Auseinan-

35 Einen Zusammenhang zwischen Taufe, Unverwundbarkeit - Unsterblichkeit und dem Eintauchen Achills in den Styx stellte, nach einem polemischen Bericht Tertullians, der Gnostiker Menander her. Menander taufte seine Anhänger im vorgeblichen Wasser des Styx, wodurch sie Unsterblichkeit erlangen sollten. Man kann mit hoher Wahrscheinlichkeit vermuten, daß Hegel diese Schrift Tertullians kannte, da er einerseits das Apologeticum Tertullians im Tübinger Fragment direkt zitiert, so daß die Kenntnis dieses Autors sich auch auf andere Schriften erstreckt haben kann, andererseits seine große Vorliebe für Gnostiker und Häretiker bekannt ist. Auch die von Hegel betonte vollständige Berührung des Täuflings durch das Taufwasser hat eine Grundlage im Sprachgebrauch häretischer Sekten, die von der Taufe als tinctio und tingere sprachen. Vgl. *Q. S. F. Tertulliani De anima.* Ed. with introd. and commentary by J. H. Waszink. Amsterdam 1947. Kap. 50. (67/68, 518-525).

36 *Hegel: Ges. Werke.* Bd 9. *Phänomenologie des Geistes.* Hrsg. v. W. Bonsiepen und R. Heede. Hamburg 1980. 396.

37 Ebd. 253.

38 *Hölderlin: Sämtliche Werke.* Bd 4. 1. Hälfte. Stuttgart 1961. 199.

dersetzung. In der Elegie *Achill* (1799)[40] identifizierte sich Hölderlin völlig mit dem um seinen Freund trauernden Achill, während er in der Ode *Eduard* Sinclair als Achill schwärmerisch verehrt.[41] Wie bei Hegel verbindet sich die Auseinandersetzung mit dem Modalproblem, die bereits in *Urtheil und Seyn* einen Anfang nahm, mit der Gestalt Achills in den poetologischen Entwürfen. Ausgehend vom Charakter des Achill, der als natürlich bzw. naiv bezeichnet wird, entwickelt Hölderlin eine Lehre von den dichterischen Tönen bzw. Gattungen. Das Epos, für Hölderlin exemplarisch die *Ilias* und damit die Darstellung des Achill, wird dem natürlichen Ton zugeordnet und damit der Wirklichkeit bzw. den Wirklichkeiten. Der heroische Ton der Tragödie mit dem Prototyp Ödipus entspricht der Notwendigkeit, der idealische Ton der Lyrik der Möglichkeit.[42] Während für Hegel der Körper Achills zur Projektionsfläche seiner Modallehre wurde, entwickelte Hölderlin seine modaltheoretische Poetologie am Charakter des Achill.[43]

Bei Sinclair erhält das Achilles-Motiv eine kurze Reminiszenz in dem Motto der *Philosophischen Raisonnements* (1795/96).[44] Jacob

39 Ebd. 224.

40 *Hölderlin: Sämtliche Werke.* Bd 1. 1. Teil. Stuttgart 1946. 271.

41 *Hölderlin: Sämtliche Werke.* Bd 2. 1. Hälfte. Stuttgart 1951. 39ff.

42 Am poetologischen Begriff der „Auflösung", die aber auch Vereinigung bewirken soll, werden die Modalitäten sichtbar: „Das neue Leben ist jetzt wirklich, das sich auflösen sollte, und aufgelöst hat, möglich (ideal alt), die Auflösung nothwendig ..." (*Hölderlin: Sämtliche Werke.* Bd 4. 1. Hälfte. Stuttgart 1961. 283). Für nähere Erläuterungen muß hier verwiesen werden auf *M. Franz: Das System und seine Entropie.* Welt als philosophisches und theologisches Problem in den Schriften Friedrich Hölderlins. Diss. 1980. 127–136.

43 Auch der Körper Achills wird für die Poetologie Hölderlins in Anspruch genommen bei *R. Nägele: Die F(V)erse des Achilles.* In: *Fragment und Totalität.* Hrsg. von L. Dällenbach und Ch. L. H. Nibbrig. Frankfurt 1984, 200–211. Der zerrissene, verwundete Körper Achills ist Metapher für den fragmentierten Text.

44 Das Motto stammt aus Shakespeare.
„Troilus and Cressida. Achilles.
For speculation turns not to itself,
Till it hath travel'd, and is marry'd there
Where it may see its self ... (III, 3)." Vgl. *H. Hegel: Isaak von Sinclair zwischen*

Zwilling gab dem Motiv in einem Brief an Sinclair (1800) eine existentielle Wendung, indem er sich selbst mit Achill vergleicht, der aus dem Wasser der Gemeinheit und des Lasters in seiner Tugend unangefochten hervorgeht.[45] Die Stelle erinnert an den von Rosenkranz überlieferten Einschub in *Volksreligion und Christentum,* wo Hegel auch vom Eintauchen in die Unmoral spricht, sowie von der Tugend, die sich aus eigener Kraft bildet. Zwilling beruft sich auf seinen „erhabenen Stoizismus“ und seine „stoische resignation“.[46] In einem anderen Brief an Sinclair erscheint Achill als Vorbild für diesen ausgewogenen Lebensstil.[47]

So zeigt die Verfolgung einer im Frankfurter Freundeskreis lebendigen Idee sowohl das gemeinsame Philosophieren als auch die feinen Nuancen und eigenständigen Ausprägungen dieser Idee bei den einzelnen Vertretern, in denen sich die Ganzheit Achills spiegelt.

Fichte, Hölderlin und Hegel. Ein Beitrag zur Entstehungsgeschichte der idealistischen Philosophie. Frankfurt 1971. 121.

45 *Jakob Zwillings Nachlass.* Eine Rekonstruktion. Mit Beiträgen zur Geschichte des spekulativen Denkens. Hrsg. u. erl. v. D. Henrich u. Chr. Jamme. Bonn 1986. 33.

46 Ebd. 33, 34.

47 Ebd. 39.

L'analogie chez Hegel

Jacques D'Hondt (Paris)

Là, ô mon âme au plus haut ciel guidée!
Tu y pourras reconnaître l'Idée
De la beauté, qu'en ce monde j'adore.
(*Du Bellay: L'olive,* CXIII)

En conclusion d'un ouvrage consacré, en 1916, à Duns Scott, le jeune Heidegger assignait à la philosophie une tâche immense: confronter la méthode médiévale, principalement analogique, et la méthode hégélienne, principalement dialectique.

Parmi les caractères distinctifs de la philosophie de Duns Scott, Heidegger avait relevé la définition, la mise en valeur et l'usage de l'analogie. Séduit par l'auteur qu'il étudiait, il avait suggéré une sorte de réhabilitation et de réanimation du concept d'analogie. Certes, reconnaissait-il, «au premier abord, le concept d'analogie semble n'être qu'un concept d'école passablement effacé et de peu d'importance». Mais il voulait dissiper cette impression de désuétude en maintenant l'idée que «pourtant, comme principe dominant la sphère catégoriale de la réalité sensible et suprasensible, il contient l'expression conceptuelle du monde vécu, pleinement qualifié et valeureux, référé à la transcendance, de l'homme médiéval: il est l'expression de la forme définie, ancrée dans la relation primordiale de l'âme à Dieu, de l'existence intérieure comme elle fut vécue au Moyen-Age dans une rare plénitude».

Avec nostalgie, Heidegger admirait alors dans le concept d'analogie le fondement de «la philosophie de l'esprit vivant, de l'amour actif, de l'ardente communion au divin ... et en particulier une théorie des catégories régie selon ses tendances fondamentales».

Soit par souci d'achever en beauté, sur une opposition dramatique, un travail tristement académique, soit à cause de la fascination qu'exerce sur lui en même temps une autre grande philosophie –

pourtant quelque peu oubliée et délaissée, à cette époque - il confie à la pensée contemporaine la tâche d'opposer la grande philosophie moyennâgeuse de l'analogie à ce qui lui semble seul comparable par son ampleur - question de taille! «Cette philosophie de l'esprit vivant ... se trouve confrontée à la tâche immense d'un débat sur le principe du système historique du monde le plus imposant par sa richesse et par sa profondeur, par l'ampleur de l'expérience dont il rend compte et par l'abondance de ses concepts, et qui en tant que tel comprend en soi toutes les problématiques fondamentales qui l'ont précédé: d'un débat avec Hegel».[1]

Cet imposant système hégélien, qui «comprend en soi toutes les problématiques fondamentales qui l'ont précédé» excluerait-il, par exception, la problématique de l'analogie? N'en aurait-il rien retenu?

Heidegger semble le croire: il y aurait selon lui un débat nécessaire entre deux incompatibles, le principe analogique dominant au Moyen-Age, et le principe historique et dialectique, instauré et magnifié par la philosophie hégélienne.

Les disciples renchérissent sur le maître, comme il se doit, et ils accentuent encore l'opposition: méthode «analectique», comme ils disent parfois en donnant une curieuse signification à ce mot, ou méthode dialectique. Il faut choisir!

Certains ont même cru que, contrairement à ce que Heidegger constatait en 1917, le déclin de l'hégélianisme étant patent, l'heure de la revanche analogique avait sonné: «L'analogie a une place de choix (dans cette stratégie de l'esprit que sont l'histoire et la philosophie universelle), et peut-être particulièrement aujourd'hui où les formes historiques du Système hégélien sont de plus en plus désertées par l'esprit».[2]

Peut-être prennent-ils trop à la lettre la conclusion qu'un philosophe de 27 ans croyait avoir établie en 1916. Peut-être Heidegger

1 *Martin Heidegger: Die Kategorien- und Bedeutungslehre bei Duns Scotus.* In: *Frühe Schriften.* Frankfurt 1972, 351-2 et 352-3.

2 *Philibert Secrétan: L'analogie.* Paris 1984. 6.

s'était-il engagé un peu imprudemment en opposant radicalement, à cette date, l'analogie et la pensée dialectique. Ne généralisait-il pas trop hâtivement une opposition partiellement valable entre la médiévale analogie de l'être, et la pensée hégélienne? L'analogie ne se réduit pas à *l'analogia entis* entendue à la manière scolastique, bien qu'elle la comprenne, éminemment, c'est le cas de le dire.

Analogia entis

Hegel, en effet, ne fait guère usage de cette catégorie. Le rapport du système hégélien et de l'*analogia entis* a été étudié par de nombreux auteurs, presque tous catholiques, avec le souci, soit de rapprocher le système hégélien du catholicisme en mettant en évidence une relation positive, soit, au contraire, de bien distinguer la pensée hégélienne de la pensée catholique, en mettant en évidence une incompatibilité. Ils se sont querellés entre eux.

Quelles que soient ses éventuelles implications secrètes, l'opinion explicite de Hegel ne fait pas de doute. D'une part, il se montre presque toujours très critique à l'égard de la pensée scolastique, et, plus généralement, à l'égard du Moyen-Age philosophique, dans lequel il ne préserve de son mépris que quelques hérétiques. Cette inclination de Hegel en faveur des hérétiques mériterait une étude spéciale.

D'autre part, comme le constate l'un de ceux qui s'intéressèrent à ce problème particulier: «Chez Hegel on ne peut même pas trouver une seule fois, dans un contexte significatif, l'expression: «connaissance analogique de Dieu».[3]

La «connaissance de Dieu par analogie» dépend de tout un système de pensée, complexe, et structuré, elle se rattache à une tradition gnoséologique bien distincte: des philosophies très diverses l'excluent, aussi bien par leur orientation générale que par leur organisation conceptuelle. Elle exprime une tendance intellectuelle de la théolo-

3 *E. K. Specht: Der Analogie-Begriff bei Kant und Hegel.* 1952. 51.

gie et de la philosophie catholiques médiévales, et, plus récemment, du néo-thomisme.

Bien des doctrines typiquement chrétiennes lui ont refusé la même importance, et même l'ont négligée ou réprouvée.

Rien d'étonnant donc à ce qu'on ne rencontre pas cet élément de doctrine dans maintes philosophies postérieures au Moyen-Age, et encore moins à ce qu'il n'apparaisse pas dans des philosophies qui ne se rattachent à la scolastique que par des liens très lâches et incertains. On devrait, au contraire, être surpris de le voir ressurgir dans des philosophies du XXe siècle: ici il joue un rôle de restauration, de contre-attaque polémique, voire de provocation créative.

L'*analogia entis* participe à une vision scolastique traditionnelle de la divinité, de ses attributs, des rapports de l'homme à elle. Elle ne vaut, bien sûr, que pour ceux qui croient en l'existence de Dieu, mais, bien plus, de ce dieu-là: le Dieu du monothéisme spiritualiste catholique. Elle perdrait toute justification dans des philosophies inspirées par le polythéisme ou le panthéisme.

L'exclusion idéaliste

Il est clair qu'elle se trouve contestée aussi, dès le principe, dans une philosophie absolument idéaliste, dont la thèse première – opposée à celle de ses antécédents – est précisément que l'absolu est connaissable: la connaissance de l'absolu est elle-même absolue, ne se ramène nullement à une analogie, mais se développe conceptuellement d'une manière spéculative et dialectique: par raisonnement et dérivation de concepts.

Pour Hegel, la connaissance de l'absolu est non seulement possible, mais nécessaire, et elle se confond avec une connaissance de l'absolu par lui-même. La vérité n'apparaît que dans son système scientifique, elle ne se réduit pas à une intuition ou à des propos édifiants, elle consiste en une justification radicale médiatisée.

Cette véritable connaissance de l'absolu concerne ce que Hegel, dans la tradition platonicienne à laquelle il se rattache explicitement, appelle l'*Idée* – et qui certes correspond à ce que d'autres appellent Dieu, ou à ce que lui-même appelle Dieu lorsqu'il choisit le registre de la représentation. Mais, précisément, une part importante de son effort philosophique consiste à distinguer le spéculatif du représentatif, bien que cet effort ne réussisse pas toujours autant qu'il le croit.

Hegel ne manque pas de faire remarquer, de temps à autre, le caractère représentatif de la religion, des vues religieuses et théologiques de Dieu. Le paragraphe 3 de l'*Encyclopédie des Sciences philosophiques* soutient que, pour la conscience, le contenu est toujours le même: «Le contenu qui remplit notre conscience, de quelque espèce qu'il soit, constitue la *déterminité* des sentiments, intuitions, images, des buts, devoirs, etc., et des pensées et concepts. Sentiments, intuition, image, etc., sont dans cette mesure les *formes* d'un tel contenu qui reste *un seul et* même contenu ...».[4] Dans ces conditions, «les représentations en général peuvent être regardées comme des métaphores des pensées et des concepts» (*Enc.:* Bourgeois, Rem. du § 3. 166). Il y a donc des analogies, dans la métaphore, entre les composants du concept et les composants de l'image, mais celle-ci ne permet par une saisie conceptuelle de Dieu, à l'évidence.

La tâche de la philosophie se définit alors clairement, par rapport à celle de la religion: «Ce qui est donné ici (dans la religion) à la représentation et ce que l'essence est en soi, le saisir dans son élément propre, c'est là la tâche de la philosophie».[5]

4 *Hegel: Encyclopédie des Sciences philosophiques.* La science de la logique. Trad. B. Bourgeois. Paris 1970. § 3. 166.

5 *Hegel: Encyclopédie des Sciences philosophiques.* Trad. M. de Gandilac. Paris 1970. § 384. 352.

En conséquence, pour Hegel, le rapport du Créateur à la créature ne peut être que métaphorique, et d'ailleurs la création elle-même lui semble une image, une représentation. Ainsi déclare-t-il que Descartes a raison lorsqu'il affirme que dans les choses finies l'unité de l'idée, du concept et du réel est imparfaite. Et il ajoute à ce propos: «Seule est inadéquate chez Descartes la forme qui implique
a) qu'il y a deux choses, penser (âme) et corps,
b) et que Dieu apparaît comme une troisième chose en dehors de ces deux-là, qu'il n'est donc pas le concept de l'unité, et que les deux membres en question ne sont pas eux-mêmes concepts. Mais il ne faut pas oublier que ces deux premiers termes sont selon lui des substances créées. Une telle affirmation relève de la représentation; la notion de création *(Erschaffen)* n'est pas une pensée déterminée».[6]

Quelle que soit la validité de cette interprétation de Descartes, elle nous éclaire du moins sur ce que Hegel pense de la création, de Dieu, des substances créées. Il en ressort à l'évidence que, de son point de vue, il ne saurait y avoir, d'*analogia entis* au sens où l'entendaient les penseurs médiévaux. Dieu, comme représentation, n'est pas transcendant aux «substances».

L'analogie médiévale établit et accentue le caractère transcendant de Dieu, qui, en rigueur, reste inconnaissable, un être d'un autre ordre, inaccessible. Elle suppose quatre termes, dont trois seulement sont effectivement connus, ce qui permet d'assigner l'existence à un quatrième terme, sans le connaître préalablement.

Tandis que, chez Hegel, l'analogie s'établit métaphoriquement parce que les quatre termes sont préalablement connus par dérivation dialectique. Chez Hegel, l'analogie tend plutôt à suggérer une immanence.

6 *Hegel: Histoire de la philosophie.* Trad. P. Garniron. Paris 1985. Tome VI, 1441.

Dans ces conditions, Hegel ne se prive pas de procéder analogiquement, mais son analogie ne va pas dans le même sens que celle des scolastiques.

D'une part, c'est Dieu qui est analogue à l'idée pure, et l'on peut atteindre heuristiquement celle-ci par analogie, sans qu'un tel moyen, toutefois, permette de la concevoir. D'autre part, l'être de cette Idée ne se laisse pas complètement assimiler à l'étant des scolastiques. On pourrait donc persister à employer, pour désigner la procédure analogique hégélienne, l'expression d'*analogia entis;* ce ne serait ni impossible, ni répréhensible: mais on ferait subir à ces termes une transposition de sens, car cette analogie ne conduit pas à une connaissance véritable, elle n'a pas Dieu pour fin, mais elle l'utilise, au contraire, comme médiation: «Cette science (la philosophie!) est l'unité de l'art et de la religion dans la mesure où le mode d'intuition de l'art, extérieur quant à sa forme, l'opération subjective par laquelle il produit le contenu substantiel et le disperse en nombreuses figures autonomes, n'est pas seulement rassemblé dans la totalité de la religion, dans l'opération par laquelle ce qui est déployé se dissocie et se médiatise en se déployant dans la représentation, mais aussi est unifié pour constituer l'intuition intellectuelle simple et y est ensuite élevé jusqu'au penser conscient de soi. Ce savoir (la philosophie!) est par conséquent le concept de l'art et de la religion, connu de manière pensante, et dans lequel ce qui est divers dans le contenu est reconnu comme nécessaire, et ce nécessaire, comme libre» (*Enc.* [De Gandillac] § 572. 488–489).

On voit donc clairement le type d'analogie concerné: la création est au Dieu de la tradition religieuse et de la représentation ce que l'extériorisation aliénante de la nature est à l'Idée. Pour Hegel, il n'est pas plus possible et souhaitable de connaître l'Idée par analogie avec la nature qu'il ne le serait de connaître Dieu par analogie avec la créature.

Le raisonnement par analogie

Hegel constate l'analogie, comme conséquence de la dérivation conceptuelle, mais il critique l'usage du raisonnement par analogie, en quelque domaine que ce soit.

L'analogie résulte des progrès de la connaissance plus qu'elle ne les favorise ou les provoque: «Dans la démarche philosophique l'objet doit être présenté selon sa *détermination conceptuelle,* et il faut de plus tenir compte encore du phénomène *empirique* correspondant et montrer qu'en fait il correspond à cette détermination. Dans sa relation avec la nécessité du contenu, cette opération ne constitue pas cependant un appel à l'expérience. Moins admissible encore est un appel à ce qu'on a nommé *intuition* et qui ne fut généralement rien d'autre qu'un procédé de représentation et d'imagination (même fantastique) au moyen d'*analogies* qui peuvent être plus ou moins contigentes ou plus moins significatives, et ne marquent les objets de déterminations et de schèmes que de façon extérieure» (*Enc.* [De Gandillac] § 246. 238).

L'analogie vient seulement confirmer l'accord *(Übereinstimmung)* des résultats de la pensée spéculative et des objets repérables dans l'expérience.

Hegel reconnaît donc à l'analogie un rôle subordonné et accessoire. C'est là, chez lui, une attitude de principe, conforme aux prémisses de son système. Hegel le proclame lui-même fréquemment, et ses déclarations tendraient à justifier l'opposition que le jeune Heidegger établissait, en philosophie, entre une procédure analogique, apanage des scolastiques, et une procédure dialectique et historique, caractéristique de Hegel.

Les correspondances

Et pourtant, malgré ces protestations, comment ne pas être frappé par la constante présence de l'analogie dans les écrits de Hegel?

L'oubli ou le mépris de l'*analogia entis* médiévale n'exclut évidemment pas l'analogie de son système, elle laisse même peut-être quelque place à une certaine sorte d'*analogia entis,* distincte de celle des médiévaux.

Comment pourrait-il ne pas se rencontrer d'analogies sérieuses, décisives, dans un système philosophique qui vise une unité, et même une identité globale, comportant des différenciations internes - et, donc, impliquant des dissemblances dans une similitude fondamentale? La notion même de système suppose un jeu des analogies, surtout si le système s'entend à la manière d'un organisme, comme c'est le cas chez Hegel.

L'organisme comporte de multiples correspondances de complémentarité: aucun organe ne subsiste ni ne fonctionne sans les autres, et l'on constate donc déjà une analogie de fonctionnement. Comme le disait Bossuet: «Ce corps, à le regarder comme organique, est un par la proportion et la correspondance de ses parties; de sorte qu'on peut l'appeler un même organe.»[7]

Le système hégélien ne se présente lui-même comme un organisme que par analogie. Bien des choses s'ajoutent, dans sa structure, à ce qui compose un organisme véritable. Il comporte une organisation répétitive: chaque élément d'un même type apparaît sous une forme différente aux différents degrés de l'être, qui eux-mêmes forment une hiérarchie. La thèse de l'unité du monde implique une analogie des rapports que l'on discerne dans ses moments constitutifs, qui relèvent de divers ordres.

De fait, l'analogie se déploie avec luxuriance, chez Hegel, et loin que l'on ait à déplorer son absence, on en vient à redouter plutôt son envahissement. Et déjà règne sans partage, dans son système, l'analogie du concept et de la représentation. Ainsi l'art, la religion, la philosophie détiennent-ils, à ses yeux, le même contenu, qui, dans ces trois formes différentes, s'offre donc de manière analogue. Et Hegel se laisse aller à désigner des analogies jusque dans le détail, témérairement.

7 *Jacques Bénigne Bossuet: Connaissance de Dieu.* III, I.

Descartes, pour illustrer la relation fondamentale des diverses parties ou formes du savoir avait utilisé son analogie avec la relation des diverses parties d'un arbre. La métaphysique joue, dans le domaine de la connaissance, le rôle des racines. Les diverses disciplines spécialisées se développent à partir d'elle, comme les branches qui poussent sur le tronc de l'arbre, lui-même issue de la racine.

Cette analogie naturaliste recouvre une analogie conceptuelle-idéale.

Hegel la reprend expressément à son compte, dans un très célèbre passage de la Préface de l'*Histoire de la philosophie.* Pour l'histoire de la philosophie, «la catégorie essentielle est l'unité, la liaison intérieure de toutes ces formes diverses; il faut tenir fermement à cette idée qu'il n'existe qu'*un* seul esprit, *un* seul principe qui s'exprime dans l'état politique comme il se manifeste dans la religion, l'art, la moralité, les moeurs sociales, le commerce et l'industrie, en sorte que ces diverses formes ne se trouvent être que les branches d'un seul tronc. C'est là l'idée principale. L'Esprit est un, c'est l'esprit substanciel d'une période, d'un peuple, d'un temps, mais qui se forme de multiples façons; et ces diverses formations sont les moments qui ont été indiqués. Il ne faut donc pas s'imaginer que la politique, les constitutions, les religions, etc., soient la racine ou la cause de la philosophie ou qu'à l'inverse celle-ci soit la raison des autres. Tous ces moments ont un seul caractère qui se trouve à la base et pénètre partout. Quelque diverses que soient ces différentes parties, elles n'ont pourtant rien de contradictoire. Aucune ne contient un élément hétérogène, quelle que soit leur opposition apparente. Ce ne sont que les ramifications d'une même racine et la philosophie s'y rattache».[8]

Un peu plus loin, Hegel qualifiera la philosophie de «fleur suprême».

Il y a dans ces propos, comme une culture intensive de l'analogie!

8 *Hegel: Histoire de la philosophie.* Introd., trad. Gibelin. Paris 1954. 134.

D'abord, Hegel exprime un concept en une image correspondante: le rapport de l'esprit mondial aux diverses formes particulières de la culture est analogue au rapport des racines et du tronc d'un arbre aux branches multiples et divergentes.

Analogie singulièrement éclairante d'ailleurs: elle dit franchement ce que Hegel n'avance ailleurs, de manière conceptuelle, qu'avec circonspection: le religion et l'art ne sont que des ramifications de l'esprit du temps, au même titre que la moralité, la *Sittlichkeit,* le commerce et l'industrie!

Il arrive que la pensée se perde dans les analogies. Parfois, au contraire, elle en reçoit une précision plus grande.

Voici en tout cas, de nombreuses analogies qui surgissent! Dans un même pays, à une même époque, dans des circonstances semblables, il existe une ressemblance profonde, et même un accord *(Übereinstimmung)* fondamental, ou même ce que l'on appellera plus exactement une correspondance *(Entsprechen)* entre les caractères particuliers respectifs de la religion, de l'art, des moeurs, du commerce, de l'industrie - et cet accord ne sera pas de simple complémentarité.

Hegel a spécialement développé le thème de la correspondance globale de l'art et de la religion, et il a aussi décelé les correspondances parcellaires des diverses formes d'art et des diverses espèces de religion.

Ces correspondances ne restent pas mécaniques, ou automatiques, de même que, pourrait-on dire, les branches, d'un arbre ne poussent pas toutes, à leurs niveaux superposés, dans la même direction, et avec la même rapidité. Chacune d'elles se comporte à sa façon, subit son destin, jouit d'une autonomie relative. En conséquence, dans les conditions d'une même dépendance et d'un même développement genéral se produisent des décalages, des avances exceptionnelles, des retards singuliers, des concurrences. Le feuillage d'une branche étouffe d'autres bourgeons.

Les analogies persistent donc toujours, mais elles se montrent plus ou moins étroites et plus ou moins significatives, selon les cas. Mais, prenez le fruit, la fleur, la feuille d'un arbre, coupez, déchiquetez, analysez: la substance reste la même, chaque morceau est, par exemple, du tilleul. Entrant dans le magasin d'un boucher, vous choisissez du boeuf, avant de déterminer dans quel organe le morceau sera prélevé.

Analogies de l'histoire

L'analogie règne dans l'histoire, où toutes les formes et ramifications d'une même civilisation relèvent d'un même esprit et correspondent donc les unes aux autres. Dans leurs différences elles gardent ce que l'on pourrait appeler une unité de coloration. Hegel décrit ou évoque fréquemment cette analogie synchronique de toutes les formes de la vie humaine, à une époque déterminée.

L'emprise sur lui de cette analogie se révèle si puissante, qu'il ne parvient pas toujours à s'en déprendre. Il se contente souvent de l'énoncer, en des formules frappantes, et il ne développe conceptuellement ce qu'elle recouvre que dans les passages les plus difficiles de ses ouvrages les plus savants.

A la limite, dans une représentation idéale, il devrait être possible, connaissant, par exemple, la religion d'une peuplade antique par ailleurs inconnue, d'en induire par analogie quel devait être son commerce, son industrie, sa vie éthique, et, éventuellement, sa philosophie (qui «s'y rattache»)!

Mais on ne rencontre pas chez Hegel uniquement des analogies synchroniques, qui se révéleraient dans une coupe en quelque sorte transversale de la réalité historique, à un moment de son développement, les différents termes de l'analogie s'étalant alors comme dans un tableau: une sorte de «coupe d'essence».

Il y a aussi, chez Hegel, des analogies diachroniques. Si chacun des ordres ainsi distingués progresse temporellement de manière semblable aux autres, son contenu particulier lui impose cependant un rythme propre: ainsi se produisent, dans des évolutions parallèles, des décalages parfois importants! Certaines instances prennent du retard, d'autres de l'avance.

Des préséances régulières s'observent dans le déroulement multiforme de l'histoire humaine, ou bien Hegel les imagine sur le modèle des successions biologiques: le bouton, puis la fleur, puis le fruit ...

En conséquence, l'histoire connaît, à des niveaux différents, qualitativement distincts, le retour des mêmes déterminations, ou de déterminations semblables. Le mouvement général peut se représenter en une spirale, chaque moment historique apparaissant à un niveau supérieur.

L'analogie d'application du mouvement dialectique s'exprime sous la forme répétitive de la triade, prétendûment capable de valoir pour les contenus les plus divers. La ressemblance ne concerne pas seulement la forme triadique, mais aussi une certaine similitude du contenu de ses moments. Cela implique une uniformité, une monotonie, un schématisme que l'on a souvent reprochés à Hegel, et qu'il avait lui-même critiqué chez ses adversaires philosophiques.

Une part d'arbitraire intervient dans la détection et l'imagination des analogies qui dérivent de ce mécanisme.

Analogies de la nature

C'est sans doute dans la *Philosophie de la nature* que le goût de Hegel pour l'analogie se satisfait le plus facilement et le plus dangereusement: le domaine où les progrès de la science véritable réduisent précisément de plus en plus le rôle de l'image, de la métaphore et de l'analogie.

Dans le système moniste hégélien, la nature ne peut se distinguer de l'esprit qu'en se différenciant dans l'unique substance. Elle résulte bien d'une extériorisation de l'Idée, elle en est même la pure extériorisation, mais, si l'on peut dire, à l'intérieur de cette Idée même. Dans un système dialectique rien ne peut devenir absolument extérieur.

La nature se doit d'être analogue à l'Idée, puisqu'elle en est le reflet, comme le proclame la fin de la *Logique* de l'*Encyclopédie:* «L'Idée ... se résout à laisser aller librement *hors d'elle-même* le moment de sa particularité ... l'*Idée immédiate,* comme son reflet *(Widerschein),* comme *nature*» (*Enc.* [Bourgeois] § 244. 463).

A la fin de *Glauben und Wissen,* Hegel citait, à ce propos, Pascal, en français: «La nature est telle qu'elle marque partout un Dieu perdu et dans l'homme et hors de l'homme». La nature, l'autre de l'Idée, est profondément analogue à l'Idée – on pourrait dire: trop analogue! A la limite, la trop grande ressemblance, frisant l'identité, exclut l'analogie. Un portrait bien réussi n'est pas analogue à son modèle: c'est lui! On n'invite pas quelqu'un à aller regarder son analogue dans un miroir ...

L'analogie a besoin de dissemblance. Mais, heureusement pour elle, la nature, qui reste dans l'Idée, et dont les moments correspondent aux moments du développement de l'Idée, se différencie cependant assez, s'autonomise suffisamment pour que s'établisse une analogie d'ensemble et que prospèrent d'innombrables analogies de détail. C'est un foisonnement.

Le langage ne parvient à exprimer la relation de la nature à l'Idée que par formules successives, discursivement. Si l'on s'en tient à des propositions séparées, on peut soupçonner Hegel de soutenir des thèses incompatibles.

Tantôt on l'entend dire que la nature est le reflet de l'Idée. Alors la nature correspond *(entspricht)* à l'Idée, et même la philosophie doit s'accorder *(Übereinstimmen),* concernant la nature, avec l'apparence empirique. Hegel met toutefois lui-même en garde, à cet égard, contre les analogies faciles et fantaisistes.

Tantôt, au contraire, il semble nier cette correspondance: «La nature est divine en soi, dans l'Idée; mais, telle qu'elle est, son être ne correspond pas à son concept» (*Enc.* § 248).

En réalité, Hegel ne tombe pas ici dans l'incohérence, mais il insiste alternativement sur chacun des deux moments de l'analogie.

Il reste que, quels que soient ses insuccès momentanés, et ses déceptions, le concept est *dans* la nature *(der Begriff in der Natur),* l'Idée constitue l'intérieur, le fondement de la nature *(sondern in der innern, den Grund der Natur ausmachenden Idee).* Comme l'esprit, comme l'histoire, comme l'art, «la nature est un système de degrés» (*Die Natur ist ein System von Stufen; Enc.* § 249).

Dans ce rapport entre la nature et l'esprit, il n'est pas toujours facile de démêler les analogies superficielles ou illusoires, et les analogies objectives, profondes, fondées. Là, comme en toute recherche de vérité, il faut éprouver, vérifier.

Du moins le philosophe, engagé dans cette quête, a-t-il toute chance de confirmer le sentiment du poète:

La nature est un temple où de vivants piliers
Laissent parfois sortir de confuses paroles;
L'homme y passe à travers des forêts de symboles
Qui l'observent avec des regards familiers.

Et certes l'analogie n'invite que trop à tout confondre artistiquement:

Comme de longs échos qui de loin se confondent
Dans une ténébreuse et profonde unité,
Vaste comme la nuit et comme la clarté,
Les parfums, les couleurs et les sons se répondent.[9]

Il n'est guère de poésie qui ne puise son inspiration dans cette correspondance profonde entre la réalité sensible et l'esprit, correspondance que la philosophie doit d'abord reconnaître pour, ensuite, l'expliquer et l'apprécier de diverses manières.

Elle invite d'abord à privilégier l'immanence, et à écarter ou oublier une éventuelle transcendance, et ceci, déjà, à cause d'une sorte d'analogie des analogies. Descartes l'a senti: «On peut dire qu'il y a plus d'analogie ou de rapport entre les couleurs et les sons qu'entre les choses corporelles et Dieu».[10]

9 *Baudelaire: Les Fleurs du Mal: Correspondances.* In: *Œuvres.* Coll. Pléiade 1954, 87.
10 *Descartes: Réponse aux deuxièmes objections.*

Dans le poème de Baudelaire, ce sont les parfums qui, entre tous les termes analogiques, atteignent la domination et servent à l'identification du tout.

Chez Hegel, théoricien, c'est la couleur qui l'emporte: «Le particulier ne prend un caractère positif que lorsqu'il est arraché à la cohérence absolue du tout et s'est assuré une indépendance en tant que partie. La totalité absolue, comme nécessité, s'attarde dans chacune de ses puissances. Elle s'y déploie et y répète les puissances précédentes tout en anticipant les suivantes. Cependant l'une seule d'entre elles a l'empire sur les autres et c'est dans sa couleur *(Farbe)* et dans sa détermination que la totalité apparaît».[11]

Hegel constate une identité de coloration des diverses instances du réel! Dans un même système, une même culture, un même monde, tous les objets concrets revêtent comme une couleur identique, un éclairage semblable, un même air de famille. Rien d'étonnant à ce qu'ils se correspondent et symbolisent entre eux: leur base spirituelle est la même.

Ecarts

Pourtant, malgré l'intervention massive du modèle analogique dans la pensée hégélienne, on doit se garder d'identifier et de privilégier chez ce philosophe ce qui pourrait être appelé une méthode analogique, ou une orientation analogique du mode de penser.

Non seulement il ne saurait être question chez lui d'*analogia entis* au sens traditionnel de cette expression, non seulement Hegel critique l'usage méthodologique de l'analogie dans les sciences, mais l'incursion de l'analogie dans le détail de son oeuvre reste incontrôlée et intempestive.

Surtout, la forme d'analogie qu'il reconnaît et que son système fonde profondément, reçoit une modification qui en change le sens et la portée habituels.

11 *Hegel: Critique du droit naturel.* Trad. Kaan. 180.

Hegel est d'abord dialecticien et philosophe de l'histoire. Les analogies qui dérivent du progrès de la spéculation ne sont ni absolues, ni éternelles, ni même durables. La relation des termes correspondants ou analogiques change sans cesse, se renverse, se dépasse en une autre relation.

Il persiste certes, dans la pensée de Hegel, une tendance religieuse et poétique à établir des analogies de toutes sortes, sans discernement, mais Hegel ressemble, en cela, à tant d'autres philosophes! On ne doit pas, à cause de cela, oublier ce qui fait la *véritable originalité* de la pensée hégélienne: la tendance encore plus puissante à défaire les analogies. Les termes qui se répondent analogiquement en viennent toujours, à un moment ou l'autre, à ne plus se répondre, et même à se contredire. L'*Entsprechen* se renverse toujours finalement en un *Widersprechen.* Les correspondances momentanées se trouvent engagées dans un devenir: elles y apparaissent comme résultant du renversement de leurs antécédents, elles y disparaissent en engendrant leurs successeurs.

La puissance ultime n'est pas l'analogie, mais le devenir dialectique.

On devrait alors évoquer plutôt des «analogisations» et des «désanalogisations», un mouvement qui suscite et qui efface successivement les analogies déterminées. L'accord se mue en dissonances, qui, à leur tour, tombent à nouveau d'accord: ce qui importe le plus, c'est le *passage.*

Et le jeune Heidegger avait donc, semble-t-il, raison sur ce point: malgré les ressemblances partielles, les cheminements parallèles, les emprunts réciproques, ce qui l'emporte en dernière instance dans la relation entre une pensée typiquement analogique et une pensée dialectique, c'est la confrontation. Pourtant, Heidegger l'admettait: la philosophie de Hegel «comprend en soi toutes les problématiques fondamentales qui l'ont précédée». On pourrait ajouter malignement: elle comprend en soi toutes les problématiques, et aussi celle de l'analogie!

Hegel über Böhme

Jan Garewicz (Warschau)

Geist:

Du hast mich mächtig angezogen
An meiner Sphäre lang gesogen
Und nun –

Faust:

Weh! ich ertrag dich nicht!

Mächtig hat Böhme Hegel angezogen, das ist unzweifelhaft. Auf welche Weise und wann genau Hegel mit Böhme in Berührung kam ist, meines Wissens, nicht erforscht worden. Oetingers Einfluß ist hier wahrscheinlich im Spiel gewesen, aber in Hegels *Jugendschriften,* in seinem Briefwechsel und den *Berichten der Zeitgenossen* findet sich darüber kaum etwas.

Fest steht, daß 1810 ein niederländischer Schüler Hegels, Peter Gabriel van Ghert, ihm ein Geschenk aus der zweibändigen Hamburger Gesamtausgabe von 1715 machte.[1] Hegel bedankte sich mit der Bemerkung, er habe es sich schon lange gewünscht, in den Besitz der ganzen Sammlung von Böhmes Schriften zu kommen,[2] und als ihn das Geschenk erreichte, betonte er nochmals, nun könne er Jakob Böhme genauer studieren als vorher, da er noch nicht im Besitz seiner Werke war.[3] „Seine Theosophie" – schrieb er damals – „ist immer einer der merkwürdigsten Versuche eines tiefen, jedoch ungebildeten Menschen, die innerste Natur des absoluten Wesens zu erfassen."

In Hegels Werken wird Böhme nur beiläufig erwähnt. Anders in den *Vorlesungen über die Geschichte der Philosophie.* Hier ist Böhme

1 *Briefe von und an Hegel.* Bd 1. Nr. 160.
2 *Briefe,* Bd 1. Nr. 166.
3 *Briefe,* Bd 1. Nr. 192.

im 3. Band ein ganzes Kapitel gewidmet, das an Umfang nur jenen über Descartes, Spinoza, Kant, Fichte und Schelling nachsteht. Somit wird Böhme de facto zu Hegels wichtigsten Vorläufern gezählt.

Es gibt noch einen erwähnenswerten Umstand: wie bekannt, hat sich Hegel überhaupt mit der alten deutschen Mystik und Naturphilosophie nicht befaßt. Es fehlen beispielweise in den Vorlesungen die Namen von Meister Eckhart, Suzo, Tauler, Hildegard von Bingen genauso wie jene von Agrippa von Nettesheim und von Paracelsus; dieser wird zwar ein Mal genannt, aber nur in Bezug auf Böhme. Dabei hat Hegel dem Neuplatonismus und Gnostizismus samt der jüdischen Kabbala ziemlich viel Raum geopfert und auch die außerdeutsche mittelalterliche Mystik nicht völlig vernachlässigt. Was Deutschland dagegen betrifft, so war ihm Böhme der erste deutsche Philosoph überhaupt, und dazu *der* deutsche Philosoph, ein Mann, der zusammen mit Baco von Verulam an der Schwelle der Neuzeit steht und dessen Denken wie kein anderes den neuen, mit der Reformation begonnenen Zeitgeist spiegelt.

Worin besteht eigentlich Böhmes Bedeutung nach Hegel? Das Prinzip der Reformation bestimmt Hegel als „das Insichsein des Geistes, des Freiseins, des Zusichselbstkommens".[4] Dieses Freisein hat sich vorerst als Gewissensfreiheit bewährt. In der Philosophie äußert es sich als Selbstdenken, Befreiung von der Autorität und Zurückkehren zu sich selbst. Dies bedeutete einerseits eine Abgrenzung von Philosophie und Theologie, anderseits den Versuch, auf philosophischer Ebene Denken und Sein zu versöhnen.

Neben Baco war Böhme der erste, der diese Vereinigung ankündigt. Bei ihm ist es aber kein Bruch mit der Theologie. Er geht von Gott aus und diese Haltung nennt Hegel „Pantheismus der Dreieinigkeit" (*Vorlesungen über die Geschichte der Philosophie* Bd III, 195),

4 Die *Vorlesungen über die Geschichte der Philosophie* werden nach der Ausgabe der Reclam Universal Bibliothek, Leipzig 1971, Bd III zitiert; hier a.a.O. 181.

ein Begriff übrigens, der bei den meisten Böhmeforschern umstritten ist.

Die ihm geschenkte Böhme-Gesamtausgabe hat Hegel gründlich benutzt: ungefähr hundert Mal bezieht er sich auf Böhmes Werke, nur selten steht ein Hinweis auf Rixners Handbuch der Geschichte der Philosophie dabei, die meisten Berufungen und Zitate sind also den eigenen Exzerpten entnommen. Zwei Werke Böhmes werden dabei besonders von Hegel bevorzugt: die *Morgenröte im Aufgang,* das Erstlingswerk, das unvollendet geblieben ist und das Böhme später nicht völlig anerkannte, und die kleine Schrift *Von Göttlicher Beschaulichkeit.* Damit soll nicht gesagt werden, daß nur diese Werke Hegel wohlbekannt waren: von Böhmes Schriften bleiben in den Vorlesungen nur sehr wenige unerwähnt. Die genannten sind aber die Hauptquellen, und das hat seine Folgen.

Die wichtigste Folge besteht darin, daß Böhme selbst die Aurora „Mutter oder Wurzel der Philosophie, Astrologie und Theologie" nennt und jede dieser Wissenschaften besonders bestimmt. Hegel nimmt es ernst, obwohl diese Einteilung in den späteren Schriften nicht mehr vorkommt, und befaßt sich im Grunde nur damit, was als „Philosophie" benannt wird, also mit der Lehre von Gott und Kreatur; die Menschen- und Heilslehre bleibt ausgeklammert, weil sie zur Theologie gehört. Damit wählt Hegel aber für seine Deutung schon eine ganz bestimmte Richtung; es findet sich kein Wort darüber, daß Böhmes Welterklärung dem Heil des Einzelmenschen dienen soll. Hegel ist beeindruckt durch Böhmes gewaltiges Ringen, hat er auch begriffen, worum hier gerungen wird? Das ständige Wiederholen, Böhme fehle es an Begriffen, „aber es ist nur der Begriff, das Denken, worin die Philosophie ihre Wahrheit haben, worin das Absolute ausgesprochen werden kann und auch *ist,* wie es an sich ist", (*Vorlesungen über die Geschichte der Phil.* Bd III, 220) läßt es bezweifeln. Hegel paßt Böhme seiner Vorstellung von Philosophie an, die ein Gedanken*system* sein soll. Und er stößt immer wieder darauf, daß sich diese Gedanken nicht systematisieren lassen, nicht nur – wie er es meint – weil Böhme ein „Barbar" ist und keine Begriffe parat hat, sondern auch, weil es sich hier um eine völlig andere Vorstellung von Philosophie handelt.

So wird also Hegel einerseits nicht müde, Böhmes Tiefe und sein spekulatives Streben zu betonen, anderseits seinen Mangel an Klarheit und Ordnung, seine „barbarische“ Ausdrucksweise zu rügen. Hegel ist geradezu verzweifelt durch den Umstand, daß „von den Gedanken Böhmes sich meist viel nicht sprechen [läßt], ohne die Weise seines Ausdrucks, die Form derselben anzunehmen; denn anders läßt sich's nicht ausdrücken – die Form ist wesentlich nicht Begriff mehr“ (*Vorlesungen über die Geschichte der Phil.* Bd III, 227). Man kann es nicht aushalten, anhaltend ihn zu lesen und die Gedanken festzuhalten (vgl. a.a.O. 226). Und zugleich „hat dies derbe Gemüt doch eigentlich in der Tat eine ungeheure barbarische Kraft, die Wirklichkeit als Begriff zu gebrauchen. Im Hintergrunde ist der spekulativste Gedanke, der aber nicht zu seiner ihm angemessenen Darstellung kommt“ (ebd.).

„Doch eigentlich in der Tat“ – höchst charakteristisch diese Vorbehalte, wenn sie von Hegel selbst stammen, schließlich haben wir nur eine Zusammensetzung mehrerer Vorlesungen zur Verfügung und wissen nicht einmal genau, solange das ganze handschriftliche Material nicht erschienen ist, wie die Darstellung in einzelnen Vorlesungen gebracht war. Man sieht jedoch klar, daß Böhme Hegel zugleich anzieht und abstößt. Man hat sogar den Eindruck, es schwindele ihm vor der Tiefe, die sich ihm hier auftut. Wer Böhme kennt, wird sich darüber nicht wundern.

„Was Böhme auszeichnet und merkwürdig macht, ist das schon erwähnte protestantische Prinzip, die Intellektualwelt in das eigene Gemüt hereinzulegen und in seinem Selbstbewußtsein alles anzuschauen und zu wissen und zu fühlen, was sonst jenseits war“ (*Vorlesungen über die Geschichte der Phil.* Bd III, 223). Das protestantische Prinzip bedeutet hier das Abschütteln aller Autorität, das Ringen um Freiheit, bei Hegel gleichbedeutend mit dem Ringen um das Begreifen der Außen- und Innenwelt in Einem. Dieses Ringen ist es, was ihn bei Böhme besonders anzieht.

Im Schwerpunkt seiner Darlegung liegt die Deutung der Lehre Böhmes als einer Dreieinigkeitslehre. „Ein Hauptgedanke Böhmes ist, daß das Universum Ein göttliches Leben und Offenbaren Gottes in allen Dingen ist - näher, daß aus dem Einen Wesen Gottes, dem Inbegriff aller Kräfte und Qualitäten, der Sohn ewig geboren wird, der in jenen Kräften leuchtet: die innere Einheit dieses Lichts mit der Substanz der Kräfte ist der Geist" (*Vorlesungen über die Geschichte der Phil.* Bd III, 228/9). Das Licht, der Sohn, ist das Verhältnis der ewigen Kraft zu sich selbst, die Absonderung seiner selbst, Ichheit, Negativität. Im Geist wird das Eine mit dem Anderen versöhnt. Dies geschieht aber bei Böhme im Einzelbewußtsein, die Geschichte spielt dabei noch keine Rolle. Es ist somit ein Versuch, das All als Leben, Beweglichkeit zu fassen, ohne die Geschichte in die Vernunft hineinzubingen: „Diese Tiefe, roh und barbarisch, ist ohne Begriff: eine Gegenwart, ein Aus-sich-selbst-sprechen - alles in sich selbst haben und wissen" (*Vorlesungen über die Geschichte der Phil.* Bd III, 249).

Was wird dabei vernächlässigt? Böhmes Zweck. Er betonte mehrmals, es geht ihm nicht darum, Gottes Geheimnisse zu durchschauen, sondern eine Zufluchtsstätte vor seinem Zorn und den Angriffen des Teufels zu finden.[5] Für Hegel war die Philosophie alles Andere als eine Heilslehre; für Böhme, genau umgekehrt, ist sie vor allem eine Heilslehre. Eben deswegen kann die Geschichte hier nimmerdar eingeführt werden, denn das Heil bedeutet Böhme stets ein individuelles Vorhaben.

Deswegen spielt auch bei Böhme nicht die Vernunft, sondern der Wille eine entscheidende Rolle. Hegel berichtet zwar vom Willen und Widerwillen, für ihn ist es aber nur die Negativität, die hier zählt. Es handelt sich um die Verneinung der ursprünglichen Einheit, um ein reines Denkgeschehen. Bei Böhme entsteht aber durch das Auftauchen der Ichheit nicht nur das Andere, sondern auch die Möglichkeit der Auflehnung gegen Gottes Willen.

5 Vgl. *Theosophische Send-Briefe.* 12.6.

Es gäbe ohne diese Möglichkeit keine Freiheit und damit könnte auch die Schöpfung, der Mensch, an Gott keinen Anteil haben. In Hegels ganzer Darstellung der Lehre Jakob Böhmes taucht das Wort „Freiheit" kaum auf. Auch werden jene Schriften nicht hinzugezogen, wo Böhme gegen die Prädestinationslehre besonders wütet: das einzige Mal, wo die Gnadenwahl zitiert wird, handelt es sich darum, daß in Gott alles in der Temperatur, also ausgeglichen ist (vgl. *Vorlesungen über die Geschichte der Phil.* Bd III, 230), die polemischen Schriften, insbesondere gegen Stiefel, werden überhaupt nicht erwähnt. Wie Böhme die Frage der menschlichen Freiheit löst, ist für Hegel kein Problem. Er interessiert sich dafür, wie Gottes Zorn aus Gott selbst zu fassen ist, nicht, wie der Mensch ihm entgehen kann.

Selbstverständlich spielt auch Böhmes Christologie bei Hegel keine Rolle. Er begnügt sich mit der Feststellung, Luzifer sei abgefallen – Christus an seine Stelle gekommen (vgl. *Vorlesungen über die Geschichte der Phil.* Bd III, 238). Aber ohne Christologie ist Böhmes Lehre verstümmelt. Sie läßt sich nicht auf die Lehre vom Sohn oder zweitem Prinzip zurückführen. Ohne Christus bliebe bei Böhme die menschliche Möglichkeit, dem Bösen zu widerstehen, abstrakt.

Gottes Leib taucht in Hegels Böhmedarstellung nur in der Lehre vom Vater auf. Dort ist es der Salliter, der alle Kräfte in sich faßt. Kommt Hegel auf den Sohn zu reden, so findet er das Wort als einzig mögliche Existenzweise (wobei er noch bemerkt, das das griechische Logos ein geeigneter Begriff ist, weil er die Zweideutigkeit der Vernunft und Sprache in sich birgt; (vgl. *Vorlesungen über die Geschichte der Phil.* Bd III, 236). „Mit dem Wort verstehen wir den offenbaren Willen Gottes; mit dem Wort „Gott" aber ‚den verborgenen Gott'". Bei Böhme ist das Wort *leiblich,* bei Hegel ist es die reine Existenz des Geistes.

Wir sind hier an den entscheidenden Punkt gelangt. Hegels Philosophie ist die Philosophie des absoluten Geistes. Nicht so jene von Böhme. Leiblichkeit und Geistigkeit sind ihm genau so die entgegengesetzten Pole des Einen, die im dritten Prinzip versöhnt werden müssen, wie jener andere Gegensatz: das Gute und das Böse z. B.

Abneigung gegen das Fleisch gibt es bei Böhme nicht, darin unterscheidet er sich auch von Luther. Der Geist braucht stets einen Leib, er könnte sich anders nicht äußern und dieser Leib muß sinnliche Eigenschaften haben, sehbar, hörbar sein. Darin besteht die Lehre von der göttlichen Sofia, die Hegel auch völlig außer Acht läßt.

Jetzt wird es vielleicht klarer, daß der Umstand, Böhme bediene sich sinnlicher Bestimmungen, nicht nur in seinem Unvermögen, abstrakte Begriffe zu bilden liegt. Sicher griff er nach jedem Wort, das ihm augenblicklich handlich schien - und verwarf es genausogut, wenn sich ein anderes, das seine Gedanken besser auszudrücken schien, einstellte. Aber die Wucht seiner Lehre brauchte Handgreifliches. Er wußte abstrakte Begriffe zu schmieden, wenn es sich um den „fernen" Gott handelte, so z. B. Urkund oder Ungrund oder das Nichts (übrigens ein Begriff, den auch Eckhart führte), er wußte auch das Ja und Nein zu Namen zu machen. Wenn es sich aber um schöpferische Kräfte handelte, da brauchte er Worte, die nicht nur die Vernunft, sondern auch die Einbildungskraft ansprachen, Worte wie Herbe, Bitter, Süße, Blitz, Ton, Licht, damit der Leser weiß, daß er hier in die Schöpfung hineinsteigt.

Damit soll nicht gesagt werden, Hegels Vorwürfe fallen ins Leere. Sie waren nicht nur vollberechtigt bei der Art des Philosophierens, die Hegel betrieb, sondern behalten weitgehend auch heute ihre Berechtigung. Man muß es Hegel hoch anrechnen, daß er sich die unglaubliche Mühe gegeben hat, Böhmes Werke, in denen tatsächlich Qualitäten, Geister, Engel im Kopf stets herumgehen (vgl. *Vorlesungen über die Geschichte der Phil.* Bd III, 226), zu begreifen und es zustande brachte, die ungeheuere barbarische Kraft darinnen zu würdigen. Nur scheint es, daß in diesen fast unlesbaren Werken weit mehr steht, als Hegel herausgelesen hat. Es wäre wirklich interessant zu wissen, wann er mit ihnen Bekanntschaft schloß; die Vorlesungen zeugen, unserer Meinung nach, davon, daß das Gesamtkonzept des Systems zu jener Zeit schon bereitstand und Böhme unter einem bestimmten Gesichtspunkt gelesen wurde.

Böhmes Sprache ist abstrus, aber - und auch das wußte Hegel zu schätzen - unglaublich erfinderisch. Qual und quellen zu verknüpfen ist ein gutes Beispiel dafür (vgl. *Vorlesungen über die Geschichte der Phil.* Bd III, 229). Aber Böhme erfindet dazu noch Qualität und Inqualieren. Er weiß Zeitwörter bzw. Eigennamen so umzuschmieden, daß sie zu dauerhaften Eigenschaften, zum Charakteristikum von Fortgängen werden. So ist es z. B. mit der Schiedlichkeit, Findlichkeit, Grimmigkeit. Und um den eigenartigen Sinn seiner Ausdrücke zu betonen, macht er oft kleine Änderungen an übernommenen oder allgemeinüblichen Wörtern: so schreibt er stets Schr*a*ck, M*a*rkurius, Sa*ll*iter (dieses Wort kommt auch in anderen Formen vor). Sie haben eine Beziehung auf sinnlich Wahrnehmbares und haben sie zugleich nicht.

Klarheit und Ordnung - das kann man Böhme sicher nicht zumuten. Aber abgesehen von der Eile, in der er seine Schriften verfaßte - ungefährt 4000 Druckseiten in 6 Jahren - steckte auch darin ein klar erkannter und ausgedrückter Vorsatz. Die wohlbekannte Stelle im 10. Theosophischen Sendschreiben drückt es ganz deutlich aus: „Wäre es möglich alles zu ergreifen und zu schreiben, so würde es wohl dreimal mehr und tiefer gegründet, aber es kann nicht sein. Und darum werden mehr als ein Buch gemacht, *mehr als eine Philosophie* (Hervorh. vom Verf.) und immer tiefer, also daß dasjenige, was in einem [Buch] nicht hat mögen ergriffen werden, in dem anderen gefunden wird". Es klingt wie eine Antwort im voraus auf Hegels Vorwurf. Ein System wird nicht gemacht, weil der Autor versagt, sondern weil er von vornherein weiß, daß es unmöglich ist. Unwillkürlich stellt sich hier das Wort Jaspers ein: „Philosophie heißt: auf dem Wege sein".[6] Nicht nur in dem Sinne Hegels, daß jede Philosophie ein Moment nur in dem Fortgang des Denkens ist, sondern auch in dem Böhmes, daß eine Schau des Ganzen nur durch stetes Umkreisen überliefert werden kann.

Noch einen Satz Hegels über Böhme möchten wir hier anführen. Auch er stammt aus den *Vorlesungen über die Geschichte der Philosophie,* betrifft jedoch nachfolgende Zeiten. Wir lesen im Paragraph über Wolff: „Mit Wolff ist eine systematische Ausführung des philo-

6 *Karl Jaspers: Einführung in die Philosophie.* München/Zürich 1971. 13.

sophischen Stoffes überhaupt gegeben. Wolff hat sich um die Verstandesbildung der Deutschen große Verdienste, unsterbliche Verdienste erworben; er ist es erst, welcher nicht gerade die Philosophie, aber den Gedanken in der Form des Gedankens zum allgemeinen Eigentum gemacht und ihn an die Stelle des Sprechens aus dem Gefühl, aus dem sinnlichen Wahrnehmen und in der Vorstellung in Deutschland gesetzt hat ... Diese Philosophie wurde zur allgemeinen Bildung: das bestimmte, verständige Denken ist Grundprinzip; es breitet sich über den ganzen Kreis des Vorhandenen aus. Die geistige höhere substantielle Philosophie, das spekulative Interesse, was wir bei Böhm in einer eigenen noch barbarischen Gestalt auftreten sahen, ist ganz ausgelöscht und ohne Wirkung in Deutschland verschwunden auch mit Vergessen seiner Sprache" (a.a.O. 399). Seitens Hegel ist es wohl das höchste Lob, das über Böhme geäußert werden konnte. Übrigens stimmt es nicht, daß jenes spekulative Interesse in Deutschland völlig getilgt wurde, nur müßte man es woanders suchen, als es Hegel tat. Es fällt auf, daß er kein einziges Mal Gottfried Arnolds Kirchen- und Ketzer Historie erwähnt, auch für Baader hatte er kein Ohr.

Hegel hat Böhme in die Geschichte der Philosophie eingeführt. Seine Bedeutung hat er richtig erkannt, auch wenn es ihm nicht völlig gelungen ist, den großen Mystiker zu begreifen. Sein Verhältnis zu Böhme ist ein Thema, das noch auf monographische Bearbeitung wartet.

„Gesinnung“ und „Verfassung“

Bemerkungen zu einem nicht nur Hegelschen Problem

Ludwig Siep (Münster)

I.

Was geschieht in einer parlamentarischen Demokratie, wenn einzelne und Gruppen den Mehrheitswillen nicht mehr als eine mögliche Interpretation des Gemeinwohls, der volonté générale, sondern als unumkehrbare Beförderung des höchsten Übels, etwa der atomaren Vernichtung, auffassen? Die Folge scheint eine Infragestellung des staatlichen Gewaltmonopols, eine „religiöse“ Gewißheit der katastrophenvermeidenden Richtigkeit von Gruppenanschauungen – möglicherweise eine Rückkehr zum Hobbes'schen „status belli“ der Wahrheits- und Selbsterhaltungskämpfe. Ob staatliches Gewaltmonopol, Mehrheitsprinzip und Pluralismus der Überzeugungen noch in einer stabilen Balance sind, kann auch von anderen Problemlagen her in Zweifel gezogen werden. Etwa wenn gesellschaftliche Gruppen straffrei gelassene medizinische Eingriffe als „Mord“ betrachten. Kann der Minimalkonsens über die Grundlagen der Verfassung noch ausreichen, um den Konflikt der Überzeugungen in den Bahnen korrigierbarer „Willensbildungsprozesse“ zu kanalisieren? Haben wir überhaupt noch gemeinsame Überzeugungen oder reagieren Gesetze und – etwas schwerfälliger – Verfassungen nur noch auf technische Innovationen und nachfolgende Verhaltensänderungen?

Es scheint abwegig, sich unter solchen Fragestellungen noch einmal der Hegelschen Rechtsphilosophie zuzuwenden. Für Hegel gibt es weder in den Wissenschaften noch in der Philosophie einen ernsthaften Pluralismus. Es gibt für ihn unter den Religionen eine eindeutig der Wahrheit nächste, das (protestantische) Christentum, und es gibt eine wahre („wissenschaftliche“) Auffassung des Staates, die sich Bürger und Staatsbeamte aneignen können. Mehrheitsentscheidungen und öffentliche Diskussionen haben nur einen untergeordneten Platz in seiner Staatskonzeption.

Dennoch: Die Frage, wie sich die Überzeugungen der letztlich nur der eigenen Reflexion vertrauenden Subjekte und der durch unterschiedliche Interessen und Kompetenzen geprägten Gruppen zu einem gemeinsamen, dauerhaft auf das Gemeinwohl gerichteten Willen vereinigen lassen, ist das Hauptproblem der Hegelschen Rechtsphilosophie. Daß eine solche Vereinigung auf der Basis von Wahlen und Mehrheitsentscheidungen völlig unverbundener, rein auf Grund privater Erfahrungen und Überzeugungen urteilender Bürger nicht gelingen kann, war seine früh feststehende Überzeugung, die zu immer schärferer Kritik am „Liberalismus“ wurde. Die Rückbindung der „Gesinnungen“, d.h. der Denk- und Lebensweisen, an die gesellschaftlichen Rollen, Tätigkeitsweisen und „Geschicklichkeiten“, war der Grundzug seiner Lösung. Dadurch wollte er das Prinzip – *nicht* die Begründung und nicht die Organisationsform – der alteuropäisch-ständischen Gesellschaft mit den Prinzipien der entstehenden bürgerlichen Gesellschaft (Rechtsgleichheit und freie Berufswahl) sowie des von ihr geforderten konstitutionellen Staates (Grundrechtsschutz und Gewaltenteilung) vereinigen.[1] Staatsphilosophisch gesehen ging es um die Synthese des modernen

1 Daß Hegels Begriff der ständischen Repräsentation weder mit der „altständisch, vorrevolutionären Repräsentation“ noch mit „modernen ständestaatlichen Vorstellungen“ und ihrer „Tendenz zur faschistoiden Disziplinierung allzu mobil gewordener Massen“ vermischt werden darf, betont O. Pöggeler in seinem Aufsatz: *Hegels Begegnung mit Preußen.* In: *Hegels Rechtsphilosophie im Zusammenhang der europäischen Verfassungsgeschichte.* Hrsg. von H. Ch. Lucas und O. Pöggeler. Stuttgart/Bad Cannstatt 1986, 342. – Die folgenden Überlegungen verdanken den zahlreichen Arbeiten Otto Pöggelers zu Hegels praktischer Philosophie wesentliche Einsichten. Vgl. u.a.: *Hegels praktische Philosophie in Frankfurt.* In: Hegel-Studien. 9 (1974); *Hegels Idee einer Phänomenologie des Geistes.* Freiburg 1973 – sowie die Einleitung in: *G. W. F. Hegel; Vorlesung über Naturrecht und Staatswissenschaft. Heidelberg 1817/18.* Hrsg. von C. Becker et al.. Hamburg 1983. IX–XLVIII.

Naturrechts, das von den vorstaatlichen Rechten und der moralisch-religiösen Gesinnungsfreiheit jedes Individuums ausgeht, mit der platonischen Gerechtigkeitskonzeption. Wie Hegel Gesinnungsfreiheit, Gruppenperspektive und Gelten der Verfassung und des gemeinsamen Willens vereinen will, sei im folgenden noch einmal an dem oft mißverstandenen Verhältnis von „Gesinnung“ und „Verfassung“ verdeutlicht. Was Hegels „Lösung“ für unsere angedeutete Problematik noch bedeuten kann, mag dann klarer sein.

II.

Eine oberflächliche Lektüre von Hegels Gewissenskritik im Moralitätskapitel der *Rechtsphilosophie* von 1820 (§§ 136–141) und der Ausführungen über die wahrhafte Gesinnung des Patriotismus als „Aufhebung“ des ungebunden subjektiven Gewissen (§§ 268, 269) hat oft zu den ebenso oberflächlichen Vorstellungen geführt, Hegel wolle die Gewissensfreiheit durch eine staatlich verordnete und eventuell sogar kontrollierte „staatsbejahende Gesinnung“ ersetzen.[2]

Hegels Begriff der Gesinnung darf indessen nicht verwechselt werden mit dem, was wir umgangssprachlich unter Gesinnung – so

2 Vgl. dagegen Verf.: *Was heißt „Aufhebung der Moralität in Sittlichkeit“ in Hegels Rechtsphilosophie?* In: Hegel-Studien. 17 (1982), 75–96; sowie *M. Baum: Gemeinwohl und allgemeiner Wille in Hegels Rechtsphilosophie.* In: Archiv für Geschichte der Philosophie. 60 (1978), 175–198. – Ich zitiere Hegels *Rechtsphilosophie* nach der Ausgabe: *G. W. F. Hegel: Werke in zwanzig Bänden.* Redaktion E. Moldenhauer und K. M. Michel. Bd 7. Frankfurt 1970. (Abgekürzt *Rph*); die Schrift über die *Verfassung Deutschlands* nach *G. W. F. Hegel: Politische Schriften.* Nachwort von J. Habermas. Frankfurt 1966 (abgek. *Pol*); das *System der Sittlichkeit* nach dem unveränderten Abdruck (1967) aus *G. W. F. Hegel: Schriften zur Politik und Rechtsphilosophie.* Hrsg. von G. Lasson. [2]Leipzig 1923 (abgek. *SdS*); die Jenaer Geistphilosophie von 1805/06 nach *G. W. F. Hegel: Gesammelte Werke.* Bd 8. Unter Mitarbeit v. J. H. Trede. Hrsg. von R. P. Horstmann. Hamburg 1967 (abgek. *GW* 8); die Heidelberger Vorlesung von 1817/18 nach *G. W. F. Hegel: Vorlesung über Naturrecht und Staatswissenschaft.* Heidelberg 1817/18. Hrsg. von C. Becker et al.. Hamburg 1983 (abgek. *Wa*).

in den Zusammensetzungen „Gesinnungsethik", „Gesinnungskontrolle" etc. – verstehen. Konzentriert man sich allein auf die genannten Stellen, dann übersieht man etwas für Hegels Gesinnungsbegriff Entscheidendes: die Pluralität der Gesinnungen, die auf die der Stände zurückgeht und der die „organische" Differenzierung der Staatsgewalten entsprechen muß. „Die niederen Stände und ihre Gesinnungen" heißt ein Abschnitt des Kapitels „Konstitution" der Jenaer *Geistphilosophie von 1805/6.* „Verfassung" ist nach diesem Text ebenso die Gliederung des Staatsvolkes in verschiedene Stände und ihre Denk- und Verhaltensweisen wie die darauf bezogene, eine analoge Systematik aufweisende Organisation der Staatsgewalt („Regierung"). Gesinnung bedeutet von daher eine dauerhafte, gruppenspezifische Denk-, Empfindungs- und Verhaltensweise. Der platonische Ursprung[3] der Standestugend ist ebenso greifbar wie der aristotelische: Gesinnung ist der dauerhafte „Habitus" konkreter, in einer Gruppe mit bestimmten sozialen Funktionen „sozialisierter" Menschen. Sie ist auch eine „Denkungsart" oder Reflexionsstufe: Unter dem Einfluß Rousseaus und Condorcets sieht Hegel Bewußtseinsweisen – bis hin zu Formen der Religiosität – nicht nur von emotionalen Verfassungen, sondern auch von „materiellen Bedingungen" abhängig. Individuen, Gruppen und sogar Völker, die den Boden bebauen, entwickeln eine ganz andere Empfindens-, Verhaltens- und Denkweise als solche, die Handel (evtl. sogar Seehandel) treiben.[4] Worauf es ankommt, ist die soziale Organisation und die staatliche Verfassung, die gegensätzliche „Gesinnungen" dieser Art in unterschiedliche Beiträge zur Interpretation und Verfolgung des Gemeinwohls „verwandeln". Dabei muß freilich berücksichtigt werden, daß

3 Vg. dazu *K. Düsing: Politische Ethik bei Platon und Hegel.* In: Hegel-Studien. 19 (1984), 95–145.

4 Vgl. *Rph* §§ 203, 247. In Hegels Eloge auf das Meer („dies größte Medium der Verbindung") und den Seehandel (den „alle großen, in sich strebenden Nationen" betreiben) im Paragraphen 247 liegt eine Kritik an Rousseau und Fichte. Beide – Rousseau im *Verfassungsentwurf für Korsika* und Fichte im *Geschlossenen Handelsstaat* von 1800 – sehen im internationalen Handel den Ursprung von ökonomischer Abhängigkeit, Luxus, Sittenverderbnis und Ungleichheit, die einen gerechten Staat unmöglich machen.

„Gesinnung" in einer nach-feudalen, protestantisch-aufgeklärten Kultur nicht gänzlich von der konkreten Standes- bzw. Gruppenzugehörigkeit geprägt ist. Sie inkorporiert auch das Bewußtsein der „Freiheit vom Stande": der allgemeinen Rechtsfähigkeit und Rechtsgleichheit, der freien Standes-, Berufs- bzw. Gewerbewahl, der moralischen Urteilsfähigkeit in „privater" bzw. innerlicher Reflexion (Gewissen) und der Zugehörigkeit zu einem Staat, der sowohl das Gedeihen der Gruppen wie die Unabhängigkeit der einzelnen von ihnen garantiert.

Die Staatsloyalität, von der in den „berüchtigten" Paragraphen 268 und 269 der *Rechtsphilosophie* die Rede ist, enthält alle diese Momente in der unreflektierten Weise eines gewohnheitsmäßigen Verhaltens, das den „Gesinnungs-Minimalkonsens" verkörpert, auf dem der moderne Staat beruht: nämlich die alltägliche, gewohnheitsmäßige, in der friedlichen und legalen Verrichtung der eigenen Angelegenheiten und der normalen Staatsbürgerpflichten zum Ausdruck kommende Überzeugung, daß so etwas wie moderne Staatlichkeit für die Selbsterhaltungs- und Selbstverwirklichungsinteressen eines jeden nötig ist. Wobei zur Selbstverwirklichung freilich die Überschreitung der privaten Interessen in der „politischen" Teilnahme an einem autonomen Gemeinwesen gehört – und also zur Interessenverfolgung zugleich die Bereitschaft hinzutreten muß, die eigenen Interessen denen des Ganzen im (rechtlich geregelten) Konfliktfall unterzuordnen. Hegel setzt diesen unexaltierten, alltäglichen Patriotismus gegen den heroischen, der nur in Notstandssituationen (Krieg) und da in der Regel auch nur bei wenigen eine Berechtigung hat.

Wird die Standesgesinnung – die bürgerliche Rechtschaffenheit,[5] das bäuerliche religiös-familiäre „Zutrauen" (§ 203) etc. – durch die-

5 „Rechtschaffenheit" bezeichnet in den Jenaer Schriften die spezifisch bürgerliche Gesinnung, seine Subsistenz und seinen „Stand" seiner körperlichen und geistigen Arbeit zu verdanken. „Arbeit" und „Reflexion" sind auch nach der *Rechtsphilosophie* die Quellen des bürgerlichen Selbst- und Standesbewußtseins (vgl. § 204). Der Begriff „Rechtschaffenheit" wird aber von Hegel seit der *Heidelberger Vorlesung von 1817/18* für die „Standesehre" bzw. das Berufsethos aller Stände verwandt (vgl. *Wa* § 107, *Rph* § 207 sowie *O. Pöggeler: Hegels Begegnung mit Preußen,* 340).

sen gewöhnlichen „Patriotismus", die selbstinteressierte Staatsloyalität, „gemildert", der Gruppenegoismus gebremst, dann erfüllt die sowohl ständische wie moralische und rechtsstaatliche Gesinnung eine dreifache Funktion:

1. Sie leistet die Vereinigung von Selbstinteresse und „Altruismus", Opferbereitschaft für das Gemeinwesen. „Selbstinteresse" hat dabei stets sowohl materielle wie bewußtseinsmäßige Aspekte: es geht nicht nur um Lebens-Mittel, sondern vor allem um soziale Anerkennung für eine bestimmte Tätigkeit, eine soziale Rolle, einen Lebensstil.

2. Sie leistet die Stabilisierung und damit die soziale Verläßlichkeit und „Berechenbarkeit" der sonst unberechenbaren souveränen Subjekte. Würde das Verhalten eines jeden nur von seinen immer neuen, unvorhersehbaren Gewissensentscheidungen bestimmt, kehrten wir in den Naturzustand absoluter Unberechenbarkeit und absoluten Mißtrauens zurück.

3. Sie leistet die Entwicklung der notwendigen, und notwendig unterschiedenen „Perspektiven" auf das Gemeinwohl. Nur wenn sich der allgemeine Wille in diesen Perspektiven reflektiert - gewissermaßen in seine Spektralfarben „bricht" - kann er jeweils neu zu einer vernünftigen Willensbildung integriert werden. Was Rousseaus direkt demokratische Gesetzgebung bewirken sollte - das Geltendmachen aller relevanten Standpunkte zur Entdeckung und Formulierung der volonté générale - leistet nach Hegel die Zerlegung und Zusammenfassung des allgemeinen Willens in die und aus den standesspezifischen „Optiken" bzw. Sichtweisen. Dazu allerdings bedarf es einer bestimmten Form der Entsprechung der staatlichen Verfassung zu den ständischen - und zugleich staatsbürgerlichen - Gesinnungen, die nun zu skizzieren ist.

III.

Hegels Auseinandersetzung mit dem Verfassungsdenken seiner Zeit beginnt schon in den Frankfurter Jahren. In den Fragmenten der Schrift über die *Verfassung Deutschlands* (1799–1802) konzipiert er einen Begriff der „Minimaleigenschaften" eines Staates, der die beiden Hauptforderungen des deutschen Frühkonstitutionalismus enthält bzw. vorwegnimmt: die ständische „Repräsentation", d.h. Teilnahme an der Gesetzgebung und Steuerbewilligung, und die souveräne fürstliche Gewalt.[6] Fast gleichzeitig entwickelt der *Naturrechts-Aufsatz* (1802) eine platonisierende Verfassungskonzeption: Die vernünftige Sittlichkeit der „Politeia" hängt vom richtigen Verhältnis der Stände ab, zumal der Trennung des freien und politischen von den unfreien, bedürfnis- und gewinnorientierten Ständen. In den Jenaer Schriften zur Geistphilosophie werden beide Ansätze vereinigt und dem rechtsstaatlichen Verfassungsbegriff der Französischen Revolution angenähert: Die Sicherung der Person-, Eigentums- und Vertragsrechte und eine Art von Gewaltenteilung gehören notwendig zu einem vernünftig verfaßten Staat. Hegels eigene – der „klassischen" nach wie vor kritisch gegenübergestellte – Gewaltenteilungslehre und seine detaillierte Theorie des bürgerlichen Rechts bilden sich aber erst in Nürnberg und Heidelberg zu einer eigenen systematischen Rechts- und Verfassungslehre aus.[7] Die Verfassung wird ein sich aus dem Begriff des Rechts und seiner Verwirklichung als Staat

6 Vgl. *U. Scheuner: Art. Verfassung.* In: Staatslexikon. Hrsg. von d. Görres-Gesellschaft. Freiburg [6]1962. 120: „Die frühkonstitutionelle Epoche, einsetzend mit der bayerischen V. von 1808, schuf nach 1814 eine Reihe von V.en, denen als Grundzug eine Mitwirkung der repräs. Versammlung an Gesetzgebung und Finanzen und der Beginn einer noch begrenzten Bürgerfreiheit bei starker … Betonung der fürstlichen Macht als Mitte des Staates eigen waren."

7 Zu Hegels Gewaltenteilungslehre und ihrer Genese vgl. Verf.: *Hegels Theorie der Gewaltenteilung.* In: *Hegels Rechtsphilosophie im Zusammenhang der europäischen Verfassungsgeschichte,* 387–420; zur Gewaltenteilung in der *Rechtsphilosophie* auch *R. Grawert: Verfassungsfrage und Gesetzgebung in Preußen.* A.a.O. 297 ff.

entwickelnder und differenzierender „Organismus", der im Zusammenwirken verschiedener Gewalten die ständischen und „privaten" Gesinnungen in den allgemeinen Willen eines souveränen Staatsindividuums integriert. Fragt man sich nach dem Verhältnis der staatlichen Verfassung zu den Ständen und ihren „Tugenden" bzw. Gesinnungen, so muß man die folgenden Funktionen unterscheiden:
1. die „Konstitution" der Stände selber als innerhalb der staatlichen Rechtsaufsicht autonomer Organisationen;
2. die „Applikation" des allgemeinen Willens, der Gesetze, auf die verschiedenen Stände und die Gesinnungen ihrer Mitglieder;
3. die „Integration" der ständischen Perspektiven in die staatliche Willensbildung.
Dazu einige Bemerkungen:

1. Der Gedanke, daß eine staatliche Verfassung, die das „Staatsvolk" nur als eine Masse „atomer" Individuen mit gleichen Rechten und Pflichten behandelt, keine freie und vernünftige sein könne, geht ebenfalls schon auf die späten Frankfurter und die Jenaer Schriften zurück. Die *Verfassungs*-Schrift fordert zum einen die ungeteilte Souveränität des Staates in der äußeren Gewalt, der Verteidigung und ihren notwendigen finanziellen und organisatorischen „Substrukturen". Das zweite Element einer „modernen" vernünftigen Verfassung ist aber, daß „eine Staatsgewalt ohne Furcht und Eifersucht den untergeordneten Systemen und Körpern frei einen großen Teil der Verhältnisse, die in der Gesellschaft entstehen und ihre Erhaltung nach den Gesetzen überlassen (kann), und jeder Stand, Stadt, Dorf, Gemeinde usf. kann der Freiheit genießen, dasjenige, was in ihrem Bezirk liegt, selbst zu tun und auszuführen." (*Pol* 39)

Während Hegel eine solche freie, „organische" Verfassung des Gemeinwesens hier dem zentralistischen Maschinenstaat der Aufklärung (Preußen) und der Revolution (Frankreich) gegenüberstellt,[8] hat die „Konstitution" der Berufsstände nach dem *System der Sittlichkeit*

8 Vgl. dazu *O. Pöggeler: Das Menschenwerk des Staates.* In: *Mythologie der Vernunft.* Hrsg. von C. Jamme und H. Schneider. Frankfurt 1984, 126–143.

schon die Aufgabe, der Zerstörung der Freundschaft und Staatsloyalität in der frühindustriellen Marktgesellschaft entgegenzuwirken: Reichtumsakkumulation und Verelendung, Mechanisierung und Verrohung („Roheit") der Arbeit führen zur „Weisheitslosigkeit" der Besitzenden, zur „Bestialität der Verachtung alles Hohen" bei den Armen, zur Auflösung des sittlichen „Bandes" der Bürger und damit des „Volkes als solchen." Dagegen muß eine planvoll ausgleichende Tätigkeit der Standesorganisationen und eine „dialogische" Beziehung der Standesmitglieder aushelfen: Die „Konstitution des Standes in sich" setzt an die Stelle der physischen Abhängigkeit der Armen von den Reichen die wechselseitige „lebendige Abhängigkeit", ein „Verhältnis von Individualität zu Individualität", ein „allgemeines Teilnehmenlassen" an Reichtum und Macht, durch das „der Trieb nach unendlichem Reichtum selbst ausgerottet ist" (*SdS* 84f).[9] Die „Regierung", d.h. die Ausführung der staatlichen Zentralgewalt, hat demgegenüber nur die Aufgabe der Rechtsaufsicht und vor allem die „subsidiäre" Unterstützung dieser ständischen Konstitution: die „Sorge für das Bestehen der einzelnen Stände innerhalb dieser Sphäre durch Widerstehen gegen das unendliche Schwanken im Wert der Dinge" (*SdS* 85).

In der *Rechtsphilosophie* sind diese Aufgaben der Stände, deren Selbstverwaltungsorganisation Hegel seit 1817/18 „Korporation" nennt, und der Regierung bzw. der „Polizei" genannten Innenverwaltung des Staates, genauer differenziert. Die Stände haben den Arbeitsmarkt zu regulieren – vor allem durch „Geschicklichkeitsprüfungen" –, sowie das Berufsethos („Rechtschaffenheit") zu wahren (§ 252) und das Vermögen der Mitglieder gegen die Marktkrisen zu sichern (§ 253). Die staatliche Gewalt übt die Rechtsaufsicht aus (z.B. durch Bestätigung der gewählten Vorstände, aber auch durch Ge-

9 Daß Hegel eine solche „standesinterne" Versöhnung für möglich hielt, zeigt, daß er den „Klassengegensatz" nicht als einen von der Funktion im Produktionsprozeß (Arbeit vs. Kapital) her notwendigen ansah. Eher faßt er ihn als eine Entartung der Marktgesellschaft analog der Entartung der Staatsformen bei Aristoteles; allerdings als einen von deren internen Prinzipien und Dynamik selbst hervorgebrachten.

werbeaufsicht), sorgt für die notwendige „Infrastruktur" (Straßenbau und -beleuchtung etc.), kompensiert individuelle Katastrophen (Gesundheitsvorsorge, Armenfürsorge) und beugt ihnen durch eine beschränkte „allgemeine Vorsorge und Leitung" der Wirtschaft (vor allem der Außenwirtschaft, vgl. § 236) vor. Sowohl die ständischen wie die staatlichen Konstituierungs- und Stabilisierungsaufgaben dürfen das Prinzip der „Freiheit des Gewerbes und Handels" (§ 236) nicht aufheben, sondern es nur mit dem „Familiencharakter" der bürgerlichen Gesellschaft (vgl. §§ 239, 252) vermitteln – in einem offenbar eher „klugheitsmäßigen" als begrifflich-dialektischen Sinn von Vermittlung. Von der inneren Konstitution und Stabilität der ökonomischen und „gesinnungsmäßigen" Aspekte der Gewerbe-Stände hängt nicht nur die stabile Verfassung der bürgerlichen Gesellschaft ab, sondern auch die Subsistenz und die Anerkennung der „allgemeinen" Stände (Beamte, Soldaten). Ohne deren Tätigkeit und Gesinnung aber ist der dauerhafte „wahre" Gemeinwille eines autonomen Verfassungsstaates nicht zu konstituieren, zu betätigen und zu erhalten.

2. Stände, die sich – wie erläutert – „in sich konstituieren", lenken das Denken, Wollen und Handeln ihrer Mitglieder auf gemeinsame Zwecke – zunächst die gemeinsamen Standes- bzw. Gruppeninteressen. Damit diesen Zwecken und Gesinnungen die Zwecke des ganzen Gemeinwesens nicht beziehungslos gegenüberstehen, müssen die Staatszwecke, die in der Form allgemeiner Gesetze festgelegt sind, auf differenzierte und „flexible" Weise ausgeführt werden. Dazu bedarf es der organisatorischen Differenzierung und der „standesgerechten" Betätigung der Staatsgewalten. In der letzten Jenaer Geistphilosophie heißt es mit Bezug auf Finanz-, Justiz- und Polizeigewalt: „Die Krafft der Regierung besteht darin, daß jedes System, als ob es allein wäre, frey sich und unabhängig seinem Begriffe nach ausbildet und die *Weisheit* der Regierung, jedes zugleich nach dem Stande zu modificieren, d.h. von der Strenge des abstracten Begriffes nachzulassen für ihr lebendiges Eingeweide – wie die Adern und Nerven den verschiedenen Eingeweiden nachgeben und sich nach

ihnen richten und bilden" (*GW* 8. 271).[10] Daraus folgen für die Finanzgewalt unterschiedliche Arten der Besteuerung (indirekt und monetär beim Bürger und Kaufmannsstand, direkt und natural beim Bauernstand), für die Justiz unterschiedliche Prozeßordnungen und Strafvollzüge mit Rücksicht auf die unterschiedliche Fassungskraft und das Ehrgefühl. Die Strafe darf den Menschen nicht „bürgerlich töten", er muß nach ihr vollständig „in seinen Stand reintegriert" werden können - ein Argument, mit dem Hegel freilich unterschiedliche Haftbedingungen wie die Festungshaft der „höheren Stände" rechtfertigt. Von diesen Differenzierungen ist in der Heidelberger und Berliner Rechtsphilosophie nicht mehr die Rede. Hier geht es nur noch um die Differenzierungen des Strafmaßes, die eine dauernde Brandmarkung vermeiden müssen, um die Reintegration in die „Gesellschaft" nicht zu erschweren (*Wa* § 113 Anm.). Dafür übernimmt Hegel aber die liberale Forderung nach „Geschworenengerichten aus ebenbürtigen Männern" (§ 116) mit der Begründung, es sei das „Recht des Selbstbewußtseins" (*Rph* § 228) der Bürger, das Vertrauen in die Rechtssicherheit vom „Zutrauen zu der Subjektivität der Entscheidenden" abhängig zu machen. Dies Zutrauen aber gründe sich „vornehmlich auf die Gleichheit der Partei mit denselben nach ihrer Besonderheit, dem Stande" (ebd.).

Auch innerhalb der Lehre von den eigentlichen Verfassungsgewalten spielt in der Rechtsphilosophie die „Applikation" des allgemeinen Willens, seine Anpassung an die unterschiedlichen ständischen Gesinnungen eine wichtige Rolle: die Ständeversammlung, in der die „Abordnungen" der Stände an der Gesetzgebung mitwirken, „repräsentiert" bei Hegel auch von oben nach unten (vgl. § 302). Die Verdeutlichung dessen, was das allgemeine Interesse von den Gruppen verlangt, die „erzieherische Funktion" um es mit Walter Bagehots späterer Theorie der englischen Verfassung zu formulieren,[11]

10 Zur naturphilosophischen Begründung der Gewaltenteilungslehre vgl. meinen o. Anm. 7 genannten Aufsatz, vor allem 406ff.

11 Vgl. *W. Bagehot: The English Constitution.* London (Oxford University Press) 1968 (zuerst 1867). Dt. *Die englische Verfassung.* Übers., hrsg. u. eingel. von K. Streiffhan. Neuwied/Berlin 1971. 139, 162ff.

scheint bei Hegel noch das Geltendmachen der Gruppengesichtspunkte bei der Formulierung und Annahme der Gesetze zu überwiegen. (vgl. §§ 309, 315) Auch hier ist zudem die Einsicht der Standesmitglieder zu Recht durch das Vertrauen in kompetente und verläßliche Standesgenossen mediatisierbar.

3. Die „Integration" der gruppenspezifischen Empfindungs-, Denk- und Verhaltensgewohnheiten in die dauerhafte, institutionelle Verfolgung der Staatszwecke ist die Aufgabe einer vernünftigen Verfassung auf allen Ebenen. Dabei wären hier zunächst Hegels Verfassungsbegriffe zu unterscheiden: Verfassung kann bei ihm nahezu äquivalent mit „Volksgeist" sein. Sie meint dann das Selbstverständnis und Selbstgefühl eines Gemeinwesens, wie es in Gewohnheiten und „ungeschriebenen" Regeln und Werten, in kollektiven Gesinnungen und künstlerischen Ausdrucksformen, und schließlich auch in einer Rechtsordnung zum Ausdruck kommt. „Verfassung" kann dann auch das Gesamt von Organisationsformen eines Volkes meinen – eben die Konstitution der Stände sowie lokaler und territorialer Gruppierungen (Städte, Provinzen etc.). Auf der Basis beider Arten von Verfassung ruht die „eigentliche" Staatsverfassung, die eine geschriebene und ungeschriebene Festlegung der Rechte und der Organisation der Bildung und Ausführung des Gemeinwillens ist. Dabei ist die geschriebene, kodifizierte Verfassung die höhere Form des sich selbst bewußt gewordenen Volksgeistes, der die Form des Gedankens und der öffentlichen Mitteilbarkeit gewonnen hat. Das „Machen" bzw. Geben einer kodifizierten Verfassung ist aber ein Prozeß, der eine Vielzahl von Formen – von der Revolution bis zum königlichen „Oktroi" – annehmen kann, je nach dem Entwicklungsstadium des Volksgeistes.[12]

Zentrales Stück der eigentlichen Staatsverfassung ist die Gewaltenteilungslehre. Das zweite Stück, die rechtsstaatlichen Garantien, dürfen in einem vernünftig verfaßten Staat nicht fehlen, spielen aber

12 Vgl. dazu *H. Ch. Lucas: Wer hat die Verfassung zu machen, das Volk oder wer anders?* In: *Hegels Rechtsphilosophie im Zusammenhang der europäischen Verfassungsgeschichte.* 175–220, sowie *Verf.: Hegels Heidelberger Rechtsphilosophie.* In: Hegel-Studien. 20 (1985), 288f.

aus verschiedenen Gründen in Hegels Darstellung keine zentrale Rolle.[13] Die Verfassung dient bei Hegel nicht nur der Sicherung des Rechtsstaates durch Machtaufteilung und -Kontrolle sowie der Rechts- und Eigentumssicherung. Die Souveränität und Ehre,[14] der Versuch, der Wahrheit über Natur und Geschichte in der eigenen Kultur und Rechtsordnung den höchsten Ausdruck zu verleihen, ist vielmehr das primäre Ziel einer vernünftigen Verfassung. Gerade dies aber soll nicht durch heroischen Altruismus, sondern durch Integration der spezifischen Interessen, Überzeugungen und Lebensstile in den Gesamtwillen erreicht werden. Dazu müssen die spezifischen Interessen schon in sich mit dem gesetzlichen und institutionalen Gesamtwillen verknüpft werden, durch die innere Konstitution der Stände und durch das, was Hegel in der *Rechtsphilosophie* „Verfassung im Besonderen" (§ 265) nennt: die staatlichen Institutionen von Verwaltung und Rechtspflege, die die Rechtsordnung im allgemeinen Interesse der bürgerlichen Gesellschaft bzw. ihrer Stände gegen abweichende Partikularinteressen zur Geltung bringen. Durch beides werden bereits die Energien und Interessen der gesellschaftlichen Gruppen gewissermaßen „auf die Mühlen" des Gemeinwillens gelenkt, wenn die erwähnte Konstitution und Applikation stattfindet. Einen von allen Gruppeninteressen freien Allge-

13 Vgl. dazu *G. Lübbe-Wolff: Über das Fehlen von Grundrechten in Hegels Rechtsphilosophie.* In: *Hegels Rechtsphilosophie im Zusammenhang der europäischen Verfassungsgeschichte,* 421–466. Daß dieses „Fehlen" sich auf die „rechtliche Form verfassungsmäßig gewährleisteter Individualrechte", aber nicht auf die „Inhalte der üblichen Rechtserklärungen wie die Freiheit und Sicherheit des Eigentums, Elemente der Gewerbefreiheit und der Glaubensfreiheit, Ausprägungen des Gleichheitsgrundsatzes u. ä." (a. a. O. 425) bezieht, läßt sich durch zahlreiche Textstellen sowohl aus dem „abstrakten Recht" wie der „Rechtspflege" und dem „Staat" (vgl. etwa die Verteidigung der „Nationalfreiheiten" gegen Haller in § 258) belegen.

14 Insofern gilt auch für Hegel, was C. Schmitt (*Verfassungslehre.* München/Leipzig 1928) Montesquieu zuschreibt: daß er nämlich „liberté" und „gloire" als „gleichberechtigte und gleich wertvolle Richtpunkte staatlichen Lebens" auffasse. Schmitts Zuordnung Hegels zum „bürgerlich-rechtsstaatlichen Idealbegriff von Verfassung" (ebd. 127) ist daher problematisch. Fragwürdig ist von Montesquieu und Hegel her auch Schmitts umstandslose Übersetzung von „gloire" mit „Macht" (a. a. O. 38).

meinwillen zu bilden, in den die verschiedenen Stände gleichwohl den vernünftigen Gehalt ihrer Gesinnungen eingebracht haben und wiedererkennen, ist dagegen Aufgabe der eigentlich „politischen Verfassung“ (§ 271). In den voneinander unterschiedenen, aber bei ihren Funktionen zugleich zusammenwirkenden Gewalten sollen die unterschiedlichen Standesperspektiven zum Tragen kommen. Ich benutze den Begriff „Perspektiven“, um zu verdeutlichen, daß Hegel den allgemeinen Willen nicht als Resultat oder Kompromiß von Gruppeninteressen auffaßt. Weder bei der Beratung des Souveräns noch bei der Formulierung und Ausführung der Gesetze gehen unmittelbar Gruppeninteressen oder exklusive Gruppenanschauungen in den allgemeinen Willen ein. Vielmehr enthalten die Funktion, die Kompetenz und der gruppenspezifische Charakter des Empfindens und Verhaltens besondere Deutungen oder Aspekte des Gemeinwohls, die bei dessen Formulierung und Verfolgung integriert werden müssen. Hegel will nicht anders als Rousseau und Kant schon bei der Artikulation individueller Willen im Gesetzgebungsverfahren den partikularen Egoismus ausschließen – aber weder durch direkte Volksabstimmung noch durch die Beschränkung des Wahlrechts auf ökonomisch Unabhängige, sondern durch Geltendmachen der funktionalen Kompetenz der Stände. So wird das Wahlrecht zu den Korporationsgremien an die Standesgenossenschaft gebunden und die Teilnahme an der Ständeversammlung auf Abordnungen der Stände begrenzt. Das Gewicht einer Perspektive hängt freilich von ihrer „Weite“ ab. Daher hat der allgemeine Stand des wissenschaftlich gebildeten Beamtentums in Regierung, Gesetzgebung und Beratung des Monarchen ein höheres Gewicht als die Gewerbestände. Aber ohne die Integration auch der engeren Perspektiven könnte die „Totalität der Perspektiven“, die der allgemeine Wille darstellt, nicht jeweils neu formuliert und in der Ausführung reflektiert werden.

Abgesehen von den in sie einfließenden „Gesinnungen“ der Stände haben die Staatsgewalten bei Hegel auch ihre je eigenen Gesinnungen. In der fürstlichen Gewalt ist dies die Einheit des persönlichen Gewissens (§ 285) mit dem Geist der Verfassung, aus dem heraus der Monarch auch übergesetzliche Entscheidungen (Begnadigung, Ausnahmezustand) treffen kann. In der Regierungsgewalt soll die Einheit von Selbstlosigkeit und Selbstbewußtsein in der Pflichterfüllung zusammen mit wissenschaftlicher Bildung zu einer Gesinnung bzw. „Sitte“ der „Leidenschaftslosigkeit, Rechtlichkeit und Milde“ (§ 296) führen. Auch darin liegt nach Hegel noch eine „Verknüpfung des allgemeinen und besonderen Interesses, welche den Begriff und die innere Festigkeit des Staates ausmacht“ (ebd.). Beim „demokratischen Element“ der Gesetzgebung, der Ständeversammlung, handelt es sich um die schon erwähnte Einheit von persönlicher Überzeugung, Standesinteressen und Standesethos, sowie dem alltäglichen Patriotismus. Sie kommt aber mit unterschiedlichen Akzenten in unterschiedlichen Institutionen zur Geltung: In der öffentlichen Meinung primär das „subjektive Meinen über das Allgemeine“ (§ 308), in der Abordnung der Repräsentanten von „Genossenschaften, Gemeinden und Korporationen“ primär die Standesperspektive (das „Wollen des Allgemeinen ... erfüllt ... mit der Besonderheit“; ebd.) und in der Tätigkeit dieser Abgeordneten primär die „Staatsgesinnung“. Diese wird durch praktische Erfahrung mit Ämtern gewonnen - eine Praxis die „nicht mit bloßer Geschäftsroutine und dem Horizont einer beschränkten Sphäre zu verwechseln ist“ (§ 308).

IV.

Fragt man resümierend, wie denn bei Hegel der Pluralismus persönlicher und gruppenspezifischer Überzeugungen, Denk- und Verhaltensweisen mit der Loyalität zur Verfassung vereinbart wird, so muß die Antwort sein: durch die freie Entwicklung von Gruppenverhalten und -perspektiven sowie durch die institutionelle Verknüpfung von Privatem, Gruppen- und Allgemeininteresse auf allen Ebenen der gesellschaftlichen Organisation und der staatlichen Verfassung. Welche Gruppen die „wesentlichen Sphären“ und „großen Interessen“ der Gesellschaft (§ 311) ausmachen, ist damit natürlich nicht beantwortet. Eine solche Antwort bedürfte einer eigenen Untersuchung. Die Gründe für Hegels Einteilung der Stände sind sowohl funktional – Funktionen der Selbsterhaltung und Selbstorganisation menschlicher Gemeinschaften – wie geschichtlich – Entwicklungsprozesse der Arbeit und der Kultur – wie begrifflich – strukturelle Analogien zwischen Logik, Psychologie (Geistphilosophie) und Kosmologie.

Daß Hegel die geschichtlichen Entwicklungen von heute her gesehen zumindest teilweise falsch eingeschätzt hat, ist oft hervorgehoben worden. Es gilt vor allem für die Einheit von sozialer und politischer Bedeutung der Stände, aber auch für ihre „gesinnungsformende“ Funktion in einer radikal mobil werdenden bürgerlichen Gesellschaft. Daß die Vermittlung der privaten Anschauungen mit dem Gemeinwillen durch standesübergreifende „politische“, aber nicht staatliche Organisationen, nämlich die Parteien, ausgeübt werden könnte, war für Hegel gewiß schwer vorherzusehen.[15] Zumal seit er die englische und französische Entwicklung durch Rückfall in Liberalismus und Katholizismus geprägt sah. Mit dem Übergang von den Weltanschauungs- (bzw. „Massenintegrations-“) Parteien zu den Volksparteien ist diese verhaltens- und gesinnungsprägende Integrationskraft aber erheblich zurückgegangen. Heute müssen ganz andere Integrationsfaktoren mitberücksichtigt werden: die Medien, die ihr Publikum bewußt oder unbewußt zu „Familien“ und „Gemeinden“ formen; die Werbung, die Produkte über „Lebensstile“ verkauft; Berufsgenossenschaften und Vereine, die sich über Gemeinsamkeiten des Berufs- und Freizeitverhaltens bilden; institutionelle „Gesinnungsgemeinschaften“, wie die Kirchen, und spontane, wie die sozialen und politischen Bewegungen mit ihren „fluktuierenden“ Institutionen. Zudem scheint sich – was die westdeutsche Gesellschaft angeht – der Patriotismus bzw. die Staatsloyalität aufgespalten zu haben in einen „Verfassungspatriotismus“, der sich vor allem negativ in der Darstellung des politischen Gegners als „außerhalb der

15 Vgl. dazu *O. Pöggeler: Hegels Begegnung mit Preußen.* A.a.O., 347.

Verfassung" bezeugt, und in einen „Kulturpatriotismus", der sich in Genugtuung über die Erfolge des Sports, der Wirtschaft und gelegentlich der Wissenschaft zeigt. Man mag dies alles für unphilosophische Themen der Soziologie oder der politischen Wissenschaft halten. Es fragt sich aber, ob die Formen gruppenspezifischer „Gesinnungsbildung" nicht doch Gegenstand der Staatsphilosophie und sogar der Ethik sein müßten. Die Entwicklung der angelsächsischen „professional ethics" und der angewandten Ethik auch bei uns zeigt vielleicht, daß die Vernachlässigung der Standesethik seit dem Deutschen Idealismus und die Konzentration der neueren Debatte auf Moralbegründung die praktische Philosophie gesellschafts- und geschichtsfern gemacht hat.

Daß Verfassungsloyalität und Angst vor „Selbsterhaltungsrisiken" in einen schwer überbrückbaren Gegensatz geraten, hat freilich noch andere Gründe. Daß der Bürger eines standespluralistischen Verfassungsstaates auch eine Kriegserklärung seines Monarchen akzeptieren müsse, lag für Hegel in dem Vorrang begründet, den die Existenz eines solchen Staates – als Verkörperung der ewigen Vernunft und zugleich eines bestimmten Volksgeistes – vor der Selbsterhaltung von einzelnen und Gruppen hat. Selbstverwirklichung des menschlichen Wesens erforderte das Einhalten der Spielregeln über die Selbsterhaltung hinaus. Daß diese prinzipielle Lösung des Konflikts zwischen Selbsterhaltung und Verfassungstreue nicht mehr ausreicht, liegt nicht nur an der Ausweitung der Bedrohung schon bei alltäglichen Entscheidungen der Technologiepolitik, sondern sicher auch in einem veränderten Verhältnis von Selbsterhaltung und „Selbstverleugnung" zugunsten gemeinsamer Prinzipien. Diese Veränderung zu verstehen und zu begründen oder zu kritisieren scheint mir ebenfalls eine zentrale Aufgabe der praktischen Philosophie.

Hegels Naturphilosophie im Spannungsfeld zwischen antiker und moderner Physik

Wolfgang Bonsiepen (Bochum)

Hegel versteht seine Philosophie als Antwort auf ganz bestimmte Fragen, die dem Leser seiner Schriften nicht immer unmittelbar als solche bewußt werden. Oft wird durch weitausgreifende systematische und historische Studien erst deutlich, was Hegel eigentlich will, auf welche Fragen er eine Antwort zu geben versucht. Dabei kann es sich durchaus ergeben, daß die zu beantwortende Frage viel interessanter ist als die betreffende Antwort. Selbst wenn sich dann herausstellen würde, daß die Antwort wenig befriedigt, könnte ein entscheidender Erkenntnisgewinn darin liegen, daß man nun eine wichtige Frage kennengelernt hat und zu formulieren weiß. Bisher hat man kaum beachtet, daß ein genaues Studium der Hegelschen Naturphilosophie eine besonders gute Möglichkeit eröffnet zu zeigen, welche Fragen Hegels Philosophie beantworten will. Die spätere Trennung zwischen Natur- und Geisteswissenschaften existiert für Hegel noch nicht. Wie selbstverständlich ordnet er seiner Geistesphilosophie eine Naturphilosophie vor, in der er sich vom Standpunkt seiner spekulativen Philosophie aus mit den zeitgenössischen Naturwissenschaften auseinandersetzt. Die Naturphilosophie wird zum Ort, wo sich konkret entscheidet, ob und wie Hegel das Erkenntnisideal der neuzeitlichen Wissenschaften akzeptiert. Hegels Lösungsversuche auf diesem Gebiet sind somit von exemplarischer Bedeutung für seine gesamte Philosophie. Er muß sich dabei in Details einlassen, aber auch Probleme behandeln, die die Grundlagen der Einzelwissenschaften betreffen. Die Fragen sind hier weitgehend vorgegeben und erfordern eine präzise Antwort. Im folgenden soll versucht werden zu zeigen, welche Fragen die beginnende neuzeitliche Naturwissenschaft stellte und wie Hegel sie beantwortet hat.

1. Anfänge der neuzeitlichen Naturwissenschaft

Für die antike Physik steht die Betrachtung der Natur im ganzen im Vordergrund; die antike Physik ist wesentlich kontemplativ, nicht experimentell ausgerichtet. Natur wird als ein lebendiges Ganzes verstanden, das durch den experimentellen Eingriff nur zerstört würde. Naturerkenntnis sucht man um ihrer selbst willen und nicht zu irgendeinem Nutzen. Die mittelalterliche Unterscheidung zwischen freien und mechanischen Künsten ist Ausdruck solchen Naturverständnisses. Letztere werden von Handwerkern ausgeführt; sie haben es mit widernatürlichen, erzwungenen, künstlichen Bewegungen zu tun, die nicht eigentlich zur Physik gehören. In der Mechanik wird die Natur nur beherrscht, überlistet; die Mechanik ist eine menschliche Kunst, die zur Erkenntnis der Natur wenig beiträgt. Mehrere Entwicklungen - soziale und religiöse - spielen bei der Verkehrung dieser Auffassung in ihr Gegenteil zusammen. Man gelangt zu der Überzeugung, daß es gerade die Mechanik und nicht die antike Physik ist, die eine adäquate Naturerkenntnis ermöglicht. Weil die Natur der Dinge selbst mechanisch strukturiert ist, kann man sie in einem mechanischen Modell nachahmen und kennenlernen.

Dieser Paradigmenwechsel vollzieht sich schrittweise, in kompliziert verschlüsselten Distanzierungen von dem überlieferten Naturverständnis. Descartes verwischt allerdings radikal den Unterschied zwischen Kunst und Natur, Mechanik und Physik. Die Natur funktioniert wie eine Maschine, sie kann wie die Maschinen der Handwerker zerlegt und studiert werden. Gleichzeitig orientiert sich Descartes an der Mathematik, die zu den freien Künsten gerechnet wird. Wie man die einzelnen mathematischen Sätze von ersten Axiomen ableiten kann, so - glaubt Descartes - lassen sich wenigstens grundsätzlich auch die physischen Erscheinungen deduzieren. Demgegenüber stellt F. Bacon die Bedeutung des Experiments und der Naturhistorie heraus, die auch die Historie der vom Menschen bearbeiteten Natur umfaßt. Nach Bacon hat das Vorurteil, daß die Beschäftigung mit dem Stofflichen den Geist erniedrigt, zum Verlassen des wahren Weges der Wissenschaft geführt.[1]

Die Wiederbelebung des antiken Atomismus erscheint Ende des 16. Jahrhunderts vielen als eine echte Alternative zur scholastischen Naturphilosophie. Während Descartes sich dieser Bewegung nicht anschließt, folgt ihr der frühe Bacon, um jedoch später ihr wie der Scholastik eine Absage zu erteilen. Descartes vertritt eine Korpuskulartheorie der Materie. Danach läßt sich die Materie immer weiter teilen, ohne daß man zu letzten, unteilbaren Teilchen - den Atomen - gelangen würde. Descartes' Materietheorie verbietet die Annahme eines leeren Raumes; das Ausgedehnte, der Raum ist immer mit Materie erfüllt, die als res extensa definiert wird. Demgegenüber vertritt der frühe Bacon eine Atomistik, die er von der antiken zu unterscheiden sucht. Der antike Atomismus soll von seinen atheistischen Voraussetzungen gereinigt werden, um ihn zu einer für die christliche Religion akzeptablen Naturphilosophie zu machen. Nach Bacon wirken die Atome nicht nach blindem Zufall, sondern nach einer bestimmten Ordnung aufeinander. Diese wird durch den Eingriff Gottes gewährleistet, der das Zusammenwirken der Atome so ordnet, daß lebende Wesen entstehen können. Bacon gibt aber bald den atomistischen Standpunkt auf, weil dieser genauso wie die scholastische Naturphilosophie bei der Suche nach ersten Prinzipien der Naturerklärung die mittleren Prinzipien übersehe, somit ebensowenig eine empirische Theorie sei.[2]

Bacons ablehnende Haltung hindert seine Zeitgenossen nicht daran, den Atomismus recht radikal zu vertreten und ihn als Waffe ge-

1 Vgl. zum Vorangegangenen *R. Hooykaas: Das Verhältnis von Physik und Mechanik in historischer Hinsicht.* Wiesbaden 1963. 4ff, 10, 17ff; *G. A. J. Rogers: Descartes and the method of english science.* In: Annals of science. 29 (1972), 238ff; *J. Mittelstraß: Neuzeit und Aufklärung.* Studien zur Entstehung der neuzeitlichen Wissenschaft und Philosophie. Berlin, New York 1970. 327ff.

2 Vgl. *R. H. Kargon: Atomism in England from Hariot to Newton.* Oxford 1966. 64f, 45f; *G. Freudenthal: Atom und Individuum im Zeitalter Newtons.* Zur Genese der mechanistischen Natur- und Sozialphilosophie. Frankfurt a.M. 1982. 129.

gen die traditionellen ethischen, politischen und religiösen Anschauungen einzusetzen. Nicht zufällig werden Bacons frühe atomistischen Schriften 1653 posthum veröffentlicht. Sie treffen eine lebhaft geführte Diskussion über die Grundlagen des Atomismus an, die vor allem durch die Rezeption von Gassendis Atomismus bestimmt wird. Ähnlich wie der frühe Bacon versucht Gassendi den antiken Atomismus zu „taufen". Die Atome stellen für ihn von Gott geschaffene kleinste Teile der Materie dar, denen ein bestimmtes Prinzip der Bewegung verliehen wurde: die gravitas. Durch die Schwere ist der Materie ein Drang, ein nisus zur Bewegung eingepflanzt. Diesen Dynamismus glaubt Gassendi im Rahmen der Atomistik vertreten zu können. Die Atome werden als sich bewegende Partikel definiert, die nach einer von Gott geschaffenen Ordnung aufeinander wirken. Gassendis Versuch einer Umdeutung des antiken Atomismus ist durchaus zwiespältig. Einerseits behauptet er die Autonomie der atomistischen Physik, anderseits akzeptiert er eine teleologische, metaphysische Naturerklärung. In England macht sich W. Charleton (1619–1707) zum Fürsprecher des modernen Atomismus. Er will klarstellen, daß der Atomismus eines Gassendi nichts mit der antiken Doktrin gemeinsam hat, nach der die Atome ewig existieren und sich von selbst bewegen.[3]

Als Nachteil der Korpuskulartheorie und der Atomistik wird von den zeitgenössischen Naturforschern ihre stark hypothetische Argumentationsweise angesehen. Die Annahme kleinster Teile der Materie, von Atomen, läßt sich von der zeitgenössischen Naturwissenschaft kaum durch experimentelle Erfahrung stützen. Man zieht Bacons Experimentalmethode der hypothetischen Physik eines Descartes und Gassendi vor. Die gerade gegründete „Royal Society" wird zum institutionalisierten Protest gegen jene Physik und zur Hoch-

3 Vgl. *R. H. Kargon,* a.a.O. 66f, 80f, 87; *R. Tack: Untersuchungen zum Philosophie- und Wissenschaftsbegriff bei Pierre Gassendi (1592–1655).* Meisenheim a. Glan 1974. 178, 192, 146ff, 155ff; *O. R. Bloch: La philosophie de Gassendi.* Nominalisme, Matérialisme et Métaphysique. La Haye 1971. 206ff, 210f; *R. Specht: 'Nisus'.* In: Historisches Wörterbuch der Philosophie. Hrsg. von J. Ritter u. K. Gründer. Bd 6. Basel, Stuttgart 1984. 858f.

burg der Baconianer. Man begnügt sich mit empirischer Beobachtung, Naturgeschichte, fällt dabei aber teilweise in einen vulgären Empirismus zurück. Newton teilt die Abneigung der Baconianer gegen die hypothetische Physik, wie dies in seiner keineswegs originellen Erklärung „hypotheses non fingo" zum Ausdruck kommt. Wie sein Lehrer I. Barrow erweitert er Bacons Experimentalmethode durch Einbeziehung der Mathematik; Newton wird zum Begründer der mathematischen Physik. Faktisch geht jedoch auch er von hypothetischen Annahmen aus, die er eigentlich aus der Physik zu verbannen sucht. Die Atomistik setzt er als gesicherte Theorie voraus. Allerdings weicht er darin von dem bisherigen Atomismus ab, daß er zwischen den Atomen wirkende Kräfte, Repulsions- und Attraktionskräfte, annimmt. Offensichtlich um den atheistischen Tendenzen der Atomistik zu entgehen, denkt er Kraft als ein aktives Prinzip, das zur toten, trägen Materie hinzukommt. Die Atome sind also nicht sich selbst bewegende Teile der Materie, sondern es wird ihnen durch Kräfte Bewegung erteilt. Kraft denkt Newton eher als ein immaterielles Prinzip. Der Versuch Gassendis, Charletons u. a., den antiken Atomismus zu ‚taufen', wird somit von Newton weitergeführt. All dies geschieht aufgrund von Annahmen, deren hypothetischer Charakter allzu offenkundig ist.[4]

2. Vorbereitung der idealistischen Wende

Im Rückblick auf seinen philosophischen Werdegang schreibt Leibniz, daß er gleichsam wider Willen von den materiellen Atomen und der mathematisch-mechanischen Erklärungsweise der Natur ablassen und zu den von ihm einstmals selbst belächelten substantiellen

4 Vgl. *R. H. Kargon,* a. a. O. 107 ff, 118, 122, 128 f; *P. M. Heimann/J. E. McGuire: Newtonian forces and Lockean powers: concepts of matter in eighteenth-century thought.* In: Historical studies in the physical sciences. 3 (1971), 238 f; *G. Freudenthal,* a. a. O. 50 f.

Formen der Scholastiker zurückkehren mußte.[5] Gleichwohl gesteht er dem mechanischen Erklärungsmodell ein begrenztes Recht zu. Er versucht, zwischen Physik und Metaphysik zu unterscheiden. Einerseits soll die phänomenale Welt ausnahmslos auf mechanische Art und Weise erklärbar sein, anderseits führt der Versuch, die Gesetze der Mechanik zu begründen, ins Feld der Metaphysik. Ein und dasselbe Geschehen in der phänomenalen Welt soll sich auf zweifache Weise erklären lassen: mechanisch, kausal und teleologisch. Leibniz glaubt dadurch der aristotelisch-scholastischen Vermischung von Physik und Metaphysik zu entgehen, gegen die sich Naturforscher wie Gassendi, Bacon, Boyle und Newton wenden. Es ist jedoch unübersehbar, daß die Frage nach einer Begründung der Naturgesetze Leibniz in einer Weise auf teleologische Prinzipien zurückgreifen läßt, die zu einer problematischen Uminterpretation der Gesetze der Mechanik führt.[6]

Der frühe Leibniz sieht sich in der Auseinandersetzung mit Gassendis Atomistik vor die Frage gestellt, wie die Bewegung der kleinsten Teile der Materie, der Atome, zu erklären sei.[7] Diese können nicht als sich selbst bewegende gedacht werden; eine solche Annahme würde zu Materialismus und Atheismus führen. Wie soll dann aber die Bewegung der Atome verstanden werden? Newton nimmt Kräfte als aktive, auf die träge Materie wirkende Prinzipien an, die eher von immaterieller als materieller Natur zu sein scheinen. Im Unterschied zu Newton will Leibniz Kraft als eine der Materie innewohnende Tendenz zur Bewegung begreifen, ohne dabei dem gefürchteten Materialismus der Atomisten anheim fallen zu müssen.

5 Vgl. *G. W. Leibniz: Discours de Métaphysique.* Hrsg. von H. Herring. Hamburg 1958. 25 (§ 11).

6 Vgl. *G. W. Leibniz: Specimen dynamicum.* Hrsg. von H. G. Dosch u.a. Hamburg 1982. 27, 79; *R. Finster: Leibniz' Entwurf der phänomenalen Welt im Hinblick auf Kants "Kritik der reinen Vernunft".* In: Beiträge zur Wirkungs- und Rezeptionsgeschichte von G. W. Leibniz. Hrsg. von A. Heinekamp. Studia Leibnitiana Supplementa Bd 26. Stuttgart 1986. 192 ff.

7 Vgl. *K. Moll: Der junge Leibniz II.* Der Übergang vom Atomismus zu einem mechanistischen Aristotelismus. Der revidierte Anschluß an Pierre Gassendi. Stuttgart-Bad Cannstatt 1982. 139 ff, 182 ff, 197 ff.

Einen ersten Ansatz zur Auflösung dieses Paradoxons sieht Leibniz in Hobbes' Conatus-Theorie. Er interpretiert diese Theorie in der Weise um, daß der conatus eine Einigung von Getrenntem bedeutet, so daß gemäß der Aristotelischen Definition des Kontinuums das Getrennte zusammenwächst, sich gegenseitig durchdringt.[8] Die von der Atomistik behauptete Diskontinuität der Materie soll auf diese Weise aufgehoben werden. Ferner versteht er den conatus als eine der Materie innewohnende Tendenz zur Bewegung. Jeder Körper besitzt nach Leibniz eine Tendenz zur Bewegung, so daß angenommen werden muß, daß ein ruhender Körper sich mit unendlich kleiner Geschwindigkeit bewegt. Die beschleunigte Bewegung ist als Entfaltung dieser Tendenz zu sehen. Leibniz denkt den conatus als eine Potenz, die von sich aus zur Tätigkeit überzugehen strebt. Dieser Potenzbegriff unterscheidet sich von dem Aristotelischen, insofern die dynamis indifferent gegenüber ihrer Verwirklichung ist. Durch den Conatus-Begriff führt Leibniz ein teleologisches Prinzip in die Physik seiner Zeit ein, das er aber nicht ausreichend physikalisch-mathematisch begründen kann. Es ist letztlich metaphysischen Ursprungs.[9]

Obwohl Kant Leibniz' Metaphysik der einfachen Substanzen, der Monaden, nicht übernimmt, folgt er ihm doch in der Unterscheidung zwischen kausaler und teleologischer Betrachtung, die sich nicht ausschließen, sondern ergänzen sollen. Für Kant gilt wie für Leibniz, daß in der Erscheinungswelt grundsätzlich alles kausal verursacht ist. Die finale Erklärungsweise der Natur hat für ihn aber ebenso ihr Recht. Kant stellt ein transzendentales Prinzip der Zweckmäßigkeit der Natur für die reflektierende Urteilskraft überhaupt auf. Diese bezieht die unendliche Mannigfaltigkeit der Erscheinungswelt auf das menschliche Erkenntnisvermögen und dessen Fassungskraft. Kant ist nun der Meinung, daß die Natur bei aller Verschiedenheit ihrer unzähligen Gebilde unserer Erkenntniskraft

8 Vgl. *F. Tönnies: Leibnitz und Hobbes:* In: Philosophische Monatshefte. 23 (1887), 570, 559; *Leibniz: Specimen dynamicum,* a.a.O. 97 f.
9 Vgl. *Leibniz: Specimen dynamicum,* a.a.O. 2 f; *H. Stammel: Der Kraftbegriff in Leibniz' Physik.* Mannheim 1982. 258, 271 f.

angemessen ist, daß sie gleichsam Rücksicht auf unser Erkenntnisvermögen genommen hat. Es gibt eine Zweckmäßigkeit der Natur für unseren Erkenntnisgebrauch. Das Prinzip der Zweckmäßigkeit der Natur stellt für Kant kein objektives Gesetz dar, das der Verstand der Natur autonom vorschreiben würde, sondern es gilt nur als a priori leitende Hinsicht unserer Reflexion. Damit will Kant keineswegs eine nur subjektive Gesetzmäßigkeit des Zufälligen behaupten, als ob die Mannigfaltigkeit der Natur nicht wirklich durch das Prinzip der Zweckmäßigkeit erfaßt würde. Kant setzt voraus, daß die Natur sich selber nach einem System von Gattungen und Arten ordnet, daß in der Natur ein kontinuierlicher Übergang zwischen ihren Formen stattfindet. Die Selbststrukturierung der Natur gemäß dem Prinzip der Zweckmäßigkeit bezeichnet Kant auch als Technik der Natur. Diese Konzeption der Zweckmäßigkeit als subjektives Prinzip, das doch in gewisser Weise auch objektive Bedeutung haben soll, ist nicht unmittelbar einsichtig. Man hat mit Recht darin eine widersprüchliche Argumentation entdeckt. Kant restituiert eine Ontologie, von der er sich zwar expressis verbis distanziert, die aber doch in dem Augenblick wieder Gültigkeit erhält, wo er jenem Prinzip eine Quasi-Objektivität zuspricht.[10]

Während Leibniz die Unterscheidung zwischen kausaler und teleologischer Betrachtung nicht im Rahmen seiner Freiheitstheorie explizit entwickelt, bringt Kant sie auch in der praktischen Philosophie ins Spiel. Hier wird deutlicher als in der *Kritik der Urteilskraft,* daß Kant - wenn auch mit Modifikationen - die ontologischen Implikationen jener Unterscheidung übernimmt. Es zeigt sich nämlich, daß Kant wie Leibniz eine Zwei-Welten-Theorie vertritt; dem mundus sensibilis stellt er einen mundus intelligibilis gegenüber. Der Mensch gehört nicht nur zur Welt der Erscheinungen; ihm kommen vielmehr Vermögen zu, die „gar nicht zur Receptivität der Sinnlichkeit gezählt werden“ können. Während der Verstand auf

10 Vgl. Stellenangaben und Zusammenfassung bei *R. Finster,* a.a.O. 196; *K. Düsing: Die Teleologie in Kants Weltbegriff.* Bonn ^{2}1986. 51 ff, 63 ff. K. Düsing gelangt jedoch zu einer positiveren Bewertung des Kantischen Vorgehens, vgl. ebd. 64 Anm. 45.

den Bereich möglicher Erkenntnis beschränkt ist, gibt die Vernunft sich „mit völliger Spontaneität eine eigene Ordnung nach Ideen". Die Kausalität der Vernunft als einer intelligiblen Ursache steht nicht unter den Gesetzen der Zeitlichkeit. Die transzendentale Freiheit wird von Kant das Vermögen genannt, „einen Zustand, mithin auch eine Reihe von Folgen desselben schlechthin anzufangen". Aus der unbedingten Kausalität der Vernunft folgt eine Wirkung, die sich als Erscheinung in der Sinnenwelt manifestiert. Als eine solche muß sie nach dem Gesetz der Naturkausalität erklärbar sein. Kant meint, eine Wirkung könne zugleich als aus Naturkausalität und unbedingter Kausalität entstanden gedacht werden, da je verschiedene Bedingungen herrschen.[11]

In den *Metaphysischen Anfangsgründen der Naturwissenschaft* zeigt sich Kant eher von Newton als von Leibniz beeinflußt. Seine Materietheorie ist weniger originell als oft angenommen; Kant verarbeitet ganz bestimmte Diskussionen innerhalb der Newton-Rezeption seiner Zeit. Schon R. Greene lehnt Newtons Theorie des leeren Raumes ab; wie später Kant erklärt er die Dichtigkeit der Materie durch die Annahme verschiedener Grade der Raumerfüllung. Ähnlich wie Kant sehen R. Greene und J. Priestley Materie durch das Wechselspiel von Attraktions- und Repulsionskräften konstituiert. Das unbewältigte Erbe Newtons - die Diskrepanz zwischen Atomistik und Kräftelehre - führt in der Newton-Rezeption des 18. Jahrhunderts vielfach zu einer einseitigen Ausgestaltung von Newtons Kräftetheorie. Im Unterschied zu Newton werden Materie bildende Kräfte angenommen.[12]

11 Vgl. *Kant: Kritik der reinen Vernunft.* B 575f, 567, 473, 585; zitiert nach *R. Finster: Spontaneität, Freiheit und unbedingte Kausalität bei Leibniz, Crusius und Kant.* In: Studia Leibnitiana. 14/2 (1982), 272f.

12 Vgl. *I. Kant: Metaphysische Anfangsgründe der Naturwissenschaft.* Riga 1786. 86; *P. M. Heimann/J. E. McGuire,* a.a.O. 255ff, 272.

3. Hegels Naturphilosophie

Gegen Ende des 18. und zu Beginn des 19. Jahrhunderts zwingt ein umfassender Wandel in den Naturwissenschaften zu einer erneuten Grundlagenreflexion. Neue Erkenntnisse in Physik und Mathematik führen zu einer vorsichtigen Distanzierung von dem Vorbild Newton; P. S. Laplace ist der letzte große Vertreter der Newtonschen Physik. Neue Wege in den Naturwissenschaften eröffnen vor allem französische Wissenschaftler: z. B. J. L. Lagrange und A. L. Cauchy in der Mathematik, A. J. Fresnel in der Physik (Wellentheorie des Lichts), A. L. Lavoisier in der Chemie (Entdeckung des Sauerstoffs), G. Cuvier und J.-B. Lamarck in der Biologie (Anfänge der modernen Evolutionstheorie).

Es gibt um 1800 im wesentlichen drei Möglichkeiten, den neuen Herausforderungen zu begegnen. Am naheliegendsten wäre es, daß die Naturwissenschaftler selber über die Grundlagen ihrer Wissenschaft reflektieren, d. h. Wissenschaftsgeschichte und Wissenschaftstheorie betreiben. Dieser Weg wird jedoch kaum beschritten. Eine andere Möglichkeit wäre die Anbindung der Naturwissenschaften an eine bestimmte Philosophie - so z. B. an den Empirismus von Locke oder an die kritische Philosophie Kants. Während der Einfluß Lokkes bei vielen Naturwissenschaftlern unterschwellig wirksam ist, wird auch von manchen ein direkter Anschluß an die sogenannte dynamische Naturphilosophie Kants versucht. Prominenter Vertreter der letzteren Richtung ist J. F. Fries, der Gegner Hegels. Als dritte Möglichkeit wäre eine Philosophie denkbar, die sowohl grundlegende Voraussetzungen der Naturwissenschaften als auch der zeitgenössischen, d. h. Kantischen Philosophie hinterfragt. Dieser radikalste Weg wird von Schelling und Hegel beschritten. Ihr Versuch stößt jedoch dort auf Grenzen, wo sie die bei Kant noch vorhandenen Reste der traditonellen Substanzmetaphysik nicht eliminieren, sondern diese vielmehr in ihrer ursprünglichen, d. h. Leibnizschen Gestalt wiederherstellen. Leibniz' Conatus-Theorie lebt in Schellings und Hegels Naturphilosophie in überraschender Weise wieder auf. Die Auseinandersetzung des jungen Leibniz mit der Atomistik Gassendis erhält paradigmatische Bedeutung. Natürlich bedingt die gewandelte historische Situation andere Akzente und Ausgangspunkte; sachlich steht aber nach wie vor die Überwindung der von der Atomistik behaupteten Diskontinuität der Materie durch ein synthetisches, Kontinuität (im Sinne des Aristoteles) ermöglichendes Prinzip an. Leibniz deutet Hobbes' Conatus-Begriff ausdrücklich in dieser Weise um. Der conatus stellt ein der Materie innewohnendes Streben nach Bewegung dar, in der eine Einigung von Getrenntem im Sinne einer gegenseitigen Durchdringung stattfindet.[13]

Schellings und Hegels Deutung der Schwerkraft läßt sich auf dem Hintergrund der Leibnizschen Conatus-Theorie rekonstruieren. Ansätze zu dieser finden sich bereits bei Gassendi, der die Schwere als einen der Materie innewohnenden Drang (nisus) nach Bewegung versteht. Eine kräftefreie Bewegung, wie sie in Newtons Trägheitsgesetz angenommen wird, ist dann zwar ein konstruierbarer Grenzfall, existiert aber faktisch nicht. Die Schwere hat eine finale Tendenz, wie dies für Gassendi in der kreisförmigen Bewegung der Planeten zum Ausdruck kommt.[14] Ganz ähnlich deuten Schelling und Hegel die Schwere, wobei sie im Unterschied zu Gassendi, auf den sie sich nicht explizit beziehen, und in Übereinstimmung mit Leibniz, der in verschiedener Hinsicht zitiert wird, das atomistische Naturmodell aufgeben. Kants Konstruktion der Materie aus den beiden Grundkräften Repulsion und Attraktion wird von Schelling und Hegel verworfen, da er es versäumt habe, die Vereinigung beider Kräfte in einem Dritten – nämlich der Schwerkraft – aufzuzeigen. Hegel charakterisiert die Schwere folgendermaßen:

„Hingegen die Schwere ist die Reduktion der auseinanderseienden, ebenso kontinuierlichen Besonderheit zur Einheit als negativer Beziehung auf sich, der *Einzelnheit, Einer* (jedoch noch ganz abstrakten) *Subjektivität.* In der Sphäre der ersten *Unmittelbarkeit* der Natur ist aber die außersichseiende Kontinuität noch als das *Bestehende* gesetzt; es ist erst in der physischen, in

13 Vgl. Anm. 8.
14 Vgl. Anm. 3; *R. Tack,* a.a.O. 175f.

welcher die materielle Reflexion-in-sich beginnt. Die *Einzelnheit* ist daher als Bestimmung der Idee zwar vorhanden, aber hier *außer dem Materiellen.* ... Der Mittelpunkt ist aber nicht als materiell zu nehmen; denn das Materielle ist eben dies, seinen Mittelpunkt *außer sich* zu setzen. Nicht dieser, sondern dies Streben nach demselben ist der Materie immanent. Die Schwere ist sozusagen das Bekenntnis der Nichtigkeit des Außersichseins der Materie in ihrem Fürsichsein, ihrer Unselbständigkeit, ihres Widerspruchs."[15]

Subjektivität und Streben nach einem nicht-materiellen Mittelpunkt kennzeichnen also die Schwere. Weil die Körper wesentlich schwer sind, ist die Fallbewegung eine freie, durch den Begriff des Körpers gesetzte Bewegung. Newtons Trägheitsgesetz stellt für Hegel - wie für Gassendi - nur eine Abstraktion dar, es gilt nur für die unmittelbare, endliche Körperlichkeit. Weil die Körper wesentlich schwer sind und fallen, ist die Bewegung vor der Ruhe ausgezeichnet. Hegel anerkennt die mathematische Beschreibbarkeit der Fallbewegung. Galileis Fallgesetze rühmt er als „unsterbliche Entdeckungen, die der Analyse des Verstandes die höchste Ehre machen". Newtons Beweis dieser Gesetze akzeptiert er allerdings nicht. Weil die Fallbewegung eine freie, dem Körper immanente Bewegung darstellt, kann sie nach Auffassung Hegels nicht durch eine Zerlegung der Kräfte - in eine beschleunigende Kraft und eine Trägheitskraft - erklärt werden. In der Fallbewegung treten vielmehr Raum und Zeit in ein bestimmtes Verhältnis zueinander, in ein Potenzenverhältnis, das als solches die Natur der Sache - das in der Schwere sich äußernde Streben des Körpers - zum Ausdruck bringen soll. Die Fallbewegung ist für Hegel nur der Anfang einer freien Bewegung, erst die Bewegung der Himmelskörper stellt eine absolut-freie Bewegung dar. Deren Gesetze hat Kepler entdeckt; Hegel streitet Newton das Verdienst ab, diese bewiesen zu haben, da Newton - wie bei den Galileischen

15 *G. W. F. Hegel: Enzyklopädie der philosophischen Wissenschaften im Grundrisse (1830).* Hrsg. von F. Nicolin u. O. Pöggeler. Hamburg 1969. 215 f (§ 262 Anm.). Zu Schelling vgl. *F. W. J. Schelling: Erster Entwurf eines Systems der Naturphilosophie (1799).* In: *F. W. J. Schelling: Sämmtliche Werke.* Hrsg. von K. F. A. Schelling. 1. Abt./Bd 3. Stuttgart u. Augsburg 1858. 264 Anm.

Fallgesetzen – wieder mit einer Zerlegung in Kräfte operiere. Auch hier ist der eigentliche Grund für Hegels Opposition gegen Newton, daß dieser nicht auf das mit der Natur der Sache gegebene und durch die Keplerschen Gesetze explizierte Potenzverhältnis zwischen Raum und Zeit rekurriert. Hegels eigenwillige Deutung der Schwerkraft als ein Potenzverhältnis hat auch Konsequenzen für die in der Physik verwendete Mathematik. Hegel sieht sich gezwungen, die Infinitesimalmathematik seiner Zeit einer kritischen Würdigung zu unterziehen. Er glaubt in J. L. Lagranges Potenzreihenentwicklung den mathematischen Ausdruck für seine philosophischen Intentionen finden zu können.[16]

Der weitere Gang der Hegelschen Naturphilosophie wird durch den Gegensatz zwischen schwerer Materie und Licht bestimmt. Eine besondere Erscheinungsform der schweren Materie stellt die Erde dar: Sie ist „der *Planet* überhaupt, der Körper der *individuellen* Totalität". Die Erde wird von den Elementen Feuer, Wasser und Luft umgeben, das Licht facht die Verbindung dieser Elemente untereinander an. Es entsteht der meteorologische Prozeß der Erde, in dem die Elemente ihr Bestehen haben. Hegel unterscheidet zwischen den physikalischen Elementen Luft, Feuer, Wasser, Erde und den chemischen Elementen Stick-, Sauer-, Wasser-, Kohlenstoff, zwischen dem freien meteorologischen und dem künstlichen chemischen Prozeß. In jenem Prozeß werden die Elemente in einer individuellen Einheit zusammengehalten, in diesem treten sie in eine äußerliche Beziehung zueinander, weil von dem Besonderen, den bestimmten Bedingungen abstrahiert wird. Der chemische Prozeß kann nach Hegel nicht den Übergang zum Leben leisten. Im meteorologischen Prozeß hingegen realisiert sich die Individualität der Erde im Zusammenspiel mit dem Licht, so daß Hegel den Erdkörper einen „an sich seienden Organismus" nennen kann. Obwohl die Erde noch kein lebendiges Subjekt ist, hat sie doch schon die Bestimmungen des Lebens an sich. Sie teilt den Vorzug des Lebendigen, entstehen und vergehen zu können; sie hat eine Geschichte. Hegel geht detail-

16 Vgl. *Hegel: Enzyklopädie.* 216f (§ 264), 220ff (§ 267), 225ff (§ 270).

liert auf die Erkenntnisse der zeitgenössischen Geologie ein, um dann aber zu erklären, daß die Geschichte und die geologischen Hypothesen die Philosophie nichts angehen. Die Verwandlung des Nebeneinander in das Nacheinander der Geschichte habe kein vernünftiges Interesse:

„Die geologische Natur ist das Objekt, der Grund und Boden für das subjektive Leben. Das Objekt, die Erde, hat der Tätigkeit, der Lebendigkeit gegenüber als Gestalt die Form eines Erstarrten. Der geologische Organismus ist anzusehen als der Leichnam, aus dem die Lebendigkeit verschwunden ist. Andererseits aber hat die Erde als solche eine Geschichte, und dies ist die Weise des Prozesses, von dem wir sprechen; nach der religiösen Vorstellung sagen wir, sie sei erschaffen. Dieser Prozeß ist bei ihr als vergangener zu fassen, und die Geschichte der Vergangenheit sind diese Hervorbringungen, Revolutionen der Erde ... Bei dem Fassen des Prozesses ist die Hauptsache das Aufeinanderfolgen dieser Gebilde. Den geologischen Organismus erklären heißt daher gewöhnlich zeigen, wie dies und jenes nach und nach aufeinander folgend hervorgegangen sei. Diese Geschichte und die geologischen Hypothesen gehen aber die Philosophie nichts an ... Die Erklärung dieser Folge nun ist die Geschichte und ist weiter nichts, als daß man die Weise des Nebeneinander in die des Nacheinander verwandelt - eine Verwandlung, die kein vernünftiges Interesse hat. Wenn ich bei der Betrachtung eines Hauses mit vieler Weisheit beweise, daß der Grund hat zuerst gelegt werden müssen, so hat dies natürlich kein Interesse. So auch hier ... Der Unterschied in Ansehung der Zeit hat nichts Interessantes noch Wesentliches.[17]

Hegel vermag also nicht, die Entstehung des Lebens als Resultat einer Evolution im modernen Sinn zu deuten. Leben ist für ihn das Produkt der sich realisierenden Individualität der Erde, die als individualisierendes Prinzip die Teile (Elemente) so einander zuordnet, daß aus ihrer Verbindung das Ganze - nämlich das Leben - entsteht.

17 *Philosophie der Natur vorgetragen vom Professor Hegel im Winterhalbenjahre 1823/24.* Nachgeschrieben von V. Griesheim. Staatsbibliothek Preußischer Kulturbesitz, Berlin. 180–182 (zitierter Text in normalisierter Fassung); vgl. *Hegel: Enzyklopädie.* 285 (§ 339). Zum Vorangegangenen vgl. ebd. 237 ff (§§ 280–287), 272 (§ 328).

Die Zuordnung der Teile geschieht durch eine Überlagerung des chemischen Prozesses durch den meteorologischen.

Der die gesamte Naturphilosophie Schellings und Hegels durchziehende Gegensatz zwischen Schwere und Licht geht von ontologischen Voraussetzungen aus, die in Leibniz' idealistischer Wende der Naturphilosophie vorformuliert sind. Wenn nach Hegel die Schwere nach einem nicht-materiellen Mittelpunkt strebt, soll die Materie in ihrem nichtigen Außersichsein aufgehoben werden. Dies gelingt der Schwere nur teilweise; erst im Zusammenspiel mit dem Licht kann sich die Vergeistigung der Materie vollenden. Während Leibniz in seiner Conatus-Theorie zwischen mechanischer Naturkausalität und teleologischen Prinzipien zu vermitteln sucht, Kant aber zwischen beiden Bereichen streng unterscheidet, dient Schelling und Hegel die Naturphilosophie dazu, jenen Gegensatz schrittweise zu überwinden. Das Licht erhält in diesem Zusammenhang zentrale Bedeutung, weil es als das *„Absolut-Leichte"*, als *„reine Identität* mit sich", als das „existierende allgemeine *Selbst* der Materie" gedeutet wird.[18] Das Licht stellt eine Art Vorform von Selbstbewußtsein in der Materie dar. Hegel sieht seine Charakterisierung des Lichts durch die Lichtreligion der alten Perser bestätigt, auf die er sich an dieser Stelle der Naturphilosophie auch ausdrücklich bezieht:

„Das Licht ist dieses Herrliche, das Aufgehen, die Manifestation überhaupt; das Verschlossene, das Finstere der Schwere verschwindet hier überhaupt; allein das Licht ist zunächst nur noch dieses Abstrakte, das reine Aufgehen. Das Licht ist einer der ersten Gegenstände der Verehrung als das Göttliche unter den Menschen gewesen. Das Göttliche ist überhaupt die Ewigkeit, das Unendliche mit sich selbst; dies haben wir ganz abstrakt in der Anschauung des Lichts, in welchem deshalb vornehmlich zunächst die Menschen das Absolute angeschaut haben. In dieser ersten Anschauung ist deshalb auch der Gegensatz noch nicht vorhanden; daß er vorhanden sei, dazu gehört das Selbstbewußtsein in seiner Tiefe. Das Gute, Schöne, Geistige wäre also zunächst überhaupt in der Form des Lichts angeschaut. Die Religion des Lichts ist einerseits erhabener als die Religion der Indier, ja man kann selbst

18 *Hegel: Enzyklopädie.* 232 (§§ 275f).

sagen als die der Griechen, aber zugleich ist hier noch nicht die Tiefe des Selbstbewußtseins vorhanden."[19]

Hegels Deutung des Lichts kann an Überlegungen der zeitgenössischen Naturwissenschaft zu Energiephänomenen wie Elektrizität und Wärme anknüpfen, unterscheidet sich aber auch wesentlich von ihnen. M. van Marum und J. A. de Luc vermuten, daß das Licht zusammen mit dem Wärmestoff bzw. einer Feuermaterie die elektrische Spannung bewirke. A. L. Lavoisier denkt das Sauerstoffgas als eine Zusammensetzung von Sauerstoff-Basis und Wärmestoff; der Sauerstoff sei eine feurige Verbindung, in welcher der Stoff des Feuers oder des Lichtes als Auflösungsmittel anwesend sei. Nach de Luc bildet das Licht in Zusammensetzung mit einer unbekannten Materie das Feuer, das eine von den einfachsten Zusammensetzungen des Lichtes sei.[20] Das Licht erscheint so als Grundlage elektrischer und chemischer Prozesse. Die Naturwissenschaftler wagen sich in diesem Bereich auf ein Gebiet vor, das die Newtonsche Physik vernachlässigt hatte. Kant greift in den *Metaphysischen Anfangsgründen der Naturwissenschaft* diese Entwicklungen in der Naturwissenschaft seiner Zeit kaum auf, weshalb seine Naturphilosophie bereits bei ihrem Erscheinen veraltet ist.[21] Für Schelling und Hegel gilt das Newtonsche Vorbild nicht, entsprechend unbefangen können sie auf die neueren Forschungen eingehen. Diese Offenheit hat aber ihre Grenzen, wie ihre ontologisierende Deutung des Lichtes zeigt. In ihr eine prinzipientheoretische Begründung einer erst in unserem Jahrhundert entdeckten Theorie, nämlich der Einsteinschen speziellen Rela-

19 *Philosophie der Natur vorgetragen von dem Professor G. W. F. Hegel zu Berlin anno 1822* [1821/22]. Boris v. Uexkull. Universitätsbibliothek Würzburg Handschriftenabteilung. 125.

20 Vgl. die Nachweise bei *F. Moiso: Schellings Elektrizitätslehre 1797–1799.* In: *Natur und Subjektivität.* Zur Auseinandersetzung mit der Naturphilosophie des jungen Schelling. Hrsg. von R. Heckmann, H. Krings, R. W. Meyer. Stuttgart-Bad Cannstatt 1985. 76ff. – Hegel spielt auf jene Elektrizitätstheorien in seiner *Enzyklopädie* an, vgl. a.a.O. 269 (§ 324 Anm.).

21 Vgl. *B. Tuschling: Kants »Metaphysische Anfangsgründe der Naturwissenschaft« und das Opus postumum.* In: *Kant.* Zur Deutung seiner Theorie von Erkennen und Handeln. Hrsg. von G. Prauss. Köln 1973. 182.

tivitätstheorie, sehen zu wollen, verkennt den spezifischen philosophischen Ausgangspunkt Hegels.[22]

Nach Hegel mit Hegel?

Die Ausgangsfrage, ob Hegel in seiner Naturphilosophie dem Erkenntnisideal und den Fragestellungen der neuzeitlichen Naturwissenschaften gerecht wird, muß man wohl negativ beantworten. Hegel gelingt es allerdings, Schwachstellen in der Argumentation bloßzulegen und auf die Notwendigkeit einer Grundlagenreflexion hinzuweisen. Grundbegriffe seiner Naturphilosophie besitzen noch - um den Preis fehlender empirischer Verifizierbarkeit - religiösen bzw. ästhetischen Gehalt, wie dies insbesondere seine Beschreibung von Licht und Farbe verrät; Hegel ist entschiedener Anhänger der Goetheschen Farbenlehre. Noch deutlicher als bei Hegel wird die Verknüpfung von Naturphilosophie, Kunst und Religion in der Naturphilosophie des englischen Dichters S. T. Coleridge sichtbar, der sich nachhaltig von Schelling beeinflußt zeigt. Auch er geht von dem Gegensatz zwischen Schwere und Licht aus, auch er ist Newton-Kritiker, Kepler-Anhänger und Verteidiger der Goetheschen Farbenlehre.[23] Während Schellings Naturphilosophie von vielen Naturwissenschaftlern, insbesondere von Ärzten rezipiert wird, ist der Hegelschen eine Breitenwirkung versagt, da Hegel sie relativ spät veröffentlicht, nämlich in der ersten Ausgabe der *Enzyklopädie* (1817), zu einer Zeit, wo das Interesse für die spekulative, romantische Naturphilosophie im Abklingen ist.

Die nur begrenzte Vermittelbarkeit der Naturphilosophie Hegels mit den Forschungsmethoden der modernen Naturwissenschaften

22 Diese Auffassung vertritt *D. Wandschneider: Relative und absolute Bewegung in der Relativitätstheorie und in der Deutung Hegels.* In: *Hegels Philosophie der Natur.* Beziehungen zwischen empirischer und spekulativer Naturerkenntnis. Hrsg. von R.-P. Horstmann, M. J. Petry. Stuttgart 1986. 360.

23 Vgl. *T. H. Levere: Poetry realized in nature.* S. T. Coleridge and early nineteenth-century science. Cambridge 1981. 72, 153 f.

zwingt zur Wiederaufnahme der Fragen, mit denen die frühe neuzeitliche Naturwissenschaft kämpfte. Sie werden durch deren Fortschritte zum Teil beantwortet. Eine Aufhebung des Gegensatzes zwischen Atomismus und dynamischer Kräftelehre, zwischen Baconschem Empirismus und hypothetischer Physik bahnt sich gegen Ende des 18. Jahrhunderts in einem Entwicklungsdenken an, das anders als Hegel den Zeitfaktor berücksichtigt und so die moderne Evolutionstheorie vorbereitet.

Der Abschied von Hegel ist damit allerdings nicht ein für alle Mal vollzogen. Hegels Naturphilosophie wird zur bleibenden Erinnerung an unbewältigte Probleme - so z. B. das Ökologieproblem, das Problem der Zersplitterung der Wissenschaften, d. h. der fehlenden Einheit von Kunst, Religion und Naturwissenschaft, das Problem des Aufweises von Kontinuität in diskontinuierlich verlaufenden Entwicklungen.

Verschlüsselte Losung

Hegels letzte Tübinger Predigt

Friedhelm Nicolin (Düsseldorf)

Zu Anfang des Sommers 1796 schrieb Hölderlin seinem in der Schweiz tätigen Freund Hegel von der „äußerst vorteilhaften Stelle", die in Frankfurt im Hause Gogel offenstehe und für die er ihn ins Gespräch gebracht habe. Der Brief ist leider nicht erhalten; wir wissen von ihm nur durch einen späteren Rückbezug Hölderlins.[1] Obwohl auch keine Antwort Hegels vorliegt, muß man annehmen, daß jenes Schreiben ihn erreicht hat. In dem Hölderlin zugedachten Gedicht *Eleusis,* das er im August 1796 auf dem Steigerschen Landsitz in Tschugg b. Erlach entwarf, bringt er die freudige Vorempfindung eines bald möglichen Wiedersehens in einer Weise zum Ausdruck, die einen konkreten Anstoß voraussetzt. Trotzdem ist das Gedicht offenbar nicht abgesandt worden. Wenn Hegel schließlich im November seine briefliche Zusage an Hölderlin, nach Frankfurt zu kommen, mit den Worten beschließt: „... wie mir das Bild unsers Wiedersehens, der frohen Zukunft, mit Dir zu seyn, diese Zwischenzeit vor Augen schweben wird - davon nichts"[2], so zitiert er fast das in *Eleusis* Niedergeschriebene, um es zugleich zurückzudrängen. Negiert wird dadurch das im Gedicht Ausgedrückte nicht. Ähnliche Anzeichen gehemmter Selbstmitteilung finden sich auch in Hegels damaligem Briefwechsel mit Schelling.

Die Verse im ersten Teil des Gedichts, die eine Brücke schlagen von den „entfloh'nen Tage[n]" früherer Gemeinsamkeit zu dem jetzt

1 Vgl. Hölderlin an Hegel, 24. 10. 1796. In: *Hölderlin: Sämtliche Werke.* (Stuttgarter Ausgabe.) Bd 6, 1. 219.

2 *Hölderlin: Sämtliche Werke.* Bd 7, 1. 45.

erhofften Wiedersehen[3], nehmen nicht nur die Unmittelbarkeit des neuen Beisammenseins vorweg, sondern auch das Fragen nach dem übergreifenden Gehalt der Freundschaft, das wechselseitige Prüfen, wie die Sinnesart des anderen die Zeit bestanden habe, – und hier antizipiert Hegel „der Gewisheit Wonne, / des alten Bundes Treue, fester, reifer noch zu finden, / des Bundes, den kein Eid besigelte, / der freyen Wahrheit nur zu leben, Frieden mit der Sazung, / die Meinung und Empfindung regelt, nie nie einzugehn".

I.

Längst hat man den hier benannten „Bund" in Beziehung gesetzt zu der „Loosung – Reich Gottes!", mit der die Freunde in Tübingen voneinander Abschied genommen hatten. So ist es in Hölderlins erstem Brief an Hegel vom Juli 1794 festgehalten.[4] Hegel seinerseits verweist auf das gemeinsame Programm ein halbes Jahr später in seiner Korrespondenz mit Schelling, wobei er die Losungsworte modifiziert: „Das Reich Gottes komme, und unsre Hände seyen nicht müssig im Schoose! ... Vernunft und Freiheit bleiben unsre Losung, und unser Vereinigungspunkt die unsichtbare Kirche."[5] Infolge der dürftigen Quellenlage konnte aber bisher nicht geklärt werden, wann und in welcher Form sich jener Abschied vollzogen hat. Waren die Freunde vor ihrem Auseinandergehen in größerem Kreis zusammen wie im Februar 1791, als Hegel Tübingen für eine längere Erholungszeit verließ? (Damals wurden zahlreiche Stammbuchblätter ausgetauscht, und es entstand auch die durch das Symbolum ἓν καὶ πᾶν berühmtgewordene Eintragung Hölderlins für Hegel.[6])

3 *G. W. F. Hegel: Gesammelte Werke.* Band 1: *Frühe Schriften I.* Hrsg. v. F. Nicolin u. G. Schüler. Hamburg 1988. 399.
4 *Hölderlin: Sämtliche Werke.* Bd 6, 1. 126.
5 Hegel an Schelling, [Januar 1795]. In: *Briefe von und an Hegel.* Hrsg. v. J. Hoffmeister. Hamburg 1952ff. Bd 1. 18. Hier zitiert nach einer Fotokopie des Originals.
6 Vgl. *Briefe von und an Hegel.* Bd 4, Teil 1. Hrsg. v. F. Nicolin. Hamburg 1977. 136.

Oder war der Austausch der neuen Losung Sache eines stillen, persönlichen Abschieds? War dann Schelling überhaupt mit beteiligt? Noch anders betrachtet: Muß man Hölderlins briefliche Erinnerung notwendig auf einen Akt der Abschiedsstunde beziehen, oder kann auch der Gesprächsinhalt der letzten gemeinsamen Wochen im Tübinger Stift gemeint sein?

Hegel, der sich während seiner theologischen Studiensemester mehrfach außer der Reihe zuhause aufhielt, war 1793 ab 10. Juli vom Stift abwesend - „unter dem Vorwande einer Cur", wie der Ephorus Schnurrer mißbilligend schrieb.[7] Faktisch war damit sein Studium beendet; denn er kehrte nicht ins Stift zurück, sondern legte nach besonderem Antrag vorzeitig am 19./20. September in Stuttgart das Konsistorialexamen ab und reiste in der zweiten Oktoberwoche nach Bern, um seine Hofmeisterstelle anzutreten.[8] Ob es nach dem 10. Juli noch einmal zu einem Treffen der Freunde kam, ist nicht bekannt und bleibt ungewiß.[9]

7 Vgl. ebd. 44 (Abwesenheitsliste); ferner: *Hegel in Berichten seiner Zeitgenossen.* Hrsg. v. G. Nicolin. Hamburg 1970. 24 (Auszug aus dem Brief Schnurrers an Scholl).

8 Vgl. *Briefe.* Bd 4, Teil 1. 52f. (Examen) und 159f. (Stammbuchblätter vom Abschied in Stuttgart, 8./9. Oktober).

9 Will man die Möglichkeit einer Zusammenkunft zumindest zwischen Hegel und Hölderlin abtasten, so ist folgendes zusammenzutragen: Vor dem 24. August 1793 war Hegel von Stuttgart aus „etliche Tage verreist" (vgl. *Hegel in Berichten seiner Zeitgenossen.* 23). Diese Reise, deren Ziel wir nicht kennen, könnte ihn (auch) nach Tübingen geführt haben. Ein wie immer gearteter Kontakt zwischen den beiden Freunden muß um diese Zeit bestanden haben; denn Hölderlin hat den Hinweis auf die Hofmeisterstelle bei v. Kalb, hinsichtlich derer sich dann Stäudlin bei Schiller für ihn verwandte, offenbar von Hegel erhalten, dem sie zuerst offeriert war (vgl. ebd. 24). Am 20. September, an dem Hegel in Stuttgart vom Konsistorium examiniert wurde, nahm Hölderlin an dem neu eingerichteten Herbstexamen im Stift teil, - das gelegentlich (so bei *C. Jamme: „Ein ungelehrtes Buch".* Bonn 1983. 33 u. 72) verwechselt wird mit der Konsistorialprüfung, die Hölderlin aber erst am 6. Dezember ablegte (vgl. *Hölderlin: Werke.* Bd 7, 1. 464, 478). Am 23. September ist - durch ein Stammbuchblatt (vgl. *Briefe.* Bd 4, Teil 1. 166) - ein Aufenthalt Hegels in Tübingen bezeugt. Wann er dort ankam und ob er Hölderlin noch vorfand, bleibt offen. Hölderlin seinerseits reiste in den letzten Septembertagen nach Ludwigsburg, wo er sich Schiller vorstellte (vgl. *Hölderlin:*

Wenden wir uns dem Inhaltlichen zu, so ist unsere Frage, wie und wieweit das mit dem biblischen Begriff „Reich Gottes" bezeichnete Programm von den Studienfreunden vor ihrem Weggang von Tübingen durchformuliert wurde. Hier tritt die Übungspredigt in den Blick, die Hegel am 3. Sonntag nach Trinitatis 1793 im Stift gehalten hat und die, anknüpfend an das Tagesevangelium, über das Reich Gottes handelt. Seit der Edition der Predigtnotizen durch J. Hoffmeister[10] ist dieses Thema bemerkt und beachtet worden. Andererseits sind die Predigten, als unter Aufsicht abgelegte Pflichtübungen, von der einschlägigen Literatur meist ganz im Hintergrund belassen worden: Texte, die das eigene Denken und Wollen des jungen Hegel kaum widerspiegeln.[11] Diese – zum Teil durchaus einsichtige – Bewertung zieht ein Weiteres nach sich. Hegels erste freie Ausarbeitung, das sog. Tübinger Fragment[12], dessen Niederschrift dem Sommer 1793 angehören muß, läßt in der Gegenüberstellung von „reiner Vernunftreligion" und „Fetischglauben" deutlich das Vorliegen von Kants Buch *Die Religion innerhalb der Grenzen der bloßen Vernunft* erkennen. Eine schon äußerlich feststellbare Beeinflussung durch diese Kantsche Schrift weist auch die uns interessierende Predigt auf, und zwar in der Verwendung des Wortes „Afterdienst". Je mehr man aber die Predigten überhaupt ihrer Textgat-

Werke. Bd 7, 1. 469). Daß er bei dieser Gelegenheit nicht in Stuttgart Station machte, wo er gegebenenfalls Hegel hätte treffen können, geht aus seinem Briefwechsel mit Neuffer hervor (vgl. ebd. Bd 6. Briefe 67 u. 68 mit Erläuterungen). – Wenn A. Beck in seiner Chronik von Hölderlins Leben unter dem Datum 19. September 1793 notiert: „Vorzeitiges Konsistorialexamen Hegels ... Von Hölderlin Abschied mit der *Losung: Reich Gottes!*" (*Hölderlin.* Eine Chronik in Text und Bild. Hrsg. v. A. Beck u. P. Raabe. Frankfurt a. M. 1970. 34), so suggeriert das chronologisch eine Bestimmtheit der Kenntnis, über die wir gerade nicht verfügen.

10 *Dokumente zu Hegels Entwicklung.* Hrsg. v. J. Hoffmeister. Stuttgart 1936. 179–182.

11 Zur Beurteilung der Predigten vgl. etwa Hoffmeister selbst: *Dokumente.* 446; *Hans Küng: Menschwerdung Gottes.* Freiburg 1970. 57; *Panajotis Kondylis: Die Entstehung der Dialektik.* Stuttgart 1979. 177.

12 *Hegels theologische Jugendschriften.* Hrsg. v. H. Nohl. Tübingen 1907. 3–29. Jetzt in *Hegel: Gesammelte Werke.* Bd 1 (wie oben Anm. 3). 83–114. Vgl. dort 99f.

tung nach von der denkerischen Entwicklung Hegels, wie sie sich in seinen anderen Manuskripten niederschlägt, distanzierte, desto weniger konnte die weiterführende Frage verfolgt werden, in welcher Weise sich Hegel mit den theologischen Ausführungen seiner Predigt in ein Verhältnis setzt zu der Religionsschrift Kants. Doch zeigt sich in der Literatur eine allmähliche, wenn auch nicht geradlinig fortschreitende Überwindung des unverbundenen Nebeneinanders der fraglichen Texte. Richard Geis, der als erster die Losungen der Tübinger Freunde systematisch untersucht hat, führt die „Reich Gottes"-Thematik in der genannten Predigt noch ganz auf die Herkunft aus dem schwäbischen Pietismus zurück und läßt Hegel erst später eine Bestätigung dieser Ideen bei Kant finden.[13] Martin Brecht dagegen, der explizit der Kantrezeption in Tübingen während der Studienzeit Hegels, Hölderlins und Schellings nachgeht, hält im Hinblick auf die Hegelsche Predigt vorsichtig fest: „Die Vorstellung vom Reich Gottes dürfte von Kants Religionsschrift mitgeprägt sein."[14] Christoph Jamme in seinem Buch über die philosophische Gemeinschaft zwischen Hölderlin und Hegel in Frankfurt greift in dem Kapitel „Grundlagen" auch zurück auf das Hauptmotiv jener Predigt und vermerkt, daß „der Kantische Kontext" hier „unübersehbar" sei; er läßt dennoch gewissermaßen in der Schwebe, ob Hegel die Religionsschrift „Ende 1794" oder „vielleicht auch bereits im Tübinger Stift" gelesen hat.[15]

13 *Richard Geis: Die Tübinger Freundeslosungen „ἓν καὶ πᾶν" und „Reich Gottes".* München, Phil. Diss. v. 1950 (maschinenschriftl.). Vgl. 102ff. Geis spricht zweimal von der „Predigt aus dem Jahre 1792" (vgl. 112, 117). Was man nur als Leseirrtum oder Schreibfehler ansehen möchte, hat sich hier anscheinend zu einer verfrühten Datierung verfestigt, die eine Beeinflussung der Predigt durch Kants Religionsschrift ausschließt.

14 *Martin Brecht: Die Anfänge der idealistischen Philosophie und die Rezeption Kants in Tübingen (1788–1795).* In: *Beiträge zur Geschichte der Universität Tübingen 1477–1977.* Hrsg. v. H. Decker-Hauff u.a. Tübingen 1977. 381–428; dort 400.

15 *Christoph Jamme: „Ein ungelehrtes Buch".* Bonn 1983. (Hegel-Studien. Beiheft 23.) 67f.; 43. Man beachte, daß Jamme die Religionsschrift stets nach der 2. Auflage (1794) zitiert.

Daß uns die Gespräche der drei Freunde während ihrer Studienjahre „fast gänzlich entzogen" sind, hat jüngst noch einmal Dieter Henrich betont. „Vieles bleibt also nur zu erschließen."[16] In diesem Sinne sei hier eine *Hypothese* vorgeschlagen. Sie soll lauten: Hegels letzte Tübinger Predigt ist so angelegt, daß sie an entscheidenden Stellen den Sachgehalt der religionsphilosophischen Abhandlung Kants durchscheinen läßt. Medium dazu sind einerseits die Begriffe Kants, die Hegel aufnimmt, andererseits die übereinstimmend in beiden Texten argumentativ benutzten Bibelstellen. Hegel hat somit die damals im Anschluß an Kant sich durchbildende Vorstellung der Freunde vom Reich Gottes vor der Stiftsöffentlichkeit zum Ausdruck gebracht, ohne sie im eigentlichen Sinne offenzulegen.

Wir versuchen in drei Schritten, diese Hypothese als sinnvoll zu erweisen (was noch nicht gleichzusetzen ist mit einer Verifizierung des in ihr Behaupteten): Wir zeichnen 1) den ganzen Gedankengang der Predigt in sich, d.h. ohne Bezugnahmen auf Kant, nach; wir bringen 2) die vier Aspekte der Abhandlung Kants in Erinnerung, um sie zwar abgekürzt, aber in ihrem Kontext vor Augen zu haben; und wir markieren 3) Verbindungslinien und Entsprechungen zwischen beiden Texten. Im Interesse einer gleichsam punktuellen Konzentration auf unsere hypothetische Annahme verzichten wir auf theologiegeschichtliche Bezüge zu einzelnen Begriffen oder Interpretationsansätzen, ebenso auf eine Anbindung der Religionsschrift an die *Kritik der praktischen Vernunft,* die ja u.a. auch die Formel „Reich Gottes" schon verwendet. Im ganzen mag man das Folgende verstehen als eine Nach-Lese zu Hegels Predigt, die sich gerade jetzt nahelegt, da in der soeben erscheinenden kritischen Ausgabe der *Frühen Schriften* die Predigten erstmals den übrigen Arbeiten Hegels eingegliedert werden.[17]

Der Textanalyse ist einiges voranzuschicken. Die „Predigt über *Matth.* 5, 1-16" ist von Hegel selbst auf den „3ten [Sonntag nach]

16 *Dieter Henrich: Philosophisch-theologische Problemlagen im Tübinger Stift zur Studienzeit Hegels, Hölderlins und Schellings.* In: Hölderlin-Jahrbuch. 25 (1986-1987), 60-92; dort 62.

17 *Hegel: Frühe Schriften I* (wie Anm. 3). 55-72: „Vier Predigten".

Trinit[atis] 1793" datiert, der auf den 16. Juni fiel. Daß wir sie als „letzte" Predigt seiner Stiftsausbildung bezeichnen, versteht sich nicht von selbst. Hoffmeister gab ihr bei der Erstedition die zweite Stelle unter den vier erhaltenen Predigtkonzepten. Vielleicht hat er dabei nur die Reihenfolge übernommen, die sich schon in dem biographischen Bericht von Rosenkranz findet.[18] Die beiden Predigten von 1793, die im Unterschied zu der mit einem Kalenderdatum versehenen ersten Predigt (Januar 1792) nach der Ordnung des Kirchenjahres datiert sind, mußten hiernach auf jeden Fall umgestellt werden, da Hegel die andere Predigt dieses Jahres „Am Feiertag Phil[ippi] u. Jak[obi]", also am 1. Mai gehalten hat. In dem Bericht über die chronologischen Vorarbeiten zur kritischen Ausgabe der Jugendschriften, den Gisela Schüler vorgelegt hat, wurde demgemäß die Predigt über *Matth.* 5, 1–16 als dritte gezählt[19]; ihr folgte dort noch die undatierte Predigt, die – auf der Basis der nicht bezeichneten, aber aus dem Text zu erschließenden Perikope *Matth.* 18, 21–35 – „von der Versöhnlichkeit" handelt. Genauere Kenntnisse über Hegels Abwesenheit von Tübingen und über den Predigtrhythmus der Magisterjahrgänge veranlassen aber zu einer nochmaligen Korrektur der Reihenfolge: die letztgenannte Predigt muß auf den zweiten Platz gerückt werden, nach dem zugrundeliegenden Evangelientext ist sie höchstwahrscheinlich im November 1792 „abgelegt" worden (wie es in der Stiftssprache hieß).[20]

Damit erscheint das „Reich Gottes"-Motiv tatsächlich als Thema der *letzten* Tübinger Predigt Hegels, also an exponierter Stelle. Bedenkt man, daß Hegel schon dreieinhalb Wochen später dem Stift den Rücken kehrte, so mag er sehr wohl diese Predigt bereits in dem Bewußtsein gehalten haben, ein für ihn selbst und seine Gesinnungsgenossen zukunftsträchtiges Abschiedswort vorzutragen. Gewiß

18 *Karl Rosenkranz: Hegel's Leben.* Berlin 1844. 26.

19 *Gisela Schüler: Zur Chronologie von Hegels Jugendschriften.* In: Hegel-Studien. 2 (1963), 111–159; dort 136. Dem noch folgend C. Jamme (wie Anm. 15). 67: „Schon Hegels dritte Predigt … handelte vom ‚Reich Gottes' …"

20 Näheres zum Vorstehenden im editorischen Bericht zu: *Frühe Schriften I* (wie Anm. 3). Bes. 465–467.

wurde im Gespräch der Freunde seine Predigt in dieser Sicht erörtert, und zwar um so entschiedener, je mehr dabei ihre impliziten Verweisungen auf Kant zur Geltung gebracht wurden.

Kants Buch *Die Religion innerhalb der Grenzen der bloßen Vernunft* erschien zur Ostermesse 1793. Hegel war schon seit seiner Gymnasialzeit ein rascher und begieriger Leser, und so verwundert es nicht, daß er im Juni die Schrift bereits durchgearbeitet hatte.[21] Das Buch ist auch nachgewiesen in seiner persönlichen Bibliothek, und zwar in der ersten Auflage.[22] Werfen wir einen Blick auf Hölderlin, so schreibt er Anfang Juni (Ende Mai?) 1793 an seinen Freund Neuffer, er sei „jezt gerade wieder in HE. Kants Schule".[23] Sollte das in diesen Wochen nicht auf die Religionsschrift bezogen sein? Auch Hölderlin hat das Buch für sich erworben; Mitte Januar 1794, also bald nach Antreten seiner Hofmeisterstelle in Waltershausen erwähnt er, daß er es an die Gesellschafterin der Frau v. Kalb ausgeliehen habe.[24] Ebenso zählte Schelling sicherlich zu den ersten Lesern des Buches. Schon früh sehr intensiv mit Kantstudien befaßt, hatte er 1792 eine Magisterdissertation geschrieben und drucken lassen, in der er u.a. auf den damals schon vorliegenden Aufsatz Kants über das radikale Böse im Menschen (d.i. das spätere erste Stück der Religionsschrift) Bezug nimmt.[25] In exegetischen Versuchen über Paulus-Briefe (*Römer* und *Galater*), die nicht zu fertiger Gestalt ge-

21 Wir berühren damit nicht die Gesamtproblematik von Hegels Kantaneignung während seiner Tübinger Zeit, sondern nur diese spezifische Lektüre im Frühling 1793.

22 Vgl. den gedruckten Versteigerungskatalog von Hegels Bücher-Sammlung (Berlin 1832), Nr 139. – Die 2. Auflage der Kantschen Schrift erschien bereits im Frühjahr 1794.

23 *Hölderlin: Sämtliche Werke.* Bd 6, 1. 84. Vgl. auch die Einführung des Herausgebers zu Brief 57 (Bd 6, 2. 615).

24 Brief 72, an die Schwester: Bd 6, 1. 105. – C. Jamme deutet die Mitteilung über den Ausleihvorgang („... hat so eben die neuste Schrift von Kant bei mir gehohlt") um: „Hölderlin liest die Schrift in Waltershausen." Vgl. *Jamme* (wie Anm. 15). 43.

25 Antiquissimi de prima malorum humanorum origine philosophematis Genes. III. explicandi tentamen criticum et philosophicum. Vgl. *F. W. J. Schelling: Historisch-kritische Ausgabe.* Reihe 1, Bd 1. Stuttgart 1976. 59–99.

diehen, hat er[26] im Sommer 1793 auch das „Reich Gottes"-Motiv erörtert und dessen religiösen Horizont auf einen politischen hin aufgebrochen.

II.

Die Einleitung in Hegels Predigt (70, 3-9)[27] gilt der Angabe und Erläuterung des Themas. Hegel beginnt mit dem Hinweis, daß der an diesem Sonntag zu behandelnde Text der sogenannten Bergpredigt entnommen ist. Diese Redekomposition, die in den Kapiteln 5 bis 7 des Matthäusevangeliums überliefert ist, bezeichnet er im ganzen als den „Innbegrif der Pflichten", die Christus von denjenigen fordert, die zu seinen „wahren Jüngern" zählen. Damit diese Inhaltsbestimmung nicht statutarisch ausgelegt und so von vornherein mißverstanden wird, interpretiert er selber sie sogleich dahingehend, daß Jesus in der Bergpredigt „vollständig den Geist schildert, von dem ein wahrer Mitbürger des Reiches Gottes beseelt seyn mus".

Schon hier fällt auf, daß Hegel nicht mit der Lutherbibel vom „Himmelreich", sondern vom „Reich Gottes" spricht. Luthers Text bringt – in wörtlicher Übertragung des griechischen βασιλεία τῶν οὐρανῶν – innerhalb der Hegel vorliegenden Perikope zweimal „Himmelreich" und wiederholt es noch dreimal in der unmittelbar anschließenden Passage *Matth.* 5, 17–20, die von der Stellung Jesu zum alttestamentlichen Gesetz handelt. Hegel vermeidet, so läßt sich aller weiteren Auslegung vorausschicken, die Wortform „Himmelreich", in der die Jenseitsperspektive deutlicher hervortritt als in dem für vielseitigere Bezüge offenen Ausdruck „Reich Gottes". Dem entspricht es, daß Hegel diese Leitformel in den wenigen Sätzen seiner Einleitung noch zweimal betont anführt. Dabei geht er zugleich

26 – nach einer älteren Mitteilung Dieter Henrichs aus den Manuskripten; vgl. *Henrich: Hegel im Kontext.* Frankfurt a. M. 1971. 53 f.

27 Unsere Stellennachweise zum Text der Predigt beziehen sich auf die neue Ausgabe in: *Frühe Schriften I* (wie Anm. 3); wir geben die bloßen Seitenzahlen an (70–72), dazu nach dem Komma die Zeilen.

über die Textbasis des Tagesevangeliums hinaus, indem er neben der Bergpredigt „die meisten Lehren" und die vielen uns aufbehaltenen „schönen Gleichnisse" Jesu ins Auge faßt, die er übereinstimmend dem Zweck zuordnet, die damaligen Jünger und die heutigen Christen hinzuleiten „auf den rechten Begrif vom Reich Gottes". Auf diesen Begriff und auf die pädagogische Intention der Lehren Jesu, „uns zu Bürgern dieses Reichs zu erziehen und zu bilden", konzentriert sich Hegels Interesse. Entschieden formuliert er sein Thema: „Wir wollen - vom Reich Gottes reden", - dies vielleicht mit Anklang an den Beginn der Apostelgeschichte, wo über die Gespräche des auferstandenen, „lebendigen" Jesus mit den Jüngern, die er vor seinem Abschied in ihre Sendung entläßt, berichtet wird: „er ... redet mit inen vom reich Gottes" (*Apg.* 1, 3).[28]

Für die nachfolgende Erörterung rückt Hegel (70, 10/11) sein Vorhaben unter zwei Gesichtspunkte: er will vom Reich Gottes „I. zeigen daß es nichts aüsserliches sondern etwas innerliches sey" und „II. daß Christus uns den Weg dazu aufgeschlossen habe".

Zwischen diesem Aufriß des Themas und seiner Durchführung hält der Prediger inne und versammelt, wie es Brauch ist, seine Hörer in ein Gebet (70, 12-18). Die Gebetsworte antizipieren leitende Gedanken des Ganzen - hier vor allem mit dem Anruf: „du Geist des Sohnes, schlage deine Wohnung in unsern Herzen auf", und durch die Einbeziehung der „tägliche[n] Bitte, daß dein Reich auch zu uns komme, und daß dein Wille geschehe auf Erden, wie er von deinen heiligen im Himmel geschieht". Diese Bitte übernimmt Hegel aus dem der Bergpredigt angehörenden Vaterunser (vgl. *Matth.* 6, 9-13). Doch wird der Inhalt von „dein Reich" dadurch eigentümlich in die Schwebe gebracht, daß das von Hegel geformte Gebet im ganzen nicht den „Vater", sondern Christus anspricht - vgl. zu Anfang die Anrede: „Du ... eingebohrner Sohn des himmlischen Vaters", mit dem erläuternden Zusatz: „den die Kraft Gottes ... zum Herrscher und König dieses geistigen dises himmlischen Reiches er-

28 Wir zitieren die Luther-Bibel nach dem Text: *Die gantze Heilige Schrifft Deudsch* (Wittenberg 1545). Hrsg. v. H. Volz. München 1972.

hoben hat", und dann in der Fortführung (die wir schon zitierten): „du Geist des Sohnes ..." – Der nur wenig umgestaltete Wortlaut des Zitats aus dem Vaterunser bringt nun auch die Spannung zwischen „Himmel" und dem Handlungsraum „auf Erden" direkt zum Ausdruck. Sie ist aber in gewisser Weise schon im vorhinein aufgehoben durch die Gleichsetzung des „himmlischen" Reiches mit einem „geistigen", die Hegel in Verbindung mit der Anrede Jesu als dessen Herrn vornimmt. Das Geschehen des göttlichen Willens ist nicht als ein bloßes Hereinbrechen von oben gedacht; wenn der Wille Gottes „im Himmel" von den Heiligen vollzogen wird, so verlangt die Analogie „auf Erden" die mitwirkende Aktivität der Menschen, die auf das Reich Gottes hoffen. Zu achten ist schließlich auf die Erweiterung der Bitte, daß das Reich komme, durch die im biblischen Text nicht enthaltenen Worte: „auch zu uns"[29].

Im ersten Hauptabschnitt der Predigt (70, 19 bis 71, 18) löst Hegel die Verfestigungen, in die der Begriff „Reich Gottes" gebracht werden kann und gebracht worden ist, durch eine Abfolge kritischer Negationen stufenweise auf und konkretisiert seine (erste) These, daß das Reich „etwas innerliches" sei.

Vorab geht Hegel aber (70, 19–22), in seiner inhaltlichen Disposition vorausgreifend, auf den angeführten (zweiten) Aspekt ein, daß Jesus den Zugang zum Reich Gottes eröffnet habe. Hier setzt sich der implizite Gedanke durch, daß alles Sprechen über den rechten oder falschen Begriff vom Reich Gottes auf das Versöhnungswerk Jesu bezogen ist. Jesus, so sagt Hegel in gleichsam beschwörender Wiederholung, kam in die Welt, um durch seinen Aufruf zur Buße die Nähe des Gottesreiches anzukündigen, und er kam in die Welt, um in seiner eigenen Person „uns den Zutritt dahin zu erwerben". Die nachdrückliche Formulierung: „das Reich Gottes vor der Thüre"

29 Hierfür kann Hegel sich allerdings auf Luthers Erläuterung des Vaterunsers stützen; vgl. etwa im Kleinen Catechismus (1529): „Dein Reich komme. Was ist das? Antwort: Gottes Reich kommt wohl ohne unser Gebet von ihm selbst; aber wir bitten in diesem Gebet, daß es auch zu uns komme." (*Luther: Sämtliche Schriften.* Hrsg. v. J. G. Walch. Bd 10: *Katechetische Schriften.* Nachdr. Groß Oesingen 1987. 10).

faßt verschiedenlautende Parallelstellen der Evangelien zusammen, nämlich *Lukas* 21, 31, wonach „das Reich Gottes" (ἡ βασιλεία τοῦ θεοῦ) „nahe ist" ἐγγύς ἐστιν), mit *Markus* 13, 29 und *Matthäus* 24, 33, wo im Zusammenhang der Frage nach dem Wann der Parusie nicht ausdrücklich vom Reich Gottes als solchem gesprochen, aber die durch die endzeitlichen Geschehnisse angezeigte Nähe des Kommenden mit den Worten „vor der Thüre" umschrieben wird (gr. ὅτι ἐγγύς ἐστιν ἐπὶ θύραις; Luther: „nahe fur der thür"). – Wie in der Einleitung, so verweist Hegel auch jetzt auf die Absicht bzw. den Auftrag Jesu, uns in seiner Lehre den Weg zu zeigen, auf dem allein wir als „würdige Bürger" zum Gottesreich gelangen.

Im folgenden geht es dann, wie angesagt, um „den rechten Begrif vom Reich Gottes". Kategorisch verneint der Prediger (70, 23ff.), daß dieses Reich als „weltlicher Staat" aufgefaßt werden könne. Dabei erinnert er an die falsche Erwartung der Jünger und Zeitgenossen Jesu, – ein Motiv, das in Hegels frühen Manuskripten mehrfach hervortritt. Lehre und Leben Jesu zeugen gleichermaßen dagegen, daß das Gottesreich die Gestalt eines weltlichen Staates annehmen könnte. Hegel zieht die Aussage Jesu vor Pilatus heran (*Joh.* 18, 36), nach der sein Reich jeglicher Machtmittel entbehre; den totalen persönlichen Machtverzicht Christi belegt er mit dem biblischen Wort „sich entäußern", das ihm später terminologisch so wichtig wird, und mit dem Hinweis auf die „Knechtsgestalt", die Jesus annahm; beides ist dem *Philipperbrief* (2, 7) entnommen.

Die zweite Zurückweisung (70, 28ff.) betrifft das Bestreben oder auch nur den Irrtum, das Reich Gottes und die „sichtbare Kirche" zu identifizieren. Hegel führt die allerorts begegnenden Erscheinungsformen der sichtbaren Kirche an: daß wir alle „Christen" heißen, daß die Lehre Christi „auf allen Kanzeln der halben Welt" verkündigt wird, daß man ihm als Majestät zahllose Akte der Anbetung weiht – und fragt dann: „Ist diß das Reich Gottes?" Sind wir „durch die Gemeinschaft" mit dieser Kirche, die wir durch unser öffentliches Bekenntnis, unser Getauftsein und den Genuß des Abendmahls gewinnen und bezeugen, Bürger des Reichs Gottes? Die stellungnehmende Antwort gibt Hegel wieder mit einem Schriftzitat. Er stützt sich, wie er selber vermerkt, auf *Lukas* 17, 20/21; dabei schließt er sich nicht (wie später in seinem *Leben Jesu*[30]) an den Wortlaut Luthers an: „Das reich Gottes kompt nicht mit eusserlichen Geberden", sondern übersetzt zuschärfend: „das Reich Gottes zeigt sich nicht in aüsserlichen Ceremonien" - und kann so folgerichtig anfügen: „die Verehrung Gottes nicht im aüsserlichen Gottesdienst".

An diesem Punkt erfolgt die Wendung nach innen, die den „Reich Gottes"-Begriff erschließen soll. „Der Geist Christi mus in uns wohnen", heißt es im Anklang an Paulusworte aus dem *Römer-* und dem ersten *Korintherbrief.* Dies und die Kontrastformel vom „aüsserlichen Gottesdienst" lassen auch erkennen, daß Hegel den in der Bezifferung seiner Belegstelle mit angeführten, aber nicht zitierten Lukasvers 17, 21 in der keineswegs gängig gewordenen Fassung Luthers zugrundegelegt (und möglicherweise auch mündlich vorgetragen) hat: „Das reich Gottes ist inwendig in euch."[31]

Die Programmworte dieses innerlichen Gottesreiches, die Hegel teils aus dem *Neuen Testament* zitiert, teils durch Stellenangaben repräsentiert, sind: lebendiger (und lebenstiftender) Geist - Wiedergeburt aus Gott - neuer Mensch; die Gegenbegriffe: toter (und tödlicher) Buchstabe - alter Mensch; die das Negative überwindenden Aufgaben schließlich: den Sünden absterben - die bösen Gewohnheiten ablegen - die Sinnlichkeit meistern. Leicht zu überlesen ist unter den positiven Zielsetzungen der bloße Verweis auf „*1. Petr.* 1, 22. 23", wonach - man beachte *beide* Verse - das Motiv der Wiedergeburt aus dem lebendigen Wort Gottes in Verbindung gebracht wird mit ungeheuchelter „Bruderliebe", zu der wir uns „im gehorsam der warheit durch den Geist" innerlich bereiten sollen. Das Fazit Hegels nach diesem Durchgang lautet: Aufgrund unseres durch die Liebe zu Gott gebesserten Herzens, das uns seine Gebote „willig und

30 Vgl. *Frühe Schriften I.* 250.

31 Die immanente Präsenz des Satzes an dieser Stelle ist zu beachten. C. Jamme, der die Wichtigkeit von *Lukas* 17, 21 für die Freunde Hölderlin und Hegel betont und auch auf die exegetisch geläufige Übersetzung „mitten unter euch" statt „inwendig in euch" eingeht, verweist nur auf den entsprechenden Passus im *Leben Jesu;* vgl. *Jamme* (wie Anm. 15). 68.

freudig“ erfüllen läßt, sind [!] wir Bürger seines Reichs“ und „ist [!] das Reich Gottes zu uns gekommen“.

Erst hier rückt auch das in Hegels Ausführungen in den Hintergrund getretene Kernstück des Tagesevangeliums, rücken die am Anfang der Bergpredigt stehenden acht Seligpreisungen wieder in den Blick: der Geist Gottes und Christi, der uns zu Bürgern des Reiches macht, in dem das Reich Gottes zu uns gekommen ist, er bewirkt in uns jene Grundhaltungen, um derentwillen Jesus seinen Jüngern die Hoffnung auf Seligkeit zugesprochen hat. –

Könnte man den ersten Teil von Hegels Predigt unter die Überschrift „Der Begriff vom Reich Gottes“ stellen, so geht es in ihrem zweiten Teil (71, 20 bis 72, 19) um die Verwirklichung dieses Reiches in uns. Dabei vollzieht sich eine Umakzentuierung gegenüber der Exposition, die Hegel am Anfang gegeben hat. Wollte er nach dem dort Gesagten zeigen, „daß Christus uns den Weg dazu aufgeschlossen habe“ (s. o.), so wird jetzt die Versöhnungstat Jesu eher vorausgesetzt als erörtert, stattdessen aber die Situation, die Gesinnung, die Haltung und das Handeln der um ein wahres Christsein bemühten Menschen zur Sprache gebracht.

Zunächst stellt Hegel ganz schlicht fest, „daß es schwer ist“ – ohne daß seine Stichwortnotizen das Ziel der Anstrengung noch einmal namhaft machen. Er zählt subjektive Hindernisse auf: falsche Einschätzung des Geforderten, Unwissenheit, „Nachlässigkeit in Erkenntnis unsrer Pflichten“, Selbstzufriedenheit, Stolz, insbesondere aber die Weigerung, „die angeborne Verdorbenheit des menschlichen Herzens“ zur Kenntnis zu nehmen. Einen Hinweis auf den „zu starken Hang an den Schäzen diser Erde“ bekräftigt er durch die Stellenangabe „*Matth.* 19, 24“, d. i. der Ausspruch Jesu, es sei leichter, daß ein Kamel durch ein Nadelöhr gehe als daß ein Reicher ins Reich Gottes komme.

In gegenläufiger Argumentation hierzu wird dann, wie im Evangelium selbst, zu dem „Trost“ übergegangen, daß das für die Menscheninitiative Unmögliche oder allzu schwer Erreichbare aufgefangen und aufgehoben wird durch das unbegrenzte Vermögen Gottes (hierfür steht die auf die vorige Stelle bezogene Angabe: „v. 26“);

Gottes Gnade sei „noch viel mächtiger" als die Sünde. In einigen Sätzen greift Hegel auf die vorauszusetzende Christologie zurück. Als eine „Quelle des Heils und der Seeligkeit" wird Christus angesprochen. Sein stellvertretendes Leiden und seinen Kreuzestod nennt Hegel nicht explizit, sie sind indirekt gegenwärtig in dem Hinweis auf unsere durch Christus erwirkte Befreiung „von der Knechtschaft des Mosaischen Gesezes" und in dem positiven Ausblick darauf, daß wir „von Gott nun nicht Strafe, sondern Hülfe und Heil erwarten dürfen". Aber auch dies darf nicht absolutgesetzt und zu einer Position der schlechthinnigen Beruhigung stilisiert werden. Wir sind noch nicht „überhaupt frei", wir stehen noch immer „unter dem Dienst der Sünde" und - wie Hegel unvermittelt in seine aus der Bibel gespeiste Redeweise einstreut - unter „dem Afterdienst der Worte". Diese (evident von Kants Vokabular beeinflußte) Formel, deren intendierte Reichweite nicht unmittelbar zu bestimmen ist, steht zusammenfassend für den mehrfach gebrandmarkten bloßen Lippendienst einer religiösen Sprache, die sich ebenso von der geistigen Gesinnung wie vom Tätigwerden abkoppelt, und korrespondiert letztlich der Falschheit des äußerlichen Gottesdienstes.

In der Gedankenbewegung der Predigt ist diese kritische Formel plaziert an der Gelenkstelle zu dem Schlußabschnitt (ab 71, 34), der durchwaltet ist von der Polarität von „Glauben" und „Werken". Beide sind für Hegel unlöslich aufeinander bezogen: der Glaube an die zugesagte Gnade Gottes und an das „Verdienst Christi", damit auch die Zuversicht, daß Gottes Geist diesen Glauben unterstützt, - und die Devise: „der Mensch muß nicht unthätig" sein. Die Bekämpfung der Eigenliebe ist die Basis für das Entspringen des wahren Glaubens, der seinerseits „fruchtbar ist an guten Werken". Aus diesem tätigen Glauben heraus sind wir „Kinder des Lichtes", die die „Wahrheit im Reden und Handeln" lieben, - wir sind „Söhne Gottes", wie Hegel wörtlich aus dem Matthäusevangelium übersetzt (5, 9: υἱοὶ θεοῦ[32]). Als solche sind wir - so schließt Hegel den Kreis durch Rückkehr zum Hauptgedanken des ersten Teils - „Bürger des

32 Luther dagegen: „Gottes kinder".

Reichs Gottes". Diesem gibt er aber zugleich nochmals eine neue begriffliche Bestimmung: „Bürger, Mitgenossen desjenigen Reichs, wo Gott als höchster Gesezgeber und Regierer von uns im Geist und in der Wahrheit verehrt" wird. Auch die Abweisung des bloßen Wortbekenntnisses kehrt wieder und wird ins Positive gewendet: „nicht durch schreien - Herr! Herr! sondern daß wir ... fleissig sind zu guten Werken, unser Licht leuchten lassen unter [den] Menschen", dienen wir Gott wahrhaft. Hegel verknüpft das zitierte Pauluswort (vgl. *Titus* 2, 14) mit dem letzten Vers des Tagesevangeliums (*Matth.* 5, 16), in dem Jesus dazu auffordert, zur Ehre Gottes die guten Werke vor den Leuten sehen zu lassen. Somit erweisen wir ihm „den angenehmsten Gottesdienst", indem wir „gut und rechtschaffen sind". Hegel scheint dies außerdem noch beziehen zu wollen auf seine frühere Rede von dem „Weg" bzw. „Zutritt" zum Reich Gottes, den Christus aufgeschlossen habe. So fügt er noch an, daß die Seligkeit bereitet sei für diejenigen, „die die breite Heerstraße des Lasters verlassen und zur engen und kampfvollen Pforte der christlichen Tugend in sein Reich eingehen".

Auch die Liedstrophe aus dem Gesangbuch[33], durch die Hegel seine Predigt abrundet (70, 20-26), wird von ihm eng mit dem Gedankengang verklammert. Die Strophe nimmt die Idee der Wiedergeburt des Menschen aus Gott auf. Den letzten Satz erweitert Hegel. Statt „Wie seelig ist / Dein Kind, dein Eigenthum, der Christ" sagt er: „... Dein Kind, dein Eigenthum, der wahre Christ". Damit bezieht der sich zurück auf den Eingangssatz seiner Predigt, in dem er den wahren Jünger bzw. den wahren Mitbürger des Reichs Gottes apostrophiert.

III.

Es bedarf - und bedurfte schon für Hegel - keiner Künstlichkeit, das Gedankengut dieser Predigt und die Abhandlung Kants inner-

33 Vgl. *Wirtembergisches Gesangbuch.* Stuttgart 1791. 280.

lich aufeinander zu beziehen. Kant hat bekanntlich in seinem Entwurf einer Vernunftbegründung der Religion nicht von den vorhandenen Religionen (und Kirchen), zumal der christlichen, abgesehen, sondern sie in seine Argumentation einbezogen. Dabei erfahren die theologischen Lehrinhalte eine grundlegende Uminterpretation, doch bleibt zunächst bestehen, daß wichtige Themen der protestantischen Dogmatik die Disposition des Kantschen Buches bestimmen.[34] Dessen Kapitelüberschriften zeigen freilich z. T. diesen Sachverhalt kaum an. Im einzelnen korrespondiert das erste Stück „Von der Einwohnung des bösen Princips neben dem guten: oder über das radikale Böse in der menschlichen Natur" mit der Lehre von der Erbsünde, das zweite „Von dem Kampf des guten Princips, mit dem bösen, um die Herrschaft über den Menschen" folgt der Thematik der Christologie, das dritte „Der Sieg des guten Princips über das böse und die Gründung eines Reichs Gottes auf Erden" knüpft an die Lehre von der Kirche an, das vierte „Vom Dienst und Afterdienst unter der Herrschaft des guten Princips, oder von Religion und Pfaffenthum" entspricht der Lehre vom geistlichen Dienst und von den „Gnadenmitteln". Unschwer läßt sich erkennen, daß die benannten Themen dieselben sind, deren Inhalte Hegels Predigt durchziehen.

Mit Rücksicht auf die Predigt, aber noch ohne explizite Gegenüberstellungen und Vergleiche, vergewissern wir uns nun einiger Orientierungspunkte für die Wege, die Kant in seiner philosophischen Religionslehre einschlägt.[35]

34 Zum Ganzen vgl. *Josef Bohatec: Die Religionsphilosophie Kants in der „Religion innerhalb der Grenzen der bloßen Vernunft"*. Hamburg 1938; ferner *Friedrich Delekat: Immanuel Kant.* Heidelberg 1963. Kap. 16 u. 17. Speziell zum zweiten Stück der Religionsschrift s. auch die in Anm. 16 zitierte Arbeit von D. Henrich, bes. 79 f.

35 Wir zitieren nach der 1. Auflage des Buches (Königsberg 1793), mit Angabe der bloßen Seitenzahl und zusätzlich, nach einem Strichpunkt, der Seitenzahl aus Band 6 der Akademie-Ausgabe (AA). Einige Ungereimtheiten der Schreibung und Interpunktion, z. T. von Kant selbst später revidiert, werden stillschweigend verbessert.

Schon im *ersten Stück* wird die moralische Grundlinie, der er folgt, deutlich herausgearbeitet. Das Problem der Ursünde und Erbschuld erörtert er unter dem Aspekt, daß „nichts sittlich- (d. i. zurechnungsfähig-) böse“ ist, „als was unsere eigene *That* ist“. Einen Hang zum moralisch Bösen kann es in einem physischen Sinne („angeboren“ als Naturtrieb) nicht geben, denn dieses Böse „muß aus der Freiheit entspringen“ (22; AA 31). Die Frage nach dem Ursprung des Bösen im Menschen kann demnach nicht als eine solche nach dem Zeitursprung gestellt werden (womit Kant sich nicht in Widerspruch zu der biblischen Erzählung sieht, die nach ihrer Vorstellungsart gerade unter dem Bilde eines Zeitereignisses das Freiheitsmoment jener „ersten“ Handlung zur Geltung bringt). Der „Vernunftursprung“ dieses Hangs zum Bösen aber „bleibt uns unerforschlich“ (und auch dies findet in der Geschichtserzählung der Schrift seinen Ausdruck, insofern sie dem Sündenfall des Menschen das Böse „in einem *Geiste* von ursprünglich erhabnerer Bestimmung voranschikt“) (vgl. 43 f.; AA 43 f.). – Kant beschließt das erste Stück mit Überlegungen zur „Wiederherstellung der ursprünglichen Anlage zum Guten“. Auch diese muß, unbeschadet etwaiger höherer „Beihülfe“, dem Menschen selbst anheimgegeben werden. Wie es aber möglich sei, so argumentiert Kant in Umkehrung des vorigen, daß ein zuvor böser Mensch „sich selbst zum guten Menschen mache, das übersteigt alle unsere Begriffe“ (46; AA 44). Dennoch *sollen* wir bessere Menschen werden. Diesem Gebot kann, da es sich nicht auf Tugend „der Legalität nach“ beschränkt, sondern auf den moralisch guten, Gott wohlgefälligen Menschen zielt, nicht durch eine allmähliche Reform (der Sitten), sondern nur „durch eine *Revolution* in der Gesinnung im Menschen“ entsprochen werden, anders ausgedrückt: „durch eine Art von Wiedergeburt …“ (50; AA 47). Das durch die Umwandlung der Denkungsart Initiierte kann der Mensch nicht kalkulatorisch bis zur Erreichung des Ziels absichern; „aber auf den Weg, der dahin führt, und der ihm von einer im Grunde gebesserten Gesinnung angewiesen wird, muß er *hoffen* können, durch *eigene* Kraftanwendung zu gelangen“ (56 f.; AA 51). Damit ist ein Punkt erreicht, an dem Kant die Religion ins Spiel bringt und zugleich eine kritische Differenzierung des Religionsverständnisses vornimmt: Gegen die „Zumuthung der Selbstbesserung" werden mancherlei Religionsideen aufgeboten. Grundsätzlich kann man alle Religionen einteilen in „die der *Gunstbewerbung* (des blossen Kultus) und die *moralische,* d.i. die Religion *des guten Lebenswandels*" (57; AA 51). Die ersteren glauben Gott bewegen zu können, von sich aus die Menschen zu bessern, die ihn nur darum bitten; die moralische Religion aber fordert, daß jeder einzelne selbst nach seinen Kräften daran arbeite, ein besserer Mensch zu werden: „sein angebornes Pfund" darf niemand vergraben (58; AA 52)!

Die im *zweiten Stück* entwickelten Gedanken basieren auf der These, daß das gute Prinzip, das dem bösen entgegensteht, „die Menschheit ... in ihrer moralischen ganzen Vollkommenheit" ist. Dieser Gott wohlgefällige Mensch wird von Kant charakterisiert durch die Aussagen, welche die Bibel - zumal im Prolog des Johannesevangeliums - auf Christus bezieht, einschließlich der Gottessohnschaft selbst (vgl. 67; AA 60). Daß wir uns zu diesem Ideal moralischer Vollkommenheit *erheben,* ist nach Kant „allgemeine Menschenpflicht", doch räumt er angesichts des in jedem Menschen wirksamen Bösen ein, es sei angemessener, zu sagen, „daß jenes Urbild vom Himmel zu uns *herabgekommen* sey" und „die Menschheit angenommen habe" (68; AA 61). So kann Jesus als „wahrhaftig göttlich gesinnter Mensch" verstanden werden, der „durch Lehre, Lebenswandel und Leiden das *Beyspiel* eines Gott wohlgefälligen Menschen" darstellt, wobei aber „das *Urbild* eines solchen immer doch nirgend anders, als in unserer Vernunft zu suchen ist" (72f.; AA 63). Unter den Schwierigkeiten, die mit der erörterten Idee hinsichtlich ihrer Erreichbarkeit verknüpft sind, behandelt Kant als erheblichste die folgende: Der Mensch, der eine gute Gesinnung angenommen hat, ist als neuer Mensch moralisch ein anderer geworden, kann aber seine frühere Verschuldung nicht auslöschen, und ebensowenig ist diese auf einen dritten übertragbar. Kant sieht die Lösung darin, daß „der Ausgang aus der verderbten Gesinnung in die gute" (als „Absterben am alten Menschen", wie er zitiert) „an sich schon Aufopferung und Antretung einer langen Reihe von Uebeln des Lebens" ist,

„die der neue Mensch in der Gesinnung des Sohnes Gottes, nämlich bloß um des Guten willen übernimmt", obwohl sie „eigentlich einem andern" als Strafe zukommen sollten. Personifizieren wir die Idee, so stellen wir den Sohn Gottes selber als denjenigen vor, der stellvertretend „für alle, die an ihn (practisch) glauben", die Sündenschuld trägt und durch seine Erlösungstat bewirkt, daß sie „hoffen können, vor ihrem Richter als gerechtfertigt zu erscheinen" (92f.; AA 74). Kant durchläuft noch einmal die Geschichte, in welcher die Bibel den Kampf des guten und des bösen Prinzips erzählt – bis zum Tod des „Helden dieser Geschichte", der das Böse nicht eigentlich besiegt, aber seine Gewalt bricht. Kant will daran aufzeigen, daß diese „populäre Vorstellungsart", wenn sie von ihrer „mystischen Hülle" befreit wird, einen allgemein verbindlichen Vernunftsinn zutage treten läßt. „Dieser Sinn besteht darin, daß es schlechterdings kein Heil für die Menschen gebe, als in innigster Aufnehmung ächter sittlicher Grundsätze in ihre Gesinnung." (104f.; AA 82f.)

Jeder moralisch wohlgesinnte Mensch ist weiter den Angriffen des bösen Prinzips ausgesetzt. Wollen die Einzelnen dem standhalten und zu ihrem Teil auf die Herrschaft des guten Prinzips hinwirken, so bedarf es der „Errichtung und Ausbreitung einer Gesellschaft nach Tugendgesetzen" (121; AA 94). Unter dieser Prämisse macht Kant im *dritten Stück* die „Gründung eines Reichs Gottes auf Erden" zum Thema. Er spricht von der Notwendigkeit, eine „Fahne der Tugend als Vereinigungspunct[36] für alle, die das Gute lieben", auszustecken. Die intendierte Verbindung der Menschen nennt er ein „ethisches gemeines Wesen". Dieses kann mit dem politischen Gemeinwesen zusammenfallen oder innerhalb desselben sich bilden, ist aber „immer auf das Ideal eines Ganzen aller Menschen bezogen" (125; AA 96). Im Unterschied zu einem juridischen Gemeinwesen, dessen Konstitutionsgesetze das beteiligte Volk sich selber gibt, kann ein ethisches nicht unter öffentlichen Gesetzen stehen, da in ihm alles auf die Moralität der Handlungen zielt, „welche etwas *In-*

36 Hier das Stichwort, das Hegel in seinem Brief an Schelling vom Januar 1795 aufgreift – oben zitiert mit Anm. 5.

nerliches ist". Deshalb muß dieses Wesen mit der Annahme eines obersten Gesetzgebers verbunden werden, und zwar so, daß mit Blick auf ihn „alle wahren Pflichten ... zugleich als seine Gebote vorgestellt werden". M.a.W., das ethische Gemeinwesen wird von Gott als moralischem Weltherrscher her gedacht. So kommt Kant zu dem „Begriff von einem Volke Gottes unter ethischen Gesetzen". (Zum Vorstehenden vgl. 129–131; AA 98f.) Unter die Perspektive menschlicher Veranstaltung gerückt, führt dies weiter zur „Form einer Kirche". Kant übernimmt hier die theologische Unterscheidung zwischen sichtbarer und unsichtbarer Kirche und gibt ihr folgende Auslegung: die unsichtbare Kirche ist „eine bloße Idee von der Vereinigung aller Rechtschaffenen unter der göttlichen unmittelbaren aber moralischen Weltregierung, wie sie jeder von Menschen zu stiftenden zum Urbilde dient", – die sichtbare „die wirkliche Vereinigung der Menschen zu einem Ganzen, das mit jenem Ideal zusammenstimmt" (134; AA 101). Infolge der Schwäche der menschlichen Natur kann auf dem reinen (moralischen) Religionsglauben keine Kirche gegründet werden, die Konstitution einer Kirche geht vielmehr jeweils von einem historischen Offenbarungs- oder Kirchenglauben aus, und demgemäß setzt sich gegenüber der Gottesverehrung des guten Lebenswandels der Hang zur gottesdienstlichen Religion durch. Aber der Kirchenglaube enthält in sich das „Vehikel" zum Religionsglauben. Kant bezeichnet den allmählichen „Uebergang des Kirchenglaubens zur Alleinherrschaft des reinen Religionsglaubens" als die „Annäherung des Reichs Gottes" (157; AA 115). In der ganzen bisherigen Kirchengeschichte erscheint ihm „die jetzige" Epoche als „die beste", weil sie den Keim des wahren Religionsglaubens gelegt habe, wovon „eine continuirliche Annäherung zu derjenigen, alle Menschen auf immer vereinigenden Kirche zu erwarten [ist], die die sichtbare Vorstellung (das Schema) eines unsichtbaren Reichs Gottes auf Erden ausmacht" (188; AA 131).

Der Inhalt des *vierten Stücks* ist schon durch seine Überschrift (s.o.) deutlich signalisiert. Kant befaßt sich ein weiteres Mal mit der sichtbaren Kirche, und zwar unter institutionskritischen Gesichtspunkten. Wie ein Leitmotiv erscheint dabei in eindringlicher Wiederholung der Begriff des Afterdienstes, mit dem Kant die Haltung der Diener einer Kirche attackiert, die nicht bestrebt sind, dem Prinzip der beständigen Annäherung an den reinen Vernunftglauben zu folgen und so den Kirchenglauben mit der Zeit als entbehrlich zu überholen, sondern die im Gegenteil „die Anhänglichkeit ... an dem historischen und statutarischen Theil des Kirchenglaubens für allein seligmachend erklären“ (215; AA 153). Dem moralischen Prinzip der Religion stellt Kant das entgegen, was er „Fetischglauben“ oder bloßen „Religionswahn“ nennt und worunter er alles faßt, „was außer dem guten Lebenswandel, der Mensch noch thun zu können vermeynt, um Gott wohlgefällig zu werden“ (245; AA 170).

IV.

Bringt man die hier vergegenwärtigten Grundgedanken und -motive der Kantschen Abhandlung über die Religion in eine interpretative Beziehung zu der letzten Predigt Hegels, so wird sichtbar, daß diese nicht nur die Sprache der theologischen Tradition spricht (was sie aufgabenkonform tut), sondern zugleich vielfach transparent ist für das neue Konzept einer Religion der Moralität. Dieses Bild gewinnt schärfere Konturen, wenn wir einzelne Entsprechungen zwischen beiden Texten näher betrachten.

Hegels Aufforderung „Wir wollen – vom Reich Gottes reden ...“ bringt ebensosehr das Interesse an dem Hauptbegriff der Kantschen Religionsschrift zum Ausdruck, wie sie der Predigt ihr theologisches Thema bestimmt. Daß Hegel hier den Begriff „Himmelreich“, der im ersten Teil des Tagesevangeliums zweimal zu lesen ist, in den Hintergrund treten läßt, registrierten wir schon. Gleich zu Beginn und dann im ganzen siebenmal spricht Hegel von den „Bürgern“ bzw. „Mitbürgern“ des Reiches. Hiermit und erst recht mit dem Epitheton „würdige“ Bürger (70, 21), das für ihn zugleich den „wahren Jüngern“ (70, 4) und den „wahre[n] Christ[en]“ (72, 26) entspricht, schließt Hegel sich der Redeweise und gedanklichen Richtung von Kant an. Auch das Wort „Mitgenossen“ (72, 11) finden wir bei Kant belegt.[37] So läßt sich sagen, daß in dem Begriff „Reich Gottes", den Hegels Predigt in den Mittelpunkt stellt, der im dritten Stück von Kants Buch entwickelte Begriff bewußt mit angezeigt ist.

Zu den vielen Aussagen der Bibel, die Kant interpretierend in seine Argumentation aufnimmt, gehört auch die „Reich Gottes"-Bitte des Vaterunsers. Er verbindet sie wie Hegel (70, 15/16) mit dem unmittelbar folgenden Gebetswunsch, der die Verwirklichung des göttlichen Willens „auf Erden" zum Gegenstand hat. Seine Erläuterung ist geeignet, denn Sinn tätigen menschlichen Mitwirkens, den Hegel hier - indirekt - dem Wort „geschehen" beilegt, zu unterstreichen. In dem Abschnitt des dritten Stücks, der die Ausführung der Idee eines Volks Gottes erörtert, schreibt Kant: „Der Wunsch aller Wohlgesinnten ist also: ‚daß das Reich Gottes komme, daß sein Wille auf Erden geschehe'; aber was haben sie nun zu veranstalten, damit dieses mit ihnen geschehe?" (133; AA 101)

Bei dem Versuch, den Begriff des Reichs Gottes einzugrenzen, spricht Hegel (s.o.) sich an erster Stelle mit Nachdruck gegen die Vorstellung aus, es könne „ein weltlicher Staat" oder von der Art eines solchen Staates sein, - wobei er auf die politische Messiashoffnung verweist, der Jesus sich konfrontiert sah und die er auch unter seinen eigenen Jüngern antraf. Kant behandelt das Problem mit einer gewissen Ausführlichkeit in dem Passus seines Buches (= drittes Stück, zweite Abteilung), der eine allgemeine Kirchengeschichte als „Erzählung von dem beständigen Kampf zwischen dem gottesdienstlichen und dem moralischen Religionsglauben" (175; AA 124) entwirft. Zu der Trennung zwischen weltlicher Macht und Reich Gottes, wie Hegel sie von der Lehre und der „Knechtsgestalt" Jesu her vornimmt, enthält Kants Text gleichsam eine negative Vorgeschichte, indem er das ursprüngliche Judentum als noch gar nicht zugehörig zu dem geschichtlichen Fortschreiten der allgemeinen Kirche auf dem Weg zu einem ethischen Staat Gottes betrachtet: „Der jüdische Glaube ist, seiner ursprünglichen Einrichtung nach, ein Inbegriff blos statutarischer Gesetze, auf welchem eine Staatsver-

37 „Mitgenossenschaft": 213; AA 152.

fassung gegründet war;" dieses „Judenthum ... *sollte* ... ein blos weltlicher Staat seyn", dem bei etwaiger Zerstörung noch immer der „politische Glaube übrig bleibt, ihn (bey Ankunft des Messias) wohl einmal wiederherzustellen." (176 f.; AA 125)

Wenn Hegel sich dagegen verwahrt, „die sichtbare Kirche" als Manifestation des Reichs Gottes aufzufassen, so setzt er begrifflich die überlieferte dogmatische Unterscheidung zwischen *ecclesia visibilis* und *ecclesia invisibilis* voraus, die auch Kant seinem zentralen Gedankengang zugrundelegt. Dem mit der Religionsschrift Vertrauten muß der substantielle Inhalt des ersten Teils der Predigt (vgl. dort Abschnitt c samt den ihm vorgeschalteten Fragen des Abschnitts b) sowohl in seiner Gesamttendenz als auch in seinen Details wie aus Kant herübergenommen oder wie ständig auf diesen verweisend erscheinen. Kant, der angesichts der Idee der unsichtbaren Kirche auch – nach dem Maß der Annäherung an dieses Ideal – von der „wahren" sichtbaren Kirche spricht, räumt in der sein Buch beschließenden Kritik des Gottesdienstes ein, daß beim Menschen „das Unsichtbare", d.i. der wahre, moralische Dienst Gottes, „durch etwas Sichtbares (Sinnliches) repräsentirt" und „gleichsam (nach einer gewissen Analogie) anschaulich gemacht zu werden" bedarf (281; AA 192). In diesem Sinne führt er die äußeren „Förmlichkeiten" des Gebets, des Kirchenglaubens, der Taufe und der Kommunion auf vier „Pflichtbeobachtungen" zurück, die „selbst durch die Vernunft" zu konstatieren sind: 1) die Eingründung des Sittlich-Guten im Gemüt des Einzelnen, 2) seine „äußere Ausbreitung" durch öffentliche Zusammenkünfte, 3) die „Fortpflanzung" desselben auf nachwachsende Mitglieder der Glaubensgemeinschaft und 4) die „Erhaltung dieser Gemeinschaft". Seine Absicht ist aber, zu zeigen, daß allenthalben jene Förmlichkeiten als etwas betrachtet werden, das „an sich" Gott wohlgefällig macht, und er bezeichnet dies als „Fetischglaube[n]" oder „ein Fetischmachen". Ohne die Begriffe in den Kontext der Predigt übernehmen zu können, konzentriert sich Hegel auf dieses Phänomen, wenn er zurückweist, daß die Gemeinschaft mit der sichtbaren Kirche zugleich Zugehörigkeit zum Reich Gottes vermittle, und er benennt genau die vier Momente, die Kant anführt: Gebet („Anbetung“, „Herr! Herr! sagen“); „äusserlich bekennen“ im „Gottesdienst“; Taufe; „Genuß des Abendmahls“.

Den bei *Lukas* 17 überlieferten Jesusworten, auf die Hegel sich beruft, hat auch schon Kant eine Schlüsselstellung zugewiesen. Hegel übersetzt Vers 20, so sahen wir, im Zusammenhang seiner Darlegung so: „das Reich Gottes zeigt sich nicht in äusserlichen Ceremonien“. Demgegenüber wählt Kant, der dieses Zitat nicht im Rahmen der Gottesdienstkritik des vierten, sondern in den grundsätzlichen Überlegungen des dritten Stücks bringt, die mehr auf Prinzipielles zielende Fassung: „Das Reich Gottes kommt nicht in sichtbarer Gestalt.“ Und er fügt Vers 21 in dem mit Luther übereinstimmenden Wortlaut an, der unausgesprochen in Hegels Gedankengang eingeflossen ist: „Denn sehet, das Reich Gottes ist inwendig in euch!“ (196; AA 136)[38]

Weist Kant mit diesen Worten auf das Reich Gottes als ein moralisches, so folgt Hegel dieser Orientierung. Sein Vorgehen ist weiterhin indirekt: Er hält an der Redeweise der Bibel und ihrer theologischen Auslegung fest, lehnt sich aber eng an die Belegstellen aus dem Neuen Testament an, die Kant zu argumentativen Momenten im Sinne des moralischen Religionsglaubens transformiert. Dem bloßen „Bekenntnis mit dem Munde“, das noch nicht zur Gotteskindschaft führt, stellt Hegel den „in uns“ wohnenden „Geist Christi“ gegenüber, der uns auf wahrhafte Weise „zu Gott beten lehren“ muß. Kant sieht in dem „Geist des Gebets, der ‚ohne Unterlaß‘ in uns [!] statt finden kann und soll“, die „alle unsere Handlungen begleitende Gesinnung, sie als ob sie im Dienste Gottes geschehen, zu betreiben“ (284; AA 195). In einer ausführlichen Erläuterung hierzu spricht Kant von der „Belebung“ der Gesinnungen, die der Geist bewirkt, und erinnert daran, daß „der Lehrer des Evangeliums ... den Geist des Gebets ganz vortrefflich in einer Formel ausgedrückt“ hat (gemeint ist das Vaterunser), die das Gebet „als Buchstaben“ entbehrlich macht und in der man nichts findet „als den Vorsatz zum guten Lebenswandel, der ... einen beständigen Wunsch enthält, ein würdi-

38 Vgl. oben Anm. 31.

ges Glied im Reiche Gottes zu seyn" (285 f.; AA 195). Das Motiv des lebendigmachenden Geistes führt bei Hegel wie bei Kant zu dem Gedanken von der Wiedergeburt des Menschen; beide verweisen dazu auf Johannes 3 (wo es heißt, daß ein Mensch, der nicht neu geboren wird, „das reich Gottes nicht sehen" bzw. „nicht in das reich Gottes komen" könne). Hegel verdeutlicht diesen Gedanken – mit Blick auf die aktive Beteiligung eines jeden an der Erneuerung seiner Sinnesart[39] – durch Anführung der paulinischen Postulate ‚den alten Menschen ablegen', ‚den neuen Menschen anziehen' und ‚der Sünde abgestorben sein'. Genau diese Forderungen der Hl. Schrift aber finden wir auch bei Kant, und zwar im Zentrum seiner im zweiten Stück vorgenommenen Umdeutung der orthodoxen Christologie auf die Idee einer Gott wohlgefälligen Menschheit hin (vgl. unsere obige Skizze).

Wenn Hegel am Schluß des ersten Teils seiner Predigt das Zwischenresümee zieht: als neue Menschen mit einem zu freudiger Erfüllung der Gebote Gottes gebesserten Herzen „sind wir Bürger seines Reichs, so ist das Reich Gottes zu uns gekommen" (s. o.), dann enthält auch dies eine leicht zu realisierende Verweisung auf Kants Religionsschrift. Die aus der Textvorgabe des Matthäusevangeliums (12, 28) umgeformten Worte zitiert Kant in gleicher Version, und auch bei ihm haben sie die Funktion, zusammenzufassen, was er über den Weg zum Reich Gottes bzw. über dessen Annäherung entwickelt hat. Kant: „Man kann aber mit Grunde sagen: ‚daß das Reich Gottes zu uns gekommen sey', wenn auch nur das Princip des allmähligen Ueberganges des Kirchenglaubens zur allgemeinen Vernunftreligion, und so zu einem (göttlichen) ethischen Staat auf Erden, allgemein, und irgendwo auch *öffentlich* Wurzeln gefaßt hat: obgleich die wirkliche Errichtung desselben noch in unendlicher Weite von uns entfernt liegt." (171; AA 122) –

In dem gedanklichen Neueinsatz des zweiten Teils von Hegels Predigt („daß es schwer ist ...") scheint schon der Gebrauch des Be-

39 Diese Intention wird in der Predigt (71, 10) unterstrichen durch den in die Stellenangabe „Eph. 4, 22–24" einbezogenen mittleren Vers.

griffs „Hang“ auf die Nähe Kants zu deuten, wenn auch in Hegels Hinweis auf den „Hang an den Schäzen diser Erde“ (71, 24f.) der Wortsinn gegenüber Kant („Von dem Hange zum Bösen in der menschlichen Natur“[40]) abgeschwächt ist. Die Hintergrundspräsenz des Kantschen Textes kontrapunktiert auch die von Hegel vermißte Bereitschaft derer, die nach dem Reich Gottes verlangen, „die angeborne Verdorbenheit des menschlichen Herzens“ (71, 23) ins Auge zu fassen. Mehrere Stellen aus Hegels Berner Niederschriften belegen, daß und wie sehr er selbst die theologische Lehre von der fortgeerbten „Verdorbenheit der menschlichen Natur“ als Ärgernis empfunden hat, weil danach „der Wille des Menschen schlechterdings keinen Einfluß haben kan“ auf die Moralität seiner Handlungen. Hegel setzt dagegen das Kantische Argument, „daß Zurechnung ganz und gar nicht stattfinden kan, wo keine praktische Freiheit ist“, also kein Vermögen, das Gute anzuerkennen, es zu achten und ihm „Übergewicht über die Sinnlichkeit“ zu verleihen.[41] Aus diesen etwas späteren Notizen erhellt, was Hegel unter dem unmittelbaren Eindruck seiner Rezeption der Religionsschrift schon in seiner Predigt durch deren ausformulierten Wortlaut hindurch kritisch mitintendiert haben muß.

Der weiterführende Gedanke Hegels, daß wir zwar „von der Knechtschaft des Mosaischen Gesezes befreit“, aber nicht „schon überhaupt frei sind“, weil wir noch „unter dem Dienst der Sünde“ stehen, stimmt in der Perspektive überein mit dem Anfang von Kants drittem Stück. Wird der Kantsche Text mit vergegenwärtigt, so bedeutet dies vor allem, daß die von Hegel angesprochene Befreiungstat und das Verdienst Christi umzudenken sind in den „Kampf, den ein jeder moralisch wohlgesinnter Mensch unter der Anführung des guten Princips gegen die Anfechtungen des bösen, in diesem Leben bestehen muß“. (119; AA 93)

Die belastende Gewißheit, daß wir noch „unter dem Dienst der Sünde“ stehen, wird von Hegel – eher in einem Gedanken*sprung* als

40 Dies die Überschrift von Abschnitt II des ersten Stücks.
41 Zum Vorstehenden vgl. *Frühe Schriften I.* 156. Außerdem siehe 372.

in einer Gedanken*verbindung* - erweitert um die Einsicht: „und [unter] dem Afterdienst der Worte“ (71, 33). Damit zitiert Hegel nicht nur unüberhörbar einen Titelbegriff[42] Kants, sondern läßt auch den Hauptakzent seines eigenen kritischen Anliegens erkennen. Kant versteht unter dem Afterdienst eine Pervertierung dessen, was gemäß der moralischen Zielsetzung des reinen Religionsglaubens zu fordern ist, also eine nur „vermeyntliche Verehrung Gottes“ (241; AA 168), eine Weise des Dienstes, durch welche „die moralische Ordnung ganz umgekehrt, und das, was nur Mittel ist, unbedingt (gleich als Zweck) geboten wird“ (236; AA 165). Die amtlichen Exponenten der Kirche verwandeln auf diese Art überdies „den *Dienst* der Kirche ... in eine *Beherrschung* der Glieder derselben“ (237; AA 165), - weshalb Kant auch „Vom Pfaffenthum als einem Regiment im Afterdienst des guten Princips“ (253; AA 175) sprechen kann. Wenn Hegel in seinem Einwurf speziell auf den Afterdienst der *Worte* abhebt, so tritt er - wie der Schlußteil seiner Predigt belegt - nicht aus dem weiteren Blickkreis Kants heraus; er konzentriert sich nur auf jene Fehlform des Gottesdienstes und der „Reich Gottes“-Erwartung, in der ihm Fesselung und Verfall des tätigen Lebens und der befruchtenden Gesinnung besonders augenscheinlich werden. Daß unbeschadet des Vertrauens auf das Wirken der Gnade Gottes der Mensch „nicht unthätig“ sein darf (72, 1), ist eine Forderung, mit der Hegel erneut einen wesentlichen Gesichtspunkt Kants mit wörtlichem Anklang präsent macht. Können wir auch - so Kant - die Stiftung eines die ganze Menschheit umfassenden Volks Gottes nur von Gott selbst erwarten, so ist doch hinsichtlich dieses Vorhabens „dem Menschen nicht erlaubt ... unthätig zu seyn, und die Vorsehung walten zu lassen“ (133; AA 100). Kant erinnert auch daran, daß „der Stifter der ersten wahren Kirche“ (Jesus) denen, „die dieses moralische Gute mit der Hand im Schooße[43] als eine himmlische Gabe

42 Neben dem Titel des vierten Stücks (s. o.) vgl. auch die Überschrift zum zweiten Teil dieses Stücks: „Vom Afterdienst Gottes in einer statutarischen Religion.“

43 Wiederum eine Stelle, die Hegel wörtlich in seinen Zuruf an Schelling aufnimmt: vgl. den oben (mit Anm. 5) zitierten Brief.

von oben herab, ganz passiv zu erwarten meynen", alle Hoffnung dazu abspreche (229; AA 161). Hegel bemerkt - bei gleichbleibender Sinnrichtung - genau umgekehrt: Erst aufgrund eines Glaubens, der sich fortsetzt in „guten Werken", erst indem wir „Reden und Handeln" in uns zur Übereinstimmung bringen, erreichen wir den Status der „Söhne Gottes", in welchem wir „alles Gute" von ihm hoffen können. Die wörtliche Übertragung, die Hegel hier bringt[44], ist transparent auf das Ideal der Gott wohlgefälligen Menschheit hin, das nach Kant als „eingeborner Sohn" Gottes vorgestellt wird (vgl. 67; AA 60).

Den Abschluß von Hegels Predigt bildet eine Kette von Wendungen und Schriftzitaten, die alle auf Kant zurückverweisen und noch einmal dessen Begriff vom Reich Gottes wie auch seine Kritik an der vorhandenen Kirche repräsentieren.

Charakterisiert Hegel das Reich als den Ort, wo wir Gott als höchsten „Gesezgeber und Regierer" verehren, so nimmt er offenbar Bezug auf die Definition des allgemeinen wahren Religionsglaubens, die Kant im Anschluß an die Idee eines moralischen Weltherrschers gibt. Demgemäß ist dieser Glaube „der Glaube an Gott" 1) als Schöpfer „d.i. moralisch als heiligen Gesetzgeber", 2) „als gütigen Regierer und moralischen Versorger" des Menschengeschlechts, 3) „als gerechten Richter" (vgl. 199; AA 139). Kant legt dies trinitarisch aus, verweist aber auch auf die Gewaltenteilung in einem „juridisch-bürgerlichen" Staate. Da es sich hier jedoch um ein als ethisch vorgestelltes Gemeinwesen handelt, kann die „dreyfache Qualität des moralischen Oberhauptes ... in einem einigen Wesen vereinigt gedacht" werden.

Mit dem vorigen verknüpft Hegel eine Aussage über die Weise, wie Gott von uns verehrt werden soll, nämlich „im Geist und in der Wahrheit". Der Ausdruck stammt aus dem Johannesevangelium (vgl. 4, 23). Kant verwendet ihn als richtunggebende Formel für den von ihm gemeinten moralischen Gottesdienst - „wenn eine Religion des bloßen Kultus und der Observanzen ihr Ende erreicht", so soll „da-

44 Siehe das oben Ausgeführte, mit Anm. 32.

für eine im Geist und in der Wahrheit (der moralischen Gesinnung) gegründete eingeführt werden ..." (107; AA 84)[45]

Die wahre Art, Gott zu verehren, umschreibt Hegel noch durch weitere Schriftworte – zuerst, indem er eine früher rhetorisch gefaßte Frage (71, 3) nun beantwortet: „nicht durch schreien – Herr! Herr! sondern [dadurch,] daß wir ihn nach menschlicher Schwachheit nachahmen". Dazu ist vorgängig Kant zu vergleichen, der diesen Ausspruch aus dem Schluß der Bergpredigt (*Matth.* 7, 21) ebenfalls heranzieht: „Also: ‚nicht, die da sagen: Herr, Herr! sondern die den Willen Gottes thun'; mithin, die nicht durch Hochpreisung desselben ... sondern durch den guten Lebenswandel ... ihm wohlgefällig zu werden suchen, werden diejenigen seyn, die ihm die wahre Verehrung[46], die er verlangt, leisten." (140 f.; AA 104 f.)

Das Pauluswort, mit dem Hegel fortfährt und seinem Gedanken einen zusätzlichen Akzent verleiht: „[daß wir] fleissig sind zu guten Werken", nimmt auch bei Kant eine bevorzugte Stelle ein. Es dient ihm dazu, seine Idee des ethischen gemeinen Wesens in die biblische (neutestamentliche) Sprache zu übersetzen, – wonach wir es mit einer solchen Vereinigung, „deren Gesetzgebung bloß innerlich ist, einer Republik unter Tugendgesetzen, d.i. mit einem Volke Gottes, ‚daß fleißig wäre zu guten Werken', zu thun haben" (132; AA 100).

In Hegels wertender Rede von dem „angenehmsten [und das meint zugleich: dem einzig angemessenen] Gottesdienst", den wir Gott erweisen, indem wir „gut und rechtschaffen sind" (72, 15 f.), ist noch einmal das Kantsche Grundmotiv reflektiert, daß allein die

45 Die prägnante, aus der Gesamtausgabe bekannte Stelle, wo „der wahre (moralische) Dienst Gottes" von Kant als „ein Dienst der Herzen (im Geist und in der Wahrheit)" gekennzeichnet wird (AA 192), kann hier nicht angeführt werden, weil die eingeklammerte johanneische Formel erst in der 2. Auflage des Buches hinzugefügt wurde.

46 Kant verändert den Sinn, den der Ausspruch Jesu im biblischen Kontext hat. Während es dort heißt, daß diejenigen, die den Willen des Vaters tun, „in das Himelreich komen", bezeichnet Kant diese Menschen als die, welche durch ihren guten Lebenswandel Gott „die wahre Verehrung ... leisten". Hegel folgt dieser Sinnakzentuierung.

moralischgute Lebensführung den Menschen Gott wohlgefällig mache. Die Wahl des Wortes „rechtschaffen" weist zudem unmittelbar auf Kants „Idee von der Vereinigung aller Rechtschaffenen" als der „unsichtbaren Kirche" (134; AA 101).

Liest - oder hört - man Hegels Predigt von Kant her, so gewinnt der Schluß eine geradezu frappierende Zuspitzung. Hegel stützt sich ein letztesmal auf die Bergrede Jesu, die nachdrücklich darauf besteht, daß der Eintritt ins Reich Gottes nicht auf breiter, gängiger Straße, sondern auf einem leicht zu verfehlenden schmalen Pfad erreicht werde (vgl. *Matth.* 7, 13–14). Hegel ersetzt die Antithese der Lutherbibel, die die beiden Wege nach ihren Zielpunkten „Verdammnis" und „Leben" unterscheidet, durch die Charakteristika „des Lasters" und „der christlichen Tugend" und nähert sich schon damit der Betrachtungsweise Kants. Dieser selbst faßt die angegebene Stelle des Matthäusevangeliums als Hinweis auf „die Mißdeutung des Gesetzes ... welche sich die Menschen erlauben, um ihre wahre moralische Pflicht vorbeyzugehen, und sich dafür durch Erfüllung der Kirchenpflicht schadlos zu halten", - und er erläutert dies: „Die *enge Pforte* und der schmale Weg, der zum Leben führt, ist der des guten Lebenswandels; die *weite Pforte* und der breite Weg, den viele wandeln, ist die *Kirche.*" (227; AA 160) Setzt man diese scharfe Kritik in Hegels Gedankenbewegung ein, so ergibt sich, daß die „Seeligkeit", die denen zufällt, die die breite Heerstraße verlassen, nur außerhalb der Kirche zu finden ist.

V.

Sinn unserer experimentierenden Annahme war es nicht etwa, die Gedankenführung von Hegels letzter Tübinger Predigt aus Kants Religionsschrift abzuleiten. Vielmehr sollte umgekehrt von dem in seinen Details wahrgenommenen Text der Predigt her verwiesen werden auf das aktuelle Gespräch im Stift, das sich an der Publikation Kants sofort nach ihrem Erscheinen entzündet haben muß und in das hinein die Predigt ihrerseits Anregungen gab. Da dieses Gespräch für uns – wenn man absieht von den knappen späteren Rückbezügen der Briefe, die wir eingangs zitierten – nirgendwo dokumentiert ist, bleibt unsere Anhaltsbasis das Kantsche Buch selber. Eine Reihe gemeinsamer Leitbegriffe und das Inventarium der hier wie dort herangezogenen Bibelstellen bilden die assoziativen oder intentionalen Brücken zwischen beiden Texten.

Nimmt man die Predigt in ihrem hier gründenden Verweisungscharakter, so gewinnt sie, ungeachtet ihrer Funktion als Pflichtübung, Anteil an der Gedankenarbeit, die Hegel und seine Freunde der Vorstellung einer neuen Religion widmeten. Aus der Sicht der Predigt und ihres Kantischen Interpretationshintergrundes steht dabei im Zentrum die Idee einer die ganze Menschheit umfassenden herrschaftsfreien moralischen Vereinigung, einer „Republik unter Tugendgesetzen", und auf dem Weg der Annäherung an diese muß alles tradierte Positive und Institutionelle überwunden, alle neue Festlegung vermieden werden. Zumal diese Positivitätskritik scheint sich so ausgeprägt zu haben, daß sich für Hegel noch am Ende seiner Berner Jahre die Verweigerung jeglichen Friedens mit der „Satzung" als stärkster Inhalt des Freundesbundes aufdrängt, als er in seinen Versen an Hölderlin die Erinnerung beschwört.

In dem Losungswort „Reich Gottes" konzentrieren sich für die Freunde innerer Zusammenhalt und äußere Wegorientierung. Hegel war es, der wenige Wochen vor seinem verfrühten Abschied von Tübingen in seiner Predigt den Inhaltsmomenten dieser Losung nachgespürt und in dem hier programmatisch Ausgesprochenen zugleich eine tiefere Schicht verschlüsselt, sie gerade damit aber auch vor raschen Fixierungen bewahrt hat. So konnte das hier Umrissene hineingestellt werden in ein weiter ausgreifendes Suchen nach den Quellen und der Beschaffenheit einer durch volkserzieherisches Wirken realisierbaren humanen Religion, die auch das politische Leben durchpulst. Bei Hegel selbst wird ein solches, an Kant zugleich festhaltendes und über ihn hinausdrängendes Suchen faßbar in dem schönen, lebensvollen Manuskript, das vielleicht gegen Ende des Tübinger Aufenthalts, vielleicht aber auch (ganz oder zu wesentlichen Teilen) erst nach Beendigung des Studiums im Sommer 1793 in

Stuttgart[47] niedergeschrieben wurde: „Religion ist eine der wichtigsten Angelegenheiten unsers Lebens ...“ Doch das liegt jenseits der thematischen Begrenzung dieser Studie.

47 Diese zweite Möglichkeit, für die manches spricht, wird durch die gängig gewordene Bezeichnung des Textes als „Tübinger Fragment“ verdeckt.

Mimesis und Selbstbewußtsein

Nicolas Tertulian (Paris)

Die Originalität der Lukácsschen *Ästhetik* beruht offensichtlich auf der Tatsache, daß sie viel mehr als eine Kunsttheorie ist: die Eigenheit der ästhetischen Setzung wird über eine genetische Rekonstruktion der Gesamtheit der Bewußtseinstätigkeiten analysiert, von der Praxis alltäglicher Lebenswelt, der Magie oder der Religion, bis hin zur Wissenschaft und Moral.

Mit Hilfe einer ontologisch-genetischen Methode wird hier die ästhetische Setzung mit der Totalität der anderen Beziehungen zwischen Bewußtsein und Realität in Zusammenhang gebracht, und erst in diesem breiten Rahmen enthüllt sie nach und nach ihre Eigentümlichkeiten. Das verleiht den theoretischen Ausführungen Lukács' in der *Ästhetik* einen kontrapunktierten-symphonischen Charakter und wandelt das Werk in eine Phänomenologie der Subjektivität um. Der Vorteil dieser Methode ist es, daß sie die Autonomie der Kunst nicht weniger streng und sorgfältig zu wahren gestattet als ihre größten Verteidiger (vom Idealisten Croce bis zum Phänomenologen Ingarden), aber daß sie diese Autonomie auf eine ganz andere Art und Weise artikuliert: die Kommunikationswege, die die Kunst mit der Praxis des alltäglichen Lebens verbinden und ihre widerspruchsvollen Beziehungen mit den anderen Hauptobjektivationen der Subjektivität werden mit einem Scharfsinn und einer Überzeugungskraft aufgezeigt, die man bei den Anhängern des philosophischen Idealismus nicht findet (einschließlich der zwei oben erwähnten Autoren).

Lukács zeigt sich in der Tat in seiner ganzen *Ästhetik* nicht weniger bemüht als die überzeugtesten Anhänger der „Kunstautonomie", die Spezifizität des ästhetischen Phänomens von den verschiedenen Formen der subjektiven Reaktion auf die Welt abzugrenzen: seine Polemik gegen die intellektualistischen und logizistischen Kunstinterpretationen, sein Hinweis auf die Gefahr, die „evokative Mimesis" der Kunst der begrifflichen Erkenntnis oder der „Idee" zu unterstellen (wie Leibniz und Hegel es gemacht haben), aber auch seine Distanzierung von den „imitatorischen" oder naiv-realistischen Theorien beweisen es. Seine Ansichten über die ästhetische Subjektivität entwickeln sich auf einer Grenzlinie der Spekulation, die sie ebenso vom Psychologismus oder vom Naturalismus trennen, als sie auch vor „ideologisierenden" Ausrutschern oder einer reinen konzeptualisierenden Kunstinterpretation bewahren soll. Es liegt hier nahe, eine Parallele zu ziehen zwischen Lukács' Ansichten und den ähnlichen Ausführungen Croces und Ingardens.

Wenn die Absicht, die „energische Unilateralität" (Croce) der ästhetischen Setzung deutlich zu machen bei Lukács nicht weniger fühlbar als bei diesen ihm entgegengesetzen philosophischen Horizonten angehörenden Denkern ist, so kommt er durch seine ontologisch-genetische Methode, die in den Marx'schen Denkkategorien verankert ist, zu ganz anderen Resultaten. Croce hat zum Beispiel einen klaren Gegensatz zwischen seiner Kunsttheorie, als „lyrische Intuition" verstanden, und der antiken Kunsttheorie, als „Mimesis" verstanden, etabliert, indem er mit Deutlichkeit die philosophischen Wurzeln dieses Antagonismus aufzeigt: „Die Kunst drückt Realität aus, sicher, wenn man Realität als die einzige Realität versteht, die Seele, die Geist ist ... Die Bewegung des ästhetischen Gedankens, der von der „Mimesis" der hellenischen Philosophie zur modernen ‚lyrischen Intuition' übergegangen ist, ist die gleiche Bewegung, die vom philosophischen Materialismus oder Dualismus zum absoluten Spiritualismus führt".[1]

Lukács hat in den wichtigsten Passagen seiner *Ästhetik* aufzuzeigen versucht, daß der Selbstausdruck der Subjektivität, da wo sie ihren höchsten Grad der Entfaltung erreicht: in der Immanenz des Kunstwerks (das ist der Prozeß, der auch von der Croceschen „lyrischen Intuition" angestrebt wird), weit entfernt davon, sich mit einer Zurückgezogenheit der Subjektivität in eine reine Autarkie zu iden-

1 *Benedetto Croce: La Poesia.* Roma [5]1985. 204.

tifizieren auch dazu beiträgt, die diese Subjektivität bestimmenden und nährenden Determinationen der objektiven Welt zu entfalten. „Lyrische Intuition“ und „Mimesis“, um bei Croces Terminologie zu bleiben, erscheinen hier wie zwei gegensätzliche Seiten eines einheitlichen Prozesses.

Die ästhetischen Theoreme stützen sich in der Bestimmung der *Eigenart des Ästhetischen* auf eine allgemeine Theorie des Bewußtseins und seiner Beziehungen zur objektiven Welt (das ist der Grund, warum man diese Arbeit mit der zugehörigen Grundlage: *Zur Ontologie des gesellschaftlichen Seins* als das Gegenstück zu Heideggers *Sein und Zeit* lesen könnte; die Antinomien zwischen diesen Werken würden den Gegensatz zwischen Lukács und Heidegger deutlich machen).

Die ästhetische Setzung ist für Lukács nur ein Grenzfall, eine spezifische Form der allgemeinen Tätigkeit der Subjektivität. Weit entfernt davon, von der alltäglichen Subjektivität hermetisch abgetrennt zu sein, nährt sich die ästhetische Subjektivität von den Erfahrungen der ersteren, indem sie diese nach ihren eigenen Zwecken filtriert und organisiert. Den Schlußstein der Autonomisierung der Ästhetik bildet das Konzept des Selbstbewußtseins: Lukács bemüht sich, das *Selbstbewußtsein-von,* Kern und Brennpunkt des Kunstwerks, vom im höchsten Grade objektiven und desanthropomorphisierenden, dem wissenschaftlichen Bewußtsein eigenen *Bewußtsein-über* streng zu unterscheiden. Durch die Fokalisierung der entscheidenden Lebenserfahrungen in der Intimität des Bewußtseins, wie in einer Art transzendentaler Kristallisation, gelingt es dem Selbstbewußtsein sich zu objektivieren, indem es in die Immanenz der Welt, durch die es sich konstituiert hat, eintaucht und seine spezifischen Dimensionen zu erkennen gibt. Das Geheimnis des künstlerischen Schaffensprozesses liegt nach Lukács in dieser anscheinend paradoxalen Einheit zwischen der Bewegung der Selbstoffenbarung einer in ihrem Kern einzigartigen Menschlichkeit (die einer maximalen Intensivierung der Innerlichkeit gleichgesetzt werden kann) und der Offenbarung der Welt in ihrer Objektivität. Die Grenzsituationen des Bewußtseins scheinen ihm unauflösbar mit der Einzigartigkeit historisch objektiver Situationen verbunden. Allein durch eine Mimesis der objektiven Realität offenbart sich das Selbstbewußtsein (und Kunst ist für Lukács die höchste Form der Objektivierung der Subjektivität): die subtile Wahrheit, daß wir uns am tiefgreifendsten selbst entdecken, wenn wir uns am stärksten verankert in Situationen befinden, die uns bedingt haben, ist die Grundlage dieses fundamentalen Satzes der Lukácsschen Ästhetik.

Lukács bringt eine erstaunliche Anzahl Hegel'scher Konzepte in Anschlag, um seine These über die Kreisbewegung zwischen Selbstbewußtsein und Weltbewußtsein zu begründen und um seiner ästhetischen Theorie solide philosophische Grundlagen zu geben: die Kritik der *schönen Seele* in der *Phänomenologie des Geistes* (die beißenden Bemerkungen Hegels über die in sich selbst zurückgezogene Innerlichkeit, die vor der Beschmutzung ihrer selbst durch den Kontakt mit der Wirksamkeit in der und für die Welt zurückschreckt, sind für Lukács wie eine warnende Infragestellung des modernen Kults der „Introversion"); die Hegelsche Beschreibung des *to and for movement* der Subjektivität: die Entäußerung und ihre Rücknahme; die These über das Selbstbewußtsein als *Er-Innerung* der entscheidenden Etappen seiner Entwicklung; die Dialektik des Selbstbewußtseins als eine „Dialektik des Unterschiedenen und nicht Unterschiedenen"; die Betrachtungen über die „sittliche Substanz" als Überholung der unmittelbaren, „natürlichen" Subjektivität, etc. Der Horizont der Lukácsschen Äußerungen bleibt selbstverständlich die materialistische These der ontologischen Autonomie der Welt in bezug auf das Bewußtsein, das Auftauchen desselben in einem An sich, das es umfaßt und darüber hinausgeht (in der Anerkennung des Primats des *Ansichseienden* stimmt Lukács mit der Grundthese des ontologischen Realismus von Nicolai Hartmann völlig überein).

Die Originalität seiner Analysen besteht darin, daß selbst da, wo sich die Subjektivität in einer reinen selbstzweckmäßigen Bewegung zu entfalten scheint (das heißt in der Errichtung des Kunstwerkes) Lukács immer die Wirkung der objektiven Welt, mit ihrer Dichte und ihrer Substantialität, herausarbeitet, weil die kreative Energie der ästhetischen Subjektivität sich von der dialektischen Spannung mit dem, was sie unaufhörlich bedingt und auffordert, nährt. Selbst wenn die genauen Konturen der realen Welt in der reinen Immanenz der künstlerischen Fiktion zu verschwinden scheinen, so bleibt diese Welt doch der Selbstentfaltung der ästhetischen Subjektivität einbeschrieben. In einem ähnlichen Sinne hat Adorno in seiner *Rede über Lyrik und Gesellschaft* zu zeigen versucht, daß sich sogar dort, wo sich die lyrische Subjektivität durch ein Sich-von-der-Welt-abwenden bestätigt, die Negativität der Welt in dieser Bewegung selbst ausdrückt.

An verschiedenen Stellen seiner *Ästhetik* hat Lukács mit Nachoruck die Distanz unterstrichen, die das Kunstwerk von einem einfachen Dokument oder einer einfachen geschichtlichen Chronik trennt. Diese Unterscheidung dient dazu, eine Verwechslung zwischen künstlerischer Mimesis und einfacher Nachahmung oder Übertragung des Realen zu vermeiden. Ohne die Präsenz des transzendentalen Akzents einer kreativen Subjektivität, die die Welt formt und ihr Gestalt gibt, je nach ihren spezifischen Ansprüchen, bleibt das Werk unvorstellbar: „... natürlich hat eine historische Einzelforschung als solche methodologisch durchaus das Recht, etwa Kunstwerke auf ihre Treue der Geschichte gegenüber zu untersuchen, und solche Forschungen können mitunter sogar zur Erkenntnis künstlerischer Phänomene beitragen. Der Forscher ist jedoch aus der ästhetischen Sphäre herausgetreten, er schaut die Kunst von außen, nicht von innen an, das Ästhetische wird für ihn zum bloßen Stoff einer wissenschaftlichen Betrachtung, das Kunstwerk zu einem bloßen Dokument".[2] Die Degradierung des Kunstwerkes auf die Stufe eines einfachen geschichtlichen oder psychologischen Dokumentes wurde von Lukács ebenso energisch bekämpft wie von so unterschiedlichen Denker wie Dewey, Heidegger oder Croce. Croce hat in seiner *Aesthetica in nuce* diese Idee treffend ausgedrückt: „Das

2 *Georg Lukács: Die Eigenart des Ästhetischen.* I Halbband. Frankfurt am. M. 1963. 608.

poetische Werk ... ist eine Schöpfung und kein Abbild, ein Monument und kein Dokument".[3]

Auch auf den „Sprung" in Beziehung auf die Existenz des Künstlers als praktische (private) Persönlichkeit, der Sprung, durch den das empirische Subjekt zum Künstler wird, wurde in Lukács' *Ästhetik* mit Nachdruck hingewiesen, ebenso wie bei den oben erwähnten Ästhetikern und Philosophen. Die Besonderheit seiner Methode entspringt aus der Absicht, die Vermittlungen, die diese beiden Ebenen: die reale Geschichte und die ästhetische Setzung verbinden, zu entdecken. Es gilt, die von der idealistischen Ästhetik postulierte zu strenge Trennung zwischen Kunstwerk als „Synthese a priori zwischen Gefühl und Bild" (Croce) und der realen Existenz des Subjekts in der Welt zu vermeiden, ohne die Eigenart und die Autonomie der Kunst zu opfern. Eine seiner wichtigsten theoretischen Initiativen in diesem Sinne ist die Bezeichnung der Besonderheit als zentrale Kategorie der ästhetischen Sphäre.

In der Topographie des Geistes wird der künstlerische Prozeß von Lukács in einer mittleren Zone lokalisiert, die zwischen der zufälligen Erlebnishaftigkeit der alltäglichen Existenz, von einer Mannigfaltigkeit von Einzelheiten dominiert, und den Universalitäten der abstrakten sozialen Kräfte, die wie gemeinsame Nenner die individuellen Existenzen regieren, liegt.

Der Entstehungsbereich des Kunstwerkes ist mit dem Bereich der ethischen Tätigkeit verwandt: sowie die letztere es anstrebt, die Vielfalt der Antriebe und der Neigungen zu einer harmonischen Totalität zu organisieren, so führt das Selbstbewußtsein, das die Keimzelle des Kunstwerkes ist, auf seine Weise eine Ordnung sui generis in die Vielfalt der Erfahrungen durch die Welt des Werkes ein. Es ist bezeichnend, daß Lukács zugleich die Thesen Aristoteles über die „rechte Mitte" als Wahlgebiet der ethischen Tätigkeit, wie auch die These, die Hegel in seiner *Rechtsphilosophie* entwickelt, über die Ethik als intermediäre Zone zwischen der subjektiven Moralität und den abstrakten Imperativen des Rechts benutzt, um den Bereich der

3 *Benedetto Croce: Aesthetica in nuce.* 56.

Besonderheit als Gebiet der ästhetischen Setzung zu umschreiben. Aristoteles hebt hervor, daß die „rechte Mitte" der tugendhaften Handlung, zwischen Übermaß und Unzulänglichkeit, sich nicht mit der Präzision eines wissenschaftlichen Theorems festlegen läßt: die ethische Handlung setzt manchmal einen schwierigen Beschluß voraus, sie zieht eine Vielfalt von beweglichen Determinationen in Erwägung, und ihre Verwirklichung ist eher das Resultat eines besonderen Sinnes, der sich klar von der einfachen subsumierenden Anwendung eines universalen Gesetzes unterscheidet. In seinen Heidegger-Studien hat Hans-Georg Gadamer mehrmals die Rolle ins Gedächtnis gerufen, die diese aristotelischen Thesen in den Reflexionen des frühen Heidegger gespielt haben; er hat in diesem Motiv einen entscheidenden Antrieb für die Entfernung Heideggers von der Husserlschen Idee der *Philosophie als strenger Wissenschaft,* gesehen.[4]

Lukács nimmt diese Ideen des Aristoteles in Anspruch, um einen entscheidenden Aspekt des künstlerischen Schaffens sichtbar zu machen: der künstlerische Prozeß soll sich durch eine notwendige Überwindung des Stadiums der reinen Einzelheit charakterisieren, die gleichzeitig eine Aufhebung durch Intensivierung bestimmter Merkmale der einzelnen Erfahrung impliziert; diese Verallgemeinerung sui generis des Erlebten kann sich in der Welt des Werkes objektivieren und schimmert dann vielfältig durch deren intensiven Totalität, ohne jedoch zu einer abstrakten Universalität hinzuführen, wie das der Fall in der wissenschaftlichen Verallgemeinerung ist (wir finden hier eine Wiederaufnahme von der berühmten Kantschen Definition der „ästhetischen Ideen", die „unnennbar Vieles hinzuzudenken" gestatten). Das spezifische Feld der ästhetischen Tätigkeit wäre dieses intermediäre Gebiet der *Besonderheit,* eine bewegliche Zone, die zwischen der Einzelheit des *factum brutum* und der Allgemeinheit impersoneller Kräfte liegt. Sie funktioniert auf eine analoge Weise wie die „rechte Mitte" der aristotelischen *Mesotes* als or-

4 *Hans-Georg Gadamer: Heideggers Wege.* Studien zum Spätwerk. Tübingen 1983, 31-32, 71 und insbes. 118-119.

ganisierender Kern des Werkes. Das ästhetische Selbstbewußtsein bewirkt gleichzeitig eine Universalisation sui generis einzelner Erfahrungen und eine Partikularisierung, nicht weniger sui generis, historischer Tendenzen.

Man kann nebenbei erwähnen, daß Benedetto Croce schon in Hegels konkreter Universalität den Zugang zum rechten Verständnis der für die künstlerische Intuition charakteristischen Synthese aus Individuellem und Universellem erblickt hat. Wenn wir aus Lukács' literaturkritischen Studien Beispiele anführen (z. B. aus dem Text „Die intellektuelle Physiognomie des künstlerischen Gestaltens" von 1936, der in unserem Zusammenhang recht bedeutsam ist), dann wird uns klar, daß seine Sympathien weder den detaillierten Beschreibungen in den naturalistischen Romanen Zolas (er würde hier die Hegemonie der Einzelheit einsetzen sehen), noch der sublimen Diskursivität bestimmter Tiraden von Racines Theater gehören (er zitiert Gides lobende Analyse über Szenen der *Mithridate,* in der er eine Neigung zu kaum verkörperten Allgemeinheiten entdeckt), sondern den Gestalten in Shakespeares Theater oder in Balzacs Romanen, die von einer realen Dichte sind: „Gide ist durchaus im Recht, wenn er gegen die banale und flache „Natürlichkeit" polemisiert und für eine Poesie der Allgemeinheit eintritt. Aber bei Racine oder Schiller ist diese Allgemeinheit zu direkt ... Der Reichtum und die Lebendigkeit der shakespearischen Gestaltung, die relative Abstraktheit der Poesie Racines ist zwar stets anerkannt worden, aber die kunstphilosophischen Folgen dieses Gegensatzes wurden nicht immer deutlich gesehen."[5]

Die große *Ästhetik* hat es Lukács gestattet, wichtige Präzisionen über diese grundsätzliche Wahl, die in seinen Augen den archimedischen Punkt des Kunstwerks darstellt, zu liefern. Lukács scheint überzeugt zu sein, daß die Natur dieser Wahl, irgendwo im Gebiet der Besonderheit festgemacht (Ingarden sprach im gleichen Sinne von einer „Ursprungsemotion" und Monroe Beardsley von „incept"),

5 *Georg Lukács: Essays über Realismus.* In: *Werke.* Bd 4. Frankfurt a. M. 1971. 154–155.

entscheidet, ob sich das Werk organisch entfaltet, einen quasi-unendlichen Reichtum von Obertönen hervorrufend oder ob sie in der Flachheit auf das Niveau alltäglicher Erfahrungen steckenbleiben wird. Wenn ein Roman wie *Don Quijote* von Cervantes im Vergleich zu *Tristram Shandy* von Laurence Sterne von einem so entschieden höheren Niveau ist, dann deswegen, weil das Inspirationsprinzip des Romans von Cervantes eine unvergleichbar größere Verallgemeinerungsfähigkeit als das Sternes besitzt.

Wenn wir uns unter Berücksichtigung der von Lukács gewählten Perspektive fragen, warum Proust mit seinem *Jean Santeuil* fast gescheitert ist, während *A la recherche du temps perdu* sich als großartiges Werk hervorgetan hat, warum *Jean Barois* ein halber Mißerfolg für Roger Martin du Gard gewesen ist, während er mit *Les Thibault* seine wahre Stimme als großer Schriftsteller gefunden hat, warum der erste Band der *Toten Seelen* von Gogol ein Meisterwerk der satirischen Literatur ist, während der zweite (nur fragmentarisch geblieben) zum großen Teil total mißlungen ist, dann könnte man vielleicht die Antwort im Blick auf die Bestimmung der Keimzelle des Werkes in den beachtlichen Höhenunterschieden der jeweiligen spezifischen Qualität der schöpferischen Subjektivität finden (das Lukácssche *Selbstbewußtsein).*

Lukács betont in seiner *Ästhetik* mehrmals die Tatsache, daß der Künstler sich in den Schaffensprozess *à corps perdu* stürzt ohne irgendeine Garantie, daß er in der Organisation seines Universums diesen unverwechselbaren Akzent findet, mit dem die Stimme der gesamten Menschheit spricht. Vor unseren Augen zeichnet sich eine interessante Phänomenologie der künstlerischen Schöpfung ab, je nach dem Grad der Verallgemeinerung der einzelnen Erfahrungen durch die Mimesis des Werkes: die Produkte des reinen Dilettantismus, wo die subjektive Projektion keine annehmbare Objektivation mit sich bringt, oder die Kitschliteratur befinden sich auf der untersten Ebene, während man auf dem Niveau der wahren Schöpfung Werke ausmachen kann, die trotz ihrer unbestreitbaren Qualitäten, in den Schranken einer soziologischen oder nationalen Partikularität begrenzt bleiben (die Tendenzliteratur, aber auch eine gewisse gute

Belletristik können sich in diesen Umkreis eingliedern) und Werke, die das Niveau der wahren Kunst erreichen, und deren Erkennungszeichen die Präsenz der *vox humana* mit universaler Tragweite ist.

Eine dialektische Axiologie im Gebiet des künstlerischen Schaffens sollte die Werke auf der Ebene des objektivierten Selbstbewußtseins prüfen: wenn es dem Kritiker Lukács gelingt, *Der alte Mann und das Meer* im Vergleich zu Hemingways Romanen, *Der Besuch der alten Dame* im Vergleich zu anderen Theaterstücken Dürrenmatts, Conrads *Lord Jim* im Vergleich zu *Typhoon* oder *Effi Briest* im Vergleich zu gewissen späteren Produktionen Fontanes zu privilegieren, so ist diese Hierarchie von der allgemein-menschlichen Qualität und der Objektivationskraft des jeweiligen spezifischen Inhalts bestimmt.

Die wichtigste theoretische Neuerung der späten *Ästhetik* Lukács' ist die Analyse des Begriffs von „Selbstbewußtsein der Menschheitsgattung", der das Merkmal und den Maßstab der ästhetischen Produktionen liefert. Die Kunst ist als das *Organon* dieses Bewußtseins bestimmt. Nachdem er die für den künstlerischen Schaffensprozeß charakteristische widerspruchsvolle Doppelbewegung der Entäußerung und ihrer Rücknahme analysiert hat, fragt sich Lukács, wie, aufgrund welches Prinzips das Werk zur Welthaftigkeit gelangt: „Kann es also hier ein Prinzip geben das das Subjekt über die bloße Subjektivität des Alltags, über die Partikularität ihrer Einzelheit (jedes Subjekt ist in seinem ursprünglich gegebenen Geradesosein etwas unvergleichlich Einzelnes) hinaustreibt, ohne dadurch ihre Subjektivität als solche aufzuheben? Und wenn ja: worin besteht dieses Prinzip?"[6]

Um diese Frage zu beantworten, bespricht Lukács ausführlich die Begriffe „Menschheitsgattung", „Gattungsbewußtsein", „Gattungsselbstbewußtsein". Ohne im mindesten die Realität der gesellschaftlichen Klassen und deren Kampf in der Geschichte, ebensowenig die historische Rolle der Arbeiterklasse zu verleugnen (Hans Heinz

6 *Georg Lukács: Die Eigenart des Ästhetischen.* 572.

Holz's diesbezüglicher Vorwurf scheint uns unbegründet[7]), sieht er in den Errungenschaften der menschlichen Gattung und den Fortschritten ihres Bewußtseins den eigentlichen *Telos* des historischen Prozesses. Weit entfernt davon, aus der historischen Treue oder der soziologischen Wahrhaftigkeit die *höchsten* Maßstäbe des ästhetischen Werts zu machen (obwohl Hans Mayer unter vielen anderen ihm eine einseitig soziologische und historische Betrachtung der Literatur zum Vorwurf gemacht hat), richtet er seinen Blick auf die Dialektik der Leidenschaften und der moralischen Spannungen, die das künstlerische Schaffen nähren, wobei die Anwesenheit eines unwiderruflichen menschlichen Inhalts ihm als Merkmal der echten Kunst gilt.

Lukács bemüht sich, die Begriffe „menschliche Gattung" und „Gattungsselbstbewußtsein" zu umschreiben, indem er sie streng von jeder meta-historischen oder über-sozialen Anschauung der menschlichen Substanz abgrenzt (daher seine Spitzen gegen die älteren Begriffe des „allgemein Menschlichen" oder der „condition humaine"): der Verfasser der *Ästhetik* distanziert sich von einem schemenhaften Anthropologismus, und betont immer wieder, daß die dauerhaften Errungenschaften der menschlichen Gattung notwendig in der Immanenz des sozio-historischen Prozesses wurzeln. Die Geschichte der konkreten gesellschaftlichen Bildungen (Familien, Klane, Staaten, Klassen, Nationen) zeichnet nichtsdestoweniger für Lukács eine allgemeine Geschichte der Menschengattung als solche ab, deren einheitliche und selbständige Wirkung freilich ein relativ spätes Ergebnis der Weltgeschichte ist.

Lukács meint, daß die Anwesenheit der menschlichen Gattung in der Immanenz des individuellen Bewußtseins besonders in der Kunst und in der Ethik zur Geltung komme. Die Grenzen zwischen

7 „Es ist charakteristisch für das Spätwerk von Lukács, für die *Ontologie* und *Ästhetik,* daß auf ihren mehr als dreitausend Seiten die Frage des Klassenkampfs nicht behandelt wird" (*Hans Heinz Holz: Il ruolo della mimesi nell'Estetica di Lukács.* In: *György Lukács nel centenario della nascità 1885–1985.* A cura di Domenico Losurdo, Pasquale Salvucci, Livio Sichirollo. Urbino 1986, 259).

dem individuellen, sozio-historisch beschränkten Erlebnis und dem allgemein menschlichen Erlebnis sind natürlich höchst verschwommen. Erst wenn die Dialektik der Leidenschaften den „accento inconfondibile" einer reinen und echten Menschlichkeit in den Tiefen des Werkes erweckt, die über alle zeitlichen und räumlichen Zufälligkeiten hinausgeht, erst dann erhebt sich der Künstler zur echten Kunst. Lukács weist mehrmals auf das Beispiel des Shakespearschen *Coriolanus* hin.

Der Ästhetiker sieht in dem letzten Umschwung des Helden, der auf die Befriedigung seiner verletzten Ehre verzichtet, um der Stimme der Barmherzigkeit und der Vaterlandsliebe zu gehorchen, einen Triumph der *Humanitas* über eine enge Klassenmentalität: „Scheinbar ist der Familiensinn (Verehrung der Mutter), die Liebe zur Vaterstadt bei Coriolanus harmonisch mit seinem Aristokratismus. Jedoch die Entfaltung solcher oft bloß latent vorhandenen Widersprüche löst die flache Scheinharmonie des normalen Alltags in schroffe Widersprüchlichkeit auf, und erst ihr dynamischer Zusammenhang, ihre tragische Kulmination enthüllt das, was in diesen Beziehungen der Menschen vollständig an das partikulare hic et nunc gebunden ist und was mit der Entwicklung des Menschengeschlechts direkt oder indirekt zusammenhängt, was ein bleibendes Moment der Kontinuität dieser Entwicklung werden kann."[8]

Der Kern der Lukácsschen Spätphilosophie (aber dieselbe Tendenz beseelte schon alle seine Jugendschriften) ist die Rettung und die Behauptung dieses echt menschlichen Inhalts in den sozialen Kämpfen, wie auch in der Kunst oder der Ethik. Politischer Militarismus hat nur dann einen Sinn, wenn er allgemein menschliche Zwecke erfolgt.

Wenn Lukács im Kapitel der *Ästhetik,* das den Titel „Vom partikularen Individuum zum Selbstbewußtsein der Menschengattung" führt, die von Eduard Bernstein eingeführte Unterscheidung zwischen der „Bewegung" und dem „Endziel" des kämpfenden Proletariats ablehnt, und die Idee der Revolution gegen den pragmatischen

8 *Georg Lukács: Die Eigenart des Ästhetischen.* 59.

Reformismus verteidigt (also auch die Bernsteinsche „metaphysische Opposition“ bestreitet), so deshalb, weil ihm die Zwecke einer echten und vollständigen Emanzipation im Reformismus verlorenzugehen scheinen. Diese reine Menschlichkeit ist es, die Lukács in der Immanenz des künstlerischen Stoffs von Romanen wie Thomas Manns *Zauberberg* oder Anatole Frances *Les dieux ont soif* wiederfindet: der revolutionnäre Eifer von Evariste Gamelin, dem Helden von Frances Roman, macht ihn manchmal blind für die Ungerechtigkeit und die Verbrechen, die im Namen der Revolution begangen sind; doch seine unbefleckte Begeisterung und seine unerbittliche Hingebung erwecken durch das Werk eine *vox humana* von echter Noblesse, die der „heroischen Illusionen“ der Revolution.

Die Idee der Revolution mit einem gründlichen Humanismus in Einklang zu bringen: das war bis zum Ende Lukács' innigstes Bestreben. Seine *Ästhetik* und seine ästhetischen Urteile legen davon das beste Zeugnis ab.

Über Derridas Hegeldeutung

Heinz Kimmerle (Rotterdam)

Vorbemerkungen

Von allen Dekonstruktionen, an denen Derrida gearbeitet hat, sei es Husserl oder Levinas, Nietzsche oder Freud, De Saussure, Lévi-Strauß oder Rousseau, Plato oder Hegel scheint die letztgenannte den größten Einsatz erfordert zu haben. Die damit verbundene neue Schreibpraxis hat beim Lesen und Dekonstruieren Hegelscher Texte auf die deutlichste und eindringlichste Weise Gestalt angenommen. Das Buch *Glas* nimmt einen besonderen Platz ein unter den Werken Derridas. Die besonderen Kennzeichen dieses Buches, das eigentlich ein Anti-Buch ist, sind oft beschrieben worden. Die Geschlossenheit des Buches wird aufgebrochen, indem eine Vielheit von Texten darin zusammengestellt wird, die sämtlich ohne Beginn und ohne Ende sind. Die Einheit des Buches wird zugleich verdoppelt; zwei Bücher stehen in einem Buch: Eine Spalte über und von Hegel und eine zweite über und von Genet. Wenn man auf diese Weise in einem Buch ein Buch lesen kann, beginnt nach Derrida „der Abgrund, der Un-grund der unendlichen Vervielfältigung. Das Andere ist im Selben."[1] Aber auch diese exzentrische Position ist ein Übergang. Sie steht als Übergang in dem Übergangsgebiet, das Heidegger mit Nietzsche „Nihilismus" nennt.

Eine gründliche Behandlung des Buches *Glas* ist in dem begrenzten Rahmen dieses Artikels nicht möglich. In diesem Text gibt es eine unübersehbare Vielzahl verschiedener Dimensionen, Ansätze, Anspielungen und kritischer Zugänge. In dem Buch *La carte postale*

1 Vgl. *J. Derrida: Ellipse.* In: *Die Schrift und die Differenz.* Frankfurt a.M. 1976. 446.

de Socrate à Freud finden sich zahlreiche Bezugnahmen auf *Glas*, insbesondere auf seine psychoanalytische Dimension.[2] Außerdem würde eine Untersuchung der vorhergehenden Lesungen Hegels durch Derrida erforderlich sein. Denn die Offenheit und Unabgeschlossenheit von *Glas* verweist direkt auf diese anderen Texte. Stellvertretend für die frühere und spätere Hegeldeutung behandele ich den kurzen Artikel über Batailles „Vorbehaltlosen Hegelianismus" in *Die Schrift und die Differenz*. Die leitende Frage hierfür ist: Lacht Bataille über Hegel oder über den Tod? Für die Erörterung von *Glas* ist die Frage maßgebend: Welcher Rest geht im Holocaust des absoluten Wissens zugrunde?

Bevor wir diese Fragen ausarbeiten, muß noch betont werden, daß Derrida in seinen letzten Büchern keineswegs mehr dekonstruktiv arbeitet. Sein Gegenstand sind auch nicht mehr Texte aus der europäischen philosophischen Tradition oder der Geschichte der Metaphysik. Er hat sich der Kunst zugewandt. Das beginnt bereits mit *La vérité en peinture* (1978), es setzt sich fort und gewinnt eine neue Dimension in der Erörterung des poetischen Werks von Blanchot und Celan. Der Versuch, sich diesen Werken zu näheren, bedeutet zugleich, darauf verzichten zu müssen, sie zu überschreiten.[3] Sie sind, was sie sagen: ein *Schibboleth*.[4] Das gilt es zu bedenken und zu denken. Schließlich kommentiert Derrida das dichterische und das malerisch/zeichnerische Werk Antonin Artauds und dessen Verbindung in seinen „Piktogrammen", indem er *einem* Wort nachsinnt, das Artaud in seinen Texten dreimal gebraucht, dem „Subjektil" (das soviel wie Malgrund oder Zeichengrund bedeutet und das es in der deutschen Sprache nicht gibt, nicht um es in seinem Sinn zu erfassen, sondern um es zu ent-sinnen.[5] Diese Wendung in Derridas Schriften bleibt hier unbesprochen.

2 *Derrida: La carte postale de Socrate à Freud et au delà.* Paris 1980.
3 *Derrida: Parages.* Paris 1986. 9.
4 *Derrida: Schibboleth pour Paul Celan.* Paris 1986.
5 *Derrida: Das Subjektil ent-sinnen.* In: P. Thévenin/J. Derrida. Antonin Artaud. Zeichnungen und Graphiken. München 1986, 49–109.

1. Lacht Bataille über Hegel oder über den Tod?

Derrida charakterisiert Batailles Hegelinterpretation als einen „vorbehaltlosen Hegelianismus".[6] Damit will er sagen, daß Hegel selbst einen Vorbehalt macht, die letzte Konsequenz seines Denkens nicht zieht. Bataille nimmt jenen Vorbehalt weg und gibt so den Blick frei auf diese letzte Konsequenz. Das Denken Hegels ist nach Bataille das Denken des Todes. Denn jede Bewegung des „Aufhebens" bedeutet das Vernichten einer bestimmten Gestalt. Die Elemente der so vernichteten Gestalt werden zu Momenten an der darauf folgenden höheren Einheit. In der *Phänomenologie des Geistes* geht es um die Formen des Wissens. In ihrer Gesamtheit ist sie die Ausarbeitung aller Formen des Wissens „in ihrer absoluten Zerrissenheit". Die Form des Wissens, die diese durchgängige Negativität aller seiner Formen erkennt, ist das „absolute Wissen".[7]

Hegels Vorbehalt, von Bataille auch als sein „Scheitern" bezeichnet, liegt darin, daß das Denken der durchgängigen Negativität alles ist. Das Denken in allen seinen Gestalten, das heißt die Vernunft, ist allumfassend. Es gibt aber nach Bataille ein Phänomen bei Hegel, das nicht aufgeht in dieser Totalität des Negativen. In der „Vorrede" der *Phänomenologie des Geistes* steht der Satz: „Die kraftlose Schönheit haßt den Verstand."[8] Denn sie ist nicht in der Lage, sich selbst Substantialität zu geben, den Tod und das Negative zu ertragen und darin sich zu erhalten. Wenn man die Angst der „schönen Seele", daß sie ihre Reinheit verliert, wenn sie handelt und sich mit der wirklichen Welt vermittelt, wegnehmen könnte, würde eine Form des Handelns entstehen, die außerhalb der Totalität der Vernunft fällt.[9] Dieses Handeln wird nach Bataille in einem „naiven Verhal-

6 *Derrida: Von der beschränkten zur allgemeinen Ökonomie.* Ein rückhaltloser Hegelianismus. In: Ders., *Die Schrift und die Differenz.* 380. (Wir übersetzen: „Un hégélianisme sans réserve" mit „Ein vorbehaltloser Hegelianismus".)

7 S. *G. Bataille: Hegel, la mort et le sacrifice.* In: Deutcalion. 5 (1955), 21–43.

8 S. *G. W. F. Hegel: Phänomenologie des Geistes.* Hrsg. von J. Hoffmeister. Leipzig 1949 (5. Aufl.). 29.

9 Vgl. ebd. 464–472.

ten" vollzogen und zwar als „Opfer", nicht als Denken, sondern als „Ritual des Todes".[10]

In seinen Artikel über Hegel aus dem Jahr 1955 führt Bataille aus, Hegel habe in seinem Begriff „Aufhebung" in völliger Deutlichkeit gedacht, was in diesem naiven oder unreflektierten Verhalten geschieht. Es gibt seiner Auffassung nach nur *einen* Unterschied. Für Hegel sei der Tod nur ein „heiliges Erschrecken", er sähe nur die Trauer und die Zerrissenheit. In den Opferritualen aber sei der Tod zugleich Lust. Bataille redet von „fröhlicher Angst" und „angstvoller Fröhlichkeit".[11] Weil er den Tod kennt, sein Leben daraufhin orientiert, unterscheidet sich der Mensch vom Tier. Das ist Grund zu Angst und Erschrecken, aber auch zu Freude und Lust. Diese Doppelheit habe Hegel übersehen, indem er das Denken und die Vernunft (in ihrer Negativität) als allumfassend erklärte. So stehen sich nach Bataille das reale Opfer und das Denken des Todes als Negativität gegenüber. Und er fragt sich, was wohl naiver sei und worin weniger eine einseitige Verabsolutierung stattfinde.[12]

Bataille lacht also weder über Hegel noch über den Tod. Aber er will das Lachen über den Tod, das im Opfer zum Ausdruck kommt, gegen die einseitige Deutung des Todes bei Hegel retten. Diese Hegelauffassung ist entstanden aufgrund des Kommentars von Alexandre Kojève zu dem Abschnitt über „Herrschaft und Knechtschaft" in der *Phänomenologie.* Bataille macht Hegel jedoch einseitiger, als dieser selbst ist. Denn Hegel kennt durchaus ein Moment der Lust und des Genusses im Vollziehen der Bewegung der Negativität. Das Vernichten ist immer zugleich ein Bewahren, dem Tod folgt stets eine Auferstehung. Hegel kennt nicht nur den „spekulativen Karfreitag", sondern ebenso ein spekulatives Osterereignis. Am Ende der *Enzyklopädie* sagt er, daß in der Bewegung der Aufhebung „die ewige an und für sich seiende Idee sich ewig als absoluter Geist be-

10 *Bataille: Hegel, la mort et le sacrifice.* 31–33.
11 S. ebd. 36–40.
12 S. ebd. 38.

tätigt, erzeugt und genießt" und daß das Erkennen daran teilhat.[13]

Häufiger als das Mißverständnis Bataillles und seine darin begründete Kritik an Hegel ist das umgekehrte Argument: Die Versöhnung sei schließlich das stärkere in Hegels System und die Negativität werde nicht genügend ernstgenommen. In dieser Hinsicht hat Adorno sich am deutlichsten ausgesprochen. In seiner Konzeption ist es so, wie Bataille bei Hegel unterstellt, daß die Dialektik rein negativ bestimmt wird. Die versöhnende Synthese bleibt aus; sie ist angesichts der Wirklichkeit nicht zu rechtfertigen. Das bedeutet indessen für Adorno, daß diese negative Dialektik nicht alles ist, daß sie das Ganze nicht erfaßt und keinen Anspruch auf Totalität erhebt.[14] In diesem Punkt steht er auf gewisse Weise Bataille und Derrida wesentlich näher als Hegel.

Derrida irrt sich mit seiner Annahme, Bataille lache über Hegel. Die „List des Lebens, das heißt der Vernunft", daß der Tod zwar stattfindet, aber „das Leben am Leben" bleibt,[15] ist nach Bataille nicht lächerlich, sondern die genaue philosophische Wiedergabe der Todeserfahrung, wie sie in den Opferritualen zum Ausdruck kommt. Denn im Opfer erfahren die Teilnehmer am Ritual den Tod des anderen (z. B. eines Opfertieres) als ihren eigenen Tod. Und in dieser Erfahrung bleiben sie am Leben. Durch diese Erfahrung ist ihr Leben menschliches Leben. Es weiß um den Tod und unterscheidet sich dadurch vom tierischen Leben.

Derrida geht demgegenüber von einem adäquateren Hegelverständnis aus. Er sieht, daß auf den Tod bei Hegel immer eine Auferstehung folgt. Diese Deutung des Todes ist es, die seiner Meinung nach Batailles Lachen auslöst. Der Tod wird von Hegel in Wahrheit nicht zu sehr, sondern zu wenig ernstgenommen. Deshalb will Derrida auch Batailles Interpretation der „Aufhebung" korrigieren. Und

13 S. *Hegel: Enzyklopädie der philosophischen Wissenschaften im Grundrisse.* Hrsg. von F. Nicolin und O. Pöggeler. Hamburg 1959. 463 (Par. 577).

14 Vgl. *Th. W. Adorno: Negative Dialektik.* Frankfurt a. M. 1967. 31–35, 311–313.

15 S. *Derrida: Von der beschränkten zur allgemeinen Ökonomie.* 387.

hier begegnet er in der Sache Bataille und auch Adorno. Das bewahrende Moment der „Aufhebung“ ist bei Hegel zu stark, zu selbstverständlich, seiner selbst zu sicher. Deshalb muß gesagt werden: es ist zu viel Fröhlichkeit in der „fröhlichen Angst“ und der „angstvollen Freude“. Die Denkfigur der „Aufhebung“, wie Derrida sie versteht, will er als Folge davon durch eine andere ersetzen. Was Bataille tatsächlich mit Hegel tut, kann man durch den Begriff „Aufhebung“ nicht adäquat beschreiben. Dann bliebe es nämlich innerhalb des Diskursiven, des alles umfassenden Systems der Vernunft, des Umgehens mit Bedeutungen, die schließlich nicht geopfert werden, sondern gültig bleiben. Statt „Aufhebung“ wäre der Begriff „Verschiebung“ passend, um den Übergang anzugeben, den Bataille vollzieht: vom Denken des Todes zum realen Opfer.

Wenn wir diese den Texten angemessenere Hegeldeutung voraussetzen, ergibt sich, daß das Lachen über den Tod, das im realen Opfer zum Ausdruck kommt, eine Fröhlichkeit ganz anderer Art ist als das Moment des Genusses in der „Aufhebung“. Dieses Lachen ist auf eine viel angstvollere Art und Weise Ausdruck der Angst als das Wissen um die Auferstehung aus dem Tod. Deswegen ist auch die Fröhlichkeit viel fröhlicher und befreiender, die daraus hervorgeht, als beim Übergang zu einer höheren Gestalt des Wissens oder des Geistes. So wird nach Bataille menschliches Leben als solches allererst möglich. Deswegen können Bataille, Derrida und Adorno darin übereinstimmen, daß die Schönheit nicht „kraftlos“ ist, weil sie bei Hegel in die Reihe der dialektischen Vermittlungen nicht aufgenommen wird, sondern daß sie das System der Vernunft öffnet für Erfahrungen, die seinen Rahmen überschreiten. Mit Bataille kann man sagen, daß die Schönheit die Vermittlungen zwischen Subjekt und Objekt übersteigt in die Richtung einer Sprache des Heiligen, einer dichterischen Sprache. Darin liegt ihre spezifische Kraft, durch die sie teilhat an der „Souveränität“.

Die „Souveränität“ wird nach Bataille im Opferritual als solche nicht erreicht. Das gilt ebenso für die gedankliche Ausarbeitung des Opfers bzw. seiner negativen Seite durch Hegel oder für eine Auffassung, von der Bataille annimmt, daß es diejenige Hegels sei. Die

„Souveränität“ wird erreichbar, wenn erstens das Denken und die Vernunft in einer für das Leben wesentlichen Hinsicht als untergeordnet aufgefaßt werden - sie gehören zur Ordnung der Arbeit - zweitens der Schönheit der Opferrituale eine Kraft zuerkannt wird, die diese von sich aus (ohne das erste) nicht hat.[16] Diese Auskunft gleicht in erstaunlicher Weise den Auffassungen des späten Adorno, daß uns in der heutigen Weltsituation, „nach Auschwitz“ und ohne Aussicht auf eine neue positive Gestalt der Wahrheit, nichts anderes bleibt, als die negative Dialektik und die ästhetische Dimension als zwei unverbundene Bereiche stehen zu lassen und zu erfahren.

Derridas Schreibpraxis ist ein Weg, um in dieser Situation weiterzukommen. Was Bataille in anderem Zusammenhang über die libidinöse Ökonomie gesagt hat, setzt Derrida ein, um die „Verschiebung“ im Bedeutungsfeld des geistigen Prozesses zu verdeutlichen, den Hegel als „Aufhebung“ gekennzeichnet hat. Die Ökonomie des Mangels und der Gesamtheit der Operationen, um den Mangel zu beseitigen, bringt er zurecht mit Hegels Dialektik der „Aufhebung“ in Zusammenhang. Dieser „beschränkten Ökonomie“ stellt nun Bataille eine „allgemeine Ökonomie“ gegenüber, die davon ausgeht, daß das Leben in seinen vitalen Funktionen immer Überfluß produziert. Dieser Überfluß führt in der Regel zu einem Stau an Energien, der nur durch eine explosive Entladung aufgelöst werden kann. Deshalb schlägt Bataille eine Ökonomie der Verschwendung vor, die solche Staus und ihre explosiven Entladungen vermeiden helfen soll. Ein Beispiel einer solchen Ökonomie findet er in den Beschreibungen nord- und mittelamerikanischer Indianerkulturen durch den Anthropologen Marcel Mauss. Der Austausch von Geschenken, bei dem die Schenkenden versuchen, einander zu übertreffen im Weggeben des eigenen Reichtums, heißt in diesen Kulturen: potlatsch.[17]

16 S. *Bataille: Hegel, la mort et le sacrifice.* 40f.

17 S. *Bataille: La part maudite.* Paris 1965. 110–115; vgl. *M. Mauss: Die Gabe.* Form und Funktion des Austausches in archaischen Gesellschaften. Frankfurt a.M. 1968. 77–119.

Dieses Beispiel greift Derrida auf im Zusammenhang der Frage „Aufhebung“ oder „Verschiebung“. Worauf er hinauswill, ist eine Verschiebung der Bedeutungen. Die diskursiven Texte der philosophischen Tradition werden so gelesen, daß ihre Worte vieldeutig werden, daß sie vielfältige Interpretationen möglich machen und sich darin ein Spiel der Differenzen entfalten kann. Was so entsteht, ist ein „potlatsch der Zeichen“.[18] Die festen Bedeutungen werden geopfert, der Sinn aufgelöst, zum Abgleiten ins Nicht-Mehr-Sinnhafte gebracht. Dabei kommen ästhetische Gesetzmäßigkeiten zur Geltung. Denn die Tragödie dieses Opfers ist zugleich eine Komödie, ein Ausdruck der Freude, die aus diesem literarischen Genre hervorgeht. An die Stelle des „Wir“ der *Phänomenologie des Geistes*, das den Übergang zu neuen Formen des Wissens als Transformationen des Sinns denkend mitvollzieht, wird ein „Wir“ gesetzt, das die Welt des Sinns an die des Nicht-Sinns knüpft. Dieses „Wir“ sieht den „Un-grund des Spiels“ als den Hintergrund, vor dem sich die Geschichte des Sinns mit ihren „Aufhebungen“ und ihren Negativitäten abspielt.

2. Welcher Rest geht im Holocaust des absoluten Wissens zugrunde?

Die Bewegung der „Aufhebung“ in ihrer vollständigen Form oder die Vermittlung durch den Begriff hängt bei Hegel auf das Engste zusammen mit dem Wesen der Arbeit. Das hat Marx deutlich gesehen und im Blick auf die *Phänomenologie des Geistes* auch ausdrücklich formuliert.[19] Daß er damit recht hat, können wir heute sehen,

18 S. *Derrida: Von der beschränkten zur allgemeinen Ökonomie.* 416–421, auch zum folgenden.

19 S. *K. Marx: Ökonomisch-philosophische Manuskripte (1844).* In: *K. Marx/F. Engels: Werke.* Ausg. Dietz-Verlag. Berlin 1962. Erg. Bd 1. 568–576.

wenn wir die Entstehungsgeschichte der *Phänomenologie* in den Jenaer Systementwürfen nachzeichnen. Darin spielt die Arbeit eine weit größere Rolle als im späteren System der Philosophie. Marx kannte diese Texte nicht, weil sie zu seiner Zeit noch nicht aus dem Nachlaß Hegels publiziert waren. Er hat seine These aus einer genauen und gründlichen Lektüre der *Phänomenologie* selbst abgeleitet. Derrida kennt die Texte Hegels aus der Jenaer Periode wohl, aber er hat das Spezifische davon nicht erfaßt, das darin liegt, welche Bedeutung in diesen Texten der Arbeit in Ergänzung zur Sprache zukommt, wenn es um die Konstituierung des Ich bzw. des Bewußtseins oder des Selbst geht.

Die Arbeit, die in der *Phänomenologie* eine so wichtige Rolle spielt, ist aber, außer in dem Kapitel über Herr und Knecht, Arbeit des Geistes. Auch dies hat Marx klar formuliert. Die Arbeit des Geistes ist näher als das Abarbeiten der Natur zu beschreiben, sofern diese ein konstitutives Element des Wissens bildet. Das absolute Wissen ist das Sichwissen des Wissens. Das bedeutet: auch das andere des Wissens ist nicht Natur, Äußerlichkeit, Objektives, sondern selbst Wissen. Auf beiden Seiten der Beziehung: auf der Seite des Subjektiven oder des Wissens und auf der des Objektiven oder des Gewußten steht das Wissen. Die Struktur der absoluten Selbstbeziehung ist erreicht, die Rückkehr des Wissens aus dem anderen seiner selbst zu sich ist vollendet. Was dazu durch den Geist schrittweise abgearbeitet werden muß, wovon schließlich noch ein Rest übrig bleibt, ist also das selbständige Objekt, die nicht verinnerlichte Äußerlichkeit, in einem Wort: die Natur. Worin besteht der Rest der Natur? Wie kann auch dieser Rest noch beseitigt werden? Welcher Holocaust ist es, in dem nach Derrida dieser Rest zugrundegeht?

Glas beginnt mit der Frage: „Was bleibt (restiert) davon heute, für uns, hier, jetzt, von einem Hegel?“ Diese Frage wird sogleich auf der ersten Seite weiterentwickelt zu der anderen: Was bleibt (restiert) uns zu denken nach dem absoluten Wissen? Das Denken ist seitdem das Denken dieses Restes. Derrida will dieses Denken zur Ausführung bringen, indem er eine Legende erzählt, die Legende von der Familie Hegels.[20]

Auf dieser ersten Seite von *Glas* steht, wie auf allen folgenden, eine zweite Spalte, welche die erste von und über Hegel umhüllen soll wie ein Briefumschlag oder verhüllen wie eine Scheide. Dadurch wird die erste Spalte auf unberechenbare Weise umgekehrt, wiederholt, ersetzt, aufs Neue markiert und beschnitten. In der zweiten Spalte lesen wir auch, daß es hier in *einer* Bewegung um das Einstürzen eines Monuments geht und um das Errichten eines Grabmals. Durch das Läuten der Totenglocke (glas) für Hegel wird zugleich etwas anderes eingeläutet. Damit wird die Bewegung der Dekonstruktion, wie sie in Bezug auf Hegel ausgeführt werden soll, näher umschrieben, ohne daß dieses Wort gebraucht wird. Tatsächlich ist diese Bewegung ja auch jedesmal eine andere, so daß es auf die Dauer nicht passend ist, an demselben Wort zu kleben.

Derrida läßt die Legende von Hegels Familie, und das heißt die Familie bei Hegel, in seinem Denken und in seinem Leben, am chronologischen Anfang beginnen, der mit Vorbedacht auch teleologisch aufgefaßt wird. Dieser Anfang ist die Liebe. Im ausgearbeiteten System Hegels wird nur an *einer* Stelle von der Liebe gesprochen, und zwar im Zusammenhang der Familie. Die Liebe geht als Neigung der Ehe voran, sofern sie aber die Ehe als eine sittliche Wirklichkeit begründet, wird sie sogleich „in eine *geistige,* in selbstbewußte Liebe, umgewandelt".[21] Dieser Gedanke ist nach Derrida als Keim bereits vorhanden in Hegels *Jugendschriften,* insbesondere in den Fragmenten „Der Geist des Christentums und sein Schicksal". Die Liebesgemeinschaft zwischen Jesus und seinen Jüngeren findet darin ihre Vollendung, daß sie im reinsten Sinn geistig ist. Die leibliche Seite der Liebe muß, so weit es irgend möglich ist, überwunden werden. Essen und Trinken beim letzten Abendmahl werden zu symbolischen Handlungen, auch wenn der leibliche Vollzug des

20 S. *Derrida: Glas.* Paris 1974. 7 linke Spalte, vgl. zum folgenden rechte Spalte.

21 S. *Hegel: Grundlinien der Philosophie des Rechts.* Hrsg. von J. Hoffmeister. Hamburg 1967. 150 (Par. 161).

Kauens, Schluckens usw. nicht ganz ausgeschaltet werden kann. Die Scham ist letztlich darin begründet, daß die Liebe nicht völlig vergeistigt werden kann. In diesen Gedankengängen beginnt der Prozeß, der die *Phänomenologie des Geistes* und damit die Erreichung des Standpunkts des spekulativen Systems ganz und gar bestimmt: das Abarbeiten der Natur.

Im Anschluß an die Geschichte von Maria Magdalena, der „schönen und berühmten Sünderin", geht Derrida ausführlich ein auf die Frauen in Hegels Umgebung. Er weist darauf hin, daß seine Mutter, seine Frau, seine kurz nach der Geburt wieder verstorbene Tochter den Namen Maria trugen und daß Hegel bei Maria in erster Linie an die „reine Jungfrau" gedacht hat.[22] Das Leitbild der Frau steht jenseits sexueller Betätigung und bringt damit ihre innere Überwindung des Natürlichen zum Ausdruck. Die „immaculata conceptio" (IC) und das absolute Wissen (Savoir absolu - Sa) gehören für Derrida unmittelbar zusammen. Darin drückt sich auch der psychoanalytische Zugang im Rahmen der dekonstruktiven Arbeit aus. Hegel sucht das Sexuelle in der Beziehung zur Frau zu verdrängen. Es ist allerdings fraglich, ob Derrida damit die Auffassungen Hegels in den *Jugendschriften* adäquat wiedergibt. Offensichtlich spielt nicht nur Maria, sondern auch Julia in dieser Zeit eine wichtige Rolle, und im Sprachduktus selbst, etwa in der Formel des „Einsseins im Anderssein", lassen sich erotische Elemente entdecken.[23]

In der Spalte von und über Genet neben der Hegel-Spalte spricht Derrida von der Besessenheit, die dieser Name für Genet und für ihn selbst beinhaltet. Aus *Notre Dame des Fleurs* und *Le Miracle de la rose* zitiert er Abschnitte über das ganz nach außen gekehrte Geschlecht der Blumen, dessen Form und Gestalt bis ins Detail beschrieben werden. In diesen Texten vollzieht sich eine „Anagrammatisation" des Namens von Genet, dabei wird die Blume bezeichnet, symbolisiert, dargestellt und zur rhetorischen Figur gemacht. Diese „doppelte Anatomie-Stunde auf dem Rand und auf dem Rand des

22 S. *Derrida: Glas*. 73-74 linke Spalten.
23 Den Hinweis auf diese Sachverhalte verdanke ich Hans Christian Lucas.

Randes“[24] entzieht sich meiner Deutungskapazität. Sie bildet auf eine so paradoxe Weise das andere zu Hegels Familie, daß die Beziehung prinzipiell die intellektuelle Erfaßbarkeit zu übersteigen scheint.

Über die Erörterung von Liebe, Ehe und Familie in Hegels Jenaer Schriften und Derridas Verhältnis zu ihnen möchte ich mich kurz fassen. Bemerkenswert scheint mir, daß Derrida zeigt: alle ausführlichen Darstellungen des Gegensatzes der Geschlechter und der leiblichen Seite des Geschlechtslebens werden von Hegel in der Naturphilosophie untergebracht. Dies unterstützt die Verdrängungsthese. Derrida sieht aber nicht und kann deshalb auch nicht aufzeigen, daß Hegel in den ersten Jahren seiner Jenaer Periode eine „natürliche Sittlichkeit“ kennt. Das große Interesse Hegels an der Naturphilosophie entsteht in dieser Zeit zweifellos aufgrund der Zusammenarbeit mit Schelling und des Kontaktes mit Goethe. Aber er arbeitet gründlicher und aus eigenen Motiven aus, worin die Natürlichkeit des Menschen zum Ausdruck kommt. Arbeit wird hier als materielle Arbeit zum Ausgangspunkt der praktischen Philosophie gemacht. Durch den Gebrauch des Werkzeugs unterbricht der Mensch seine lebendige Beziehung zur lebendigen Natur und setzt ein auf seine Ziele ausgerichtetes Verhältnis an deren Stelle.[25] Dies führt zu dem Streben, die eigene Sphäre des Bewußtseins von den natürlichen Zusammenhängen abzukoppeln und als solche immer deutlicher zu entwickeln. Die negativen Wirkungen davon stehen Hegel klar vor Augen. Mit der Verbesserung der Werkzeuge und der Erfindung der Maschine wird die menschliche Arbeit selbst immer maschinenmäßiger, abstumpfender und geistloser.

Was in der Familie geschieht, gehört – ganz anders als später in der *Rechtsphilosophie* – zum Arbeitsprozeß. Einerseits gibt Hegel also hier der produktiven Arbeit, die in der Familie geleistet wird, einen vollwertigen Platz. Er schiebt die Familie nicht ab in den Bereich der

24 S. *Derrida: Glas.* 55 rechte Spalte.

25 S. *Hegel: Jenaer Systementwürfe I.* Hrsg. von K. Düsing und H. Kimmerle. Hamburg 1985. 228.

bloßen Reproduktion. Und auf der anderen Seite betrachtet er auch Erziehung und Bildung sowie die Verwaltung des Familienbesitzes als Arbeit. Die Verhältnisse zwischen Mann und Frau werden hiervon jedoch nicht betroffen: „Hier soll das Lebendige nicht durch Bearbeitung bestimmt sein." Kinder werden nicht produziert. Aber in den Kindern und durch die Kinder reproduziert sich die gesellschaftliche Totalität. Dadurch wird diese Totalität zu einem unendlichen Verhältnis.[26]

Ein wichtiger Schritt in der Dekonstruktion des Hegelschen Systems hätte darin bestehen können, daß gezeigt wird, wie in der Entwicklung dieses Systems während der Jenaer Periode Arbeit schrittweise immer mehr als Arbeit des Bewußtseins und des Geistes aufgefaßt wird. Die materielle Arbeit, die auf Naturobjekte bezogen ist, erhält einen begrenzten, immer mehr untergeordneten Platz. Aber auch diese Interpretation der Entwicklungsgeschichte des Hegelschen Denkens zwischen den *Jugendschriften* und der *Phänomenologie des Geistes* von 1807, die bei Derrida nicht zu finden ist, hätte nicht erklären können, warum Hegel in der *Phänomenologie* bei der Behandlung der Familienverhältnisse plötzlich der Rolle der Schwester einen so zentralen Platz gibt, um im Anschluß daran die tragische Vorgeschichte des Rechtszustandes und der Ordnung des Staates darzustellen. Das scheint aus der Entwicklungsgeschichte von Hegels Denken nicht ableitbar zu sein.

Die tragische Bestimmung der bürgerlichen Gesellschaft und damit des Staates hatte Hegel zwar im Anschluß an Äschylos bereits früher erörtert. Ich denke an die berühmte Stelle im *Naturrechts*-Aufsatz über die „Tragödie im Sittlichen". Daß dies an die Rolle der Schwester geknüpft wird, wie sie in Sophokles' *Antigone* zur Darstellung kommt, ist indessen ganz unerwartet und verweist auf unbewußte Dimensionen in Hegels Diskurs. Dies läßt sich kaum besser beschreiben als durch die lapidare Formulierung Derridas: „Auf der Bühne (Szene) erscheint Antigone."[27] Die unbewußten Dimensio-

26 S. *Hegel: System der Sittlichkeit.* Hrsg. von G. Lasson. Hamburg 1967. 17.
27 S. *Derrida: Glas.* 164 linke Spalte.

nen, die Derrida an dieser Stelle aufdeckt, betreffen das Verhältnis Hegels zu seiner Schwester Christiane.

Der gesamte Briefwechsel zwischen den Geschwistern bis an das tragische Ende Christianes ist in *Glas* dokumentiert. Auch das Verhältnis zu Nanette spielt in diesem Zusammenhang eine gewisse Rolle. Dieses Mädchen wuchs in Hegels elterlicher Familie auf. Sie war so etwas wie eine Schwester und doch hat sie die ersten Gefühle geschlechtlicher Liebe in Hegel wach werden lassen.

Die tragische Situation Antigones ist bekannt. Sie steht für die vergangene Ordnung der „alten Götter", die das Gesetz der Familie bewachten und beschützten. Dieses Gesetz ist jedoch nicht völlig verschwunden. Die Rachegöttinnen haben im unterirdichen Bereich des Tempels noch immer einen Platz. Die neue Ordnung der Polis beruht auf dem, was sie ausschließt. „Der offenbare Geist hat die Wurzel seiner Kraft in der Unterwelt." Dieses Ausgeschlossene ist die Familie, in der die Frau eine tonangebende Rolle spielt. Deswegen ist die Weiblichkeit für das neue Gemeinwesen dasjenige, „was es unterdrückt und was ihm zugleich wesentlich ist".[28] Deswegen ist die Weiblichkeit sein innerer Feind. Und nirgendwo wird deutlicher, daß der Staat darauf beruht, daß die Familie vom Mann beherrscht und ruhig gehalten wird, als in der tragischen Rolle der Schwester. Sie steht an der Grenze der Vernünftigkeit, wie sie auch den Staat regiert, weil ihre Beziehungen zu den übrigen, auch den männlichen Familienmitgliedern nicht durch sexuelle Begierde gestört werden. Aber sie darf diese Grenze nicht überschreiten. Darauf steht die Todesstrafe. So steht nach Derrida am Anfang der Ordnung des Staates das Grab Antigones, ein Grab, in dem die Vereinigung mit dem Geliebten stattfindet und das zugleich der unterirdische Aufenthaltsort der Ausgeschlossenenen sein kann.[29]

Das Abarbeiten der Natur erweist sich damit in entscheidendem Sinn als das Ausschließen des Weiblichen. Die wesentliche Beziehung in der Familie ist jetzt das Vater-Sohn-Verhältnis. Die Bedeu-

28 S. *Hegel: Phänomenologie.* 339–340.
29 S. *Derrida: Glas.* 165 linke Spalte.

tung des Geschehens in der Familie faßt sich darin zusammen, daß der Sohn so weit gebracht wird, die Rolle eines Vaters übernehmen zu können. Im Grunde geht es um eine Beziehung des Vaters zu sich selbst. Die Erziehung des Sohnes ist das andere, aus dem der Vater zu sich zurückkehrt. Die Verhältnisse in der irdischen Familie bilden aber nun nach Derrida nicht *eine* der vielen Vermittlungen im System der Philosophie. Diese Vermittlung ist zentral und bringt die Struktur der Aufhebung/Vermittlung in nuce zum Audruck. Das zeigt sich in der Tatsache, daß auf der Spitze des Systems, wo die höchste inhaltlich bestimmte Gestalt der Vermittlung zur Sprache kommt, in der Lehre der göttlichen Trinität, ebendiese Verhältnisse zurückkehren. Die irdische Familie ist das Modell der heiligen Familie, wie sie in den internen Beziehungen der Trinität gedacht wird.

In der *Phänomenologie* ist die Rolle der Mutter innerhalb der Trinität noch vorhanden. Aber sie ist auf das Gebären und Großziehen des Sohns reduziert. Jesus, der Sohn Gottes, hat einen „an sich seienden Vater" und außerdem „eine wirkliche Mutter".[30] Das letztere scheint unvermeidlich, weil im irdischen Sohn der Geist, der an sich die Einheit von Substantialität und Subjektivität ist, die Form der Substantialität verlassen hat. Seine Wirklichkeit ist an seine Natürlichkeit gebunden. Deshalb wird er von einer menschlichen Mutter geboren und großgezogen. Diese Konstellation findet sich auch in der Gemeinde, in welcher der heilige Geist seine irdische Existenz hat. Sie ist noch Liebesgemeinschaft, begründet auf ein irdisches Gefühl, und noch nicht die definitive Gestalt des Geistes in der die Subjektivität selbst auch seine Substantialität ist. Derrida hätte zum Vergleich auch hier auf Texte aus der frühen Jenaer Zeit verweisen können, in denen die Mutter Jesu eine sehr viel wichtigere Stellung innerhalb der Trinität einnimmt. Ohne sie und ohne ihre Liebe, die auch in der Gemeinde fortlebt, kann es nicht zur Versöhnung kommen, in der Gott mit sich versöhnt ist.[31] Auf der anderen Seite hätte

30 S. *Hegel: Phänomenologie.* 526, vgl. 548.
31 S. *K. Rosenkranz: Hegels Leben.* Berlin 1944. 139.

die Position der *Phänomenologie* durch einen Verweis auf die *Enzyklopädie* verdeutlicht werden können. Im Systemgrundriß der *Enzyklopädie,* der in erster Auflage zehn Jahre nach der *Phänomenologie* erscheint, kommt die Mutter Jesu in den Beziehungen der Trinität nicht mehr vor. Die Trinität bildet einen Schluß aus drei Schlüssen, in dem die Struktur der Aufhebung/Vermittlung gewissermaßen störungsfrei zum Ausdruck kommt.[32]

Das Ausschließen der Mutter und damit der Frau und des Weiblichen aus der heiligen Familie ist aber noch nicht der Untergang des Restes der Natur im Übergang zum absoluten Wissen. Auch die Selbstbeziehung des Vaters über den Sohn zu sich enthält noch etwas Natürliches, das noch zugrundegehen muß, um das Sichwissen des Wissens in seiner reinen begrifflichen Form möglich zu machen. Derrida zeigt auf, daß dieser letzte Übergang nicht mehr die Struktur der „Aufhebung" hat. Die Beziehung zwischen dem „Schon" (déjà) und dem „Nochnicht" (pas encore) der vorhergehenden Übergänge ist hier nicht mehr dieselbe.[33] Inhaltlich gesehen, ist die Struktur der Vermittlung in der geoffenbarten Religion des Christentums, insbesondere in der Auffassung der Trinität, „schon" vollständig erreicht. Es gibt nichts mehr, was „noch nicht" ausgearbeitet, herausentwikkelt wäre. Lediglich im Blick auf die Form muß noch ein letzter Übergang stattfinden. Die Form der Vorstellung, die in den religiösen Auffassungen noch vorhanden ist, muß in die Form des Begriffs umgesetzt werden, in der dieselbe Struktur zum Ausdruck kommt, ohne daß nach wirklichen vorgestellten Beziehungen verwiesen wird. Am Punkt dieses letzten Übergangs steht das Grab Jesu, aus dem er aufersteht. Diese Vorstellung der Versöhnung muß noch geopfert werden, damit ihre rein begriffliche Struktur ans Licht kommen kann.

Der entscheidende Schritt dieses letzten Übergangs besteht in der „Tilgung" der Zeit.[34] Dieser Ausdruck zeigt: die gewöhnliche Form

32 Vgl. *Hegel: Enzyklopädie.* 447–450 (Par. 547–577).
33 S. *Derrida: Glas.* 244 ff. linke Spalten.
34 S. ebd. 255 linke Spalte; *Hegel: Phänomenologie.* 558.

der „Aufhebung“ kommt hier nicht mehr zur Anwendung. Es ist mehr Gewalt nötig als bei der gewöhnlichen „Aufhebung“, die immer zugleich vernichtet und bewahrt. Die „Tilgung“ der Zeit ist das Zugrundegehen des Restes der Natur. Die Struktur des Sichwissens des Wissens liegt außerhalb der Zeit. Sie ist absolute Anwesenheit, die immer schon war, was sie ist, in der nichts „noch nicht“ verwirklicht ist und die deshalb auch nicht vergänglich ist. Sie bildet die ewige unendliche Voraussetzung aller endlichen Vermittlungen. Dieses Geschehen der „Tilgung“ des Restes bringt Derrida auf den Gedanken des Holocaust. Er macht deutlich, daß das Mehr an Gewalt, das hier nötig ist, in den vorhergehenden „Aufhebungen“ auch schon insgeheim am Werk war. Was mit dem Rest geschieht, ist nur die letzte Konsequenz des gesamten Prozesses des Abarbeitens der Natur. Wie verhält sich dieser Holocaust zu jenem anderen, den Adorno in dem Wort „Auschwitz“ zusammengefaßt hat? Hier zeigt sich die schließliche Katastrophe eines Denkens, das eine lange Vorgeschichte hat. Wenn dieses Denken sich nicht ändert, kann es Katastrophen ermöglichen, von denen „Auschwitz“ nur ein Vorspiel war.

Wenn wir den Denkweg Hegels betrachten, sehen wir, daß die „Tilgung“ der Zeit nicht gelingt. Das System der Philosophie, das aus dem Sichwissens des Wissens abzuleiten ist, läßt sich nicht stimmig zum Abschluß bringen. Das zeigt sich bereits in der Tatsache, daß Hegel bis zu seinem Tod immer aufs Neue und immer anders versucht, dieses Ziel zu erreichen. Diese Versuche machen klar, daß der Abschluß noch nicht gelungen ist. Die zeitlose Wahrheit des reinen Denken, die Hegel voraussetzt und in seiner *Wissenschaft der Logik* entfaltet (eine Entfaltung, die freilich selbst in der Zeit stattfindet), ist auf die realen Verhältnisse in der Natur und der menschlichen Welt nicht ohne viele Reste anzuwenden. Das wichtigste Ergebnis der Denkbarkeit Hegels ist schließlich, die „authentische Bewegung des Scheiterns“, die Bataille festgestellt und Derrida zitiert hat. Nur unter dieser Voraussetzung ist ein „vorbehaltloser Hegelianismus“ angebracht. Die Gegenseite, die contre-épreuve, ist der Anfang eines anderen Denkens, eines Denkens, in dem durch das

Grab von Jesus hindurch die Zusammenschau von Dionysos und Christus den wichtigsten Orientierungspunkt bildet.

„Aber dies beginnt erst, die Arbeit, hier, jetzt. Sobald dies zu schreiben beginnt. Es beginnt kaum. Es fehlt nicht mehr daran als ein Stück."[35]

35 S. *Derrida: Glas.* 291 rechte Spalte. – Vgl. für den größeren Rahmen der Hegel-Deutung Derridas Kapitel III, 2: „,Totenglocke' für Hegel" in meinem Buch *Derrida zur Einführung.* Hamburg 1988.

Dekonstruktion, Gedächtnis und Dialektik

Zur Hegel-Interpretation Paul de Mans

Önay Sözer (Istanbul)

Paul de Man hat in seinen verschiedenen Aufsätzen Probleme der Hegelschen Philosophie besonders anhand der *Phänomenologie des Geistes,* der *Enzyklopädie* und der *Vorlesungen über Ästhetik* behandelt. Außer den Aufsätzen, die sich direkt auf Hegel beziehen, kann man auch Hinweise auf Hegel in denjenigen Schriften Paul de Mans finden, die die dekonstruktive Analyse der literarischen Werke zum Thema haben.[1] Es läßt sich sogar sagen, daß die Hegelschen Widersprüche de Man Denkanstöße gaben, insoweit er sie aus ihren dialektischen Zusammenhängen abstrahieren und wiederum auf Hegels Texte dekonstruktiv anwenden konnte. Im folgenden werde ich mich hauptsächlich mit seinem Aufsatz *Sign and Symbol in Hegel's Aesthetics* beschäftigen, in dem de Mans Stellung gegenüber Hegel

1 Paul de Man (1919–1983), der Sterling Professor für die vergleichende Literaturwissenschaft an der Universität Yale war, ist durch seine Entideologisierung und eine erneute Betonung der Autonomie literarischer Texte bekannt geworden. Gegenüber einer rhetorisch-historischen Interpretation untersucht er, von einem epistemologischen Interesse geleitet, die in den Texten erhaltene Tropen-Struktur. Sein primär-literaturtheoretischer Ansatz *in actu,* den er unter dem Titel „Dekonstruktion" gemeinsam mit Jacques Derrida entwickelt hat, hat auch Konsequenzen - obwohl im geringeren Maße - für die Philosophie ergeben, insofern philosophischen Texten kein Privileg gegenüber literarischen Texten zuerkannt wurde. Über die Philosophie Hegels hinaus hat de Man auch eine dekonstruktive Auseinandersetzung mit Locke und Condillac geführt (*The Epistemology of Metaphor.* In: Critical Inquiry. 5 (1978), 13–30). Bekanntlich finden die Lektüren Paul de Mans bei Rousseau, Nietzsche und Heidegger einen Schwerpunkt (vgl. besonders: *Allegories of Reading.* New Haven and London 1979. 79–131, 135–301; *Blindness and Insight.* Essays in the Rhetoric of Contemporary Criticism. Minneapolis 1983. 102–141, 246–266).

prägnant deutlich wird.[2] Den Ansatz Paul de Mans, der in Übereinstimmung mit Derrida eine enge Verbindung zwischen Philosophie und Literaturtheorie propagiert, halte ich prinzipiell für berechtigt. Allerdings bin ich der Ansicht, daß sein theoretischer Ansatz in seiner Anwendung auf den literarischen Korpus, den die Hegelsche Philosophie darstellt, zu kurz greift. Der Grund dafür liegt vielleicht in der ungenügenden Berücksichtigung des Hegelschen Philosophems. Setzt doch auch die dekonstruktive Analyse eines philosophischen Textes zunächst eine (Re-)Konstruktion auf der sprachlichen, linguistisch-formellen wie der inhaltlichen Ebene voraus, im Gedächtnis und im Denken, wobei jedoch diese Rekonstruktion nur wie eine Grenze zwischen uns und ihm bleiben soll. Anstatt eine künstliche Spaltung zu verdichten, muß sich die dekonstruktive Analyse der Philosophie mit der Spaltung des philosophischen Textes identifizieren, wenn sie nicht dem Vorwurf ausgesetzt sein will, mit einem Rekonstruktionsfehler begonnen zu haben. Wenn wir hier diese (eigentliche) Spaltung nicht an der Stelle, die de Man uns aufzeigt, sondern vielmehr bei der Thematik des Gedächtnisses finden, so geht es keinesfalls bloß um eine textvergleichende, philologische Akribie. Wir werden zeigen, daß die Strategie de Mans gegenüber Hegel scheitert, weil sie unfähig bleibt, den Bezug zwischen Konstruktion und Dekonstruktion im Gedächtnis (sagen wir, zwischen dem Im-Gedächtnis-Behalten und dem gleichzeitigen Vergessen) zu denken. Unser Ansatz macht nicht nur eine Korrektur der dekonstruktiven Lektüre möglich, sondern versucht auch einen Einstieg in Teile der Hegelschen Texte zu geben, die bisher wenig beachtet worden sind.

2 *P. de Man: Sign and Symbol in Hegel's Aesthetics.* In: Critical Inquiry. 8 (1982), 761–775.

1. Analogie zwischen „Ich“ und „Zeichen“?

Der Titel *Sign and Symbol in Hegel's Aesthetics* darf uns nicht in die Irre führen: Hier geht es nicht um ein speziell-ästhetisches oder semiotisches Problem, sondern um eine Problemstellung, die die ganze Hegelsche Philosophie betrifft, die Paul de Man in einer doppelten Formulierung als „eine Philosophie der Geschichte“ und „eine Geschichte der Philosophie“ definiert.[3] Diese Definition setzt die ganze Wiedererkennungsproblematik der „Subjektivität“ in der Zirkularität des denkenden Ichs voraus, das sein Ende schon am Anfang und seinen Anfang noch am Ende in Anspruch nimmt. Wir können sagen, daß die oben angedeutete dekonstruktive (Re-)Konstruktion der Hegelschen Philosophie nichts anderes als Thema hat als den gesamten Hegelschen Text, der nach de Man selber an dieser umfassenden Zirkularität teilnehmen soll. Dieser Text ist aber der Text eines Ichs, das „Ich“ sagen will und gleichzeitig dabei scheitert: an diesem Punkt vollendet sich die Dekonstruktion des Hegelschen Textes.[4]

Den Ausgangspunkt Paul de Mans bilden zwei Thesen Hegels zur Ästhetik, die er miteinander vergleicht und gleichsam in eine Spannung bringt. Zuerst stellt de Man heraus, daß die Hegelsche Ästhetik eine Theorie des „Symbols“, bzw. der „symbolischen Kunstform“ sei, die Hegel als die enge, innere Affinität von Bedeutung und Form definiert und dem konventionellen Zeichen gegenüberstellt. Während das Zeichen auf einer willkürlichen Verknüpfung der Bedeutung und der Form beruht, gibt es keine Willkür beim Symbol. Aufgrund der motivierten Verschmelzung der „Idee“ (die dem Kunstwerk zugrundeliegt) mit der sinnlichen Erscheinung ist die Kunst prinzipiell symbolisch. Bei der zweiten These handelt es sich um Hegels berühmtes Diktum, daß die Kunst eine Sache der Vergangenheit sei. Indem er diese zwei Thesen aufeinander bezieht, stellt sich für de Man die Frage: “Would this then mean that the sensory

3 A.a.O. 775.
4 A.a.O. 769–770.

manifestation of the idea is no longer accessible to us in this form, that we are no longer able to produce truly symbolic forms of art?". Entweder hat Hegel keine Vorahnung von der Zukunft der Kunst gehabt und daher können wir ihn auch nicht mehr brauchen für unser Verständnis der heutigen Kunst (Adorno, Gadamer) - der Grund dafür kann wohl in seiner falschen Konzeption vom Wesen der Sprache liegen (Szondi) - oder Hegel meinte etwas anderes als was wir bisher angenommen haben.[5] Paul de Man ist der Überzeugung, daß man die zweite Interpretation aufrechterhalten kann; er versucht, die Lösung des Problems in der Differenzierung der Hegelschen Begriffe von „Symbol" und „Zeichen" zu finden, die unter anderem charakteristischerweise auch in der *Enzyklopädie* 1830 vorkommt:

„Das *Zeichen* ist vom *Symbol* verschieden, einer Anschauung deren *eigene* Bestimmtheit ihrem Wesen und Begriffe nach mehr oder weniger der Inhalt ist, den sie als Symbol ausdrückt; beim Zeichen als solchem hingegen geht der eigene Inhalt der Anschauung und der, dessen Zeichen sie ist, einander nicht an."[6]

Eine ähnliche Willkürlichkeit, die zwischen dem konventionellen Zeichen und seiner Bedeutung besteht („sign arbitraire" bei Saussure), findet man nach de Man gleichfalls in der Beziehung des deiktischen Wortes „Ich" zum „Ich"-sagenden Subjekt. Dieser Fall ist in der modernen Semiotik und Philosophie von Peirce über Husserl zu Jakobson bekannt: „Ich" ist ein „indexical symbol" in der Terminologie von Peirce. Wenn jemand uns beim Anrufen sagt: „Ich bin es", brauchen wir eine Präzisierung, insoweit wir die Stimme nicht in jeder Situation wiedererkennen können. D.h. „Ich" ist ein Ausdruck, der nur zum Ausdruck bringt, daß ein beliebig Sprechender sich selbst *meint,* aber schöpft nicht die volle Bedeutung des sprechenden Ichs aus. In Übereinstimmung mit dieser semiotischen Theorie, faßt de Man seine These folgendermaßen zusammen:

5 A.a.O. 764–765.
6 *G. W. F. Hegel: System der Philosophie.* Dritter Teil: *Die Philosophie des Geistes.* Hrsg. von L. Boumann. Stuttgart 1958 (*Sämtliche Werke.* Bd 10). 345.

"... the sign, random and singular at its first position, turns into symbol just as the I, so *singular* in its independence from anything that is not itself, becomes, in the general thought of logic, the most inclusive, plural, general, and impersonal of subjects."[7]

Nachdem hier Paul de Man die Beziehung vom Zeichen auf das Symbol entsprechend dem Muster der Beziehung vom Ausdruck „Ich" als ein einzelnes deiktisches Zeichen auf sich selbst als Träger einer kodifizierten allgemeinen Bedeutung erklärt, wird auch von ihm umgkehrt „Ich" im Sinne eines „Zeichens" interpretiert:

"... the I, in its freedom from sensory determination, is originally similar to the sign. Since however it states itself as what it is not, it represents a determined relationship to the world that is in fact arbitrary, that is to say, it states itself as symbol. To the extent that I points to itself, it is a sign, but to the extent that it speaks of anything but itself, it is a symbol."[8]

Wenn wir das Verhältnis zwischen Ich und Zeichen von diesem jetzt erreichten Punkt her betrachten, können wir sagen, daß es nach de Man nicht um einen bloßen Unterschied zwischen Zeichen und Symbol geht, sondern um ein „wechselseitiges Verwischen" ("mutual obliteration"). Weil das „Ich" eine Ähnlichkeit mit dem Zeichen aufweist, verwischt es sich in seiner Selbstbeziehung. Kurz gesagt, verwandelt sich Ich, "cogito", zum Vollzug dieses „Verwischens", ein „Verwischen", das unmittelbar die Dekonstruktion des Hegelschen Textes als Philosophie und der Hegelschen Philosophie als Text zustande bringen wird.

Für das Ineinandergehen von Zeichen und Ich führt de Man zwei aufeinanderfolgende Argumente an:
1. Er verbindet zunächst am Beispiel der italienischen Fahne den „Inhalt der Anschauung" und den Inhalt des Zeichens zu einem prädikativen Satz: "The red, white, and green flag is Italian" und leitet das Ergebnis seiner Analyse dieses Satzes in die Hegelsche These über:

7 *P. de Man: Sign and Symbol in Hegel's Aesthetics.* 768.
8 A.a.O. 770.

"... this predicative sentence is always what in scholastic terminology is called an *acuts signatus:* it presupposes an implicit subject (or I) which frames the statement and makes it into a quotation: I say (or I declare, or I proclaim) that the red, white, and green flag is Italian ... From the question of the sign we are taken, then, by the logic of the passage itself, to the question of the subject ..."[9]

Läßt sich aber die Hegelsche Auffassung des Zeichens (in seinem Unterschied und in seiner von de Man vorausgesetzten Ununterscheidbarkeit zum Symbol) in einem solchen Beispielsatz rekonstruieren? Zeigt uns dieses Beispiel darüber hinaus auch die Ähnlichkeit des Ichs zum von ihm gebrauchten Zeichen? Die Gefahr einer solchen Interpretation liegt vor allem darin, daß das sprechende Subjekt als eine bloße Implikation des Satzes verstanden wird. Konkreter und augenfälliger ist der Zitationscharakter eines solchen Satzes, oder, wie die Scholastiker es genannt haben, die darin enthaltene *suppositio materialis* (Inhalt des Zeichens als Voraussetzung für den Inhalt der „Anschauung"). Aber de Man erwähnt diesen Aspekt nur kurz, und seiner "logic of passage" bleibt nur die Hypothese eines sprechenden Subjekts.

2. Wichtiger hingegen ist sein zweites Argument, das sich auf die Phänomenologie der „sinnlichen Gewißheit" beruft: Ich kann nicht sagen, was ich nur im einzelnen meine, bzw. ich kann nicht ein individuelles Ich sagen, weil die Sprache nur das freigibt, was allgemein ist. Hierbei interpretiert de Man den folgenden Satz aus dem § 20 der *Enzyklopädie:* „Was ich nur *meine,* ist *mein,* gehört mir als diesem besondern Individuum an; wenn aber die Sprache nur Allgemeines ausdrückt, so kann ich nicht sagen, was ich nur meine."[10] Das Wortspiel mit den Homonymen von „mein" und „meinen", das von Hegel begrifflich aufgefaßt wird, führt de Man weiter aus, indem er den letzten Teil des oben zitierten Satzes in den Satz übersetzt: "I cannot say what I make mine". Daraus schließt er: "... since to think is to make mine, ‚I cannot say what I think', and, since to think is

9 A.a.O. 767.

10 *G. W. F. Hegel: System der Philosophie.* Erster Teil: *Die Logik. Hrsg. von L. von Henning. Stuttgart 1955 (Sämtliche Werke.* Bd 8). 75.

fully contained in and defined by the I ... what the sentence actually says is ‚I cannot say I'."[11] Weil „Ich" aber ein Zeichen ist, so verhält sich diese Unmöglichkeit des "Ich"-Sagens analog zum „Zeichen", das laut de Man nur als „Symbol" auf die Welt kommen kann. Es geht *de facto* um eine Analogie: „Ich : Zeichen ≡ Zeichen : Symbol". Ist diese Analogie legitim? Ich möchte unten zeigen, daß erstens diese Analogie auf falschen Voraussetzungen basiert, daher keine Berechtigung hat und daß sie zweitens eine andere Deutungsweise ausschließt, die allein dem Hegelschen Text angemessen wäre.

Betrachten wir zuerst die falschen Voraussetzungen. De Man schreibt: "Paragraph 20 of the *Encyclopedia* has to do with the definition of thinking or with the conditions necessary for a science of logic."[12] Der § 20 gehört zum „Vorbegriff" der „Wissenschaft der Logik" als des ersten Teils der *Enzyklopädie.* „Die Bedingungen, die für eine Wissenschaft der Logik nötig sind" werden von Hegel nicht nur im § 20, sondern in allen Paragraphen dargestellt, die unter dem Titel „Vorbegriff" stehen (nämlich §§ 14–25). Ebensowenig enthält der § 20 eine „Definition des Denkens", vielmehr geht es um die dem Denken „am nächsten liegenden Vorstellung", wir können auch sagen, um seine *Vorstellung* als „denkendes Ich", das man kaum mit dem eigentlichen „Denken" identifizieren kann. In der Anmerkung erweitert Hegel dieses Thema um die Verhältnisse zwischen Vorstellung im allgemeinen und Denken: Gemäß der Ordnung der Sache gelangt Hegel vom „Sinnlichen" zur „Vorstellung", um dann ihren hierarchisch höher stehenden Unterschied, das Denken, zu markieren. Dies ist ein paralleler Gedankenlauf zu der „Psychologie", wo die Bewegung von der Anschauung über die Vorstellung zum Denken geht. Entsprechend seiner ungenauen und sogar falschen Interpretation des Inhalts des § 20 beachtet Paul de Man den besonderen Beitrag der „Vorstellung" nicht, den sie als Vermittlungsinstanz zwischen Sinnlichem und Denken hat. Aus diesem Grund kann er auch

11 *P. de Man: Sign and Symbol in Hegel's Aesthetics.* 769.
12 A.a.O. 767.

nicht den richtigen Ort von Symbol und Zeichen ausfindig machen, der eben die „Vorstellung“ ist. Er unterstellt Hegel einen Dualismus von „Sinnlichem“ und „Denken“, wobei er zudem das „Sinnliche“ “perceiving” oder “sensory perception” nennt, ein Ausdruck der aus einer falschen Übersetzung kommt. Den Ausdruck “perception” gebraucht er auch für das deutsche Wort „Anschauung“, bei der Übersetzung der oben zitierten Stelle aus dem § 458 (ohne die vorliegenden englischen Übersetzungen z. B. von Wallace, Miller und Petry zu berücksichtigen).[13] Das ist aber ein bedeutsames „misreading“ aus dem die Intention de Mans hervorgeht. “Perception” würde eher auf den Inhalt der Kapitel „Sinnliche Gewissheit“ und „Wahrnehmung“ der *Phänomenologie des Geistes* zutreffen. Man kann daher sagen, daß de Man seine Lektüre des § 20 der *Enzyklopädie* in starkem Maße an der Problematik der „sinnlichen Gewissheit“ orientiert, bei der der Begriff „Vorstellung“ nicht vorkommt. In der *Phänomenologie des Geistes* sagt Hegel sogar ausdrücklich: „Wir *stellen* uns dabey freylich nicht das allgemeine Diese oder das Seyn überhaupt *vor*“, indem wir das Allgemeine mit den deiktischen Wörtern zum Ausdruck bringen.[14] Es ist ein Mangel bei de Man, daß er, nachdem er eine “direct connection” zwischen dem § 20 und dem § 458 (wo das Problem des Zeichens behandelt wird) behauptet hat, diese „Verbindung“ in der Schwebe läßt und, als eine Ergänzung zu seinem Thema, von einer allgemeinen „Frage“ spricht:

> “The question always surfaces, in Hegel, when language surfaces, in paragraphs 20 and 458 of the *Encyclopedia* in the section on sensory evidence in the *Phenomenology*, in the *Science of Logic*, and so on.”[15]

13 A. a. O. 766.

14 *G. W. F. Hegel: Phänomenologie des Geistes.* Hrsg. von W. Bonsiepen und R. Heede. *GW* Bd 9. Hamburg 1980. 65.

15 *P. de Man: Reply to Raymond Geuss.* In: Critical Inquiry. 10 (1983), 388. Raymond Geuss ist wahrscheinlich der erste gewesen, der de Mans Aufsatz *Sign and Symbol* kritisiert hat. Seine analytische Argumentationsweise bleibt, im Gegensatz zu unserer Kritik, dekonstruktiven Lektüren de Mans äußerlich. Vgl. *R. Geuss: A Response to Paul de Man.* In: Critical Inquiry. 10 (1983), 375–382.

Die theoretische Motivation für diesen verallgemeinernden Blick über die verschiedenen Hegelschen Texte kann seine Beschäftigung mit dem Begriff „Verwischen“ (zwischen dem Ich und „Ich“, zwischen dem Symbol und dem Zeichen) sein, wie auch sein Aufsatz *Hypogram and Inscription zeigt,* wo er das Problem der „sinnlichen Gewissheit“ ausdrücklich als Vollzug des „Verwischens“ behandelt.[16] Seine verallgemeinernde Überblickslektüre erleichtert das Aufstellen der oben genannten Analogie zwischen dem „Ich“ und dem Zeichen, genauer zwischen dem Kapitel „Sinnliche Gewissheit“ der *Phänomenologie des Geistes* und den §§ 458 ff. der *Enzyklopädie.* Allerdings ist diese Analogie aus dem folgenden Grund nicht berechtigt: Erinnern wir uns an die Feststellung von de Man in seiner präzisen Form: „... das Zeichen, zufälliges und einzelnes in seiner ersten Setzung, verwandelt sich ins Symbol, genau wie das Ich, so einzeln in seiner Unabhängigkeit von irgendetwas, das es nicht selbst ist, wird, in dem allgemeinen Gedanken der Logik, zum meist-inklusiven, -pluralen, -allgemeinen und -impersönlichen Subjekt.“[17] Diese Feststellung (die wir bisher unberührt gelassen haben) ist eigentlich noch erstaunlicher, als es auf den ersten Blick scheint. Nach de Man spaltet sich das Zeichen in seine deiktische Funktion – in seinem Hinweischarakter auf ein einzelnes Objekt – und in seinen allgemeinen Inhalt oder die Bedeutung. Die allgemeine Seite kann laut de Man nichts anderes als der Inhalt des Symbols sein. Daher tritt erneut ein Widerspruch wie zwischen dem deiktisch gemeinten einzelnen Ich und dem Ich als Allgemeinem (allgemeine Bedeutung des Ausdrucks „Ich“) auf. Diese Interpretation träfe zu, wenn das „Zeichen“ in der *Enzyklopädie* im Hinblick auf seine deiktische Funktion betrachtet worden wäre. Die „Vorstellung“ in der *Enzyklopädie* setzt jedoch eine Synthese zwischen dem Einzelnen und dem Allgemeinen voraus, die als solche in dem Kapitel „Sinnliche Gewissheit“ nicht vorkommt, wo das Objekt als Einzelnes und „Sprache“ als Ausdruck des Allgemeinen voneinander getrennt bleiben.

16 *P. de Man: The Resistance to Theory.* Minnesota 1986. 25–53.
17 *P. de Man: Sign and Symbol in Hegel's Aesthetics.* 768.

Die Synthesen der Vorstellung fangen mit dem Erinnerungsbild an und gehen mit der Einbildungskraft weiter, deren letzte Stufe die „symbolisierende Phantasie" bildet. Dementsprechend wird das „Zeichen" (das Sprachzeichen) nicht mehr deiktisch aufgefaßt, sondern wie es in sich ist; oder das Sprachzeichen selber wird zum Objekt für die Produktion des subjektiven Geistes, der Intelligenz:

„Durch diese dialektische Bewegung [vom Bild des Symbols zum Zeichen] kommt somit die allgemeine Vorstellung dahin, zu ihrer Bewährung nicht mehr den Inhalt des Bildes nötig zu haben, sondern an und für sich bewährt zu sein, also unmittelbar zu gelten. Indem nun die von dem Inhalte des Bildes freigewordene allgemeine Vorstellung sich in einem *willkürlich* von ihr gewählten äußerlichen Stoffe zu etwas Anschaubaren macht, so bringt sie dasjenige hervor, was man im bestimmten Unterschiede vom Symbol ‚Zeichen' zu nennen hat."[18]

Das Zeichen ist also eine willkürliche Synthese zwischen dem Einzelnen und dem Allgemeinen, die zwischen dem deiktischen Subjekt und der allgemeinen Bedeutung des deiktischen Wortes „Ich" nie existiert. Weil aber de Man das Sprachzeichen in der *Phänomenologie des Geistes* mit dem Zeichen-Begriff der *Enzyklopädie* gleichsetzt, d.h. bloß das deiktische Moment am Zeichen hervorhebt, gelangt er zur Auffassung, daß das Symbol - in seinem Ähnlichkeitsbezug auf eine unbestimmte Zahl der Objekte - allgemeiner als das Zeichen ist. Dieser Punkt nimmt der Analogie von de Man jeden sachlichen Grund.

2. Sprache als „Vorstellung"

Damit aber wollen wir nicht sagen, daß es keinerlei Beziehung zwischen der „sinnlichen Gewissheit" aus der *Phänomenologie des Geistes* und der Zeichenproblematik der Psychologie gibt. Vielmehr wollen wir zeigen, daß diese von de Man prätendierte Analogie überflüssig ist und daß wir sie in dieser Form nicht brauchen, weil das Problem

18 *G. W. F. Hegel: Die Philosophie des Geistes* (*Sämtliche Werke.* Bd 10). 344.

der „sinnlichen Gewissheit“ in der Psychologie Hegels neu definiert und mehr als ansatzweise entwickelt worden ist. Nach dem Wortlaut Hegels (mehr als zwei Jahrzehnte nach der *Phänomenologie des Geistes*) gehört dieses Problem eindeutig nicht mehr zur „sinnlichen Gewissheit“, sondern zur „Anschauung“:

„Die räumliche und zeitliche Einzelheit, *Hier* und *Jetzt,* wie ich in der *Phänomenologie des Geistes,* S. 25ff ..., den Gegenstand des sinnlichen Bewußtseins bestimmt habe, gehört eigentlich dem Anschauen an. Das Objekt ist hier zunächst nur nach dem Verhältnisse zu nehmen, welches es zu dem Bewußtsein hat, nämlich ein demselben *Äußerliches,* noch nicht als an ihm selbst Äußerliches oder als Außersichsein bestimmt zu sein.“[19]

Was dieser Wechsel des Problemortes – besonders für den Widerspruch zwischen dem „Meinen“ des einzelnen Dinges und dem Aussagen des allgemeinen Wortinhalts, wie bei den Ausdrücken „jetzt“, „hier“, und „Ich“ – bedeutet, ist ein eigenständiges Thema, das – über unsere beschränkte Problematik hinausgehend – innerhalb der Psychologie sehr viel differenzierter behandelt wird. Nur ein kurzer Hinweis darauf mag genügen, um diese Differenzierung aufzuzeigen, die innerhalb der Anschauung stattfindet: In der ersten Phase der Anschauung, nämlich beim „Gefühl“, gibt es eine niedrige Form des „Zufälligen“, „Subjektiven“, „Partikulären“, die Hegel „selbstische Einzelheit“ nennt. Obwohl hier bereits die „Einzelheit“ vorliegt, ist der Entstehungsort von Ausdrücken wie „hier“ und „jetzt“ genauer die „Aufmerksamkeit“ der Intelligenz, die dann denselben Inhalt des Gefühls *„in Raum und Zeit“* hinauswirft.[20] Das ganze Problem der Beziehung des Sinnlichen auf das Allgemeine wird dann stufenmäßig als *Beziehung des Einzelnen auf ein Allgemeines* interpretiert. Auf jeder Stufe, sei es in der Erinnerung, in der Einbildungskraft oder auch in dem Gedächtnis, kommt das Einzelne graduell der Allgemeinheit des Denkens immer näher. So ist zum Beispiel einerseits die Beziehung der Erinnerung auf die Anschauung schon die Aufhebung der raumzeitlichen Einzelheit und damit ist sie auf dem Weg

19 A.a.O. 258.
20 A.a.O. 310, 312.

zu einem „freien“ Allgemeinen, aber andererseits enthält die Erinnerung in sich schon eine ihr eigene Einzelheit. Die Erinnerung muß sich jetzt mit dem „Erinnerungsbild“ auseinandersetzen, das nichts anderes als ein höherstufiges Einzelnes ist. Das einzelne Objekt vom „hier“ und „jetzt“ ist für die Erinnerung nicht etwas ihr „Äußerliches“, sondern als etwas an ihr Äußerliches, ein erinnertes „Hier“ und „Jetzt“. Die Beziehung des Einzelnen auf das Allgemeine wird zur inneren Beziehung der Vorstellung, wobei sich mit der „Synthese“ gleichzeitig ein „Unterschied“ erhält. In einem besonderen Sinne gilt das auch bei der Konstitution des „Zeichens“. Obwohl beim „Zeichen“ der mögliche einzelne Sinn der Anschauung (die sich in dem Fall des „Symbols“ auf ein Einzelnes beziehen würde, wie z.B. das Bild „Löwe“ „Kraft“ bedeutet) getilgt wird (wie z. B. der Wortlaut „Löwe“), entsteht sofort eine neue Einzelheit, mit der sich das „Gedächtnis“ auseinandersetzen wird: Die Verknüpfung der Anschauung (z.B. das Wort „Löwe“) mit der Bedeutung (die Vorstellung „Löwe“) ist zwar bildlos, aber doch eine einzelne Zeichenproduktion. Das Erheben dieser einzelnen Beziehung auf eine Allgemeinheit und endlich die Negation dieses In-Beziehung-Stehens geschieht durch die verschiedenen Stufen des Gedächtnisses, die parallel zur eigentlichen Erinnerung („das Namen *behaltende* Gedächtnis“) und zur „reproduktiven Einbildungskraft“ („das reproduktive Gedächtnis“) laufen und in „das mechanische Gedächtnis“ einmünden.[21] Die endgültige Überwindung der Einzelheit der Vorstellung findet im mechanischen Gedächtnis statt, wobei die aufbehaltenen Reihen der „sinnlosen Wörter“ von Hegel als identisch mit dem „Sein“ - als die höchste Objektivierung des Allgemeinen - angesehen werden.[22] Mit diesem Resümee der entsprechenden Paragraphen der *Enzyklopädie* (die selbstverständlich eine ausführlichere Deutung erfordern)

21 A.a.O. 338–350. Ich kann auf die Probleme dieses das Sprach-Zeichen "Ich“ produzierenden Ichs (das das Ich-sagende Ich ersetzt) hier nicht weiter eingehen, ich kann nur darauf hinweisen, daß dieses Problem (der Einzelheit des Ichs) bei Hegel endgültig durch den Bezug des Gedächtnisses auf das Denken (als die höchste Allgemeinheitsstufe) gelöst wird.

22 A.a.O. 350–352.

möchte ich zeigen, daß das Verhältnis der Einzelheit und des Allgemeinen für das Zeichen nicht in einer ihm äußerlichen Weise existiert. Mit anderen Worten: Es existiert nicht in der Form des Bezugs des Zeichens auf das Symbol, sonderen wird als *die innere Beziehung des Zeichens innerhalb des Gedächtnisses* dargestellt. Dieses Verhältnis wird zum Problem der Einzelheit der bildlosen Vorstellung, in der nur eine gedächtnismäßige einzelne Verknüpfung der Anschauung mit der Bedeutung anfängt und sich gleichsam zu einer dauerhaften, allgemeinen Verknüpfung erhebt. Allerdings setzt sich Hegel im Zusammenhang der Gedächtnisproblematik mit dem Begriff „Symbol" weiter auseinander, wenn er z. B. die Mnemonik der Alten ablehnt, weil diese Kunst „das im Gedächtnis behaltene" nicht „*auswendig,* d. h. eigentlich von *innen* heraus" (nach einem Bild) produziert oder reproduziert.[23] Die Stelle der reproduktiven Einbildungskraft wird hier vom reproduktiven Gedächtnis vertreten. Auch das Verhältnis des einzelnen Ichs auf seinen allgemeinen Inhalt definiert Hegel als eine innere Beziehung der Intelligenz und nicht nach einem äußerlichen Paradigma des „Ich"-nicht-sagenden-Ichs (in der Interpretation von de Man). Insofern das Sinnliche den Sinn der von der Intelligenz selbst produzierten Anschauung erhält, verwandelt sich das raumzeitliche Ich, das „n'importe qui" (der „sinnlichen Gewissheit") zur Einzelheit des Anschauung produzierenden (sprechen-könnenden) Ichs, zum Ich der Zeichen-machenden Phantasie. Dieses Ich wird als „konkrete Subjektivität" definiert, „in welcher die Beziehung-auf-sich ebenso zum Sein als zur Allgemeinheit bestimmt ist."[24]

Es zeigt sich also, daß der ganze Problemkomplex des Einzelnen und des Allgemeinen in der enzyklopädischen Psychologie auf die Selbstprodukte der Intelligenz (Vorstellung, Sprachzeichen als Vorstellung) abgestellt wird. Diese Selbstprodukte besitzen immer eine bestimmte Allgemeinheit, und das Einzelne, das dabei auftaucht, ist schon *das Einzelne dieses Allgemeinen.* Aus diesem Grund muß man

23 A. a. O. 347–348.
24 A. a. O. 336.

bei dem von de Man oft zitierten Satz Hegels die Bedeutung des Adverbs „nur" genau berücksichtigen: „... so kann ich nicht sagen, was ich nur meine". Dieses „Nur-Meinen" (auch im Sinne von „das Meinige") existiert vielleicht in der Psychologie nur formell und nicht inhaltlich. Es ist dagegen kein Zufall, daß Hegel in der *Phänomenologie des Geistes* schreibt: „Ich ist *nur* Allgemeines ..." (Hervorhebung vom Verf.), d.h. der Ausdruck „Ich" schließt jedes einzelne Ich inhaltlich aus.[25] Das scheint ein Punkt zu sein, der de Man entgangen ist.

3. Dekonstruktion und die Sprache des Gedächtnisses

Den Höhepunkt der Hegel-Interpretation de Mans bilden seine Bemerkungen über das Gedächtnis, die die oben erwähnte Analogie erweitern. Prägnant weist Derrida auf das Hauptinteresse von de Man hin:

"... for Paul de Man, great thinker and theorist of memory, there is only memory but, strictly speaking, the past does not exist."[26]

Der Hinweis beruht auf der von de Man betonten Hegelschen Unterscheidung zwischen der bildhaften Erinnerung und dem bildlosen Gedächtnis, aber auch auf der Unterscheidung zwischen der Einbildungskraft und dem Gedächtnis. Eben heute verwechselt man ständig diese Begriffe und de Man ist wahrscheinlich der erste gewesen, der diesen (in den psychologischen Fachbüchern zu einer toten Kuriosität gewordenen) Punkt wieder ins Leben gerufen hat – besonders im Hinblick auf Kunst und Ästhetik. Mit der Hervorhebung des Gedächtnisses geht auch die Hervorhebung der anderen, ihm parallel gesetzten Begriffe einher. De Man schreibt:

25 *G. W. F. Hegel: Phänomenologie des Geistes.* 66.
26 *J. Derrida: Memoires for Paul de Man.* New York 1986. 58–59.

"To the extent that the paradigm for art is thought rather than perception, the sign rather than symbol, writing rather than painting or music, it will also be memorization rather than recollection."[27]

Sein Aufsatz *Hegel on the Sublime,* der einen ähnlichen Argumentationsgang wie der Aufsatz über Hegels Ästhetik zurücklegt, ist eine ausführlichere Darstellung einer Ästhetik des Gedächtnisses. Auch hier gelangt de Man zu dem Ergebnis, das wir am Anfang unseres Aufsatzes im Rahmen der Problematik von Symbol und Zeichen genannt haben: Hegel schwankte zwischen einem Begriff der Kunst, die eigentlich nur symbolisch (auf der Bildhaftigkeit der Erinnerung beruhend) deutbar wird, und seiner Hochschätzung des Gedächtnisses des Denkens.[28]

Mag de Mans Hegel-Interpretation als eine immanente Kritik vielleicht annehmbar sein, so beinhaltet sie aber als eine „dekonstruktive Kritik" viele Schwierigkeiten.[29] Diese Schwierigkeiten entstehen aus der de Manschen Lektüre des Gedächtnisses bei Hegel. Fangen wir mit dem Resultat an, das er aus der ganzen Hegelschen Problematik zieht:

"Memory effaces remembrance (or recollection) just as the I effaces itself."[30]

Der erste Teil dieses Satzes ist irreführend. Das, was das Gedächtnis eigentlich verwischt, ist nicht die Erinnerung (im Sinne der §§ 452ff der *Enzyklopädie,* die de Man wohl meint) sondern *das Bild,* unter dem man sowohl das Erinnerungsbild als auch das Bild der Einbildungskraft (und bzw. das „Symbol") verstehen kann. Der

27 *P. de Man: Sign and Symbol in Hegel's Aesthetics.* 773. Vgl. auch *P. de Man: The Rhetoric of Romanticism.* New York 1984. 288.

28 *P. de Man: Hegel on the Sublime.* In: *Displacement.* Derrida and After. Ed. by M. Krupnik. Bloomington 1983. 139–153.

29 »Ce *(die Dekonstruktion)* n'est pas non plus une critique, en un sens général ou en un sens kantien. L'instance du *krinein* ou de la *krisis* (décision, choix, jugement, discernement) est elle-même, comme d'ailleurs tout l'appareil de la critique transcendentale, un des thèmes' ou des ‚objets' essentiels de la déconstruction.« *J. Derrida: Psyché.* Inventions de l'autre. Paris 1987. 390.

30 *P. de Man: Sign and Symbol in Hegel's Aesthetics.* 773.

Grund dafür liegt darin, daß es beim Gedächtnis hauptsächlich nur um eine „bildlose einfache Vorstellung“ geht, die die Sprache, genauer die *Namen* als solche charakterisiert.[31] So grenzt sich das Gedächtnis der Namen ebenso gegen die Bilder der Erinnerung wie gegen die der Einbildungskraft ab. Dieser Punkt war auch oben die Voraussetzung unserer Erläuterungen zum Bezug des Symbolischen auf das Zeichen. Wir müssen ihn jetzt deutlicher in den Vordergrund stellen.

Das Sprachzeichen wird von der Phantasie produziert, indem sie einem willkürlichen Wortlaut eine Bedeutung gibt. Für das Gedächtnis, das diese Wörter aufbewahrt, existiert die Sprache als die *Verknüpfung,* als nennendes Verknüpfen der Bedeutung mit dem Wort. Die Namen sind innerhalb des Gedächtnisses wie Zitate oder wie Wörter, die sich selbst zeigen. Die Namen existieren daher nicht mit einer referentiellen Funktion, vielmehr sind sie „Vorstellungen“ ihrer selbst, die durch die Einstellung des Gedächtnisses auf sie möglich werden. Als „Vorstellung“ sind sie immer eine Synthese, die einen Unterschied beinhaltet: Die Synthese, die die Verknüpfung des Namens mit der Bedeutung zustande bringt (das reproduktive Gedächtnis), wird in der Phase des mechanischen Gedächtnisses aufgehoben oder fängt an, aufgehoben zu werden. Diese Aufhebung macht den Übergang von der Vorstellung zum Denken aus. Für das Funktionieren des mechanischen Gedächtnisses spielt das, was Hegel das „leere Band“ nennt, eine große Rolle: Das leere Band ist diejenige Kraft des Gedächtnisses, die die einzelnen Wörter, die aus ihrer Synthese mit der Bedeutung heraustreten, „sinnlos“ in bloßen Reihen zusammenhält.[32] Das reproduktive Gedächtnis, das auf der Bedeutung der Wörter beruht, und das mechanische Gedächtnis bilden in ihrer Gesamtheit die *Sprache des Gedächtnisses* aus.

Wiederum unterlaufen de Man folgende Fehler bei der Interpretation dieses gegliederten Zusammenhanges: Erstens, er betrachtet nicht die Sprache des Gedächtnisses, also auch nicht die Sprache als

31 *G. W. F. Hegel: Die Philosophie des Geistes* (*Sämtliche Werke,* Bd 10). 353.
32 A.a.O. 350.

Vorstellung, als ein gedächtnismäßiges Zitat. Zweitens, er unterscheidet nicht genügend zwischen dem reproduktiven und dem mechanischen Gedächtnis, indem er in einem Absatz, wo er das mechanische Gedächtnis behandelt, einen Satz Hegels zitiert, der zur Erläuterung des reproduktiven Gedächtnisses dient: „Es ist in Namen, daß wir denken."[33] Noch schwerer wiegt, daß de Man beide Gedächtnisstufen verwechselt, insofern er beim mechanischen Gedächtnis, beim „leeren Band", von einer Synthese spricht, die eigentlich nur dem reproduktiven Gedächtnis zukommt:

"The synthesis between name and meaning that characterizes memory is an „empty link" [das leere Band] and thus entirely unlike the mutual complementarity and interpretation of form and content that characterizes symbolic art."[34]

Dagegen spricht Hegel gerade in der von de Man zitierten Stelle über „das leere Band" von der Aufhebung der „Synthese" bzw. des „Unterschieds":

„Insofern der Zusammenhang der Namen in der Bedeutung liegt, ist die Verknüpfung derselben mit dem Sein als Namen noch eine Synthese und die Intelligenz in dieser ihrer Äußerlichkeit nicht einfach in sich zurückgekehrt. Aber die Intelligenz ist das Allgemeine; die einfache Wahrheit ihrer besonderen Entäußerungen und ihr durchgeführtes Aneignen ist das Aufheben jenes Unterschiedes der Bedeutung und des Namens".[35]

De Mans unglückliche (Re-)Konstruktion des Hegelschen Textes ist nicht zufällig. Sie hängt mit seinen bloß-dekonstruktiven Absichten zusammen. In einer abschließenden Perspektive wird die gesamte Philosophie Hegels als eine *Allegorie* gedeutet, die sich dialektisch nicht absorbieren läßt:

"We would have to conclude that Hegel's philosophy which, like his *Aesthetics,* is a philosophy of history (and of aesthetics) as well as a history of philosophy (and of aesthetics) ... is in fact an allegory of the disjunction between philosophy and history, or, in our more restricted concern, between

33 A.a.O. 347.
34 *P. de Man: Sign and Symbol in Hegel's Aesthetics.* 773.
35 *G. W. F. Hegel: Die Philosophie des Geistes* (Sämtliche Werke. Bd 10). 356.

literature and aesthetics, or, more narrowly still, between literary experience and literary theory."[35]

Bei der Lektüre de Mans wird der Hegelsche Text schon vor seiner sprachlichen (Re-)Konstruktion dekonstruiert. Kommt das daher, daß die Allegorie, die Trope, die der Dekonstruktion zugrundeliegt, nach de Man wichtiger als die Sprache ist? Die Sprache, die Wörter existieren dann nur in der Funktion der Trope, besonders in der Funktion einer Trope, die de Man in vielen Aufsätzen thematisiert, nämlich, der „prosopopeia". Diese Form poetischer Charakterisierung der nichtpersonhaften Dingen als Sprechende bezeichnet er als „the master trope of poetic discourse". Er schreibt:

"Prosopopeia undoes the distinction between reference and signification on which all semiotic systems ... depend."[36]

Derrida hebt die Wichtigkeit dieser Trope auch für das Problem des Gedächtnisses hervor.[37] In der Tat kann man das Verwischt-Werden der Erinnerung (genauer des „Bildes") vom Gedächtnis als eine Auflösung des „Unterschieds zwischen der Referenz und der Bedeutung" verstehen. Aber wo bleiben die Wörter, die Namen bei diesem dekonstruktiven Gedächtnis? Sind sie zusammen mit der Entdialektisierung der Dialektik, in der Form der undialektischen Disjunktion zwischen der Erinnerung und dem Gedächtnis, dem Symbol und dem Zeichen, zwischen dem Ich und dem „Ich" auch verwischt worden? Sollte nicht wenigstens ein Gedächtnis der Dekonstruktion (und nicht eine Dekonstruktion des Gedächtnisses) existieren, ein Gedächtnis, das die Wörter der Tropen behält und zitiert? In diesem Fall wären jedoch die Tropen die Namen der Tropen, gleichgültig ob sie sich selbst reproduktiv bezeichnen oder nicht. Ebenso wie die Dialektik, müssen auch „Oppositionen, Analogien, Kontiguitäten, Umkehrungen, Kreuzungen, und irgendeine andere Beziehung, die das textuelle Feld der Tropen und des Dis-

36 *P. de Man: The Resistance to Theory.* 48, 50. Vgl. auch: *The Rhetoric of Romanticism.* 76 ff.

37 *J. Derrida: Memoires for Paul de Man.* 25–29.

kurses artikuliert“, eliminiert werden, damit die Tropen in der Ruhe des Selbstverwischens stehenbleiben können. So de Man:

“Whenever a binary pair is being analyzed or “deconstructed,” the implication is never that the opposition is without validity in a given empirical situation (no one in his right mind could maintain that it is forever impossible to tell night from day or hot from cold) but only that the *figure* of opposition involved in all analytical judgments is not reliable, precisely because it allows, in the realm of language to which, as figure, it belongs, for substitutions that cannot occur in the same manner in the world of experience. When one moves from empirical opposition such as night and day to categorical oppositions such as truth and falsehood, the epistemological stakes increase considerably because, in the realm of concepts, the principle of exclusion applies decisively. The critical function of deconstruction is not to blur distinctions but to identify the power of linguistic figuration as it transforms differences into oppositions, analogies, contiguities, reversals, crossings, and any other of the relationships that articulate the textual field of tropes and of discourse.”[38]

Ich möchte hier nicht das philosophisch-metaphysische “principle of exclusion” verteidigen, sondern nur fragen, ob die Trennung, die de Man zwischen “the realm of language” und “the world of experience” macht, eine „Opposition“ oder eine „Differenz“ sei. Für den Fall, daß sie eine „Differenz“ ist, muß man weiter angeben: woher kommt diese „Differenz“, wenn nicht von der Sprache des Gedächtnisses? Die Sprache des Gedächtnisses (die die dekonstruierbare Sprache konstruiert) hat de Man bei Hegel wenig beachtet. Sie ist nicht wegen einer möglichen bloß-rekonstruktivistischen Verteidigung der Dialektik wichtig (meine Intention ist das nicht), sondern weil sie genau der Ort ist, wo man das Problem des Einzelnen und des Allgemeinen, des Ichs und des „Ichs“ (bzw. der Allegorie des Ichs) als das Problem des Sprachzeichen-produzierenden und sie gedächtnismäßig zitierenden Ichs einsetzen und im Spannungsfeld von Dekonstruktion und Konstruktion diskutieren kann.

38 *P. de Man: A Letter from Paul de Man.* In: Critical Inquiry. 8 (1982), 510–511.

Bei der Auseinandersetzung de Mans mit Hegel liegt die Spannung zwischen der „Differenz“, der „Disjunktion“ (die undialektisch, d.h. dekonstruktiv sein soll) und der Dialektik selbst. Wenn die Unzufriedenheit mit den totalisierenden Aspekten der Dialektik uns zu einer solchen dekonstruktiven Erfahrung mit der Dialektik führt, hat das seine zeitgeschichtlich-kontextuellen Gründe, die man berücksichtigen muß. Nur ist es eine andere Frage, ob man die Dialektik ganz auf die Seite einer erinnerten, aber nicht mehr zu erinnernden Vergangenheit (der Traditionen, des Überbleibsels, der Ideologie usw.) schiebt und dann mit einem quasi-purifizierten Gedächtnis oder einfach mit dem Widerspruch dieses Gedächtnisses, mit der Erinnerung anfängt. Es scheint, daß sich das Gedächtnis, da es schon intern als ein Selbstwiderspruch strukturiert ist, detotalisieren und aufschließen muß. Paul de Man hat das Gedächtnis als das disjunktive Gegenstück zur Erinnerung betrachtet, aber ein näherer Blick auf die betreffenden Paragraphen der *Enzyklopädie* zeigt, daß das Gedächtnis selber gespalten ist, in das Symbolische und das Zeichenhafte, in die Vorstellung und Sache, in die Namen und die sinnlosen Wörtern. Das Gedächtnis hat einerseits so-zu-sagen *seine eigenen Erinnerungen*, als Bedeutungen der Namen, obwohl es andererseits bedeutungslos ist (mechanisches Gedächtnis). Die dekonstruktive Analyse der Tropen erschöpft die Bedeutungen sowie die Dialektik als Quelle aller Bedeutungen nicht, sondern läßt sie (die ganze Sprache) unberührt. Wenn die Dekonstruktion der Philosophie nicht mit einer Philosophie der Dekonstruktion enden will (was außerdem in sich widersprüchlich wäre), muß sie als Dekonstruktion nicht bloß formell bleiben, sondern ihre eigentliche Beziehung auf die Philosophie bzw. auf die Dialektik neu denken, ohne sich von der Philosophie totalisieren zu lassen. Sie kann die Spaltung der Philosophie auch konstruktiv nehmen, indem sie sich mit der Spaltung des Gedächtnisses selbst ernsthaft auseinandersetzt.